CÓDIGO PENAL

Ariel

Ariel Códigos

CÓDIGO PENAL

Y LEGISLACIÓN COMPLEMENTARIA

Edición a cargo de

FRANCISCO MUÑOZ CONDE

Catedrático de Derecho penal
de la Universidad Pablo de Olavide

preparada por

JUANA DEL CARPIO DELGADO

Profesora Ayudante de Derecho penal de la Universidad Pablo de Olavide

PASTORA GARCÍA ÁLVAREZ

Profesora Asociada de Derecho penal de la Universidad Pablo de Olavide

CARMEN LÓPEZ PEREGRÍN

Profesora Titular de Derecho penal de la Universidad de Sevilla

Editorial Ariel, S.A.
Barcelona

Diseño cubierta: Joan Batallé

1.ª edición: septiembre 2000

Provença, 260 - 08008 Barcelona

ISBN: 84-344-3003-7

Depósito legal: B. 38.113 - 2000

Impreso en España

ÍNDICE GENERAL

PRÓLOGO

Cuando en noviembre de 1995 se aprobó y promulgó un nuevo Código penal, que posteriormente entró en vigor el 24 de mayo de 1996, muchos pensaron que no iba a durar mucho o que, de acuerdo con otros criterios político-criminales, sería objeto en poco tiempo de importantes reformas. En numerosas ediciones del nuevo texto legal se añadían prólogos, estudios preliminares y observaciones que criticaban algunos aspectos de la nueva regulación o simplemente la rechazaban de plano con argumentos más o menos defendibles, que, obviamente, no podían suplantar la voluntad del legislador democráticamente manifestada.

Ahora, casi cinco años después, una vez asumida su indudable vigencia, el nuevo Código penal, con todos sus defectos y virtudes, está siendo aplicado con normalidad, generando una importante doctrina y jurisprudencia que está resolviendo sus principales dificultades interpretativas sobre la base de un texto que, salvo reformas puntuales en materias muy concretas (delitos de insumisión, malos tratos en el ámbito familiar o abusos sexuales con menores), sigue siendo el originariamente aprobado.

Uno de los preceptos que no pudo entrar en vigor en aquel momento, el art. 19 (que excluía de la responsabilidad conforme a este Código a los menores de dieciocho años), en tanto no adquiriera vigencia la ley que regulase la responsabilidad del menor, ha sido, afortunadamente, completado con la Ley reguladora de la Responsabilidad Penal de los Menores que entrará en vigor el 1 de enero del año 2001, con la que de momento se cierran las más importantes reformas penales habidas desde el advenimiento de la democracia en nuestro país.

Parece, pues, que es un buen momento para hacer una edición completa y actualizada del Código penal, con sus correspondientes concordancias y la legislación especial que lo complementa. Por eso, he accedido con mucho gusto a dirigir esta edición que acoge en su colección de Textos Legales la Editorial Ariel, contando para ello con la entusiasta colaboración de mis queridas compañeras de la Universidad Pablo de Olavide de Sevilla, las doctoras Carmen López Peregrín, profesora titular de Derecho penal, Juana Del Carpio Delgado, profesora ayudante de Derecho penal, y Pastora García Álvarez, profesora asociada de la misma disciplina, que han llevado a cabo una labor verdaderamente encomiable.

La principal meta ha sido ofrecer una versión del texto del Código depurada de erratas y estrictamente coincidente con el texto oficial publicado en el BOE. Luego, se ha procedido a seleccionar aquellas leyes especiales, entre ellas la nueva Ley reguladora de la Responsabilidad Penal de los Menores, directamente relacionadas con el Derecho penal material, excluyendo las de carácter estrictamente procesal o penitenciario, como la Ley de Enjuiciamiento Criminal y la Ley General Penitenciaria, que tienen entidad suficiente para una publicación autónoma. El texto del Código penal va acompañado de un aparato de notas a pie de página, en las que se citan las disposiciones legales o reglamentarias de carácter penal o extrapenal necesarias para determinar el alcance y contenido del correspondiente precepto penal. Lo más importante es aquí seleccionar las referencias, procurando que la extensión de las mismas no oscurezca o supere, como sucede en otras ediciones, la importancia del propio Código penal.

Esta labor, ingrata y pesada, ha sido llevada a cabo con paciencia y rigor por las citadas profesoras, a quienes corresponde todo el mérito de esta edición. Aun sin pretensiones de originalidad, que en este tipo de trabajo no existe, creo que han realizado una gran tarea que el lector potencial, tanto si es estudiante, como profesional del Derecho, sabrá valorar y apreciar en lo que vale, y que, en todo caso, constituye para mí un motivo de satisfacción y orgullo, al poder contar, una vez más, en esta nueva Universidad, con un equipo de valiosas colaboradoras que a su capacidad de trabajo unen su capacidad para trabajar en equipo en estrecha vinculación académica y personal conmigo.

FRANCISCO MUÑOZ CONDE

Sevilla, 21 junio de 2000

ABREVIATURAS

art./s.	Artículo/s.
BOE	Boletín Oficial del Estado.
Cc	Código civil.
Ccir	Código de la Circulación.
CCom	Código de comercio.
CE	Constitución Española.
CEE	Comunidad Económica Europea.
CEPDHLF	Convenio Europeo para la Protección de los Derechos Humanos y Libertades Fundamentales.
Cp	Código penal.
Cp 73	Código penal de 1973.
CPM	Código penal militar.
D	Decreto.
DA	Disposición Adicional.
DD	Disposición Derogatoria.
DF	Disposición Final.
DL	Decreto-Ley.
DLeg	Decreto Legislativo.
DT	Disposición Transitoria.
DUDH	Declaración Universal de Derechos Humanos.
LCC	Ley sobre Régimen Jurídico de Control de Cambios.
LEC	Ley de Enjuiciamiento Civil.
LECrim	Ley de Enjuiciamiento Criminal.
LEP	Ley de Extradición Pasiva.
LO	Ley Orgánica.

LOFCS	Ley Orgánica de Fuerzas y Cuerpos de Seguridad.
LOGP	Ley Orgánica General Penitenciaria.
LOPJ	Ley Orgánica del Poder Judicial.
LOPM	Ley Orgánica Procesal Militar.
LORC	Ley Orgánica de Represión del Contrabando.
LOREG	Ley Orgánica del Régimen Electoral General.
LOSC	Ley Orgánica sobre Protección de la Seguridad Ciudadana.
LOTJ	Ley Orgánica del Tribunal del Jurado.
LPJDFP	Ley de Protección Jurisdiccional de los Derechos Fundamentales de la Persona.
LPPNA	Ley Penal y Procesal de la Navegación Aérea.
LRJAE	Ley de Régimen Jurídico de la Administración del Estado.
LRJAPPAC	Ley de Régimen Jurídico de las Administraciones Públicas y del Procedimiento Administrativo Común.
LSA	Ley de Sociedades Anónimas.
LSRL	Ley de Sociedades de Responsabilidad Limitada.
PIDCP	Pacto Internacional de Derechos Civiles y Políticos.
RD	Real Decreto.
RDL	Real Decreto-Ley.
RDLeg	Real Decreto Legislativo.
RP	Reglamento Penitenciario.
s./ss.	Siguiente/s.
STC	Sentencia del Tribunal Constitucional.
STS	Sentencia del Tribunal Supremo.
V.	Véase.

§ 1. LEY ORGÁNICA 10/1995, DE 23 DE NOVIEMBRE, DEL CÓDIGO PENAL

(BOE 281, de 24 de noviembre; corrección de errores en BOE 54, de 2 de marzo de 1996)

EXPOSICIÓN DE MOTIVOS

Si se ha llegado a definir el ordenamiento jurídico como conjunto de normas que regulan el uso de la fuerza, puede entenderse fácilmente la importancia del Código Penal en cualquier sociedad civilizada. El Código Penal define los delitos y faltas que constituyen los presupuestos de la aplicación de la forma suprema que puede revestir el poder coactivo del Estado: la pena criminal. En consecuencia, ocupa un lugar preeminente en el conjunto del ordenamiento, hasta el punto de que, no sin razón, se ha considerado como una especie de «Constitución negativa». El Código Penal ha de tutelar los valores y principios básicos de la convivencia social. Cuando esos valores y principios cambian, debe también cambiar. En nuestro país, sin embargo, pese a las profundas modificaciones de orden social, económico y político, el texto vigente data, en lo que pudiera considerarse su núcleo básico, del pasado siglo. La necesidad de su reforma no puede, pues, discutirse.

A partir de los distintos intentos de reforma llevados a cabo desde la instauración del régimen democrático, el Gobierno ha elaborado el proyecto que somete a la discusión y aprobación de las Cámaras. Debe, por ello, exponer, siquiera sea de modo sucinto, los criterios en que se inspira, aunque éstos puedan deducirse con facilidad de la lectura de su texto.

El eje de dichos criterios ha sido, como es lógico, el de la adaptación positiva del nuevo Código Penal a los valores constitucionales. Los cambios que introduce en esa dirección el presente proyecto son innumerables, pero merece la pena destacar algunos.

En primer lugar, se propone una reforma total del actual sistema de penas, de modo que permita alcanzar, en lo posible, los objetivos de resocialización que la Constitución le asigna. El sistema que se propone simplifica, de una parte, la regulación de las penas privativas de libertad, ampliando, a la vez, las posibilidades de sustituirlas por otras que afecten a bienes jurídicos menos básicos, y, de otra, introduce cambios en las penas pecuniarias, adoptando el sistema de días-multa y añade los trabajos en beneficio de la comunidad.

En segundo lugar, se ha afrontado la antinomia existente entre el principio de intervención mínima y las crecientes necesidades de tutela en una sociedad cada vez más compleja, dando prudente acogida a nuevas formas de delincuencia, pero eliminando, a la vez, figuras delictivas que han perdido su razón de ser. En el primer sentido, merece destacarse la introducción de los delitos contra el orden socioeconómico o la nueva regulación de los delitos relativos a la ordenación del territorio y de los recursos naturales; en el segundo, la desaparición de las figuras complejas de robo con violencia e intimidación en las personas que, surgidas en el marco de la lucha contra el bandolerismo, deben desaparecer dejando paso a la aplicación de las reglas generales.

En tercer lugar, se ha dado especial relieve a la tutela de los derechos fundamentales y se ha procurado diseñar con especial mesura el recurso al instrumento punitivo allí donde está en juego el ejercicio de cualquiera de ellos: sirva de ejemplo, de una parte, la tutela específica de la integridad moral y, de otra, la nueva regulación de los delitos contra el honor. Al tutelar específicamente la integridad moral, se otorga al ciudadano una protección más fuerte frente a la tortura, y al configurar los delitos contra el honor del modo en que se propone, se otorga a la libertad de expresión toda la relevancia que puede y debe reconocerle un régimen democrático.

En cuarto lugar, y en consonancia con el objetivo de tutela y respeto a los derechos fundamentales, se ha eliminado el régimen de privilegio de que hasta ahora han venido gozando las injerencias ilegítimas de los funcionarios públicos en el ámbito de los derechos y libertades de los ciudadanos. Por tanto, se propone que las detenciones, entradas y registros en el domicilio llevadas a cabo por autoridad o funcionario fuera de los casos permitidos por la Ley, sean tratadas como formas agravadas de los correspondientes delitos comunes, y no como hasta ahora lo han venido siendo, esto es, como delitos especiales incomprensible e injustificadamente atenuados.

En quinto lugar, se ha procurado avanzar en el camino de la igualdad real y efectiva, tratando de cumplir la tarea que, en ese sentido, impone la Constitución a los poderes públicos. Cierto que no es el Código Penal el instrumento más importante para llevar a cabo esa tarea; sin embargo, puede contribuir a ella, eliminando regulaciones que son un obstáculo para su realización o introduciendo medidas de tutela frente a situaciones discriminatorias. Además de las normas que otorgan una protección específica frente a las actividades tendentes a la discriminación, ha de mencionarse aquí la nueva regulación de los delitos contra la libertad sexual. Se pretende con ella adecuar los tipos penales al bien jurídico protegido, que no es ya, como fuera históricamente, la honestidad de la mujer, sino la libertad sexual de todos. Bajo la tutela de la honestidad de la mujer se escondía una intolerable situación de agravio, que la regulación que se propone elimina totalmente. Podrá sorprender la novedad de las técnicas punitivas utilizadas; pero, en este caso, alejarse de la tradición parece un acierto.

Dejando el ámbito de los principios y descendiendo al de las técnicas de elaboración, el presente proyecto difiere de los anteriores en la pretensión de universalidad. Se venía operando con la idea de que el Código Penal constituyese una regulación completa del poder punitivo del Estado. La realización de esa idea partía ya de un déficit, dada la importancia que en nuestro país reviste la potestad sancionadora de la Administración; pero, además, resultaba innecesaria y perturbadora.

Innecesaria, porque la opción decimonónica a favor del Código Penal y en contra de las leyes especiales se basaba en el hecho innegable de que el legislador, al elaborar un Código, se hallaba constreñido, por razones externas de trascendencia social, a respetar los principios constitucionales, cosa que no ocurría, u ocurría en menor medida, en el caso de una ley particular. En el marco de un constitucionalismo flexible, era ese un argumento de especial importancia para fundamentar la pretensión de universalidad absoluta del Código. Hoy, sin embargo, tanto el Código Penal como las leyes especiales se hallan jerárquicamente subordinados a la Constitución y obligados a someterse a ella, no sólo por esa jerarquía, sino también por la existencia de un control jurisdiccional de la constitucionalidad. Consiguientemente, las leyes especiales no pueden suscitar la prevención que históricamente provocaban.

Perturbadora, porque, aunque es innegable que un Código no merecería ese nombre si no contuviese la mayor parte de las normas penales y, desde luego los principios básicos informadores de toda la regulación, lo cierto es que hay materias que difícilmente pueden introducirse en él. Pues, si una pretensión relativa de universalidad es inherente a la idea de Código, también lo son las de estabilidad y fijeza, y existen ámbitos en que, por la especial situación del resto del ordenamiento, o por la naturaleza misma de las cosas, esa estabilidad y fijeza son imposibles. Tal es, por ejemplo, el caso de los delitos relativos al control de cambios. En ellos, la modificación constante de las condiciones económicas y del contexto normativo, en el que, quiérase o no, se integran tales delitos, aconseja situar las normas penales en dicho contexto y dejarlas fuera del Código: por lo demás, ésa es nuestra tradición, y no faltan, en los países de nuestro entorno, ejemplos caracterizados de un proceder semejante.

Así pues, en ese y en otros parecidos, se ha optado por remitir a las correspondientes leyes especiales la regulación penal de las respectivas materias. La misma técnica se ha utilizado para las normas reguladoras de la despenalización de la interrupción voluntaria del embarazo. En este caso, junto a razones semejantes a las anteriormente expuestas, podría argüirse que no se trata de normas incriminadoras, sino de normas que regulan supuestos de no incriminación. El Tribunal Constitucional exigió que, en la configuración de dichos supuestos, se adoptasen garantías que no parecen propias de un Código Penal, sino más bien de otro tipo de norma.

En la elaboración del proyecto se han tenido muy presentes las discusiones parlamentarias del de 1992, el dictamen del Consejo General del Poder Judicial, el estado de la jurisprudencia y las opiniones de la doctrina científica. Se ha llevado a cabo desde la idea, profundamente sentida, de que el Código Penal ha de ser de todos y de que, por consiguiente, han de escucharse todas las opiniones y optar por las soluciones que parezcan más razonables, esto es, por aquéllas que todo el mundo debería poder aceptar.

No se pretende haber realizado una obra perfecta, sino, simplemente, una obra útil. El Gobierno no tiene aquí la última palabra, sino solamente la primera. Se limita, pues, con este proyecto, a pronunciarla, invitando a todas las fuerzas políticas y a todos los ciudadanos a colaborar en la tarea de su perfeccionamiento. Solamente si todos deseamos tener un Código Penal mejor y contribuimos a conseguirlo podrá lograrse un objetivo cuya importancia para la convivencia y el pacífico disfrute de los derechos y libertades que la Constitución proclama difícilmente podría exagerarse.

TÍTULO PRELIMINAR

DE LAS GARANTÍAS PENALES Y DE LA APLICACIÓN DE LA LEY PENAL

Art. 1. 1. No será castigada ninguna acción ni omisión que no esté prevista como delito o falta por Ley anterior a su perpetración.[1]

2. Las medidas de seguridad sólo podrán aplicarse cuando concurran los presupuestos establecidos previamente por la Ley.[2]

Art. 2. 1. No será castigado ningún delito ni falta con pena que no se halle prevista por Ley anterior a su perpetración. Carecerán, igualmente, de efecto retroactivo las Leyes que establezcan medidas de seguridad.[3]

2. No obstante, tendrán efecto retroactivo aquellas leyes penales que favorezcan al reo, aunque al entrar en vigor hubiera recaído sentencia firme y el sujeto estuviese cumpliendo condena. En caso de duda sobre la determinación de la Ley más favorable, será oído el reo. Los hechos cometidos bajo la vigencia de una Ley temporal serán juzgados, sin embargo, conforme a ella, salvo que se disponga expresamente lo contrario.[4]

Art. 3. 1. No podrá ejecutarse pena ni medida de seguridad sino en virtud de sentencia firme dictada por el Juez o Tribunal competente, de acuerdo con las leyes procesales.[5]

2. Tampoco podrá ejecutarse pena ni medida de seguridad en otra forma que la prescrita por la Ley y reglamentos que la desarrollan, ni con otras circunstancias o accidentes que los expresados en su texto. La ejecución de la pena o de la medida de seguridad se realizará bajo el control de los Jueces y Tribunales competentes.[6]

Art. 4. 1. Las leyes penales no se aplicarán a casos distintos de los comprendidos expresamente en ellas.[7]

2. En el caso de que un Juez o Tribunal, en el ejercicio de su jurisdicción, tenga conocimiento de alguna acción u omisión que, sin estar penada por la Ley, estime digna de represión, se abstendrá de todo procedimiento sobre ella y expondrá al Gobierno las razones que le asistan para creer que debiera ser objeto de sanción penal.[8]

3. Del mismo modo acudirá al Gobierno exponiendo lo conveniente sobre la derogación o modificación del precepto o la concesión de indulto, sin perjuicio de ejecutar desde luego la sentencia, cuando de la rigurosa aplicación de las disposiciones de la Ley resulte penada una acción u omisión que, a juicio del Juez o Tribunal, no debiera serlo, o cuando la pena sea notablemente excesiva, atendidos el mal causado por la infracción y las circunstancias personales del reo.[9]

4. Si mediara petición de indulto, y el Juez o Tribunal hubiere apreciado en resolución fundada que por el cumplimiento de la

---

1. V. art. 25.1, en relación con los arts. 9º.1, 9º.3, 53.1, 81.1 y 149.1.6ª CE; arts. 2, 3, 4, 7 y 10 Cp; 1º CPM; 1 LECrim; 11.2 DUDH; 7º CEPDHLF; 15 PIDCP.

2. V. arts. 2.1, 3, 6, 95 y ss., 135, 137, DA 1ª, DT 10ª y 11ª.l) y DD Única.1.c) Cp.

3. V. arts. 9º.3, 15 y 25.1 CE; 1, 3, 4, 7 y DT 1ª Cp; 4º CPM; 2.3 y 4.2 Cc; 1 LECrim; 11.2 DUDH; 7º.1 CEPDHLF; 15 PIDCP.

4. V. DT 1ª a 12ª, DD Única.1 y DF 7ª Cp; art. 15.1 PIDCP.

5. V. arts. 24, 25 y 117.3 CE; 21, 23 (§3.4), 245.1.c) y 245.3 LOPJ; 1 LOTJ; 1, 8 y ss., 141 y 983 y ss. LECrim; 1, 10 y ss. y 84 LOPM; 5º.1.a) y 6º CEPDHLF; 9º.1 PIDCP.

6. V. arts. 15 y 25.2 CE; 42 a 44 CPM; 2º, 7 y ss., 15 y ss. y 72 LOGP; 3 RP; RD 1396/1992, de 20 de noviembre, por el que se aprueba el Reglamento de establecimientos penitenciarios militares; RD 690/1996, de 26 de abril, por el que se establecen las circunstancias de ejecución de las penas de trabajo en beneficio de la comunidad y arresto de fin de semana; 94 y 95 LOPJ; 990 LECrim.

7. V. arts. 21.6ª y 72 Cp; 4 Cc.

8. V. arts. 1.1, 2.1 y 446 Cp.

9. V. arts. 62.i) CE; 130.3º Cp; 41 CPM; 193, 202.2 y 206 RP; Ley de 18 de junio de 1870, por la que se establecen Reglas para el Ejercicio de la Gracia de Indulto (§3.1); arts. 6.1 RD 1879/1994, de 16 de septiembre, por el que se aprueban determinadas normas procedimentales en materia de Justicia e Interior; 902, párrafo 2º LECrim.

pena puede resultar vulnerado el derecho a un proceso sin dilaciones indebidas, suspenderá la ejecución de la misma en tanto no se resuelva sobre la petición formulada.

También podrá el Juez o Tribunal suspender la ejecución de la pena, mientras no se resuelva sobre el indulto cuando, de ser ejecutada la sentencia, la finalidad de éste pudiera resultar ilusoria.[10]

Art. 5. No hay pena sin dolo o imprudencia.[11]

Art. 6. 1. Las medidas de seguridad se fundamentan en la peligrosidad criminal del sujeto al que se impongan, exteriorizada en la comisión de un hecho previsto como delito.

2. Las medidas de seguridad no pueden resultar ni más gravosas ni de mayor duración que la pena abstractamente aplicable al hecho cometido, ni exceder el límite de lo necesario para prevenir la peligrosidad del autor.[12]

Art. 7. A los efectos de determinar la Ley penal aplicable en el tiempo, los delitos y faltas se consideran cometidos en el momento en que el sujeto ejecuta la acción u omite el acto que estaba obligado a realizar.[13]

Art. 8. Los hechos susceptibles de ser calificados con arreglo a dos o más preceptos de este Código, y no comprendidos en los artículos 73 a 77, se castigarán observando las siguientes reglas:

1.ª El precepto especial se aplicará con preferencia al general.

2.ª El precepto subsidiario se aplicará sólo en defecto del principal, ya se declare expresamente dicha subsidiariedad, ya sea ésta tácitamente deducible.

3.ª El precepto penal más amplio o complejo absorberá a los que castiguen las infracciones consumidas en aquél.

4.ª En defecto de los criterios anteriores, el precepto penal más grave excluirá los que castiguen el hecho con pena menor.[14]

Art. 9. Las disposiciones de este Título se aplicarán a los delitos y faltas que se hallen penados por leyes especiales. Las restantes disposiciones de este Código se aplicarán como supletorias en lo no previsto expresamente por aquéllas.[15]

LIBRO I

DISPOSICIONES GENERALES SOBRE LOS DELITOS Y LAS FALTAS, LAS PERSONAS RESPONSABLES, LAS PENAS, MEDIDAS DE SEGURIDAD Y DEMÁS CONSECUENCIAS DE LA INFRACCIÓN PENAL

TÍTULO I
DE LA INFRACCIÓN PENAL

CAPÍTULO I
De los delitos y faltas

Art. 10. Son delitos o faltas las acciones y omisiones dolosas o imprudentes penadas por la Ley.[16]

Art. 11. Los delitos o faltas que consistan en la producción de un resultado sólo se entenderán cometidos por omisión cuando la no evitación del mismo, al infringir un especial deber jurídico del autor, equivalga, según el sentido del texto de la Ley, a su causación. A tal efecto se equiparará la omisión a la acción:

a) Cuando exista una específica obligación legal o contractual de actuar.

10. V. nota anterior; art. 24.2 CE; DT 6ª Cp.
11. V. arts. 10 y 12 Cp; 2º CPM.
12. V. arts. 1.2, 95 y ss., 101 y ss. y DD Única.1.c) Cp.
13. V. arts. 132.1 y DT 1ª Cp; 4º CPM.
14. V. arts. 3 LPPNA; 136 LOREG (§ 3.3).
15. V. DT 11ª Cp; arts. 5º CPM; 12 LPPNA; 7.6 LCC; 138 LOREG (§ 3.3); DF 1ª LORC (§3.6).
16. V. arts. 1.1, 11 y 12 Cp; 20 CPM; nota al art. 1.1.

b) Cuando el omitente haya creado una ocasión de riesgo para el bien jurídicamente protegido mediante una acción u omisión precedente.[17]

Art. 12. Las acciones u omisiones imprudentes sólo se castigarán cuando expresamente lo disponga la Ley.[18]

Art. 13. 1. Son delitos graves las infracciones que la Ley castiga con pena grave.

2. Son delitos menos graves las infracciones que la Ley castiga con pena menos grave.

3. Son faltas las infracciones que la Ley castiga con pena leve.

4. Cuando la pena, por su extensión, pueda incluirse a la vez entre las mencionadas en los dos primeros números de este artículo, el delito se considerará, en todo caso, como grave.[19]

Art. 14. 1. El error invencible sobre un hecho constitutivo de la infracción penal excluye la responsabilidad criminal. Si el error, atendidas las circunstancias del hecho y las personales del autor, fuera vencible, la infracción será castigada, en su caso, como imprudente.

2. El error sobre un hecho que cualifique la infracción o sobre una circunstancia agravante, impedirá su apreciación.

3. El error invencible sobre la ilicitud del hecho constitutivo de la infracción penal excluye la responsabilidad criminal. Si el error fuera vencible, se aplicará la pena inferior en uno o dos grados.[20]

Art. 15. 1. Son punibles el delito consumado y la tentativa de delito.

2. Las faltas sólo se castigarán cuando hayan sido consumadas, excepto las intentadas contra las personas o el patrimonio.[21]

Art. 16. 1. Hay tentativa cuando el sujeto da principio a la ejecución del delito directamente por hechos exteriores, practicando todos o parte de los actos que objetivamente deberían producir el resultado, y sin embargo éste no se produce por causas independientes de la voluntad del autor.

2. Quedará exento de responsabilidad penal por el delito intentado quien evite voluntariamente la consumación del delito, bien desistiendo de la ejecución ya iniciada, bien impidiendo la producción del resultado, sin perjuicio de la responsabilidad en que pudiera haber incurrido por los actos ejecutados, si éstos fueren ya constitutivos de otro delito o falta.

3. Cuando en un hecho intervengan varios sujetos, quedarán exentos de responsabilidad penal aquél o aquéllos que desistan de la ejecución ya iniciada, e impidan o intenten impedir, seria, firme y decididamente, la consumación, sin perjuicio de la responsabilidad en que pudieran haber incurrido por los actos ejecutados, si éstos fueren ya constitutivos de otro delito o falta.[22]

Art. 17. 1. La conspiración existe cuando dos o más personas se conciertan para la ejecución de un delito y resuelven ejecutarlo.

2. La proposición existe cuando el que ha resuelto cometer un delito invita a otra u otras personas a ejecutarlo.

3. La conspiración y la proposición para delinquir sólo se castigarán en los casos especialmente previstos en la Ley.[23]

Art. 18. 1. La provocación existe cuando directamente se incita por medio de la imprenta, la radiodifusión o cualquier

---

17. V. arts. 176, 189.4, 195, 196, 305.1, 306, 307.1, 310.c) y último párrafo, 318, 329.1, 408, 411, 412, 414.1, 415, 450, 460, 467.2, 476.1, 512, 514.1, 527.1º, 604, 618 y 619 Cp.

18. V. arts. 5, 10, 14.1, 142, 146, 152, 158, 159.2, 195.3, 220.5, 267, 301.3, 317, 324, 331, 344, 347, 358, 367, 381, 391, 447, 467.2, párrafo 2º, 532, 601 y 621 Cp; 20.2, 38, 56, 62, 133.2, 134.2, 155, 158 a 161, 167, 169.2 y 184.2 CPM; 1902 y ss. Cc.

19. V. arts. 33 Cp; 14 LECrim.

20. V. arts. 118.2 y 119 Cp; 2º y 5º CPM; 6.1 Cc.

21. V. arts. 16, 61 a 64, 617 y ss. y 638 Cp.

22. V. art. 15 Cp; nota al art. 15.

23. V. arts. 18, 141, 151, 168, 269, 304, 373, 477, 488, 510.1, 513.1º, 515.1º, 519, 548, 553, 578, 585 y 615 Cp; 66, 81 y 94 a 97 CPM.

otro medio de eficacia semejante, que facilite la publicidad, o ante una concurrencia de personas, a la perpetración de un delito.

Es apología, a los efectos de este Código, la exposición, ante una concurrencia de personas o por cualquier medio de difusión, de ideas o doctrinas que ensalcen el crimen o enaltezcan a su autor. La apología sólo será delictiva como forma de provocación y si por su naturaleza y circunstancias constituye una incitación directa a cometer un delito.

2. La provocación se castigará exclusivamente en los casos en que la Ley así lo prevea.

Si a la provocación hubiese seguido la perpetración del delito, se castigará como inducción.[24]

CAPÍTULO II
De las causas que eximen de la responsabilidad criminal[25]

Art. 19. Los menores de dieciocho años no serán responsables criminalmente con arreglo a este Código.

Cuando un menor de dicha edad cometa un hecho delictivo podrá ser responsable con arreglo a lo dispuesto en la Ley que regule la responsabilidad penal del menor.[26]

Art. 20. Están exentos de responsabilidad criminal:[27]

1.º El que al tiempo de cometer la infracción penal, a causa de cualquier anomalía o alteración psíquica, no pueda comprender la ilicitud del hecho o actuar conforme a esa comprensión.[28]

El trastorno mental transitorio no eximirá de pena cuando hubiese sido provocado por el sujeto con el propósito de cometer el delito o hubiera previsto o debido prever su comisión.

2.º El que al tiempo de cometer la infracción penal se halle en estado de intoxicación plena por el consumo de bebidas alcohólicas, drogas tóxicas, estupefacientes, sustancias psicotrópicas u otras que produzcan efectos análogos, siempre que no haya sido buscado con el propósito de

---

24. V. nota al art. 17; arts. 27, 28.a) y 607.2 Cp; 5, 66 y 95 CPM; 282 bis.5 LECrim.

25. V. arts. 21, 67 y 82 CPM; 2, párrafo 1º LPPNA; 637.3º LECrim.

26. V. arts. 12 CE; 69 Cp; téngase en cuenta, sin embargo, que la DF 7ª, párrafo 2º exceptúa la entrada en vigor de este artículo hasta que adquiera vigencia la ley que regule la responsabilidad penal del menor (LO 5/2000, de 12 de enero, reguladora de la Responsabilidad Penal de los Menores, BOE de 13 de enero, cuya entrada en vigor está prevista, según su DF 7ª.1, al año de su publicación). Mientras tanto, la DD Única.1.a) Cp mantiene vigentes los siguientes artículos del Cp 73:

Art. 8.º «Están exentos de responsabilidad criminal: [...] 2.º El menor de dieciséis años. Cuando el menor que no haya cumplido esta edad ejecute un hecho penado por la Ley, será confiado a los Tribunales Tutelares de Menores».

Art. 9.º «Son circunstancias atenuantes: [...] 3.ª La de ser el culpable menor de dieciocho años».

Art. 20. «La exención de responsabilidad criminal declarada en los números 1.º, 2.º, 3.º, 7.º y 10.º del artículo 8.º no comprende la de responsabilidad civil, la cual se hará efectiva con sujeción a las reglas siguientes:

Primera. De los hechos que ejecutaren las personas señaladas en los números 1.º, 2.º y 3.º del artículo 8.º, serán responsables civilmente quienes las tengan bajo su potestad o guarda legal, siempre que hubiera por su parte culpa o negligencia.

No habiendo persona que las tenga bajo su potestad o guarda legal, o siendo aquélla insolvente, responderán con sus bienes las propias personas a que hace referencia el párrafo anterior, dentro de los límites que para el embargo de bienes señalan las Leyes de Enjuiciamiento Civil y Criminal».

Art. 22, párrafo 2.º «Igualmente, será extensiva dicha responsabilidad subsidiaria a las personas o entidades que sean titulares de un centro docente de enseñanza no superior, por los delitos o faltas en que hubiesen incurrido los alumnos del mismo, menores de dieciocho años, durante los periodos en que dichos alumnos se hallen bajo el control o vigilancia del profesorado del centro, desarrollando actividades escolares o extraescolares y complementarias».

Art. 65. «Al mayor de dieciséis años y menor de dieciocho se aplicará la pena inferior en uno o dos grados a la señalada por la Ley, pudiendo el Tribunal, en atención a las circunstancias del menor y del hecho, sustituir la pena impuesta por internamiento en institución especial de reforma por tiempo indeterminado, hasta conseguir la corrección del culpable».

V. también art. 6.2 y DT 12ª Cp.

27. V. arts. 21.1ª, 118 y 119 Cp; 2 LPPNA.

28. V. arts. 60, 101, 104, 105 a 108 y DA 1ª Cp; 148 CPM; 11.b) y 39 LOGP; 354 LOPM; 381 a 383 y 991 a 994 LECrim.

cometerla o no se hubiese previsto o debido prever su comisión, o se halle bajo la influencia de un síndrome de abstinencia, a causa de su dependencia de tales sustancias, que le impida comprender la ilicitud del hecho o actuar conforme a esa comprensión.[29]

3.º El que, por sufrir alteraciones en la percepción desde el nacimiento o desde la infancia, tenga alterada gravemente la conciencia de la realidad.[30]

4.º El que obre en defensa de la persona o derechos propios o ajenos, siempre que concurran los requisitos siguientes:

Primero. Agresión ilegítima. En caso de defensa de los bienes se reputará agresión ilegítima el ataque a los mismos que constituya delito o falta y los ponga en grave peligro de deterioro o pérdida inminentes. En caso de defensa de la morada o sus dependencias, se reputará agresión ilegítima la entrada indebida en aquélla o éstas.

Segundo. Necesidad racional del medio empleado para impedirla o repelerla.

Tercero. Falta de provocación suficiente por parte del defensor.[31]

5.º El que, en estado de necesidad, para evitar un mal propio o ajeno lesione un bien jurídico de otra persona o infrinja un deber, siempre que concurran los siguientes requisitos:

Primero. Que el mal causado no sea mayor que el que se trate de evitar.

Segundo. Que la situación de necesidad no haya sido provocada intencionadamente por el sujeto.

Tercero. Que el necesitado no tenga, por su oficio o cargo, obligación de sacrificarse.[32]

6.º El que obre impulsado por miedo insuperable.[33]

7.º El que obre en cumplimiento de un deber o en el ejercicio legítimo de un derecho, oficio o cargo.[34]

En los supuestos de los tres primeros números se aplicarán, en su caso, las medidas de seguridad previstas en este Código.[35]

CAPÍTULO III
De las circunstancias que atenúan la responsabilidad criminal[36]

Art. 21. Son circunstancias atenuantes:

1.ª Las causas expresadas en el capítulo anterior, cuando no concurrieren todos los requisitos necesarios para eximir de responsabilidad en sus respectivos casos.[37]

2.ª La de actuar el culpable a causa de su grave adicción a las sustancias mencionadas en el número 2.º del artículo anterior.[38]

3.ª La de obrar por causas o estímulos tan poderosos que hayan producido arrebato, obcecación u otro estado pasional de entidad semejante.[39]

4.ª La de haber procedido el culpable, antes de conocer que el procedimiento judicial se dirige contra él, a confesar la infracción a las autoridades.[40]

5.ª La de haber procedido el culpable a reparar el daño ocasionado a la víctima, o disminuir sus efectos, en cualquier momento del procedimiento y con anterioridad a la celebración del acto del juicio oral.[41]

---

29. V. arts. 21.2ª, 102, 104 y 105 a 108 Cp.
30. V. arts. 103, 104, 105 a 108 y DA 1ª Cp.
31. V. arts. 202 a 204, 450 y 620.1º Cp; 2º.2.a) CEPDHLF.
32. V. art. 10.6 Ley 14/1986, de 25 de abril, General de Sanidad.
33. V. arts. 21 y 107 CPM.
34. V. arts. 455 Cp; 21 CPM; 5 LOFCS; 11 y ss. Ley 23/1992, de 30 de julio, de Seguridad Privada; 71 y ss. RD 2364/1994, de 9 de diciembre, por el que se aprueba el Reglamento de seguridad privada.
35. V. arts. 95 y ss. Cp; notas a los arts. 20.1º, 20.2º y 20.3º.
36. V. arts. 20, 23, 65 a 68 y 638 Cp; DD Única.1.a) Cp, en relación a los arts. 9º.3ª y 65 Cp 73; arts. 22 y 35 a 37 CPM; 2, párrafo 2º LPPNA.
37. V. arts. 20, 68, 87, 95 y ss., 99, 104 y 105 a 108 Cp; 148 CPM; 11 LOGP; 183 y ss. RP.
38. V. arts. 21.1ª en relación al 20.2º, y 87 Cp; 182 RP.
39. V. arts. 21.1ª en relación al 20.1º Cp; 22.2º CPM.
40. V. arts. 376, 427, 480, 549 y 579 Cp; 115.5º CPM.
41. V. arts. 16.2, 16.3, 81.3ª, 88, 112, 214, 218.2, 225, 305.4, 307.3, 308.4, 340, 354.2 y 462 Cp; 7.4 LCC.

6.ª Cualquier otra circunstancia de análoga significación que las anteriores.[42]

CAPÍTULO IV
De las circunstancias que agravan la responsabilidad criminal[43]

Art. 22. Son circunstancias agravantes:

1.ª Ejecutar el hecho con alevosía.

Hay alevosía cuando el culpable comete cualquiera de los delitos contra las personas empleando en la ejecución medios, modos o formas que tiendan directa o especialmente a asegurarla, sin el riesgo que para su persona pudiera proceder de la defensa por parte del ofendido.[44]

2.ª Ejecutar el hecho mediante disfraz, con abuso de superioridad o aprovechando las circunstancias de lugar, tiempo o auxilio de otras personas que debiliten la defensa del ofendido o faciliten la impunidad del delincuente.[45]

3.ª Ejecutar el hecho mediante precio, recompensa o promesa.[46]

4.ª Cometer el delito por motivos racistas, antisemitas u otra clase de discriminación referente a la ideología, religión o creencias de la víctima, la etnia, raza o nación a la que pertenezca, su sexo u orientación sexual, o la enfermedad o minusvalía que padezca.[47]

5.ª Aumentar deliberada e inhumanamente el sufrimiento de la víctima, causando a ésta padecimientos innecesarios para la ejecución del delito.[48]

6.ª Obrar con abuso de confianza.[49]

7.ª Prevalerse del carácter público que tenga el culpable.[50]

8.ª Ser reincidente.

Hay reincidencia cuando, al delinquir, el culpable haya sido condenado ejecutoriamente por un delito comprendido en el mismo título de este Código, siempre que sea de la misma naturaleza.

A los efectos de este número no se computarán los antecedentes penales cancelados o que debieran serlo.[51]

CAPÍTULO V
De la circunstancia mixta de parentesco

Art. 23. Es circunstancia que puede atenuar o agravar la responsabilidad según la naturaleza, los motivos y los efectos del delito, ser el agraviado cónyuge o persona a quien se halle ligado de forma estable por análoga relación de afectividad, ascendiente, descendiente o hermano por naturaleza, por adopción o afinidad en los mismos grados del ofensor.[52]

CAPÍTULO VI
Disposiciones generales

Art. 24. 1. A los efectos penales se reputará autoridad al que por sí solo o como miembro de alguna corporación, tribunal u órgano colegiado tenga mando o ejerza jurisdicción propia. En todo caso, tendrán la consideración de autoridad los miembros del Congreso de los Diputados, del Senado, de las Asambleas Legislativas de las Comunidades Autónomas y del Parlamento Euro-

---

42. V. art. 4.1 Cp.

43. V. arts. 14.2, 23, 65 a 68 y 638 Cp; 5º, 22 y 35 a 37 CPM; 2, párrafo 2º LPPNA.

44. V. arts. 67 y 139.1ª Cp.

45. V. arts. 67, 180.1.2ª y 4ª, 181.3, 182.2, 184.2, 188 y 235.4 Cp.

46. V. arts. 67, 139.2ª, 156 y 213 Cp; 115.3 CPM.

47. V. arts. 10, 14 y 16 CE; 67, 161.2, 314, 510 a 512, 515.5º, 607 y 611.6º Cp; 2º DUDH; 14 CEPDHLF; 26 PIDCP.

48. V. arts. 67, 139.3ª y 148.2º Cp; 70 CPM.

49. V. arts. 199, 250.1.4º y 7º y 467 Cp.

50. V. arts. 67, 174, 175, 187.2, 188.3, 198, 369.8, 404 y ss., 499 y ss., 529 y ss. y 552.2ª Cp; 23.3º.b) y 103 a 106 CPM.

51. V. arts. 81.1ª, 82, 85, 87, 94, 130 a 137, 190, 286.1ª, 375, 388 y 580 Cp; 22, último párrafo y 23.3ª.a) CPM; 63 LOGP; 201 RP; RD 2012/1983, de 28 de julio, sobre cancelación de antecedentes penales; 379 LECrim.

52. V. arts. 67, 153, 180.1.4ª, 182.2, 192, 217 a 233, 268, 454, 470.3 y 617.2 Cp; 22 y 23, último párrafo CPM.

peo. Se reputará también autoridad a los funcionarios del Ministerio Fiscal.

2. Se considerará funcionario público todo el que por disposición inmediata de la Ley o por elección o por nombramiento de autoridad competente participe en el ejercicio de funciones públicas.[53]

Art. 25. A los efectos de este Código se considera incapaz a toda persona, haya sido o no declarada su incapacitación, que padezca una enfermedad de carácter persistente que le impida gobernar su persona o bienes por sí misma.[54]

Art. 26. A los efectos de este Código se considera documento todo soporte material que exprese o incorpore datos, hechos o narraciones con eficacia probatoria o cualquier otro tipo de relevancia jurídica.[55]

TÍTULO II
DE LAS PERSONAS CRIMINALMENTE RESPONSABLES DE LOS DELITOS Y FALTAS

Art. 27. Son responsables criminalmente de los delitos y faltas los autores y los cómplices.[56]

Art. 28. Son autores quienes realizan el hecho por sí solos, conjuntamente o por medio de otro del que se sirven como instrumento.[57]

También serán considerados autores:

a) Los que inducen directamente a otro u otros a ejecutarlo.[58]

b) Los que cooperan a su ejecución con un acto sin el cual no se habría efectuado.[59]

Art. 29. Son cómplices los que, no hallándose comprendidos en el artículo anterior, cooperan a la ejecución del hecho con actos anteriores o simultáneos.[60]

Art. 30. 1. En los delitos y faltas que se cometan utilizando medios o soportes de difusión mecánicos no responderán criminalmente ni los cómplices ni quienes los hubieren favorecido personal o realmente.

2. Los autores a los que se refiere el artículo 28 responderán de forma escalonada, excluyente y subsidiaria de acuerdo con el siguiente orden:

1.º Los que realmente hayan redactado el texto o producido el signo de que se trate, y quienes les hayan inducido a realizarlo.

2.º Los directores de la publicación o programa en que se difunda.

3.º Los directores de la empresa editora, emisora o difusora.

4.º Los directores de la empresa grabadora, reproductora o impresora.

3. Cuando por cualquier motivo distinto de la extinción de la responsabilidad penal, incluso la declaración de rebeldía o la residencia fuera de España, no pueda perseguirse a ninguna de las personas comprendidas en alguno de los números del apartado anterior, se dirigirá el procedimiento contra las mencionadas en el número inmediatamente posterior.[61]

Art. 31. El que actúe como administrador de hecho o de derecho de una persona jurídica, o en nombre o representación legal o voluntaria de otro, responderá personalmente, aunque no concurran en él las condiciones, cualidades o relaciones que la correspondiente figura de delito o falta requiera para poder ser sujeto activo del

---

53. V. arts. 22.7ª y 121 Cp; 8º y 9º CPM; 135.1 LOREG (§3.3); 7.2 LOFCS; 23 Ley 50/1981, de 30 de diciembre, por la que se regula el Estatuto Orgánico del Ministerio Fiscal.

54. V. arts. 199 y ss. Cc.

55. V. art. 135.2 LOREG (§3.3).

56. V. art. 116 Cp.

57. V. arts. 30.2, 61 y 62 Cp.

58. V. arts. 18.2, párrafo 2º, 143.1, 187.1, 224, 473.1 y 545.1 Cp.

59. V. arts. 29 y 143.2 y 3 Cp.

60. V. arts. 28, 30.1, 63, 64, 518 y 576 Cp.

61. V. arts. 18.1, 120.2º, 186, 211, 212, 270, 282, 284, 510.2, 599.2º y 607.2 Cp; 64 y ss. Ley 14/1966, de 18 de marzo, de Prensa e Imprenta; RDLeg 1/1996, de 12 de abril, por el que se aprueba el Texto Refundido de la Ley de Propiedad Intelectual; arts. 816 a 823 LECrim; 3 y 4 LPJDFP.

mismo, si tales circunstancias se dan en la entidad o persona en cuyo nombre o representación obre.[62]

TÍTULO III
DE LAS PENAS[63]

CAPÍTULO I
De las penas, sus clases y efectos

SECCIÓN 1.ª
De las penas y sus clases

Art. 32. Las penas que pueden imponerse con arreglo a este Código, bien con carácter principal bien como accesorias, son privativas de libertad, privativas de otros derechos y multa.

Art. 33. 1. En función de su naturaleza y duración, las penas se clasifican en graves, menos graves y leves.[64]

2. Son penas graves:

a) La prisión superior a tres años.

b) La inhabilitación absoluta.

c) Las inhabilitaciones especiales por tiempo superior a tres años.

d) La suspensión de empleo o cargo público por tiempo superior a tres años.

e) La privación del derecho a conducir vehículos a motor y ciclomotores por tiempo superior a seis años.

f) La privación del derecho a la tenencia y porte de armas por tiempo superior a seis años.

g) La privación del derecho a residir en determinados lugares o acudir a ellos o la prohibición de aproximarse a la víctima, o a aquellos de sus familiares u otras personas que determine el Juez o Tribunal, o de comunicarse con ellos, por tiempo superior a tres años.[65]

3. Son penas menos graves:[66]

a) La prisión de seis meses a tres años.

b) Las inhabilitaciones especiales hasta tres años.

c) La suspensión de empleo o cargo público hasta tres años.

d) La privación del derecho a conducir vehículos a motor y ciclomotores de un año y un día a seis años.

e) La privación del derecho a la tenencia y porte de armas de un año y un día a seis años.

f) La privación del derecho a residir en determinados lugares o acudir a ellos, o la prohibición de aproximarse a la víctima, o a aquellos de sus familiares u otras personas que determine el Juez o Tribunal, o de comunicarse con ellos, por tiempo de seis meses a tres años.[67]

g) La multa de más de dos meses.

h) La multa proporcional, cualquiera que fuese su cuantía.

i) El arresto de siete a veinticuatro fines de semana.[68]

j) Los trabajos en beneficio de la comunidad de noventa y seis a trescientas ochenta y cuatro horas.[69]

4. Son penas leves:[70]

a) La privación del derecho a conducir vehículos a motor y ciclomotores de tres meses a un año.

b) La privación del derecho a la tenencia y porte de armas de tres meses a un año.

b) bis. La privación del derecho a residir en determinados lugares o acudir a ellos, o la prohibición de aproximarse a la víctima, o a aquellos de sus familiares u otras personas que determine el Juez o Tribunal, o de comunicarse con ellos, por tiempo inferior a seis meses.[71]

---

62. V. arts. 260.3, 262 y 318 Cp; 7.3 LCC.

63. V. arts. 15, 25 y 81 CE; 24 y ss. CPM; 4 LPPNA, teniendo en cuenta DT 11ª Cp.

64. V. arts. 13, 131 a 134 y 136 Cp.

65. Modificada por LO 14/1999, de 9 de junio (§ 4.1).

66. V. arts. 13 Cp; 14.3 LECrim.

67. Modificada por LO 14/1999, de 9 de junio (§ 4.1).

68. V. RD 690/1996, de 26 de abril, por el que se establecen las circunstancias de ejecución de las penas de trabajo en beneficio de la comunidad y arresto de fin de semana.

69. V. nota anterior.

70. V. art. 13 Cp.

71. Añadida por LO 14/1999, de 9 de junio (§ 4.1).

c) La multa de cinco días a dos meses.

d) El arresto de uno a seis fines de semana.[72]

e) Los trabajos en beneficio de la comunidad de dieciséis a noventa y seis horas.[73]

5. La responsabilidad personal subsidiaria por impago de multa tendrá naturaleza menos grave o leve, según la que corresponda a la pena que sustituya.[74]

6. Las penas accesorias tendrán la duración que respectivamente tenga la pena principal.[75]

Art. 34. No se reputarán penas:

1. La detención y prisión preventiva y las demás medidas cautelares de naturaleza penal.[76]

2. Las multas y demás correcciones que, en uso de atribuciones gubernativas o disciplinarias, se impongan a los subordinados o administrados.[77]

3. Las privaciones de derechos y las sanciones reparadoras que establezcan las Leyes civiles o administrativas.

SECCIÓN 2.ª
De las penas privativas de libertad

Art. 35. Son penas privativas de libertad la prisión, el arresto de fin de semana y la responsabilidad personal subsidiaria por impago de multa.[78]

Art. 36. La pena de prisión tendrá una duración mínima de seis meses y máxima de veinte años, salvo lo que excepcionalmente dispongan otros preceptos del presente Código.[79]

Su cumplimiento, así como los beneficios penitenciarios que supongan acortamiento de la condena, se ajustarán a lo dispuesto en las Leyes y en el presente Código.[80]

Art. 37. 1. El arresto de fin de semana tendrá una duración de treinta y seis horas y equivaldrá, en cualquier caso, a dos días de privación de libertad. Tan sólo podrán imponerse como máximo veinticuatro fines de semana como arresto, salvo que la pena se imponga como sustitutiva de otra privativa de libertad; en tal caso su duración será la que resulte de la aplicación de las reglas contenidas en el artículo 88 de este Código.

2. Su cumplimiento tendrá lugar durante los viernes, sábados o domingos en el establecimiento penitenciario más próximo al domicilio del arrestado.

No obstante lo dispuesto en el párrafo anterior, si las circunstancias lo aconsejaran, el Juez o Tribunal sentenciador podrá ordenar, previo acuerdo del reo y oído el Ministerio Fiscal, que el arresto de fin de semana se cumpla en otros días de la semana, o de no existir Centro penitenciario en el partido judicial donde resida el penado, siempre que fuera posible, en depósitos municipales.

3. Si el condenado incurriera en dos ausencias no justificadas, el Juez de Vigilancia, sin perjuicio de deducir testimonio por el quebrantamiento de condena, podrá acordar que el arresto se ejecute ininterrumpidamente.

4. Las demás circunstancias de ejecución se establecerán reglamentariamente de acuerdo con lo dispuesto en la Ley penitenciaria, cuyas normas se aplicarán supletoria-

72. V. RD 690/1996, de 26 de abril, por el que se establecen las circunstancias de ejecución de las penas de trabajo en beneficio de la comunidad y arresto de fin de semana.

73. V. nota anterior.

74. V. art. 53 Cp.

75. V. arts. 54 y ss. y 79 Cp; 26 CPM.

76. V. arts. 339 Cp; 8.2 LOFCS; 489 a 519 LECrim.

77. V. arts. 127 y ss. LRJAPPAC; RD 1398, de 4 de agosto, por el que se aprueba el Reglamento del procedimiento para el ejercicio de la potestad sancionadora de la Administración Pública.

78. V. arts. 33.5 y 53 Cp.

79. V. arts. 76, 78 y 90 y ss. Cp; 4, 133 y 202 a 206 RP; 76.2.c) LOPJ.

80. V. arts. 25.2 CE; 90 y ss. Cp; 15 a 17 LOGP; 41 a 51, 73 a 98 y 110 a 153 RP.

mente en lo no previsto expresamente en este Código.[81]

Art. 38. 1. Cuando el reo estuviere preso, la duración de las penas empezará a computarse desde el día en que la sentencia condenatoria haya quedado firme.

2. Cuando el reo no estuviere preso, la duración de las penas empezará a contarse desde que ingrese en el establecimiento adecuado para su cumplimiento.

SECCIÓN 3.ª
De las penas privativas de derechos

Art. 39. Son penas privativas de derechos:

a) La inhabilitación absoluta.

b) Las de inhabilitación especial para empleo o cargo público, profesión, oficio, industria o comercio, o de los derechos de patria potestad, tutela, guarda o curatela, derecho de sufragio pasivo o de cualquier otro derecho.

c) La suspensión de empleo o cargo público.

d) La privación del derecho a conducir vehículos a motor y ciclomotores.

e) La privación del derecho a la tenencia y porte de armas.

f) La privación del derecho a residir en determinados lugares o acudir a ellos, o la prohibición de aproximarse a la víctima, o a aquellos de sus familiares u otras personas que determine el Juez o Tribunal, o de comunicarse con ellos.[82]

g) Los trabajos en beneficio de la comunidad.

Art. 40. La pena de inhabilitación absoluta tendrá una duración de seis a veinte años, las de inhabilitación especial, de seis meses a veinte años, la de suspensión de empleo o cargo público, de seis meses a seis años, la de privación del derecho a conducir vehículos a motor y ciclomotores y la de privación del derecho a la tenencia y porte de armas, de tres meses a diez años; la de privación del derecho a residir o acudir a determinados lugares, de seis meses a cinco años; y la de trabajos en beneficio de la comunidad, de un día a un año.[83]

Art. 41. La pena de inhabilitación absoluta produce la privación definitiva de todos los honores, empleos y cargos públicos que tenga el penado, aunque sean electivos. Produce, además, la incapacidad para obtener los mismos o cualesquiera otros honores, cargos o empleos públicos, y la de ser elegido para cargo público, durante el tiempo de la condena.

Art. 42. La pena de inhabilitación especial para empleo o cargo público produce la privación definitiva del empleo o cargo sobre el que recayere y de los honores que le sean anejos. Produce, además, la incapacidad para obtener el mismo u otros análogos, durante el tiempo de la condena. En la sentencia habrán de especificarse los empleos, cargos y honores sobre los que recae la inhabilitación.

Art. 43. La suspensión de empleo o cargo público priva de su ejercicio al penado durante el tiempo de la condena.

Art. 44. La inhabilitación especial para el derecho de sufragio pasivo priva al penado, durante el tiempo de la condena, del derecho a ser elegido para cargos públicos.[84]

Art. 45. La inhabilitación especial para profesión, oficio, industria o comer-

81. V. arts. 15, 16 y 19 y ss. LOGP; RD 690/1996, de 26 de abril, por el que se establecen las circunstancias de ejecución de las penas de trabajo en beneficio de la comunidad y arresto de fin de semana.

82. Modificada por la LO 14/1999, de 9 de junio (§ 4.1).

83. V. art. 33 Cp.

84. V. arts. 37 y 137 LOREG (§ 3.3); RD 435/1992, de 30 de abril, sobre comunicación al Registro Central de Penados y Rebeldes y a la Oficina del Censo Electoral de las condenas que lleven aparejada privación del derecho de sufragio.

cio o cualquier otro derecho, que ha de concretarse expresa y motivadamente en la sentencia, priva al penado de la facultad de ejercerlos durante el tiempo de la condena.

Art. 46. La inhabilitación especial para el ejercicio de la patria potestad, tutela, curatela, guarda o acogimiento, priva al penado de los derechos inherentes a la primera, y supone la extinción de las demás, así como la incapacidad para obtener nombramiento para dichos cargos durante el tiempo de la condena.[85]

Art. 47. La imposición de la pena de privación del derecho a conducir vehículos a motor y ciclomotores inhabilitará al penado para el ejercicio de ambos derechos durante el tiempo fijado en la sentencia.

La imposición de la pena de privación del derecho a la tenencia y porte de armas inhabilitará al penado para el ejercicio de este derecho por el tiempo fijado en la sentencia.

Art. 48. La privación del derecho a residir en determinados lugares o acudir a ellos impide al penado volver al lugar en que haya cometido el delito, o a aquél en que resida la víctima o su familia, si fueren distintos.

La prohibición de aproximarse a la víctima, o a aquellos de sus familiares u otras personas que determine el Juez o Tribunal, impide al penado acercarse a ellos en cualquier lugar donde se encuentren, así como acercarse al domicilio de dichas personas, a sus lugares de trabajo y a cualquier otro que sea frecuentado por ellas.

La prohibición de comunicarse con la víctima, o con aquellos de sus familiares u otras personas que determine el Juez o Tribunal, impide al penado establecer con ellos, por cualquier medio de comunicación o medio informático o telemático, contacto escrito, verbal o visual.[86]

Art. 49. Los trabajos en beneficio de la comunidad, que no podrán imponerse sin consentimiento del penado, le obligan a prestar su cooperación no retribuida en determinadas actividades de utilidad pública. Su duración diaria no podrá exceder de ocho horas y sus condiciones serán las siguientes:[87]

1.ª La ejecución se desarrollará bajo el control del Juez o Tribunal sentenciador, que, a tal efecto, podrá requerir informes sobre el desempeño del trabajo a la Administración, entidad pública o asociación de interés general en que se presten los servicios.

2.ª No atentará a la dignidad del penado.[88]

3.ª El trabajo en beneficio de la comunidad será facilitado por la Administración, la cual podrá establecer los convenios oportunos a tal fin.[89]

4.ª Gozará de la protección dispensada a los penados por la legislación penitenciaria en materia de Seguridad Social.[90]

5.ª No se supeditará al logro de intereses económicos.[91]

Las demás circunstancias de su ejecución se establecerán reglamentariamente de acuerdo con lo dispuesto en la Ley penitenciaria, cuyas disposiciones se aplicarán supletoriamente en lo no previsto expresamente en este Código.

85. V. arts. 154 y ss., 172 y ss., 215 y ss., 286 y ss., y 303 y ss. Cc.

86. Redactado de conformidad con la LO 14/1999, de 9 de junio (§ 4.1).

87. V. arts. 53 y 88 Cp.

88. V. arts. 26.b) LOGP; 135 RP.

89. V. arts. 26.e) LOGP;135 RP; RD 690/1996, de 26 de abril, por el que se establecen las circunstancias de ejecución de las penas de trabajo en beneficio de la comunidad y arresto de fin de semana.

90. V. arts. 3.2 y 26.f) LOGP; 5.3, 182.e), 134 y 137 RP; D 573/1967, de 16 de marzo, de inclusión de reclusos en el régimen general de la Seguridad Social.

91. V. art. 26.g) LOGP.

SECCIÓN 4.ª
De la pena de multa

Art. 50. 1. La pena de multa consistirá en la imposición al condenado de una sanción pecuniaria.

2. La pena de multa se impondrá, salvo que la Ley disponga otra cosa, por el sistema de días-multa.[92]

3. Su extensión mínima será de cinco días, y la máxima, de dos años. Este límite máximo no será de aplicación cuando la multa se imponga como sustitutiva de otra pena; en este caso su duración será la que resulte de la aplicación de las reglas previstas en el artículo 88.

4. La cuota diaria tendrá un mínimo de doscientas pesetas y un máximo de cincuenta mil. A efectos de cómputo, cuando se fije la duración por meses o por años, se entenderá que los meses son de treinta días y los años de trescientos sesenta.

5. Los Jueces o Tribunales determinarán motivadamente la extensión de la pena dentro de los límites establecidos para cada delito y según las reglas del capítulo II de este Título. Igualmente, fijarán en la sentencia, el importe de estas cuotas, teniendo en cuenta para ello exclusivamente la situación económica del reo, deducida de su patrimonio, ingresos, obligaciones y cargas familiares y demás circunstancias personales del mismo.

6. El Tribunal determinará en la sentencia el tiempo y forma del pago de las cuotas.

Art. 51. Si, después de la sentencia, el penado empeorare su fortuna, el Juez o Tribunal, excepcionalmente y tras la debida indagación de la capacidad económica de aquél, podrá reducir el importe de las cuotas.

Art. 52. 1. No obstante lo dispuesto en los artículos anteriores y cuando el Código así lo determine, la multa se establecerá en proporción al daño causado, el valor del objeto del delito o el beneficio reportado por el mismo.[93]

2. En estos casos, en la aplicación de las multas, los Jueces y Tribunales podrán recorrer toda la extensión en que la Ley permita imponerlas, considerando para determinar en cada caso su cuantía, no sólo las circunstancias atenuantes y agravantes del hecho, sino principalmente la situación económica del culpable.[94]

Art. 53. 1. Si el condenado no satisficiere, voluntariamente o por vía de apremio, la multa impuesta, quedará sujeto a una responsabilidad personal subsidiaria de un día de privación de libertad por cada dos cuotas diarias no satisfechas, que podrá cumplirse en régimen de arrestos de fin de semana.

También podrá el Juez o Tribunal, previa conformidad del penado, acordar que la responsabilidad subsidiaria se cumpla mediante trabajos en beneficio de la comunidad. En este caso, cada día de privación de libertad equivaldrá a una jornada de trabajo.

2. En los supuestos de multa proporcional los Jueces y Tribunales establecerán, según su prudente arbitrio, la responsabilidad personal subsidiaria que proceda, que no podrá exceder, en ningún caso, de un año de duración. También podrá el Juez o Tribunal acordar, previa conformidad del penado, que se cumpla mediante trabajos en beneficio de la comunidad.

3. Esta responsabilidad subsidiaria no se impondrá a los condenados a pena privativa de libertad superior a cuatro años.

4. El cumplimiento de la responsabilidad subsidiaria extingue la obligación de pago de la multa, aunque el reo mejore de fortuna.

---

92. V. art. 52 Cp.

93. V. arts. 249, 263, 285, 291, 292, 295, 305 a 309, 368 a 372, 377, 386 y 419 a 422 Cp.

94. V. art. 66 Cp.

SECCIÓN 5.ª
De las penas accesorias[95]

Art. 54. Las penas de inhabilitación son accesorias en los casos en que, no imponiéndolas especialmente, la Ley declare que otras penas las llevan consigo.

Art. 55. La pena de prisión igual o superior a diez años llevará consigo la inhabilitación absoluta durante el tiempo de la condena, salvo que ésta ya estuviere prevista como pena principal para el supuesto de que se trate.

Art. 56. En las penas de prisión de hasta diez años, los Jueces o Tribunales impondrán, atendiendo a la gravedad del delito, como penas accesorias alguna de las siguientes: suspensión de empleo o cargo público, inhabilitación especial para el derecho de sufragio pasivo durante el tiempo de la condena, o inhabilitación especial para empleo o cargo público, profesión, oficio, industria o comercio o cualquier otro derecho, si éstos hubieran tenido relación directa con el delito cometido, debiendo determinarse expresamente en la sentencia esta vinculación.

Art. 57. Los Jueces o Tribunales, en los delitos de homicidio, aborto, lesiones, contra la libertad, de torturas y contra la integridad moral, la libertad e indemnidad sexuales, la intimidad, el derecho a la propia imagen y la inviolabilidad del domicilio, el honor, el patrimonio y el orden socioeconómico, atendiendo a la gravedad de los hechos o al peligro que el delincuente represente, podrán acordar en sus sentencias, dentro del período de tiempo que los mismos señalen que, en ningún caso, excederá de cinco años, la imposición de una o varias de las siguientes prohibiciones:

a) La de aproximación a la víctima, o a aquellos de sus familiares u otras personas que determine el Juez o Tribunal.

b) La de que se comunique con la víctima, o con aquellos de sus familiares u otras personas que determine el Juez o Tribunal.

c) La de volver al lugar en que se haya cometido el delito o de acudir a aquél en que resida la víctima o su familia, si fueren distintos.

También podrán imponerse las prohibiciones establecidas en el presente artículo, por un período de tiempo que no excederá de seis meses, por la comisión de una infracción calificada como falta contra las personas de los arts. 617 y 620 de este Código.[96]

SECCIÓN 6.ª
Disposiciones comunes

Art. 58. 1. El tiempo de privación de libertad sufrido preventivamente se abonará en su totalidad para el cumplimiento de la pena o penas impuestas en la causa en que dicha privación haya sido acordada o, en su defecto, de las que pudieran imponerse contra el reo en otras, siempre que hayan tenido por objeto hechos anteriores al ingreso en prisión.[97]

2. Igualmente, se abonarán en su totalidad, para el cumplimiento de la pena impuesta, las privaciones de derechos acordadas cautelarmente.

Art. 59. Cuando las medidas cautelares sufridas y la pena impuesta sean de distinta naturaleza, el Juez o Tribunal ordenará que se tenga por ejecutada la pena impuesta en aquella parte que estime compensada.

Art. 60. 1. Cuando, después de pronunciada sentencia firme, se aprecie en el penado una situación duradera de trastorno mental grave que le impida conocer el senti-

95. V. arts. 33.6 , 79 y DT 11ª Cp; 24.2, 28 y 29 CPM.

96. Modificado por LO 14/1999, de 9 de junio (§ 4.1).

97. V. arts. 17.4 CE; 27 CPM; 8 LOGP; 96 y ss. RP; 294 LOPJ; 502 a 519, 785.8.c) y 986 LECrim; DF 2ª LOTJ.

do de la pena, se suspenderá la ejecución de la pena privativa de libertad que se le haya impuesto garantizando el Juez o Tribunal que aquél reciba la asistencia médica precisa.

2. Restablecida la salud mental del penado, éste cumplirá la sentencia si la pena no hubiere prescrito, sin perjuicio de que el Juez o Tribunal, por razones de equidad, pueda dar por extinguida la condena o reducir su duración, en la medida en que el cumplimiento de la pena resulte innecesario o contraproducente.[98]

CAPÍTULO II
De la aplicación de las penas[99]

SECCIÓN 1.ª
Reglas generales para la aplicación de las penas

Art. 61. Cuando la Ley establece una pena, se entiende que la impone a los autores de la infracción consumada.[100]

Art. 62. A los autores de tentativa de delito se les impondrá la pena inferior en uno o dos grados a la señalada por la Ley para el delito consumado, en la extensión que se estime adecuada, atendiendo al peligro inherente al intento y al grado de ejecución alcanzado.[101]

Art. 63. A los cómplices de un delito consumado o intentado se les impondrá la pena inferior en grado a la fijada por la Ley para los autores del mismo delito.[102]

Art. 64. Las reglas anteriores no serán de aplicación en los casos en que la tentativa y la complicidad se hallen especialmente penadas por la Ley.[103]

Art. 65. 1. Las circunstancias agravantes o atenuantes que consistan en la disposición moral del delincuente, en sus relaciones particulares con el ofendido o en otra causa personal, servirán para agravar o atenuar la responsabilidad sólo de aquéllos en quienes concurran.

2. Las que consistan en la ejecución material del hecho o en los medios empleados para realizarla, servirán únicamente para agravar o atenuar la responsabilidad de los que hayan tenido conocimiento de ellas en el momento de la acción o de su cooperación para el delito.

Art. 66. En la aplicación de la pena, los Jueces o Tribunales observarán, según haya o no circunstancias atenuantes o agravantes, las siguientes reglas:

1.ª Cuando no concurrieren circunstancias atenuantes ni agravantes o cuando concurran unas y otras, los Jueces o Tribunales individualizarán la pena imponiendo la señalada por la Ley en la extensión adecuada a las circunstancias personales del delincuente y a la mayor o menor gravedad del hecho, razonándolo en la sentencia.

2.ª Cuando concurra sólo alguna circunstancia atenuante, los Jueces o Tribunales no podrán rebasar en la aplicación de la pena la mitad inferior de la que fije la Ley para el delito.

3.ª Cuando concurran una o varias circunstancias agravantes, los Jueces o Tribunales impondrán la pena en la mitad superior de la establecida por la Ley.

4.ª Cuando sean dos o más las circunstancias atenuantes o una sola muy cualificada, los Jueces o Tribunales, razonándolo en la sentencia, podrán imponer la pena inferior en uno o dos grados a la señalada por la Ley, aplicándola en la extensión que estimen pertinente, según la entidad y número de dichas circunstancias.[104]

Art. 67. Las reglas del artículo anterior no se aplicarán a las circunstancias

---

98. V. arts. 381 a 383 y 991 LECrim; 11.b) y 39 LOGP; 183 y ss. RP; 364 LOPM.
99. V. arts. 638 Cp; 35 a 41 CPM.
100. V. arts. 28 y 638 Cp.
101. V. arts. 16.1, 64, 70, 71 y 485.2 Cp.
102. V. arts. 29, 30, 64, 70 y 71 Cp.
103. V. arts. 16, 28, 64, 192 y 485.2 Cp.
104. V. arts. 21 a 23 y 70 a 72 Cp; 6, párrafo 2º LPPNA.

agravantes o atenuantes que la Ley haya tenido en cuenta al describir o sancionar una infracción, ni a las que sean de tal manera inherentes al delito que sin la concurrencia de ellas no podría cometerse.

Art. 68. En los casos previstos en la circunstancia 1.ª del artículo 21, los Jueces o Tribunales podrán imponer, razonándolo en la sentencia, la pena inferior en uno o dos grados a la señalada por la Ley, aplicándola en la extensión que estimen pertinente, atendidos el número y la entidad de los requisitos que falten o concurran, las circunstancias personales del autor y, en su caso, el resto de las circunstancias atenuantes o agravantes.

Art. 69. Al mayor de dieciocho años y menor de veintiuno que cometa un hecho delictivo, podrán aplicársele las disposiciones de la Ley que regule la responsabilidad penal del menor en los casos y con los requisitos que ésta disponga.[105]

Art. 70. 1. La pena superior o inferior en grado a la prevista por la Ley para cualquier delito tendrá la extensión resultante de la aplicación de las siguientes reglas:

1.ª La pena superior en grado se formará partiendo de la cifra máxima señalada por la Ley para el delito de que se trate y aumentando a ésta la mitad de su cuantía, constituyendo la suma resultante su límite máximo.

2.ª La pena inferior en grado se formará partiendo de la cifra mínima señalada por la Ley para el delito de que se trate y deduciendo de ésta la mitad de su cuantía, constituyendo el resultado de tal deducción su límite mínimo.[106]

2. Cuando, en la aplicación de la regla establecida en el subapartado 1.º del apartado 1 de este artículo, la pena superior en grado exceda de los límites máximos fijados a cada pena en este Código, se considerarán como inmediatamente superiores:

1.º Si la pena determinada fuera la de prisión, la misma pena, con la cláusula de que su duración máxima será de treinta años.

2.º Si fuera la de inhabilitación absoluta o especial, la misma pena, con la cláusula de que su duración máxima será de veinticinco años.

3.º Tratándose de privación del derecho a conducir vehículos a motor y ciclomotores y del derecho a la tenencia y porte de armas, las mismas penas, con la cláusula de que su duración máxima será de quince años.

4.º Si fuera de multa, la misma pena, con la cláusula de que su duración máxima será de treinta meses.

5.º En el arresto de fin de semana, el mismo arresto, con la cláusula de que su duración máxima será de treinta y seis fines de semana.

Art. 71. 1. En la determinación de la pena inferior en grado, los Jueces o Tribunales no quedarán limitados por las cuantías mínimas señaladas en la Ley a cada clase de pena, sino que podrán reducirlas en la forma que resulte de la aplicación de la regla correspondiente.[107]

2. No obstante, cuando por aplicación de las reglas anteriores proceda imponer una pena de prisión inferior a seis meses, ésta será en todo caso sustituida conforme a lo dispuesto en la sección 2.ª del capítulo III de este Título, sin perjuicio de la suspensión de la ejecución de la pena en los casos en que proceda.

Art. 72. Cuando la pena señalada en la Ley no tenga una de las formas previstas especialmente en este Título, se individualizará y aplicará, en cada caso, haciendo uso analógico de las reglas anteriores.

SECCIÓN 2.ª
Reglas especiales para la aplicación de las penas

Art. 73. Al responsable de dos o más delitos o faltas se le impondrán todas las

105. V. DT 12ª, DD 1.a) y DF 2ª Cp; § 2.
106. V. arts. 71 y 72 Cp.
107. V. arts. 33, 80 y ss. Cp.

penas correspondientes a las diversas infracciones para su cumplimiento simultáneo, si fuera posible, por la naturaleza y efectos de las mismas.

Art. 74. 1. No obstante lo dispuesto en el artículo anterior, el que, en ejecución de un plan preconcebido o aprovechando idéntica ocasión, realice una pluralidad de acciones u omisiones que ofendan a uno o varios sujetos e infrinjan el mismo precepto penal o preceptos de igual o semejante naturaleza, será castigado, como autor de un delito o falta continuados, con la pena señalada para la infracción más grave, que se impondrá en su mitad superior.

2. Si se tratare de infracciones contra el patrimonio, se impondrá la pena teniendo en cuenta el perjuicio total causado. En estas infracciones el Juez o Tribunal impondrá, motivadamente, la pena superior en uno o dos grados, en la extensión que estime conveniente, si el hecho revistiere notoria gravedad y hubiere perjudicado a una generalidad de personas.

3. Quedan exceptuadas de lo establecido en los apartados anteriores las ofensas a bienes eminentemente personales, salvo las constitutivas de infracciones contra el honor y la libertad sexual; en tales casos se atenderá a la naturaleza del hecho y del precepto infringido para aplicar o no la continuidad delictiva.[108]

Art. 75. Cuando todas o algunas de las penas correspondientes a las diversas infracciones no puedan ser cumplidas simultáneamente por el condenado, se seguirá el orden de su respectiva gravedad para su cumplimiento sucesivo, en cuanto sea posible.

Art. 76. 1. No obstante lo dispuesto en el artículo anterior, el máximo de cumplimiento efectivo de la condena del culpable no podrá exceder del triple del tiempo por el que se le imponga la más grave de las penas en que haya incurrido, declarando extinguidas las que procedan desde que las ya impuestas cubran dicho máximo, que no podrá exceder de veinte años. Excepcionalmente, este límite máximo será:

a) De veinticinco años, cuando el sujeto haya sido condenado por dos o más delitos y alguno de ellos esté castigado por la Ley con pena de prisión de hasta veinte años.[109]

b) De treinta años, cuando el sujeto haya sido condenado por dos o más delitos y alguno de ellos esté castigado por la Ley con pena de prisión superior a veinte años.

2. La limitación se aplicará aunque las penas se hayan impuesto en distintos procesos si los hechos, por su conexión, pudieran haberse enjuiciado en uno solo.[110]

Art. 77. 1. Lo dispuesto en los dos artículos anteriores, no es aplicable en el caso de que un solo hecho constituya dos o más infracciones, o cuando una de ellas sea medio necesario para cometer la otra.

2. En estos casos se aplicará en su mitad superior la pena prevista para la infracción más grave, sin que pueda exceder de la que represente la suma de las que correspondería aplicar si se penaran separadamente las infracciones.

3. Cuando la pena así computada exceda de este límite, se sancionarán las infracciones por separado.

Art. 78. Si a consecuencia de las limitaciones establecidas en el artículo 76 la pena a cumplir resultase inferior a la mitad de la suma total de las impuestas, el Juez o Tribunal, atendida la peligrosidad criminal del penado, podrá acordar motivadamente que los beneficios penitenciarios y el cómputo de tiempo para la libertad condicional se refieran a la totalidad de las penas impuestas en las sentencias, sin per-

---

108. V. art. 2.2 LORC (§ 3.6).

109. V. arts. 139, 303, 341, 346, 351, 486, 487, 571, 572, 581, 582, 583, 588, 605, 607 y DT 11ª Cp.

110. V. arts. 77 y 78 Cp; 345 LOPM; 17, 18, 142.4ª, 300 y 988 párrafo 3º LECrim.

juicio de lo que, a la vista del tratamiento, pueda resultar procedente.[111]

En este último caso, el Juez de Vigilancia Penitenciaria, valorando, en su caso, las circunstancias personales del reo, la evolución del tratamiento reeducador y el pronóstico de reinserción social, podrá acordar razonadamente, oído el Ministerio Fiscal, la aplicación del régimen general de cumplimiento.

Art. 79. Siempre que los Jueces o Tribunales impongan una pena que lleve consigo otras accesorias condenarán también expresamente al reo a estas últimas.[112]

CAPÍTULO III
De las formas sustitutivas de la ejecución de las penas privativas de libertad

SECCIÓN 1.ª
De la suspensión de la ejecución de las penas privativas de libertad[113]

Art. 80. 1. Los Jueces o Tribunales podrán dejar en suspenso la ejecución de las penas privativas de libertad inferiores a dos años mediante resolución motivada, atendiendo fundamentalmente a la peligrosidad criminal del sujeto.

2. El plazo de suspensión será de dos a cinco años para las penas privativas de libertad inferiores a dos años, y de tres meses a un año para las penas leves y se fijará por los Jueces o Tribunales, previa audiencia de las partes, atendidas las circunstancias personales del delincuente, las características del hecho y la duración de la pena.

3. La suspensión de la ejecución de la pena no será extensiva a la responsabilidad civil derivada del delito o falta penados.

111. V. arts. 76.2.c) y g) LOGP; 192 y ss. RP.

112. V. arts. 33.6 y 54 y ss. Cp.

113. V. arts. 44 CPM; 368 a 374 LOPM; 30.2 LO 4/1981, de 1 de junio, sobre los Estados de Alarma, Excepción y Sitio.

4. Los Jueces y Tribunales sentenciadores podrán otorgar la suspensión de cualquier pena impuesta sin sujeción a requisito alguno en el caso de que el penado esté aquejado de una enfermedad muy grave con padecimientos incurables, salvo que en el momento de la comisión del delito tuviera ya otra pena suspendida por el mismo motivo.

Art. 81. Serán condiciones necesarias para dejar en suspenso la ejecución de la pena, las siguientes:

1.ª Que el condenado haya delinquido por primera vez. A tal efecto no se tendrán en cuenta las anteriores condenas por delitos imprudentes ni los antecedentes penales que hayan sido cancelados, o debieran serlo, con arreglo a lo dispuesto en el artículo 136 de este Código.

2.ª Que la pena impuesta, o la suma de las impuestas en una misma sentencia, no sea superior a los dos años de privación de libertad.

3.ª Que se hayan satisfecho las responsabilidades civiles que se hubieren originado, salvo que el Juez o Tribunal sentenciador, después de oír a los interesados y al Ministerio Fiscal, declare la imposibilidad total o parcial de que el condenado haga frente a las mismas.

Art. 82. Declarada la firmeza de la sentencia y acreditados los requisitos establecidos en el artículo anterior, los Jueces o Tribunales se pronunciarán con la mayor urgencia sobre la concesión o no de la suspensión de la ejecución de la pena. Mientras tanto, no comunicarán ningún antecedente al Registro Central de Penados y Rebeldes.

Si el Juez o Tribunal acordara la suspensión de la ejecución de la pena, la inscripción de la pena suspendida se llevará a cabo en una Sección especial, separada y reservada de dicho Registro, a la que sólo podrán pedir antecedentes los Jueces o Tribunales.[114]

114. V. art. 136 Cp.

Art. 83. 1. La suspensión de la ejecución de la pena quedará siempre condicionada a que el reo no delinca en el plazo fijado por el Juez o Tribunal conforme al artículo 80.2 de este Código. En el caso de que la pena suspendida fuese de prisión, el Juez o Tribunal sentenciador, si lo estima necesario, podrá también condicionar la suspensión al cumplimiento de las obligaciones o deberes que le haya fijado de entre las siguientes:

1.º Prohibición de acudir a determinados lugares.

1.º bis) Prohibición de aproximarse a la víctima, o a aquellos de sus familiares u otras personas que determine el Juez o Tribunal, o de comunicarse con ellos.[115]

2.º Prohibición de ausentarse sin autorización del Juez o Tribunal del lugar donde resida.

3.º Comparecer personalmente ante el Juzgado o Tribunal, o servicio de la Administración que éstos señalen, para informar de sus actividades y justificarlas.

4.º Participar en programas formativos, laborales, culturales, de educación vial, sexual y otros similares.

5.º Cumplir los demás deberes que el Juez o Tribunal estime convenientes para la rehabilitación social del penado, previa conformidad de éste, siempre que no atenten contra su dignidad como persona.

2. Los servicios correspondientes de la Administración competente informarán al Juez o Tribunal sentenciador, al menos cada tres meses, sobre la observancia de las reglas de conducta impuestas.

Art. 84. 1. Si el sujeto delinquiera durante el plazo de suspensión fijado, el Juez o Tribunal revocará la suspensión de la ejecución de la pena.[116]

2. Si el sujeto infringiera durante el plazo de suspensión las obligaciones o deberes impuestos, el Juez o Tribunal podrá, previa audiencia de las partes, según los casos:[117]

a) Sustituir la regla de conducta impuesta por otra distinta.

b) Prorrogar el plazo de suspensión, sin que en ningún caso pueda exceder de cinco años.

c) Revocar la suspensión de la ejecución de la pena, si el incumplimiento fuera reiterado.

Art. 85. 1. Revocada la suspensión, se ordenará la ejecución de la pena, así como la inscripción de la misma en el Registro Central de Penados y Rebeldes.

2. Transcurrido el plazo de suspensión fijado sin haber delinquido el sujeto, y cumplidas, en su caso, las reglas de conducta fijadas por el Juez o Tribunal, éste acordará la remisión de la pena, ordenando la cancelación de la inscripción hecha en la Sección especial del Registro Central de Penados y Rebeldes. Este antecedente penal no se tendrá en cuenta a ningún efecto.[118]

Art. 86. En los delitos que sólo pueden ser perseguidos previa denuncia o querella del ofendido, los Jueces y Tribunales oirán a éste y, en su caso, a quien le represente, antes de conceder los beneficios de la suspensión de la ejecución de la pena.

Art. 87. 1. Aun cuando no concurran las condiciones 1.ª y 2.ª previstas en el artículo 81, el Juez o Tribunal, con audiencia de las partes, podrá acordar la suspensión de la ejecución de las penas privativas de libertad no superiores a tres años de los penados que hubiesen cometido el hecho delictivo a causa de su dependencia de las sustancias señaladas en el número 2.º del artículo 20, siempre que se den las siguientes circunstancias:

1.ª Que se certifique suficientemente, por centro o servicio público o privado debidamente acreditado u homologado, que el condenado se encuentra deshabituado o sometido a tratamiento para tal fin en el momento de decidir sobre la suspensión.

115. Modificado por LO 14/1999, de 9 de junio (§ 4.1).

116. V. art. 80 Cp.

117. V. art. 83 Cp.

118. V. art. 81 Cp.

2.ª Que no se trate de reos habituales.

2. En el supuesto de que el condenado sea reincidente, el Juez o Tribunal valorará, por resolución motivada, la oportunidad de conceder o no el beneficio de la suspensión de la ejecución de la pena, atendidas las circunstancias del hecho y del autor.

3. La suspensión de la ejecución de la pena quedará siempre condicionada a que el reo no delinca en el período que se señale, que será de tres a cinco años.

4. En el caso de que el condenado se halle sometido a tratamiento de deshabituación, también se condicionará la suspensión de la ejecución de la pena a que no abandone el tratamiento hasta su finalización. Los centros o servicios responsables del tratamiento estarán obligados a facilitar al Juez o Tribunal sentenciador, en los plazos que señale, la información precisa para comprobar el comienzo de aquél, así como para conocer periódicamente su evolución, las modificaciones que haya de experimentar así como su finalización.

5. El Juez o Tribunal revocará la suspensión de la ejecución de la pena si el penado incumpliere cualquiera de las condiciones establecidas.

Transcurrido el plazo de suspensión sin haber delinquido el sujeto, el Juez o Tribunal acordará la remisión de la pena si se ha acreditado la deshabituación o la continuidad del tratamiento del reo. De lo contrario, ordenará su cumplimiento, salvo que, oídos los informes correspondientes, estime necesaria la continuación del tratamiento; en tal caso podrá conceder razonadamente una prórroga del plazo de suspensión por tiempo no superior a dos años.[119]

SECCIÓN 2.ª
De la sustitución de las penas privativas de libertad[120]

Art. 88. 1. Los Jueces o Tribunales podrán sustituir, previa audiencia de las partes, en la misma sentencia, o posteriormente en auto motivado, antes de dar inicio a su ejecución, las penas de prisión que no excedan de un año por arresto de fin de semana o multa, aunque la Ley no prevea estas penas para el delito de que se trate, cuando las circunstancias personales del reo, la naturaleza del hecho, su conducta y, en particular, el esfuerzo para reparar el daño causado así lo aconsejen, siempre que no se trate de reos habituales. Cada semana de prisión será sustituida por dos arrestos de fin de semana; y cada día de prisión será sustituido por dos cuotas de multa. En estos casos el Juez o Tribunal podrá además imponer al penado la observancia de una o varias de las obligaciones o deberes previstos en el artículo 83 de este Código.

Excepcionalmente podrán los Jueces o Tribunales sustituir las penas de prisión que no excedan de dos años a los reos no habituales cuando de las circunstancias del hecho y del culpable se infiera que el cumplimiento de aquéllas habría de frustrar sus fines de prevención y reinserción social. En estos casos, la sustitución se llevará a cabo con los mismos requisitos y en los mismos términos y módulos de conversión establecidos en el párrafo anterior.

2. También podrán los Jueces y Tribunales, previa conformidad del reo, sustituir las penas de arresto de fines de semana por multa o trabajos en beneficio de la comunidad. En este caso, cada arresto de fin de semana será sustituido por cuatro cuotas de multa o dos jornadas de trabajo.

3. En el supuesto de quebrantamiento o incumplimiento en todo o en parte de la pena sustitutiva, la pena de prisión o de arresto de fin de semana inicialmente impuesta se ejecutará descontando, en su caso, la parte de tiempo que se haya cumplido, de acuerdo con las reglas de conversión respectivamente establecidas en los apartados precedentes.

4. En ningún caso se podrán sustituir penas que sean sustitutivas de otras.

Art. 89. 1. Las penas privativas de libertad inferiores a seis años impuestas a un

119. V. arts. 20.2ª, 22.8ª, 81.1 y 2, 85, 94, 97.c), 102, 190, 368 y ss., 375, 388 y 587 Cp.
120. V. arts. 37, 49, 50 y 71.2 Cp.

extranjero no residente legalmente en España podrán ser sustituidas por su expulsión del territorio nacional. Igualmente, los Jueces o Tribunales, a instancia del Ministerio Fiscal, podrán acordar la expulsión del territorio nacional del extranjero condenado a pena de prisión igual o superior a seis años, siempre que haya cumplido las tres cuartas partes de la condena. En ambos casos será necesario oír previamente al penado.

2. El extranjero no podrá regresar a España en un plazo de tres a diez años contados desde la fecha de su expulsión, atendida la duración de la pena impuesta. Si regresare antes de dicho término, cumplirá las penas que le hayan sido sustituidas.

3. No obstante lo dispuesto en el apartado anterior, el extranjero que intentara quebrantar una decisión judicial de expulsión con prohibición expresa de regresar al territorio español y fuese sorprendido en la frontera, será expulsado por la autoridad gubernativa.[121]

SECCIÓN 3.ª
De la libertad condicional[122]

Art. 90. 1. Se establece la libertad condicional en las penas privativas de libertad para aquellos sentenciados en quienes concurran las circunstancias siguientes:

1.ª Que se encuentren en el tercer grado de tratamiento penitenciario.

2.ª Que hayan extinguido las tres cuartas partes de la condena impuesta.

3.ª Que hayan observado buena conducta, y exista respecto de los mismos un pronóstico individualizado y favorable de reinserción social, emitido por los expertos que el Juez de Vigilancia estime convenientes.

2. El Juez de Vigilancia, al decretar la libertad condicional de los penados, podrá imponerles la observancia de una o varias de las reglas de conducta previstas en el artículo 105 del presente Código.

Art. 91. Excepcionalmente, cumplidas las circunstancias 1.ª y 3.ª del apartado 1 del artículo anterior, el Juez de Vigilancia Penitenciaria podrá conceder la libertad condicional a los sentenciados a penas privativas de libertad que hayan extinguido las dos terceras partes de su condena, siempre que merezcan dicho beneficio por haber desarrollado continuadamente actividades laborales, culturales u ocupacionales.[123]

Art. 92. No obstante lo dispuesto en los artículos anteriores, los sentenciados que hubieran cumplido la edad de setenta años, o la cumplan durante la extinción de la condena, y reúnan los requisitos establecidos, excepto el haber extinguido las tres cuartas partes de aquélla, o, en su caso, las dos terceras podrán obtener la concesión de la libertad condicional.

El mismo criterio se aplicará cuando, según informe médico, se trate de enfermos muy graves, con padecimientos incurables.[124]

Art. 93. El período de libertad condicional durará todo el tiempo que le falte al sujeto para cumplir su condena. Si en dicho período el reo delinquiere o inobservare las reglas de conducta impuestas, el Juez de Vigilancia Penitenciaria revocará la libertad concedida, y el penado reingresará en prisión en el período o grado penitenciario que corresponda, sin perjuicio del cómputo del tiempo pasado en libertad condicional.

SECCIÓN 4.ª
Disposiciones comunes

Art. 94. A los efectos previstos en las secciones 1.ª y 2.ª de este capítulo se consideran reos habituales los que hubieren

121. V. LO 4/2000, de 11 enero, sobre Derechos y Libertades de los Extranjeros en España y su Integración Social.

122. V. arts. 67, 72 y 76.2.b) LOGP; 192 a 210 y DT 1ª RP; 29 a 33 RD 1396/1992, de 20 de noviembre, por el que se aprueba el Reglamento de Establecimientos Penitenciarios Militares.

123. V. arts. 26 y ss., y 55 y ss. LOGP; 135 y ss. RP.

124. V. art. 196 RP.

cometido tres o más delitos de los comprendidos en un mismo capítulo, en un plazo no superior a cinco años, y hayan sido condenados por ello.[125]

TÍTULO IV
DE LAS MEDIDAS DE SEGURIDAD

CAPÍTULO I
De las medidas de seguridad en general

Art. 95. 1. Las medidas de seguridad se aplicarán por el Juez o Tribunal, previos los informes que estime convenientes, a las personas que se encuentren en los supuestos previstos en el capítulo siguiente de este Código, siempre que concurran estas circunstancias:

1.ª Que el sujeto haya cometido un hecho previsto como delito.

2.ª Que del hecho y de las circunstancias personales del sujeto pueda deducirse un pronóstico de comportamiento futuro que revele la probabilidad de comisión de nuevos delitos.[126]

2. Cuando la pena que hubiere podido imponerse por el delito cometido no fuere privativa de libertad, el Juez o Tribunal sentenciador sólo podrá acordar alguna o algunas de las medidas previstas en el artículo 105.

Art. 96. 1. Las medidas de seguridad que se pueden imponer con arreglo a este Código son privativas y no privativas de libertad.

2. Son medidas privativas de libertad:[127]

1.ª El internamiento en centro psiquiátrico.

2.ª El internamiento en centro de deshabituación.

3.ª El internamiento en centro educativo especial.

3. Son medidas no privativas de libertad:

1.ª La prohibición de estancia y residencia en determinados lugares.

2.ª La privación del derecho a conducir vehículos a motor y ciclomotores.

3.ª La privación de licencia o del permiso de armas.

4.ª La inhabilitación profesional.

5.ª La expulsión del territorio nacional, de extranjeros no residentes legalmente en España.[128]

6.ª Las demás previstas en el artículo 105 de este Código.

Art. 97. Durante la ejecución de la sentencia, el Juez o Tribunal sentenciador podrá, mediante un procedimiento contradictorio, previa propuesta del Juez de Vigilancia Penitenciaria:

a) Decretar el cese de cualquier medida de seguridad impuesta en cuanto desaparezca la peligrosidad criminal del sujeto.

b) Sustituir una medida de seguridad por otra que estime más adecuada, entre las previstas para el supuesto de que se trate. En el caso de que fuera acordada la sustitución y el sujeto evolucionara desfavorablemente, se dejará tal medida sin efecto.

c) Dejar en suspenso la ejecución de la medida en atención al resultado ya obtenido con su aplicación, por un plazo no superior al que reste hasta el máximo señalado en la sentencia que lo impuso. La suspensión quedará condicionada a que el sujeto no delinca durante el plazo fijado, y podrá dejarse sin efecto si nuevamente resultara acreditada cualquiera de las circunstancias previstas en el artículo 95 de este Código.

A estos efectos el Juez de Vigilancia Penitenciaria estará obligado a elevar al menos anualmente una propuesta de mantenimiento, cese, sustitución o suspensión de la medida de seguridad privativa de libertad impuesta.[129]

---

125. V. arts. 87.1.2ª y 88.1º, párrafo 2º Cp.
126. V. art. 6.1 Cp.
127. V. arts. 20.1º, 2º y 3º y 101 a 103 Cp; 11.b) LOGP; 173 a 177 y 183 a 191 RP; 381 a 383 y 991 a 994 LECrim.
128. V. arts. 53 y 54 LO 4/2000, de 11 de enero (§ 4.1).
129. V. arts. 101.2, 102.2 y 103.2 y 3 Cp.

Art. 98. Para formular la propuesta a que se refiere el artículo anterior el Juez de Vigilancia Penitenciaria deberá valorar los informes emitidos por los facultativos y profesionales que asistan al sometido a medida de seguridad, y, en su caso, el resultado de las demás actuaciones que a este fin ordene.[130]

Art. 99. En el caso de concurrencia de penas y medidas de seguridad privativas de libertad, el Juez o Tribunal ordenará el cumplimiento de la medida, que se abonará para el de la pena. Una vez alzada la medida de seguridad, el Juez o Tribunal podrá, si con la ejecución de la pena se pusieran en peligro los efectos conseguidos a través de aquélla, suspender el cumplimiento del resto de la pena por un plazo no superior a la duración de la misma, o aplicar alguna de las medidas previstas en el artículo 105.[131]

Art. 100. 1. El quebrantamiento de una medida de seguridad de internamiento dará lugar al reingreso del sujeto en el mismo centro del que se hubiese evadido o en otro que corresponda a su estado, sin perjuicio de deducir testimonio por el quebrantamiento de la medida en los casos de los sometidos a ella en virtud del artículo 104 de este Código.

2. Si se tratare de otras medidas, el Juez o Tribunal podrá acordar la sustitución de la quebrantada por la de internamiento si ésta estuviese prevista para el supuesto de que se trate y si el quebrantamiento demostrase su necesidad.[132]

CAPÍTULO II
De la aplicación de las medidas de seguridad

SECCIÓN 1.ª
De las medidas privativas de libertad

Art. 101. 1. Al sujeto que sea declarado exento de responsabilidad criminal conforme al número 1.º del artículo 20, se le podrá aplicar, si fuere necesaria, la medida de internamiento para tratamiento médico o educación especial en un establecimiento adecuado al tipo de anomalía o alteración psíquica que se aprecie, o cualquier otra de las medidas previstas en el apartado 3 del artículo 96. El internamiento no podrá exceder del tiempo que habría durado la pena privativa de libertad, si hubiera sido declarado responsable el sujeto, y a tal efecto el Juez o Tribunal fijará en la sentencia ese límite máximo.

2. El sometido a esta medida no podrá abandonar el establecimiento sin autorización del Juez o Tribunal sentenciador, de conformidad con lo previsto en el artículo 97 de éste Código.[133]

Art. 102. 1. A los exentos de responsabilidad penal conforme al número 2.º del artículo 20 se les aplicará, si fuere necesaria, la medida de internamiento en centro de deshabituación público, o privado debidamente acreditado u homologado, o cualquiera otra de las medidas previstas en el apartado 3 del artículo 96. El internamiento no podrá exceder del tiempo que habría durado la pena privativa de libertad, si el sujeto hubiere sido declarado responsable, y a tal efecto el Juez o Tribunal fijará ese límite máximo en la sentencia.

2. El sometido a esta medida no podrá abandonar el establecimiento sin autorización del Juez o Tribunal sentenciador de conformidad con lo previsto en el artículo 97 de este Código.[134]

Art. 103. 1. A los que fueren declarados exentos de responsabilidad conforme al número 3.º del artículo 20, se les podrá aplicar, si fuere necesaria, la medida de internamiento en un centro educativo especial o cualquier otra de las medidas

130. V. arts. 39 LOGP; 187 RP; 380 a 383 y 391 a 394 LECrim.

131. V. arts. 60 y 104 Cp.

132. V. arts. 95.2, 101 a 103 y 468 a 470 Cp.

133. V. arts. 6.2, 96.2.1ª y 3ª, 97, 100 y 105 Cp; 182 a 191 RP.

134. V. arts. 6.2, 96.2.2ª, 97, 100 y 105 Cp; 182 RP.

previstas en el apartado tercero del artículo 96. El internamiento no podrá exceder del tiempo que habría durado la pena privativa de libertad, si el sujeto hubiera sido declarado responsable y, a tal efecto, el Juez o Tribunal fijará en la sentencia ese límite máximo.

2. El sometido a esta medida no podrá abandonar el establecimiento sin autorización del Juez o Tribunal sentenciador de conformidad con lo previsto en el artículo 97 de este Código.

3. En este supuesto, la propuesta a que se refiere el artículo 97 de este Código deberá hacerse al terminar cada curso o grado de enseñanza.[135]

Art. 104. En los supuestos de eximente incompleta en relación con los números 1.º, 2.º y 3.º del artículo 20, el Juez o Tribunal podrá imponer, además de la pena correspondiente, las medidas previstas en los artículos 101, 102 y 103. No obstante, la medida de internamiento sólo será aplicable cuando la pena impuesta sea privativa de libertad y su duración no podrá exceder de la de la pena prevista por el Código para el delito. Para su aplicación se observará lo dispuesto en el artículo 99.[136]

SECCIÓN 2.ª
De las medidas no privativas de libertad

Art. 105. En los casos previstos en los artículos 101 a 104, el Juez o Tribunal podrá acordar razonadamente, desde un principio o durante la ejecución de la sentencia, la imposición de la observancia de una o varias de las siguientes medidas:

1. Por un tiempo no superior a cinco años:

a) Sumisión a tratamiento externo en centros médicos o establecimientos de carácter socio-sanitario.

b) Obligación de residir en un lugar determinado.

c) Prohibición de residir en el lugar o territorio que se designe. En este caso, el sujeto quedará obligado a declarar el domicilio que elija y los cambios que se produzcan.

d) Prohibición de acudir a determinados lugares o visitar establecimientos de bebidas alcohólicas.

e) Custodia familiar. El sometido a esta medida quedará sujeto al cuidado y vigilancia del familiar que se designe y que acepte la custodia, quien la ejercerá en relación con el Juez de Vigilancia y sin menoscabo de las actividades escolares o laborales del custodiado.

f) Sometimiento a programas de tipo formativo, cultural, educativo, profesional, de educación sexual y otros similares.

g) Prohibición de aproximarse a la víctima, o a aquellos de sus familiares u otras personas que determine el Juez o Tribunal, o de comunicarse con ellos.[137]

2. Por un tiempo de hasta diez años:

a) La privación de la licencia o del permiso de armas.

b) La privación del derecho a la conducción de vehículos a motor y ciclomotores.

El Juez de Vigilancia Penitenciaria o los servicios correspondientes del Ministerio de Justicia e Interior o de la Administración Autonómica informarán al Juez o Tribunal sentenciador sobre el cumplimiento de estas medidas.[138]

Art. 106. En los casos previstos en el artículo anterior, el Juez o Tribunal sentenciador dispondrá que los servicios de asistencia social competentes presten la ayuda o atención que precise y legalmente le corresponda al sometido a medidas de seguridad no privativas de libertad.[139]

---

135. V. arts. 6.2, 96.2.2ª, 97, 100 y 105 Cp; 182 RP.

136. V. arts. 6.2, 60 y 95.2 Cp; 11 LOGP; 182 y ss. RP.

137. Apartado redactado de conformidad con la LO 14/1999, de 9 de junio (§ 4.1).

138. V. art. 96.3 Cp.

139. V. arts. 74 y 75 LOGP; 207 y ss. RP.

Art. 107. El Juez o Tribunal podrá decretar razonadamente la medida de inhabilitación para el ejercicio de determinado derecho, profesión, oficio, industria o comercio, cargo o empleo, por un tiempo de uno a cinco años, cuando el sujeto haya cometido con abuso de dicho ejercicio, o en relación con él, un hecho delictivo, y cuando de la valoración de las circunstancias concurrentes pueda deducirse el peligro de que vuelva a cometer el mismo delito u otros semejantes, siempre que no sea posible imponerle la pena correspondiente por encontrarse en alguna de las situaciones previstas en los números 1.º, 2.º y 3.º del artículo 20.[140]

Art. 108. 1. Si el sujeto fuere extranjero no residente legalmente en España, el Juez o Tribunal podrá acordar, previa audiencia de aquél, la expulsión del territorio nacional como sustitutiva de las medidas de seguridad privativas de libertad que le sean aplicables.

2. El sujeto a esta medida no podrá volver a entrar en España durante el plazo que se señale, sin que pueda exceder de diez años.[141]

TÍTULO V
DE LA RESPONSABILIDAD CIVIL DERIVADA DE LOS DELITOS Y FALTAS Y DE LAS COSTAS PROCESALES

CAPÍTULO I
De la responsabilidad civil y su extensión

Art. 109. 1. La ejecución de un hecho descrito por la Ley como delito o falta obliga a reparar, en los términos previstos en las Leyes, los daños y perjuicios por él causados.

2. El perjudicado podrá optar, en todo caso, por exigir la responsabilidad civil ante la Jurisdicción Civil.[142]

Art. 110. La responsabilidad establecida en el artículo anterior comprende:

1.º La restitución.

2.º La reparación del daño.

3.º La indemnización de perjuicios materiales y morales.[143]

Art. 111. 1. Deberá restituirse, siempre que sea posible, el mismo bien, con abono de los deterioros y menoscabos que el Juez o Tribunal determinen. La restitución tendrá lugar aunque el bien se halle en poder de tercero y éste lo haya adquirido legalmen-

---

140. V. arts. 42 a 48, 96.3.4ª y DA 2ª Cp.

141. V. art. 96.3.5ª Cp; LO 4/2000, de 11 de enero (§ 4.1).

142. V. arts. 106.2 CE; 272 Cp; 20, Primera Cp 73, en relación al art. 8º.2º, que continúa en vigencia hasta que entre en vigor la LO 5/2000, de 12 de enero, Reguladora de la Responsabilidad Penal de los Menores (§ 2), y cuyo texto se reproduce en nota al art. 19. V. también art. 4 LORC (§ 3.6) y RD 1649/1998, de 24 de julio, por el que se desarrolla su Título II, relativo a las infracciones administrativas de contrabando; arts. 1089, 1092, 1093, 1813, 1902 y ss. y 1956 Cc, así como los arts. 1156 a 1213, 1813 y 1968.2º del mismo cuerpo legal, sobre la extinción de la responsabilidad civil; 85 y 86 CCom; 1º.2 LO 1/1982, de 5 de mayo, de Protección del Derecho al Honor, a la Intimidad Personal y Familiar y a la Propia Imagen; 61 y ss. LO 5/2000, de 12 de enero, Reguladora de la Responsabilidad Penal de los Menores (§ 2); Ley 122/1962, de 24 de diciembre, sobre Uso y Circulación de Vehículos a Motor —Texto Refundido aprobado por D 632/1968, de 21 de marzo—, que pasa a denominarse Ley sobre Responsabilidad Civil y Seguro de la Circulación de Vehículos a Motor, conforme DA 8ª Ley 30/1995, de 8 de noviembre, de Ordenación y Supervisión de Seguros Privados; Ley 22/1994, de 6 de julio, de Responsabilidad Civil por los Daños Causados por Productos Defectuosos; Ley 35/1995, de 11 de diciembre, de Ayudas y Asistencia a las Víctimas de los Delitos Violentos y contra la Libertad Sexual (§ 3.5) y RD 738/1997, de 23 de mayo, por el que se aprueba el Reglamento que la desarrolla; Ley 32/1999, de 8 de octubre, de Solidaridad con las Víctimas del Terrorismo y RD 1912/1999, de 17 de diciembre, por el que se aprueba su Reglamento de ejecución; Ley 50/1999, de 23 de diciembre, sobre el Régimen Jurídico de la Tenencia de Animales Potencialmente Peligrosos; arts. 4.5 LPJDFP; 100, 107 a 117, 615 a 621, 635, 650, 652, 655, 688 y ss., 734, 736, 742, 783, 785 y 790 y ss. LECrim.

143. V. nota al art. anterior.

te y de buena fe, dejando a salvo su derecho de repetición contra quien corresponda y, en su caso, el de ser indemnizado por el responsable civil del delito o falta.

2. Esta disposición no es aplicable cuando el tercero haya adquirido el bien en la forma y con los requisitos establecidos por las Leyes para hacerlo irreivindicable.[144]

Art. 112. La reparación del daño podrá consistir en obligaciones de dar, de hacer o de no hacer que el Juez o Tribunal establecerá atendiendo a la naturaleza de aquél y a las condiciones personales y patrimoniales del culpable, determinando si han de ser cumplidas por él mismo o pueden ser ejecutadas a su costa.[145]

Art. 113. La indemnización de perjuicios materiales y morales comprenderá no sólo los que se hubieren causado al agraviado, sino también los que se hubieren irrogado a sus familiares o a terceros.[146]

Art. 114. Si la víctima hubiere contribuido con su conducta a la producción del daño o perjuicio sufrido, los Jueces o Tribunales podrán moderar el importe de su reparación o indemnización.[147]

Art. 115. Los Jueces y Tribunales, al declarar la existencia de responsabilidad civil, establecerán razonadamente, en sus resoluciones las bases en que fundamenten la cuantía de los daños e indemnizaciones, pudiendo fijarla en la propia resolución o en el momento de su ejecución.[148]

144. V. arts. 464, 1940 y ss., 1955 y 1956 Cc; 85, 86, 324, 545.3º, 547 y ss., 560 y 561 CCom; 34 y ss. Ley Hipotecaria, Texto Refundido aprobado por D de 8 de febrero de 1946; 367, 619, 620, 635, 843 y 844 LECrim.

145. V. arts. 216 y 227.3 Cp; 1088, 1089, 1094 a 1099, 1120, 1123, 1151, 1160, 1166 y 1182 y ss. Cc.

146. V. arts. 193 Cp; 1105 a 1107 Cc.

147. V. art. 1103 Cc.

148. V. arts. 9.3 LCC; 1106 y 1107 Cc; 4.5 LPJDFP; 365 LECrim; 377 y ss. LOPM.

CAPÍTULO II
De las personas civilmente responsables

Art. 116. 1. Toda persona criminalmente responsable de un delito o falta lo es también civilmente si del hecho se derivaren daños o perjuicios. Si son dos o más los responsables de un delito o falta los Jueces o Tribunales señalarán la cuota de que deba responder cada uno.

2. Los autores y los cómplices, cada uno dentro de su respectiva clase, serán responsables solidariamente entre sí por sus cuotas, y subsidiariamente por las correspondientes a los demás responsables.

La responsabilidad subsidiaria se hará efectiva: primero, en los bienes de los autores, y después, en los de los cómplices.

Tanto en los casos en que se haga efectiva la responsabilidad solidaria como la subsidiaria, quedará a salvo la repetición del que hubiere pagado contra los demás por las cuotas correspondientes a cada uno.[149]

Art. 117. Los aseguradores que hubieren asumido el riesgo de las responsabilidades pecuniarias derivadas del uso o explotación de cualquier bien, empresa, industria o actividad, cuando, como consecuencia de un hecho previsto en este Código, se produzca el evento que determine el riesgo asegurado, serán responsables civiles directos hasta el límite de la indemnización legalmente establecida o convencionalmente pactada, sin perjuicio del derecho de repetición contra quien corresponda.[150]

149. V. nota al art. 109 y arts. 258 Cp; 1137 y ss. Cc.

150. V. art. 636 Cp; RD 2641/1986, de 30 de diciembre, por el que se aprueba el Reglamento del seguro de responsabilidad civil derivada del uso y circulación de vehículos de motor, de suscripción obligatoria; RD 63/1994, de 21 de enero, por el que se aprueba el Reglamento del seguro de responsabilidad civil del cazador, de suscripción obligatoria; art. 6 D 632/1968, de 21 de marzo, por el que se aprueba el Texto Refundido de la Ley de Uso y Circulación de Vehículos a Motor, que pasa a denominarse Ley sobre Responsabilidad Civil y Seguro de la Circulación de Vehículos a Motor, por Ley 30/1995, de 8 de noviembre, de Ordenación y Supervisión de los Seguros Privados.

Art. 118. 1. La exención de la responsabilidad criminal declarada en los números 1.º, 2.º, 3.º, 5.º y 6.º del artículo 20, no comprende la de la responsabilidad civil, que se hará efectiva conforme a las reglas siguientes:

1.ª En los casos de los números 1.º y 3.º, son también responsables por los hechos que ejecuten los declarados exentos de responsabilidad penal quienes los tengan bajo su potestad o guarda legal o de hecho, siempre que haya mediado culpa o negligencia por su parte y sin perjuicio de la responsabilidad civil directa que pudiera corresponder a los imputables.

Los Jueces o Tribunales graduarán de forma equitativa la medida en que deba responder con sus bienes cada uno de dichos sujetos.

2.ª Son igualmente responsables el ebrio y el intoxicado en el supuesto del número 2.º

3.ª En el caso del número 5.º serán responsables civiles directos las personas en cuyo favor se haya precavido el mal, en proporción al perjuicio que se les haya evitado, si fuera estimable o, en otro caso, en la que el Juez o Tribunal establezca según su prudente arbitrio.

Cuando las cuotas de que deba responder el interesado no sean equitativamente asignables por el Juez o Tribunal, ni siquiera por aproximación, o cuando la responsabilidad se extienda a las Administraciones Públicas o a la mayor parte de una población y, en todo caso, siempre que el daño se haya causado con asentimiento de la autoridad o de sus agentes, se acordará, en su caso, la indemnización en la forma que establezcan las leyes y reglamentos especiales.

4.ª En el caso del número 6.º, responderán principalmente los que hayan causado el miedo, y en defecto de ellos, los que hayan ejecutado el hecho.

2. En el caso del artículo 14, serán responsables civiles los autores del hecho.[151]

151. V. arts. 106.2 CE; 1902 y 1903 Cc; 61 y ss. LO 5/2000, de 12 de enero, Reguladora de la Responsabilidad Penal de los Menores (§ 2), y mientras entra en vigor, 14 LOJM; 139 y ss. LRJAPPAC; 1447 a 1455 LEC (584 y ss. LO 1/2000, de 7 de enero, de Enjuiciamiento Civil); 615 a 621 LECrim.

Art. 119. En todos los supuestos del artículo anterior, el Juez o Tribunal que dicte sentencia absolutoria por estimar la concurrencia de alguna de las causas de exención citadas, procederá a fijar las responsabilidades civiles salvo que se haya hecho expresa reserva de las acciones para reclamarlas en la vía que corresponda.[152]

Art. 120. Son también responsables civilmente, en defecto de los que lo sean criminalmente:

1.º Los padres o tutores, por los daños y perjuicios causados por los delitos o faltas cometidos por los mayores de dieciocho años sujetos a su patria potestad o tutela y que vivan en su compañía, siempre que haya por su parte culpa o negligencia.

2.º Las personas naturales o jurídicas titulares de editoriales, periódicos, revistas, estaciones de radio o televisión o de cualquier otro medio de difusión escrita, hablada o visual, por los delitos o faltas cometidos utilizando los medios de los que sean titulares, dejando a salvo lo dispuesto en el artículo 212 de este Código.

3.º Las personas naturales o jurídicas, en los casos de delitos o faltas cometidos en los establecimientos de los que sean titulares, cuando por parte de los que los dirijan o administren, o de sus dependientes o empleados, se hayan infringido los reglamentos de policía o las disposiciones de la autoridad que estén relacionados con el hecho punible cometido, de modo que éste no se hubiera producido sin dicha infracción.

4.º Las personas naturales o jurídicas dedicadas a cualquier género de industria o comercio, por los delitos o faltas que hayan cometido sus empleados o dependientes, representantes o gestores en el desempeño de sus obligaciones o servicios.

5.º Las personas naturales o jurídicas titulares de vehículos susceptibles de crear riesgos para terceros, por los delitos o faltas cometidos en la utilización de aquellos por

152. V. arts. 109.2 Cp; 790.3 LECrim.

sus dependientes o representantes o personas autorizadas.[153]

Art. 121. El Estado, la Comunidad Autónoma, la provincia, la isla, el municipio y demás entes públicos, según los casos, responden subsidiariamente de los daños causados por los penalmente responsables de los delitos dolosos o culposos, cuando éstos sean autoridad, agentes y contratados de la misma o funcionarios públicos en el ejercicio de sus cargos o funciones siempre que la lesión sea consecuencia directa del funcionamiento de los servicios públicos que les estuvieren confiados, sin perjuicio de la responsabilidad patrimonial derivada del funcionamiento normal o anormal de dichos servicios exigible conforme a las normas de procedimiento administrativo, y sin que, en ningún caso, pueda darse una duplicidad indemnizatoria.

Si se exigiera en el proceso penal la responsabilidad civil de la autoridad, agentes y contratados de la misma o funcionarios públicos, la pretensión deberá dirigirse simultáneamente contra la Administración o ente público presuntamente responsable civil subsidiario.[154]

Art. 122. El que por título lucrativo hubiere participado de los efectos de un delito o falta, está obligado a la restitución de la cosa o al resarcimiento del daño hasta la cuantía de su participación.[155]

CAPÍTULO III
De las costas procesales

Art. 123. Las costas procesales se entienden impuestas por la Ley a los criminalmente responsables de todo delito o falta.[156]

Art. 124. Las costas comprenderán los derechos e indemnizaciones ocasionados en las actuaciones judiciales e incluirán siempre los honorarios de la acusación particular en los delitos sólo perseguibles a instancia de parte.[157]

CAPÍTULO IV
Del cumplimiento de la responsabilidad civil y demás responsabilidades pecuniarias

Art. 125. Cuando los bienes del responsable civil no sean bastantes para satisfacer de una vez todas las responsabilidades pecuniarias, el Juez o Tribunal, previa audiencia al perjudicado, podrá fraccionar su pago, señalando, según su prudente arbitrio y en atención a las necesidades del perjudicado y a las posibilidades económicas del responsable, el período e importe de los plazos.[158]

Art. 126. 1. Los pagos que se efectúen por el penado o el responsable civil subsidiario se imputarán por el orden siguiente:

1.º A la reparación del daño causado e indemnización de los perjuicios.

2.º A la indemnización al Estado por el importe de los gastos que se hubieran hecho por su cuenta en la causa.

3.º A las costas del acusador particular o privado cuando se impusiere en la sentencia su pago.

4.º A las demás costas procesales, incluso las de la defensa del procesado, sin preferencia entre los interesados.

5.º A la multa.

2. Cuando el delito hubiere sido de los que sólo pueden perseguirse a instancia de

---

153. V. arts. 30 y 31 Cp; 22, párrafo segundo Cp 73 (en vigor conforme DD única.1.a Cp), reproducido en nota al art. 19. V. también arts. 1783, 1784, 1903 y 1904 Cc; 615 y ss. LECrim.

154. V. arts. 106.2 CE; 120 a 123 Ley de 16 de diciembre de 1954, de Expropiación Forzosa; 139 y ss. LRJAPPAC; RD 429/1993, de 26 de marzo, por el que se aprueba el Reglamento de los procedimientos de las Administraciones públicas en materia de responsabilidad patrimonial.

155. V. arts. 109 a 116, 298 a 303 y 451.2º Cp.

156. V. arts. 33, 44, 70, 77, 80, 82, 89, 121, 122, 136, 139, 142.4ª, 532, 535, 776 a 778, 861 bis.c), 866, 870, 878, 901, 977, y especialmente 239 a 246 LECrim.

157. V. art. 241 LECrim.

158. V. art. 246 LECrim.

parte, se satisfarán las costas del acusador privado con preferencia a la indemnización del Estado.[159]

TÍTULO VI
DE LAS CONSECUENCIAS ACCESORIAS

Art. 127. Toda pena que se imponga por un delito o falta dolosos llevará consigo la pérdida de los efectos que de ellos provengan y de los instrumentos con que se haya ejecutado, así como las ganancias provenientes del delito, cualesquiera que sean las transformaciones que hubieren podido experimentar. Los unos y las otras serán decomisados, a no ser que pertenezcan a un tercero de buena fe no responsable del delito que los haya adquirido legalmente. Los que se decomisan se venderán, si son de lícito comercio, aplicándose su producto a cubrir las responsabilidades civiles del penado y, si no lo son, se les dará el destino que se disponga reglamentariamente y, en su defecto, se inutilizarán.[160]

Art. 128. Cuando los referidos efectos e instrumentos sean de lícito comercio y su valor no guarde proporción con la naturaleza o gravedad de la infracción penal, o se hayan satisfecho completamente las responsabilidades civiles, podrá el Juez o Tribunal no decretar el decomiso, o decretarlo parcialmente.[161]

159. V. arts. 127, 191, 201, 215, 287, 296, 620, 621 y 639 Cp y 193, 374 y 378 Cp, como excepciones al régimen general; 246 LECrim.

160. V. arts. 374, 385, 431 y 569 Cp; 34 CPM; 5 y ss. LORC (§ 3.6); Ley 36/1995, de 11 de diciembre, sobre la Creación de un Fondo Procedente de los Bienes Decomisados por Tráfico de Drogas y Otros Delitos Relacionados, desarrollada por RD 864/1997, de 6 de junio, por el que se aprueba el Reglamento de este fondo; RD 2783/1976, de 15 de octubre, sobre conservación y destino de las piezas de convicción; arts. 263 bis, 282, 327, 334 a 338, 391, 567, 574, 619, 620, 635, 822 y 844 LECrim; Convenio hecho en Estrasburgo el 8 de noviembre de 1990, relativo al blanqueo, seguimiento, embargo y decomiso de los productos del delito, ratificado por España por Instrumento de 22 de julio de 1998.

161. V. nota del art. anterior.

Art. 129. 1. El Juez o Tribunal, en los supuestos previstos en este Código, y previa audiencia de los titulares o de sus representantes legales, podrá imponer, motivadamente, las siguientes consecuencias:

a) Clausura de la empresa, sus locales o establecimientos, con carácter temporal o definitivo. La clausura temporal no podrá exceder de cinco años.

b) Disolución de la sociedad, asociación o fundación.

c) Suspensión de las actividades de la sociedad, empresa, fundación o asociación por un plazo que no podrá exceder de cinco años.

d) Prohibición de realizar en el futuro actividades, operaciones mercantiles o negocios de la clase de aquéllos en cuyo ejercicio se haya cometido, favorecido o encubierto el delito. Esta prohibición podrá tener carácter temporal o definitivo. Si tuviere carácter temporal, el plazo de prohibición no podrá exceder de cinco años.

e) La intervención de la empresa para salvaguardar los derechos de los trabajadores o de los acreedores por el tiempo necesario y sin que exceda de un plazo máximo de cinco años.

2. La clausura temporal prevista en el subapartado a) y la suspensión señalada en el subapartado c) del apartado anterior, podrán ser acordadas por el Juez Instructor también durante la tramitación de la causa.

3. Las consecuencias accesorias previstas en este artículo estarán orientadas a prevenir la continuidad en la actividad delictiva y los efectos de la misma.[162]

TÍTULO VII
DE LA EXTINCIÓN DE LA RESPONSABILIDAD CRIMINAL Y SUS EFECTOS

CAPÍTULO I
De las causas que extinguen la responsabilidad criminal

Art. 130. La responsabilidad criminal se extingue:

162. V. arts. 194, 294, 327, 366, 370, 371 y 569 Cp.

1.º Por la muerte del reo.[163]

2.º Por el cumplimiento de la condena.

3.º Por el indulto.[164]

4.º Por el perdón del ofendido, cuando la ley así lo prevea. El perdón habrá de ser otorgado de forma expresa antes de que se haya iniciado la ejecución de la pena impuesta. A tal efecto, declarada la firmeza de la sentencia, el Juez o Tribunal sentenciador oirá al ofendido por el delito antes de ordenar la ejecución de la pena.

En los delitos o faltas contra menores o incapacitados, los Jueces o Tribunales, oído el Ministerio Fiscal, podrán rechazar la eficacia del perdón otorgado por los representantes de aquéllos, ordenando la continuación del procedimiento, con intervención del Ministerio Fiscal, o el cumplimiento de la condena.

Para rechazar el perdón a que se refiere el párrafo anterior, el Juez o Tribunal deberá oír nuevamente al representante del menor o incapaz.[165]

5.º Por la prescripción del delito.[166]

6.º Por la prescripción de la pena.[167]

Art. 131. 1. Los delitos prescriben:

A los veinte años, cuando la pena máxima señalada al delito sea prisión de quince o más años.

A los quince, cuando la pena máxima señalada por la Ley sea inhabilitación por más de diez años, o prisión por más de diez y menos de quince años.

A los diez, cuando la pena máxima señalada por la Ley sea inhabilitación por más de seis años y menos de diez, o prisión por más de cinco y menos de diez años.

A los cinco, los restantes delitos graves.

A los tres, los delitos menos graves.

Los delitos de calumnia e injuria prescriben al año.

2. Las faltas prescriben a los seis meses.

3. Cuando la pena señalada por la Ley fuere compuesta, se estará, para la aplicación de las reglas comprendidas en este artículo, a la que exija mayor tiempo para la prescripción.

4. El delito de genocidio no prescribirá en ningún caso.[168]

Art. 132. 1. Los términos previstos en el artículo precedente se computarán desde el día en que se haya cometido la infracción punible. En los casos de delito continuado y delito permanente, tales términos se computarán respectivamente, desde el día en que se realizó la última infracción y desde que se eliminó la situación ilícita.

En la tentativa de homicidio y en los delitos de aborto no consentido, lesiones, contra la libertad, de torturas y contra la integridad moral, la libertad e indemnidad sexuales, la intimidad, el derecho a la propia imagen y la inviolabilidad del domicilio, cuando la víctima fuere menor de edad, los términos se computarán desde el día en que ésta haya alcanzado la mayoría de edad, y si falleciere antes de alcanzarla, a partir de la fecha del fallecimiento.[169]

2. La prescripción se interrumpirá, quedando sin efecto el tiempo transcurrido, cuando el procedimiento se dirija contra el culpable, comenzando a correr de nuevo el término de la prescripción desde que se paralice el procedimiento o se termine sin condena.[170]

Art. 133. 1. Las penas impuestas por sentencia firme prescriben:

A los veinticinco años, las de prisión de quince o más años.

---

163. V. art. 115 LECrim.

164. V. arts. 62.i) CE; 4 y DT 6ª Cp; 206 RP; 6º.1 RD 1879/1994, de 16 de septiembre, que aprueba determinadas normas procedimentales en materia de Justicia e Interior; 664 LECrim; 18.3 LOPJ; Ley provisional de 18 de junio de 1870, por la que se establecen Reglas para el Ejercicio de la Gracia de Indulto (§ 3.1).

165. V. arts. 191.2, 201.3, 215.3, 267 y 639 Cp; 106 y ss. LECrim.

166. V. arts. 131 y 132 Cp; 666.3ª LECrim.

167. V. arts. 133 a 135 Cp.

168. V. arts. 45 CPM; 666.3ª LECrim.

169. Último inciso redactado por LO 14/1999, de 9 de junio (§ 4.1).

170. V. art. 74 Cp.

A los veinte, las de inhabilitación por más de diez años y las de prisión por más de diez y menos de quince.

A los quince, las de inhabilitación por más de seis y menos de diez años y las de prisión por más de cinco y menos de diez años.

A los diez, las restantes penas graves.

A los cinco, las penas menos graves.

Al año, las penas leves.

2. Las penas impuestas por delito de genocidio no prescribirán en ningún caso.[171]

Art. 134. El tiempo de la prescripción de la pena se computará desde la fecha de la sentencia firme, o desde el quebrantamiento de la condena, si ésta hubiese comenzado a cumplirse.[172]

Art. 135. 1. Las medidas de seguridad prescribirán a los diez años, si fueran privativas de libertad superiores a tres años, y a los cinco años si fueran privativas de libertad iguales o inferiores a tres años o tuvieran otro contenido.

2. El tiempo de la prescripción se computará desde el día en que haya quedado firme la resolución en la que se impuso la medida o, en caso de cumplimiento sucesivo, desde que debió empezar a cumplirse.

3. Si el cumplimiento de una medida de seguridad fuere posterior al de una pena, el plazo se computará desde la extinción de ésta.[173]

CAPÍTULO II
De la cancelación de antecedentes delictivos[174]

Art. 136. 1. Los condenados que hayan extinguido su responsabilidad penal tienen derecho a obtener del Ministerio de Justicia e Interior, de oficio o a instancia de parte, la cancelación de sus antecedentes penales, previo informe del Juez o Tribunal sentenciador.

2. Para el reconocimiento de este derecho serán requisitos indispensables:

1.º Tener satisfechas las responsabilidades civiles provenientes de la infracción, excepto en los supuestos de insolvencia declarada por el Juez o Tribunal sentenciador, salvo que el reo hubiera venido a mejor fortuna.

No obstante lo dispuesto en el párrafo anterior, en el caso previsto en el artículo 125 será suficiente que el reo se halle al corriente de los pagos fraccionados que le hubieran sido señalados por el Juez o Tribunal y preste, a juicio de éste, garantía suficiente con respecto a la cantidad aplazada.[175]

2.º Haber transcurrido, sin delinquir de nuevo el culpable, los siguientes plazos: seis meses para las penas leves; dos años para las penas que no excedan de doce meses y las impuestas por delitos imprudentes; tres para las restantes penas menos graves; y cinco para las penas graves.[176]

3. Estos plazos se contarán desde el día siguiente a aquél en que quedara extinguida la pena, incluido el supuesto de que sea revocada la condena condicional.[177]

4. Las inscripciones de antecedentes penales en las distintas Secciones del Registro Central de Penados y Rebeldes no serán públicas. Durante su vigencia sólo se emitirán certificaciones con las limitaciones y garantías previstas en sus normas específicas y en los casos establecidos por la Ley. En todo caso, se librarán las que soliciten los Jueces o Tribunales, se refieran o no a inscripciones canceladas, haciendo constar expresamente, si se da, esta última circunstancia.[178]

---

171. V. arts. 33 y ss. Cp; 46 CPM. Respecto a este apartado 2 específicamente, arts. 131.4 y 607 Cp.

172. V. arts. 468 y ss. Cp; 141 LECrim; 245.3 LOPJ.

173. V. arts. 96, 99 y 101 a 108 Cp.

174. V. arts. 22.8ª Cp; 47 CPM; Ley 68/1980, de 1 de diciembre, sobre Expedición de Certificaciones e Informes de Conducta Ciudadana; RD 2012/1983, de 28 de julio, sobre cancelación de antecedentes penales; arts. 375 y 376 LOPM.

175. V. arts. 109 y ss. y 125 Cp.

176. V. arts. 33 y ss. Cp.

177. V. arts. 84, 85 y 87 Cp.

178. V. art. 82, párrafo 2º Cp.

5. En los casos en que, a pesar de cumplirse los requisitos establecidos en este artículo para la cancelación, bien por solicitud del interesado, bien de oficio por el Ministerio de Justicia e Interior, ésta no se haya producido, el Juez o Tribunal, acreditadas tales circunstancias, ordenará la cancelación y no tendrá en cuenta dichos antecedentes.

Art. 137. Las anotaciones de las medidas de seguridad impuestas conforme a lo dispuesto en este Código o en otras leyes penales serán canceladas una vez cumplida o prescrita la respectiva medida; mientras tanto, sólo figurarán en las certificaciones que el Registro expida con destino a Jueces o Tribunales o autoridades administrativas, en los casos establecidos por la Ley.[179]

179. V. art. 136.4 Cp.

LIBRO II
DELITOS Y SUS PENAS

TÍTULO I
DEL HOMICIDIO Y SUS FORMAS[1]

Art. 138. El que matare a otro será castigado, como reo de homicidio, con la pena de prisión de diez a quince años.[2]

Art. 139. Será castigado con la pena de prisión de quince a veinte años, como reo de asesinato, el que matare a otro concurriendo alguna de las circunstancias siguientes:

1.ª Con alevosía.

2.ª Por precio, recompensa o promesa.

3.ª Con ensañamiento, aumentando deliberada e inhumanamente el dolor del ofendido.[3]

Art. 140. Cuando en un asesinato concurran más de una de las circunstancias previstas en el artículo anterior, se impondrá la pena de prisión de veinte a veinticinco años.

Art. 141. La provocación, la conspiración y la proposición para cometer los delitos previstos en los tres artículos precedentes, será castigada con la pena inferior en uno o dos grados a la señalada en su caso en los artículos anteriores.[4]

Art. 142. 1. El que por imprudencia grave causare la muerte de otro, será castigado, como reo de homicidio imprudente, con la pena de prisión de uno a cuatro años.

2. Cuando el homicidio imprudente sea cometido utilizando un vehículo a motor, un ciclomotor o un arma de fuego, se impondrá asimismo, y respectivamente, la pena de privación del derecho a conducir vehículos a motor y ciclomotores o la privación del derecho a la tenencia y porte de armas, de uno a seis años.

3. Cuando el homicidio fuere cometido por imprudencia profesional se impondrá además la pena de inhabilitación especial para el ejercicio de la profesión, oficio o cargo por un período de tres a seis años.[5]

Art. 143. 1. El que induzca al suicidio de otro será castigado con la pena de prisión de cuatro a ocho años.

2. Se impondrá la pena de prisión de dos a cinco años al que coopere con actos necesarios al suicidio de una persona.

3. Será castigado con la pena de prisión de seis a diez años si la cooperación llegara hasta el punto de ejecutar la muerte.

4. El que causare o cooperare activamente con actos necesarios y directos a la muerte de otro, por la petición expresa, seria e inequívoca de éste, en el caso de que la víctima sufriera una enfermedad grave que conduciría necesariamente a su muerte, o que produjera graves padecimientos permanentes y difíciles de soportar, será castigado con la pena inferior en uno o dos grados a las señaladas en los números 2 y 3 de este artículo.[6]

TÍTULO II
DEL ABORTO

Art. 144. El que produzca el aborto de una mujer, sin su consentimiento, será

1. V. art. 57 Cp; Ley 35/1995, de 11 de diciembre, de Ayudas y Asistencia a las Víctimas de Delitos Violentos y contra la Libertad Sexual (§3.5); RD 738/1997, de 23 de mayo, por el que se aprueba el Reglamento que la desarrolla; arts. 1.2.a) LOTJ; 544 bis LECrim.

2. V. arts. 15 CE; 139 a 143, 169, 177, 383, 485, 572.1.1º, 577, 605.1, 607.1.1º y 621.2 Cp; 69, 76, 86, 87, 98, 104 y 159 CPM; 13 y 45.1º LPPNA; 5 Ley 30/1979, de 27 de octubre, sobre Extracción y Trasplante de Órganos; 10 y Anexo I RD 2070/1999, de 30 de diciembre, por el que se regulan las actividades de obtención y utilización clínica de órganos humanos; 3 DUDH; 2.1º CEPDHLF; 6º.1 PIDCP.

3. V. arts. 22.1ª, 3ª y 5ª, 57, 67 y 138 Cp.

4. V. arts. 17 y 18 Cp.

5. V. arts. 12, 14.1 y 621.2 Cp; 20, párrafo 2º, 38 y 159 CPM; 65, párrafo 4º LPPNA.

6. V. arts. 27 a 29, 64 y 138 a 141 Cp.

castigado con la pena de prisión de cuatro a ocho años e inhabilitación especial para ejercer cualquier profesión sanitaria, o para prestar servicios de toda índole en clínicas, establecimientos o consultorios ginecológicos, públicos o privados, por tiempo de tres a diez años.

Las mismas penas se impondrán al que practique el aborto habiendo obtenido la anuencia de la mujer mediante violencia, amenaza o engaño.[7]

Art. 145. 1. El que produzca el aborto de una mujer, con su consentimiento, fuera de los casos permitidos por la ley, será castigado con la pena de prisión de uno a tres años e inhabilitación especial para ejercer cualquier profesión sanitaria, o para prestar servicios de toda índole en clínicas, establecimientos o consultorios ginecológicos, públicos o privados, por tiempo de uno a seis años.

2. La mujer que produjere su aborto o consintiere que otra persona se lo cause, fuera de los casos permitidos por la ley, será castigada con la pena de prisión de seis meses a un año o multa de seis a veinticuatro meses.[8]

Art. 146. El que por imprudencia grave ocasionare un aborto será castigado con pena de arresto de doce a veinticuatro fines de semana.

Cuando el aborto fuere cometido por imprudencia profesional se impondrá asimismo la pena de inhabilitación especial para el ejercicio de la profesión, oficio o cargo por un período de uno a tres años.

La embarazada no será penada a tenor de este precepto.[9]

TÍTULO III
DE LAS LESIONES[10]

Art. 147. 1. El que, por cualquier medio o procedimiento, causare a otro una lesión que menoscabe su integridad corporal o su salud física o mental, será castigado como reo del delito de lesiones con la pena de prisión de seis meses a tres años, siempre que la lesión requiera objetivamente para su sanidad, además de una primera asistencia facultativa, tratamiento médico o quirúrgico. La simple vigilancia o seguimiento facultativo del curso de la lesión no se considerará tratamiento médico.

---

7. V. arts. 57 y 169 Cp; Ley 35/1988, de 22 de noviembre, sobre Técnicas de Reproducción Asistida, teniendo en cuenta la DF 3ª.1 Cp; Ley 42/1988, de 28 de diciembre, de Donación y Utilización de Embriones y Fetos Humanos o de sus Células, Tejidos u Órganos; art. 544 bis LECrim.

8. V. DD Única.1.a) Cp, que mantiene vigente en esta materia el art. 417 bis Cp 73:

Art. 417 bis «1. No será punible el aborto practicado por un médico, o bajo su dirección, en centro o establecimiento sanitario, público o privado, acreditado y con consentimiento expreso de la mujer embarazada, cuando concurra alguna de las circunstancias siguientes:

1.ª Que sea necesario para evitar un grave peligro para la vida o la salud física o psíquica de la embarazada y así conste en un dictamen emitido con anterioridad a la intervención por un médico de la especialidad correspondiente, distinto de aquel por quien o bajo cuya dirección se practique el aborto. En caso de urgencia por riesgo vital para la gestante, podrá prescindirse del dictamen y del consentimiento expreso.

2.ª Que el embarazo sea consecuencia de un hecho constitutivo de delito de violación del artículo 429, siempre que el aborto se practique dentro de las doce primeras semanas de gestación y que el mencionado hecho hubiese sido denunciado.

3.ª Que se presuma que el feto habrá de nacer con graves taras físicas o psíquicas, siempre que el aborto se practique dentro de las veintidós primeras semanas de gestación y que el dictamen, expresado con anterioridad a la práctica del aborto, sea emitido por dos especialistas de centro o establecimiento sanitario, público o privado, acreditado al efecto, y distintos de aquel por quien o bajo cuya dirección se practique el aborto.

2. En los casos previstos en el número anterior, no será punible la conducta de la embarazada aun cuando la práctica del aborto no se realice en un centro o establecimiento público o privado acreditado o no se hayan emitido los dictámenes médicos exigidos».

V. también RD 2409/1986, de 21 de noviembre, sobre centros sanitarios acreditados y dictámenes preceptivos para la práctica legal de la interrupción voluntaria del embarazo.

9. V. art. 12 Cp.

10. V. arts. 57, 169, 177, 346, 383, 486, 557, 571, 605.2, 607.1.2º, 3º y 5º, 617 y 621.1 y 3 Cp; 69, 76, 86, 87, 98, 104 y 159 CPM; 13 y 45 LPPNA; Ley

2. No obstante, el hecho descrito en el apartado anterior será castigado con la pena de arresto de siete a veinticuatro fines de semana o multa de tres a doce meses, cuando sea de menor gravedad, atendidos el medio empleado o el resultado producido.[11]

Art. 148. Las lesiones previstas en el apartado 1 del artículo anterior podrán ser castigadas con la pena de prisión de dos a cinco años, atendiendo al resultado causado o riesgo producido:

1.º Si en la agresión se hubieren utilizado armas, instrumentos, objetos, medios, métodos o formas concretamente peligrosas para la vida o salud, física o psíquica, del lesionado.

2.º Si hubiere mediado ensañamiento.

3.º Si la víctima fuere menor de doce años o incapaz.[12]

Art. 149. El que causare a otro, por cualquier medio o procedimiento, la pérdida o la inutilidad de un órgano o miembro principal, o de un sentido, la impotencia, la esterilidad, una grave deformidad, o una grave enfermedad somática o psíquica, será castigado con la pena de prisión de seis a doce años.[13]

Art. 150. El que causare a otro la pérdida o la inutilidad de un órgano o miembro no principal, o la deformidad, será castigado con la pena de prisión de tres a seis años.[14]

Art. 151. La provocación, la conspiración y la proposición para cometer los delitos previstos en los artículos precedentes de este Título, será castigada con la pena inferior en uno o dos grados a la del delito correspondiente.[15]

Art. 152. 1. El que por imprudencia grave causare alguna de las lesiones previstas en los artículos anteriores será castigado:

1.º Con la pena de arresto de siete a veinticuatro fines de semana si se tratare de las lesiones del artículo 147.1.

2.º Con la pena de prisión de uno a tres años si se tratare de las lesiones del artículo 149.

3.º Con la pena de prisión de seis meses a dos años si se tratare de las lesiones del artículo 150.

2. Cuando los hechos referidos en este artículo se hayan cometido utilizando un vehículo a motor, un ciclomotor o un arma de fuego, se impondrá asimismo, y respectivamente, la pena de privación del derecho a conducir vehículos a motor y ciclomotores o del derecho a la tenencia y porte de armas por término de uno a tres años.

3. Cuando las lesiones fueren cometidas por imprudencia profesional se impondrá asimismo la pena de inhabilitación especial para el ejercicio de la profesión, oficio o cargo por un período de uno a cuatro años.[16]

Art. 153. El que habitualmente ejerza violencia física o psíquica sobre quien sea o haya sido su cónyuge o sobre persona que esté o haya estado ligada a él de forma estable por análoga relación de afectividad, o sobre los hijos propios o del cónyuge o conviviente, pupilos, ascendientes o incapaces que con él convivan o que se hallen sujetos a la potestad, tutela, curatela, acogimiento o guarda de hecho de uno u otro, será castigado con la pena de prisión de seis meses a tres años, sin perjuicio de las penas que pudieran corresponder a los delitos o faltas en que se hubieran concretado los actos de violencia física o psíquica.

Para apreciar la habitualidad a que se refiere el párrafo anterior, se atenderá al

---

35/1995, de 11 de diciembre, de Ayudas y Asistencia a las Víctimas de Delitos Violentos y contra la Libertad Sexual (§3.5); RD 738/1997, de 23 de mayo, por el que se aprueba el Reglamento que la desarrolla; art. 544 bis LECrim.

11. V. arts. 148 a 156, 486.2, 572.1.3º, 605.3, 607.1.5º, 617 y 621.1 y 3 Cp.

12. V. arts. 22.5ª y 25 Cp.

13. V. arts. 147, 148, 150, 152, 155, 156, 180.1.5ª, 486.1, 572.1.2º, 577, 605.2, 607.1.2º y 621.3 Cp.

14. V. arts. 147 a 149, 152, 155, 156, 180.1.5ª, 486.1, 572.1.2º, 577, 605.2, 607.1.3º y 621.3 Cp.

15. V. arts. 17 y 18 Cp.

16. V. arts. 12, 14, 147 a 150 y 621 Cp.

número de actos de violencia que resulten acreditados, así como a la proximidad temporal de los mismos, con independencia de que dicha violencia se haya ejercido sobre la misma o diferentes víctimas de las comprendidas en este artículo, y de que los actos violentos hayan sido o no objeto de enjuiciamiento en procesos anteriores.[17]

Art. 154. Quienes riñeren entre sí, acometiéndose tumultuariamente, y utilizando medios o instrumentos que pongan en peligro la vida o integridad de las personas, serán castigados por su participación en la riña con la pena de prisión de seis meses a un año o multa superior a dos y hasta doce meses.[18]

Art. 155. En los delitos de lesiones, si ha mediado el consentimiento válida, libre, espontánea y expresamente emitido del ofendido, se impondrá la pena inferior en uno o dos grados.

No será válido el consentimiento otorgado por un menor de edad o un incapaz.[19]

Art. 156. No obstante lo dispuesto en el artículo anterior, el consentimiento válida, libre, consciente y expresamente emitido exime de responsabilidad penal en los supuestos de trasplante de órganos efectuado con arreglo a lo dispuesto en la Ley, esterilizaciones y cirugía transexual realizadas por facultativo, salvo que el consentimiento se haya obtenido viciadamente, o mediante precio o recompensa, o el otorgante sea menor de edad o incapaz; en cuyo caso no será válido el prestado por éstos ni por sus representantes legales.

Sin embargo, no será punible la esterilización de persona incapacitada que adolezca de grave deficiencia psíquica cuando aquélla, tomándose como criterio rector el del mayor interés del incapaz, haya sido autorizada por el Juez, bien en el mismo procedimiento de incapacitación, bien en un expediente de jurisdicción voluntaria, tramitado con posterioridad al mismo, a petición del representante legal del incapaz, oído el dictamen de dos especialistas, el Ministerio Fiscal y previa exploración del incapaz.[20]

TÍTULO IV
DE LAS LESIONES AL FETO

Art. 157. El que, por cualquier medio o procedimiento, causare en un feto una lesión o enfermedad que perjudique gravemente su normal desarrollo, o provoque en el mismo una grave tara física o psíquica, será castigado con pena de prisión de uno a cuatro años e inhabilitación especial para ejercer cualquier profesión sanitaria, o para prestar servicios de toda índole en clínicas, establecimientos o consultorios ginecológicos, públicos o privados, por tiempo de dos a ocho años.[21]

Art. 158. El que, por imprudencia grave, cometiere los hechos descritos en el artículo anterior, será castigado con la pena de arresto de siete a veinticuatro fines de semana.

Cuando los hechos descritos en el artículo anterior fueren cometidos por imprudencia profesional se impondrá asimismo la pena de inhabilitación especial para el ejercicio de la profesión, oficio o cargo por un período de seis meses a dos años.

La embarazada no será penada a tenor de este precepto.[22]

---

17. Artículo redactado conforme a la LO 14/1999, de 9 de junio (§ 4.1); v. arts. 57, 617.2 y 620, párrafo último Cp; 853.2ª Cc; 13, 103, 109, 448, párrafo último, 455, 544 bis, 707 y 713 LECrim.

18. V. art. 620 Cp.

19. V. art. 25 Cp.

20. V. Ley 30/1979, de 27 de octubre, sobre Extracción y Trasplante de Órganos; art. 10.6 Ley 14/1986, de 25 de abril, General de Sanidad; RD 2070/1999, de 30 de diciembre, por el que se regulan las actividades de obtención y utilización clínica de órganos humanos.

21. V. Ley 42/1988, de 28 de diciembre, de Donación y Utilización de Embriones y Fetos Humanos o de sus Células, Tejidos u Órganos.

22. V. arts. 12, 14 y 621 Cp.

TÍTULO V
DELITOS RELATIVOS A LA MANIPULACIÓN GENÉTICA[23]

Art. 159. 1. Serán castigados con la pena de prisión de dos a seis años e inhabilitación especial para empleo o cargo público, profesión u oficio de siete a diez años los que, con finalidad distinta a la eliminación o disminución de taras o enfermedades graves, manipulen genes humanos de manera que se altere el genotipo.

2. Si la alteración del genotipo fuere realizada por imprudencia grave, la pena será de multa de seis a quince meses e inhabilitación especial para empleo o cargo público, profesión u oficio de uno a tres años.[24]

Art. 160. La utilización de la ingeniería genética para producir armas biológicas o exterminadoras de la especie humana será castigada con la pena de prisión de tres a siete años e inhabilitación especial para empleo o cargo público, profesión u oficio por tiempo de siete a diez años.

Art. 161. 1. Serán castigados con la pena de prisión de uno a cinco años e inhabilitación especial para empleo o cargo público, profesión u oficio de seis a diez años quienes fecunden óvulos humanos con cualquier fin distinto a la procreación humana.

2. Con la misma pena se castigarán la creación de seres humanos idénticos por clonación u otros procedimientos dirigidos a la selección de la raza.[25]

Art. 162. 1. Quien practicare reproducción asistida en una mujer, sin su consentimiento, será castigado con la pena de prisión de dos a seis años, e inhabilitación especial para empleo o cargo público, profesión u oficio por tiempo de uno a cuatro años.

2. Para proceder por este delito será precisa denuncia de la persona agraviada o de su representante legal. Cuando aquélla sea menor de edad, incapaz, o una persona desvalida, también podrá denunciar el Ministerio Fiscal.[26]

TÍTULO VI
DELITOS CONTRA LA LIBERTAD[27]

CAPÍTULO I
De las detenciones ilegales y secuestros

Art. 163. 1. El particular que encerrare o detuviere a otro, privándole de su libertad, será castigado con la pena de prisión de cuatro a seis años.

2. Si el culpable diera libertad al encerrado o detenido dentro de los tres primeros días de su detención, sin haber logrado el objeto que se había propuesto, se impondrá la pena inferior en grado.

3. Se impondrá la pena de prisión de cinco a ocho años si el encierro o detención ha durado más de quince días.

4. El particular que, fuera de los casos permitidos por las Leyes, aprehendiere a una persona para presentarla inmediatamente a la autoridad, será castigado con la pena de multa de tres a seis meses.[28]

Art. 164. El secuestro de una persona exigiendo alguna condición para ponerla en

---

23. V. Ley 35/1988, de 22 de noviembre, sobre Técnicas de Reproducción Asistida; Ley 42/1988, de 28 de diciembre, de Donación y Utilización de Embriones y Fetos Humanos o de sus Células, Tejidos u Órganos; Ley 15/1994, de 3 de junio, por la que se establece el Régimen Jurídico de la Utilización Confinada, Liberación Voluntaria y Comercialización de Organismos Modificados Genéticamente, a Fin de Prevenir los Riesgos para la Salud Humana y para el Medio Ambiente.

24. V. art. 12 Cp.

25. V. arts. 1 a 3 Ley 35/1988, de 22 de noviembre, sobre Técnicas de Reproducción Asistida.

26. V. arts. 25 y 126.2 Cp; 2 Ley 35/1988, de 22 de noviembre, sobre Técnicas de Reproducción Asistida.

27. V. arts. 17 y 19 CE; 57 y 169, párrafo 1º Cp; 77.6º CPM; 20 LOSC; 5 LO 4/2000, de 11 de enero, sobre Derechos y Libertades de los Extranjeros en España y su Integración Social; 544 bis LECrim; 3º DUDH; 5º CEPDHLF; 9º PIDCP.

28. V. arts. 577 Cp; 77.6º CPM; 489 y ss. LECrim; 1.2 LPJDFP; nota al art. 167.

libertad, será castigado con la pena de prisión de seis a diez años. Si en el secuestro se hubiera dado la circunstancia del artículo 163.3, se impondrá la pena superior en grado, y la inferior en grado si se dieren las condiciones del artículo 163.2.[29]

Art. 165. Las penas de los artículos anteriores se impondrán en su mitad superior, en los respectivos casos, si la detención ilegal o secuestro se ha ejecutado con simulación de autoridad o función pública, o la víctima fuere menor de edad o incapaz o funcionario público en el ejercicio de sus funciones.[30]

Art. 166. El reo de detención ilegal o secuestro que no dé razón del paradero de la persona detenida será castigado, según los casos, con las penas superiores en grado a las señaladas en los artículos anteriores de este capítulo, salvo que la haya dejado en libertad.[31]

Art. 167. La autoridad o funcionario público que, fuera de los casos permitidos por la Ley, y sin mediar causa por delito, cometiere alguno de los hechos descritos en los artículos anteriores será castigado con las penas respectivamente previstas en éstos, en su mitad superior y, además, con la de inhabilitación absoluta por tiempo de ocho a doce años.[32]

Art. 168. La provocación, la conspiración y la proposición para cometer los delitos previstos en este Capítulo se castigarán con la pena inferior en uno o dos grados a la señalada al delito de que se trate.[33]

29. V. art. 282 bis.4.a) LECrim.

30. V. arts. 24, 25 y 402 Cp; 282 bis.4.a) LECrim.

31. V. arts. 5 Cp; 282 bis.4.a) LECrim.

32. V. arts. 500, 529 a 533 y 537 Cp; 5.3 LOFCS; 492 y ss. LECrim; LO 6/1984, de 24 de mayo, reguladora del Procedimiento de «Habeas Corpus».

33. V. arts. 17 y 18 Cp.

CAPÍTULO II
De las amenazas[34]

Art. 169. El que amenazare a otro con causarle a él, a su familia o a otras personas con las que esté íntimamente vinculado un mal que constituya delitos de homicidio, lesiones, aborto, contra la libertad, torturas y contra la integridad moral, la libertad sexual, la intimidad, el honor, el patrimonio y el orden socioeconómico, será castigado:

1.º Con la pena de prisión de uno a cinco años, si se hubiere hecho la amenaza exigiendo una cantidad o imponiendo cualquier otra condición, aunque no sea ilícita, y el culpable hubiere conseguido su propósito. De no conseguirlo, se impondrá la pena de prisión de seis meses a tres años.

Las penas señaladas en el párrafo anterior se impondrán en su mitad superior si las amenazas se hicieren por escrito, por teléfono o por cualquier medio de comunicación o de reproducción, o en nombre de entidades o grupos reales o supuestos.

2.º Con la pena de prisión de seis meses a dos años, cuando la amenaza no haya sido condicional.[35]

Art. 170. 1. Si las amenazas de un mal que constituyere delito fuesen dirigidas a atemorizar a los habitantes de una población, grupo étnico, cultural o religioso, o colectivo social o profesional, o a cualquier otro grupo de personas, y tuvieran la gravedad necesaria para conseguirlo, se impondrán respectivamente las penas superiores en grado a las previstas en el artículo anterior.

2. Serán castigados con la pena de arresto de siete a dieciocho fines de semana, o multa de seis a doce meses, los que, con la misma finalidad y gravedad, reclamen públicamente la comisión de acciones violentas por parte de bandas armadas, organizaciones o grupos terroristas.[36]

34. V. arts. 57 Cp; 88, 91 y 101 CPM; 46 LPPNA; 544 bis LECrim.

35. V. arts. 620 Cp; 46 LPPNA; 146.1.b) LOREG (§3.3); 1.2.b) LOTJ.

36. Artículo redactado conforme a la LO 2/1998, de 15 de junio (§ 4.1).

Art. 171. 1. Las amenazas de un mal que no constituya delito serán castigadas con pena de prisión de seis meses a dos años o multa de doce a veinticuatro meses, atendidas la gravedad y circunstancia del hecho, cuando la amenaza fuere condicional y la condición no consistiere en una conducta debida. Si el culpable hubiere conseguido su propósito se le impondrá la pena en su mitad superior.

2. Si alguien exigiere de otro una cantidad o recompensa bajo la amenaza de revelar o difundir hechos referentes a su vida privada o relaciones familiares que no sean públicamente conocidos y puedan afectar a su fama, crédito o interés, será castigado con la pena de prisión de dos a cuatro años, si ha conseguido la entrega de todo o parte de lo exigido, y con la de seis meses a dos años, si no lo consiguiere.

3. Si el hecho descrito en el apartado anterior consistiere en la amenaza de revelar o denunciar la comisión de algún delito, el Ministerio Fiscal podrá, para facilitar el castigo de la amenaza, abstenerse de acusar por el delito con cuya revelación se hubiere amenazado, salvo que éste estuviere sancionado con pena de prisión superior a dos años. En este último caso, el Juez o Tribunal podrá rebajar la sanción en uno o dos grados.[37]

CAPÍTULO III
De las coacciones

Art. 172. El que sin estar legítimamente autorizado impidiere a otro con violencia hacer lo que la Ley no prohíbe, o le compeliere a efectuar lo que no quiere, sea justo o injusto, será castigado con la pena de prisión de seis meses a tres años o con multa de seis a veinticuatro meses, según la gravedad de la coacción o de los medios empleados.

Cuando la coacción ejercida tuviera como objeto impedir el ejercicio de un derecho fundamental se impondrán las penas en su mitad superior, salvo que el hecho tuviera señalada mayor pena en otro precepto de este Código.[38]

TÍTULO VII
DE LAS TORTURAS Y OTROS DELITOS CONTRA LA INTEGRIDAD MORAL[39]

Art. 173. El que infligiere a otra persona un trato degradante, menoscabando gravemente su integridad moral, será castigado con la pena de prisión de seis meses a dos años.[40]

Art. 174. 1. Comete tortura la autoridad o funcionario público que, abusando de su cargo, y con el fin de obtener una confesión o información de cualquier persona o de castigarla por cualquier hecho que haya cometido o se sospeche que ha cometido, la sometiere a condiciones o procedimientos que por su naturaleza, duración u otras circunstancias, le supongan sufrimientos físicos o mentales, la supresión o disminución de sus facultades de conocimiento, discernimiento o decisión, o que de cualquier otro modo atenten contra su integridad moral. El culpable de tortura será castigado con la pena de prisión de dos a seis años si el atentado fuera grave, y de prisión de uno a tres años si no lo es. Además de las penas seña-

37. V. nota al art. 169; arts. 197 y ss. Cp.

38. V. arts. 57, 243, 315.3 y 620 Cp; 77.6º, 101 y 182 CPM; 46 LPPNA; 146.1.b) LOREG (§3.3); 544 bis LECrim.

39. V. arts. 10.1 y 15 CE; 57 y 169, párrafo 1º Cp; 76 y 182 CPM; 6º LOGP; 4.2.a) RP; 5.3.b) y 27.3.c) LOFCS; 544 bis LECrim; 5º DUDH; 3º CEPDHLF; 7º PIDCP; Convención contra la tortura y otros tratos o penas crueles, inhumanos o degradantes, hecho en Nueva York el 10 de diciembre de 1984, ratificada por Instrumento de 19 de octubre de 1987; Convenio europeo de 26 de noviembre de 1987, para la prevención de la tortura y de las penas o tratos inhumanos o degradantes, ratificado por Instrumento de 28 de abril de 1989.

40. V. arts. 22.5ª, 67, 174 y 175 Cp.

ladas se impondrá, en todo caso, la pena de inhabilitación absoluta de ocho a doce años.

2. En las mismas penas incurrirán, respectivamente, la autoridad o funcionario de instituciones penitenciarias o de centros de protección o corrección de menores que cometiere, respecto de detenidos, internos o presos, los actos a que se refiere el apartado anterior.[41]

Art. 175. La autoridad o funcionario público que, abusando de su cargo y fuera de los casos comprendidos en el artículo anterior, atentare contra la integridad moral de una persona será castigado con la pena de prisión de dos a cuatro años si el atentado fuera grave, y de prisión de seis meses a dos años si no lo es. Se impondrá, en todo caso, al autor, además de las penas señaladas, la de inhabilitación especial para empleo o cargo público de dos a cuatro años.[42]

Art. 176. Se impondrán las penas respectivamente establecidas en los artículos precedentes a la autoridad o funcionario que, faltando a los deberes de su cargo, permitiere que otras personas ejecuten los hechos previstos en ellos.[43]

Art. 177. Si en los delitos descritos en los artículos precedentes, además del atentado a la integridad moral, se produjere lesión o daño a la vida, integridad física, salud, libertad sexual o bienes de la víctima o de un tercero, se castigarán los hechos separadamente con la pena que les corresponda por los delitos o faltas cometidos, excepto cuando aquél ya se halle especialmente castigado por la Ley.

41. V. arts. 175, 533 y 609 Cp.

42. V. art. 533 Cp.

43. V. arts. 408 y 450 Cp.

TÍTULO VIII
DELITOS CONTRA LA LIBERTAD E INDEMNIDAD SEXUALES[44]

CAPÍTULO I
De las agresiones sexuales[45]

Art. 178. El que atentare contra la libertad sexual de otra persona, con violencia o intimidación, será castigado como responsable de agresión sexual con la pena de prisión de uno a cuatro años.

Art. 179. Cuando la agresión sexual consista en acceso carnal por vía vaginal, anal o bucal, o introducción de objetos por alguna de las dos primeras vías, el responsable será castigado, como reo de violación, con la pena de prisión de seis a doce años.[46]

Art. 180. 1. Las anteriores conductas serán castigadas con las penas de prisión de cuatro a diez años para las agresiones del artículo 178, y de doce a quince años para las del artículo 179, cuando concurra alguna de las siguientes circunstancias:

1.ª Cuando la violencia o intimidación ejercidas revistan un carácter particularmente degradante o vejatorio.[47]

2.ª Cuando los hechos se cometan por la actuación conjunta de dos o más personas.

3.ª Cuando la víctima sea especialmente vulnerable, por razón de su edad, enfermedad o situación, y, en todo caso, cuando sea menor de trece años.

44. Rúbrica modificada por LO 11/1999, de 30 de abril (§ 4.1). V. arts. 57, 169, párrafo 1º, 177 y 443 a 445 Cp; Ley 35/1995, de 11 de diciembre, de Ayudas y Asistencia a las Víctimas de Delitos Violentos y contra la Libertad Sexual (§3.5); RD 738/1997, de 23 de mayo, por el que se aprueba el Reglamento que la desarrolla; art. 544 bis LECrim.

45. Arts. 178 a 180 modificados por LO 11/1999, de 30 de abril (§ 4.1). V arts. 191 y ss. y 607.1.2º Cp.

46. V. art. 76 CPM.

47. V. art. 177 Cp.

4.ª Cuando, para la ejecución del delito, el responsable se haya prevalido de una relación de superioridad o parentesco, por ser ascendiente, descendiente o hermano, por naturaleza o adopción, o afines, con la víctima.

5.ª Cuando el autor haga uso de armas u otros medios igualmente peligrosos, susceptibles de producir la muerte o alguna de las lesiones previstas en los artículos 149 y 150 de este Código, sin perjuicio de la pena que pudiera corresponder por la muerte o lesiones causadas.

2. Si concurrieren dos o más de las anteriores circunstancias, las penas previstas en este artículo se impondrán en su mitad superior.[48]

CAPÍTULO II
De los abusos sexuales[49]

Art. 181. 1. El que, sin violencia o intimidación y sin que medie consentimiento, realizare actos que atenten contra la libertad o indemnidad sexual de otra persona, será castigado, como responsable de abuso sexual, con la pena de prisión de uno a tres años o multa de dieciocho a veinticuatro meses.

2. A los efectos del apartado anterior, se consideran abusos sexuales no consentidos los que se ejecuten sobre menores de trece años, sobre personas que se hallen privadas de sentido o de cuyo trastorno mental se abusare.

3. La misma pena se impondrá cuando el consentimiento se obtenga prevaliéndose el responsable de una situación de superioridad manifiesta que coarte la libertad de la víctima.

4. Las penas señaladas en este artículo se impondrán en su mitad superior si concurriere la circunstancia 3.ª o la 4.ª, de las previstas en el apartado 1 del artículo 180 de este Código.[50]

Art. 182. 1. En todos los casos del artículo anterior, cuando el abuso sexual consista en acceso carnal por vía vaginal, anal o bucal, o introducción de objetos por alguna de las dos primeras vías el responsable será castigado con la pena de prisión de cuatro a diez años.

2. La pena señalada en el apartado anterior se impondrá en su mitad superior cuando concurra la circunstancia 3.ª o la 4.ª, de las previstas en el artículo 180.1 de este Código.[51]

Art. 183. 1. El que, interviniendo engaño, cometiere abuso sexual con persona mayor de trece años y menor de dieciséis, será castigado con la pena de prisión de uno a dos años, o multa de doce a veinticuatro meses.

2. Cuando el abuso consista en acceso carnal por vía vaginal, anal o bucal, o introducción de objetos por alguna de las dos primeras vías, la pena será de prisión de dos a seis años. La pena se impondrá en su mitad superior si concurriera la circunstancia 3.ª o la 4.ª de las previstas en el artículo 180.1 de este Código.[52]

CAPÍTULO III
Del acoso sexual

Art. 184. 1. El que solicitare favores de naturaleza sexual, para sí o para un tercero, en el ámbito de una relación laboral, docente o de prestación de servicios, continuada o habitual, y con tal comportamiento provocare a la víctima una situación objetiva y gravemente intimidatoria, hostil o humillante, será castigado, como autor de acoso sexual, con la pena de arresto de seis a doce fines de semana o multa de tres a seis meses.

2. Si el culpable de acoso sexual hubiera cometido el hecho prevaliéndose de una situación de superioridad laboral,

---

48. V. arts. 22, 23, 67 y 83.1.1º bis Cp.

49. Arts. 181 a 183 modificados por LO 11/1999, de 30 de abril (§ 4.1). V. arts. 191 y ss. Cp.

50. V. arts. 22, 23, 67, 83.1.1º.bis y 178 a 180 Cp.

51. V. nota anterior.

52. V. arts. 22, 23, 67, 83.1.1º bis y 178 a 182 Cp.

docente o jerárquica, o con el anuncio expreso o tácito de causar a la víctima un mal relacionado con las legítimas expectativas que aquélla pueda tener en el ámbito de la indicada relación, la pena será de arresto de doce a veinticuatro fines de semana o multa de seis a doce meses.

3. Cuando la víctima sea especialmente vulnerable, por razón de su edad, enfermedad o situación, la pena será de arresto de doce a veinticuatro fines de semana o multa de seis a doce meses en los supuestos previstos en el apartado 1, y de prisión de seis meses a un año en los supuestos previstos en el apartado 2 del presente artículo.[53]

CAPÍTULO IV
De los delitos de exhibicionismo y provocación sexual[54]

Art. 185. El que ejecutare o hiciere ejecutar a otra persona actos de exhibición obscena ante menores de edad o incapaces, será castigado con la pena de prisión de seis meses a un año o multa de seis a doce meses.

Art. 186. El que, por cualquier medio directo, vendiere, difundiere o exhibiere material pornográfico entre menores de edad o incapaces, será castigado con la pena de prisión de seis meses a un año, o multa de seis a doce meses.

CAPÍTULO V
De los delitos relativos a la prostitución y la corrupción de menores[55]

Art. 187. 1. El que induzca, promueva, favorezca o facilite la prostitución de una persona menor de edad o incapaz, será castigado con las penas de prisión de uno a cuatro años y multa de doce a veinticuatro meses.[56]

2. Incurrirán en la pena de prisión indicada, en su mitad superior, y además en la de inhabilitación absoluta de seis a doce años, los que realicen los hechos prevaliéndose de su condición de autoridad, agente de ésta o funcionario público.[57]

3. Se impondrán las penas superiores en grado a las previstas en los apartados anteriores, en sus respectivos casos, cuando el culpable perteneciere a una organización o asociación, incluso de carácter transitorio, que se dedicare a la realización de tales actividades.[58]

Art. 188. 1. El que determine, empleando violencia, intimidación o engaño, o abusando de una situación de superioridad o de necesidad o vulnerabilidad de la víctima, a persona mayor de edad a ejercer la prostitución o a mantenerse en ella, será

---

53. Artículo modificado por LO 11/1999, de 30 de abril (§ 4.1). V. arts. 22.2ª, 67, 443 a 445 Cp; 96.12 RDLeg 1/1995, de 24 de marzo, por el que se aprueba el Texto Refundido de la Ley del Estatuto de los Trabajadores.

54. Arts. 185 y 186 modificados por LO 11/1999, de 30 de abril (§ 4.1). V. arts. 20.4 CE; 83.1.1º bis y 191 y ss. Cp; 5 LO 1/1996, de 15 de enero, de Protección Jurídica del Menor, y de Modificación Parcial del Código Civil y de la Ley de Enjuiciamiento Civil; Ley 1/1982, de 24 de febrero, por la que se regulan las Salas Especiales de Exhibición Cinematográfica, la Filmoteca Española y las Tarifas de las Tasas por Licencia de doblaje, y su Reglamento, aprobado por RD 1067/1983, de 27 de abril; Ley 34/1988, de 11 de noviembre, General de Publicidad; RD 2748/1977, de 6 de octubre, por el que se regula la exhibición de determinadas publicaciones periódicas y unitarias; RD 3449/1977, de 16 de diciembre, por el que se regula la publicidad exterior de espectáculos; RD 262/1978, de 27 de enero, sobre libertad de representación de espectáculos teatrales; RD 2332/1983, de 1 de septiembre, por el que se regula la venta, distribución y exhibición pública de material audiovisual.

55. Rúbrica y arts. 187 a 190 modificados por LO 11/1999, de 30 de abril (§ 4.1). V. arts. 83.1.1º bis, 190 y ss. y DA 2ª Cp; LO 1/1996, de 15 de enero, de Protección Jurídica del Menor, y de Modificación Parcial del Código Civil y de la Ley de Enjuiciamiento Civil; art. 23.4.e) LOPJ (§3.4); Convenio de 21 de marzo de 1950, para la represión de la trata de personas y de la explotación de la prostitución ajena, Instrumento de adhesión de 18 de junio de 1962.

56. V. art. 25 Cp.

57. V. arts. 22.7ª y 67 Cp.

58. V. art. 282 bis.4.b) LECrim.

castigado con las penas de prisión de dos a cuatro años y multa de doce a veinticuatro meses.

2. Será castigado con las mismas penas el que directa o indirectamente favorezca la entrada, estancia o salida del territorio nacional de personas, con el propósito de su explotación sexual empleando violencia, intimidación o engaño, o abusando de una situación de superioridad o de necesidad o vulnerabilidad de la víctima.

3. Se impondrán las penas correspondientes en su mitad superior, y además la pena de inhabilitación absoluta de seis a doce años, a los que realicen las conductas descritas en los apartados anteriores, en sus respectivos casos, prevaliéndose de su condición de autoridad, agente de ésta o funcionario público.

4. Si las mencionadas conductas se realizaren sobre persona menor de edad o incapaz, para iniciarla o mantenerla en una situación de prostitución, se impondrá al responsable la pena superior en grado a la que corresponda según los apartados anteriores.

5. Las penas señaladas se impondrán en sus respectivos casos sin perjuicio de las que correspondan por las agresiones o abusos sexuales cometidos sobre la persona prostituida.[59]

Art. 189. 1. Será castigado con la pena de prisión de uno a tres años:

a) El que utilizare a menores de edad o a incapaces con fines o en espectáculos exhibicionistas o pornográficos, tanto públicos como privados, o para elaborar cualquier clase de material pornográfico, o financiare cualquiera de estas actividades.

b) El que produjere, vendiere, distribuyere, exhibiere o facilitare la producción, venta, difusión o exhibición por cualquier medio de material pornográfico en cuya elaboración hayan sido utilizados menores de edad o incapaces, aunque el material tuviere su origen en el extranjero o fuere desconocido.

A quien poseyera dicho material para la realización de cualquiera de estas conductas se le impondrá la pena en su mitad inferior.

2. Se impondrá la pena superior en grado cuando el culpable perteneciere a una organización o asociación, incluso de carácter transitorio, que se dedicare a la realización de tales actividades.

3. El que haga participar a un menor o incapaz en un comportamiento de naturaleza sexual que perjudique la evolución o desarrollo de la personalidad de éste, será castigado con la pena de prisión de seis meses a un año o multa de seis a doce meses.

4. El que tuviere bajo su potestad, tutela, guarda o acogimiento, a un menor de edad o incapaz, y que, con conocimiento de su estado de prostitución o corrupción, no haga lo posible para impedir su continuación en tal estado, o no acuda a la autoridad competente para el mismo fin si carece de medios para la custodia del menor o incapaz, será castigado con la pena de multa de seis a doce meses.

5. El Ministerio Fiscal promoverá las acciones pertinentes con objeto de privar de la patria potestad, tutela, guarda o acogimiento familiar, en su caso, a la persona que incurra en alguna de las conductas descritas en el apartado anterior.[60]

Art. 190. La condena de un Juez o Tribunal extranjero, impuesta por delitos comprendidos en este capítulo, será equiparada a las sentencias de los Jueces o Tribunales españoles a los efectos de la aplicación de la circunstancia agravante de reincidencia.[61]

59. V. arts. 22, 25 y 67 Cp; 282 bis.4.b) LECrim.

60. V. arts. 25, 185 y 186 Cp; 282 bis.4.b) LECrim.

61. V. art. 22.8ª Cp.

CAPÍTULO VI
Disposiciones comunes a los capítulos anteriores

Art. 191. 1. Para proceder por los delitos de agresiones, acoso o abusos sexuales, será precisa denuncia de la persona agraviada, de su representante legal o querella del Ministerio Fiscal, que actuará ponderando los legítimos intereses en presencia. Cuando la víctima sea menor de edad, incapaz o una persona desvalida, bastará la denuncia del Ministerio Fiscal.

2. En estos delitos el perdón del ofendido o del representante legal no extingue la acción penal ni la responsabilidad de esa clase.[62]

Art. 192. 1. Los ascendientes, tutores, curadores, guardadores, maestros o cualquier otra persona encargada de hecho o de derecho del menor o incapaz, que intervengan como autores o cómplices en la perpetración de los delitos comprendidos en este Título, serán castigados con la pena que les corresponda, en su mitad superior.

No se aplicará esta regla cuando la circunstancia en ella contenida esté específicamente contemplada en el tipo penal de que se trate.[63]

2. El Juez o Tribunal podrá imponer razonadamente, además, la pena de inhabilitación especial para el ejercicio de los derechos de la patria potestad, tutela, curatela, guarda, empleo o cargo público o ejercicio de la profesión u oficio, por el tiempo de seis meses a seis años.

Art. 193. En las sentencias condenatorias por delitos contra la libertad sexual, además del pronunciamiento correspondiente a la responsabilidad civil, se harán, en su caso, los que procedan en orden a la filiación y fijación de alimentos.[64]

Art. 194. En los supuestos tipificados en los capítulos IV y V de este Título, cuando en la realización de los actos se utilizaren establecimientos o locales, abiertos o no al público, podrá decretarse en la sentencia condenatoria su clausura temporal o definitiva. La clausura temporal, que no podrá exceder de cinco años, podrá adoptarse también con carácter cautelar.[65]

TÍTULO IX
DE LA OMISIÓN DEL DEBER DE SOCORRO

Art. 195. 1. El que no socorriere a una persona que se halle desamparada y en peligro manifiesto y grave, cuando pudiere hacerlo sin riesgo propio ni de terceros, será castigado con la pena de multa de tres a doce meses.

2. En las mismas penas incurrirá el que, impedido de prestar socorro, no demande con urgencia auxilio ajeno.

3. Si la víctima lo fuere por accidente ocasionado fortuitamente por el que omitió el auxilio, la pena será de prisión de seis meses a un año y multa de seis a doce meses, y si el accidente se debiere a imprudencia, la de prisión de seis meses a dos años y multa de seis a veinticuatro meses.[66]

Art. 196. El profesional que, estando obligado a ello, denegare asistencia sanitaria o abandonare los servicios sanitarios, cuando de la denegación o abandono se derive riesgo grave para la salud de las personas, será castigado con las penas

62. V. arts. 25, 86, 126.2 y 130.4º Cp.
63. V. arts. 64, 67, 180.1.4ª, 182.2 y 189.4 Cp.
64. V. arts. 109 y ss. y DF 6ª Cp; 111 y 120 y ss. Cc.

65. V. art. 129.1.a) Cp.
66. V. arts. 11, 450, 618 y 619 Cp; 77.1º y 5º y 149 a 154 CPM; 33 y 42 a 44 LPPNA; 289 Ccir; 51 y 65 RDLeg 339/1990, de 2 de marzo, por el que se aprueba el texto articulado de la Ley sobre Tráfico, Circulación de Vehículos a Motor y Seguridad Vial; 129 RD 13/1992, de 17 de enero, por el que se aprueba el Reglamento general de circulación; 1.2.c) LOTJ.

del artículo precedente en su mitad superior y con la de inhabilitación especial para empleo o cargo público, profesión u oficio, por tiempo de seis meses a tres años.[67]

TÍTULO X
DELITOS CONTRA LA INTIMIDAD, EL DERECHO A LA PROPIA IMAGEN Y LA INVIOLABILIDAD DEL DOMICILIO

CAPÍTULO I
Del descubrimiento y revelación de secretos[68]

Art. 197. 1. El que, para descubrir los secretos o vulnerar la intimidad de otro, sin su consentimiento, se apodere de sus papeles, cartas, mensajes de correo electrónico o cualesquiera otros documentos o efectos personales o intercepte sus telecomunicaciones o utilice artificios técnicos de escucha, transmisión, grabación o reproducción del sonido o de la imagen, o de cualquier otra señal de comunicación, será castigado con las penas de prisión de uno a cuatro años y multa de doce a veinticuatro meses.

2. Las mismas penas se impondrán al que, sin estar autorizado, se apodere, utilice o modifique, en perjuicio de tercero, datos reservados de carácter personal o familiar de otro que se hallen registrados en ficheros o soportes informáticos, electrónicos o telemáticos, o en cualquier otro tipo de archivo o registro público o privado. Iguales penas se impondrán a quien, sin estar autorizado, acceda por cualquier medio a los mismos y a quien los altere o utilice en perjuicio del titular de los datos o de un tercero.

3. Se impondrá la pena de prisión de dos a cinco años si se difunden, revelan o ceden a terceros los datos o hechos descubiertos o las imágenes captadas a que se refieren los números anteriores.

Será castigado con las penas de prisión de uno a tres años y multa de doce a veinticuatro meses, el que, con conocimiento de su origen ilícito y sin haber tomado parte en su descubrimiento, realizare la conducta descrita en el párrafo anterior.

4. Si los hechos descritos en los apartados 1 y 2 de este artículo se realizan por las personas encargadas o responsables de los ficheros, soportes informáticos, electrónicos o telemáticos, archivos o registros, se impondrá la pena de prisión de tres a cinco años, y si se difunden, ceden o revelan los datos reservados, se impondrá la pena en su mitad superior.

5. Igualmente, cuando los hechos descritos en los apartados anteriores afecten a datos de carácter personal que revelen la ideología, religión, creencias, salud, origen racial o vida sexual, o la víctima fuere un menor de edad o un incapaz, se impondrán las penas previstas en su mitad superior.

6. Si los hechos se realizan con fines lucrativos, se impondrán las penas respectivamente previstas en los apartados 1 al 4 de este artículo en su mitad superior. Si además afectan a datos de los mencionados en el apartado 5, la pena a imponer será la de prisión de cuatro a siete años.[69]

---

67. V. arts. 11 Cp; 1.2.c) LOTJ.

68. V. arts. 18 y 20.4 CE; 57, 413 y ss. y 598 a 603 Cp; 52 a 56 CPM; 51 LOGP; 4.2.b) y 6 a 9 RP; LO 1/1982, de 5 de mayo, de Protección Civil del Derecho al Honor, a la Intimidad Personal y Familiar y a la Propia Imagen; LO 5/1992, de 29 de octubre, de Regulación del Tratamiento Automatizado de los Datos de Carácter Personal y RD 1332/1994, de 20 de junio, y RD 994/1999, de 11 de junio, que la desarrollan; Ley 5/1998, de 6 de marzo, de Incorporación al Derecho Español de la Directiva 96/9/CE, del Parlamento Europeo y del Consejo, de 11 de marzo de 1996, sobre la Protección Jurídica de las Bases de Datos; arts. 49 y ss. Ley 11/1998, de 24 de abril, General de Telecomunicaciones; 3 Ley 24/1998, de 13 de julio, del Servicio Postal Universal y de Liberalización de los Servicios Postales; arts. 37 LRJAPPAC; 1.2 LPJDFP y Único RDLeg 342/1979, de 20 de febrero; 544 bis y 579 y ss. LECrim; 12 DUDH; 8º CEPDHLF; 17 PIDCP.

69. V. arts. 25, 26, 201, 278 y 280 Cp.

Art. 198. La autoridad o funcionario público que, fuera de los casos permitidos por la Ley, sin mediar causa legal por delito, y prevaliéndose de su cargo, realizare cualquiera de las conductas descritas en el artículo anterior, será castigado con las penas respectivamente previstas en el mismo, en su mitad superior y, además, con la de inhabilitación absoluta por tiempo de seis a doce años.[70]

Art. 199. 1. El que revelare secretos ajenos, de los que tenga conocimiento por razón de su oficio o sus relaciones laborales, será castigado con la pena de prisión de uno a tres años y multa de seis a doce meses.

2. El profesional que, con incumplimiento de su obligación de sigilo o reserva, divulgue los secretos de otra persona, será castigado con la pena de prisión de uno a cuatro años, multa de doce a veinticuatro meses e inhabilitación especial para dicha profesión por tiempo de dos a seis años.[71]

Art. 200. Lo dispuesto en este capítulo será aplicable al que descubriere, revelare o cediere datos reservados de personas jurídicas, sin el consentimiento de sus representantes, salvo lo dispuesto en otros preceptos de este Código.[72]

Art. 201. 1. Para proceder por los delitos previstos en este capítulo será necesaria denuncia de la persona agraviada o de su representante legal. Cuando aquélla sea menor de edad, incapaz o una persona desvalida, también podrá denunciar el Ministerio Fiscal.

2. No será precisa la denuncia exigida en el apartado anterior para proceder por los hechos descritos en el artículo 198 de este Código, ni cuando la comisión del delito afecte a los intereses generales o a una pluralidad de personas.

3. El perdón del ofendido o de su representante legal, en su caso, extingue la acción penal o la pena impuesta, sin perjuicio de lo dispuesto en el segundo párrafo número 4.º del artículo 130.[73]

CAPÍTULO II
Del allanamiento de morada, domicilio de personas jurídicas y establecimientos abiertos al público[74]

Art. 202. 1. El particular que, sin habitar en ella, entrare en morada ajena o se mantuviere en la misma contra la voluntad de su morador, será castigado con la pena de prisión de seis meses a dos años.

2. Si el hecho se ejecutare con violencia o intimidación la pena será de prisión de uno a cuatro años y multa de seis a doce meses.[75]

Art. 203. 1. Será castigado con las penas de prisión de seis meses a un año y multa de seis a diez meses el que entrare contra la voluntad de su titular en el domicilio de una persona jurídica pública o privada, despacho profesional u oficina, o en establecimiento mercantil o local abierto al público fuera de las horas de apertura.

2. Será castigado con la pena de prisión de seis meses a tres años, el que con

70. V. arts. 413 y ss., 442 y 534 y ss. Cp; LO 4/1997, de 4 de agosto, por la que se regula la Utilización de Videocámaras por las Fuerzas y Cuerpos de Seguridad en Lugares Públicos; RD 596/1999, de 16 de abril, que aprueba el Reglamento que la desarrolla.

71. V. arts. 279, 466 y 467 Cp; 3 Ley 24/1998, de 13 de julio, de Regulación del Servicio Postal Universal y de Liberalización de los Servicios Postales; 11 y 14.15 RD 2046/1982, de 30 de julio, por el que se aprueba el Estatuto General de los Procuradores de los Tribunales; 39 y 41 RD 2090/1982, de 24 de julio, por el que se aprueba el Estatuto General de la Abogacía; 5.a), 54.2.d) y 65.2 RDLeg 1/1995, de 24 de marzo, por el que se aprueba el Texto Refundido de la Ley del Estatuto de los Trabajadores; 263, 301 y 416.2º LECrim; 437.2 y 438.2 LOPJ.

72. V. arts. 278 a 280 Cp.

73. V. arts. 25, 86, 126.2 y 130.4º Cp.

74. V. arts. 18.2 CE; 57 Cp; 21 LOSC (teniendo en cuenta la STC 341/1993, de 18 de noviembre); 87.2 LOPJ; 544 bis, 545 y ss. y 553 LECrim; 1º.2 LPJDFP; 1.2.d) LOTJ; 12 DUDH; 8º CEPDHLF; 17 PIDCP.

75. V. arts. 20.4.1º, 238, 241, 245.2 y 490.1 Cp; 1.2.d) LOTJ.

violencia o intimidación entrare o se mantuviere contra la voluntad de su titular en el domicilio de una persona jurídica pública o privada, despacho profesional u oficina, o en establecimiento mercantil o local abierto al público.[76]

Art. 204. La autoridad o funcionario público que, fuera de los casos permitidos por la Ley y sin mediar causa legal por delito, cometiere cualquiera de los hechos descritos en los dos artículos anteriores, será castigado con la pena prevista respectivamente en los mismos, en su mitad superior, e inhabilitación absoluta de seis a doce años.[77]

TÍTULO XI
DELITOS CONTRA EL HONOR[78]

CAPÍTULO I
De la calumnia

Art. 205. Es calumnia la imputación de un delito hecha con conocimiento de su falsedad o temerario desprecio hacia la verdad.[79]

Art. 206. Las calumnias serán castigadas con las penas de prisión de seis meses a dos años o multa de seis a veinticuatro meses, si se propagaran con publicidad, y, en otro caso, con multa de cuatro a diez meses.[80]

Art. 207. El acusado por delito de calumnia quedará exento de toda pena probando el hecho criminal que hubiere imputado.[81]

CAPÍTULO II
De la injuria

Art. 208. Es injuria la acción o expresión que lesionan la dignidad de otra persona, menoscabando su fama o atentando contra su propia estimación.

Solamente serán constitutivas de delito las injurias que, por su naturaleza, efectos y circunstancias, sean tenidas en el concepto público por graves.

Las injurias que consistan en la imputación de hechos no se considerarán graves, salvo cuando se hayan llevado a cabo con conocimiento de su falsedad o temerario desprecio hacia la verdad.[82]

Art. 209. Las injurias graves hechas con publicidad se castigarán con la pena de multa de seis a catorce meses y, en otro caso, con la de tres a siete meses.[83]

Art. 210. El acusado de injuria quedará exento de responsabilidad probando la verdad de las imputaciones cuando éstas se dirijan contra funcionarios públicos sobre hechos concernientes al ejercicio de sus cargos o referidos a la comisión de faltas penales o de infracciones administrativas.[84]

CAPÍTULO III
Disposiciones generales

Art. 211. La calumnia y la injuria se reputarán hechas con publicidad cuando se propaguen por medio de la imprenta, la radiodifusión o por cualquier otro medio de eficacia semejante.[85]

Art. 212. En los casos a los que se refiere el artículo anterior, será responsable civil solidaria la persona física o jurídica propieta-

76. V. arts. 241, 493, 503.1º y 635 Cp; 61 CPM.
77. V. arts. 534.1.1º Cp; 1.2.d) LOTJ.
78. V. arts. 18.1 y 20.4 CE; 57, 74.3 y DF 4ª Cp; 148 LOREG (§3.3); LO 1/1982, de 5 de mayo, de Protección Civil del Derecho al Honor, a la Intimidad Personal y Familiar y a la Propia Imagen; arts. 104, 544 bis y 804 y ss. LECrim; 1.2 LPJDFP y Único RDLeg 342/1979, de 20 de febrero; 12 DUDH; 17 PIDCP.
79. V. arts. 207, 211 y ss., 456, 458 y ss., 490.3, 491.1 y 504 Cp; 88 CPM.
80. V. arts. 30, 207 y 211 Cp.
81. V. art. 810 LECrim.
82. V. arts. 10.1 CE; 210, 211 y ss., 490.3, 491.1, 496, 504, 505, 510.2, 612.3º y 620.2º Cp; 77.5º, 88 y 101 CPM; 47 LPPNA; 853.2ª Cc.
83. V. arts. 30, 210 y 211 Cp.
84. V. art. 810 LECrim.
85. V. arts. 30, 206 y 209 Cp; 3º a 5º LPJDFP.

ria del medio informativo a través del cual se haya propagado la calumnia o injuria.[86]

Art. 213. Si la calumnia o injuria fueren cometidas mediante precio, recompensa o promesa, los Tribunales impondrán, además de las penas señaladas para los delitos de que se trate, la de inhabilitación especial prevista en los artículos 42 ó 45 del presente Código, por tiempo de seis meses a dos años.[87]

Art. 214. Si el acusado de calumnia o injuria reconociere ante la autoridad judicial la falsedad o falta de certeza de las imputaciones y se retractare de ellas, el Juez o Tribunal impondrá la pena inmediatamente inferior en grado y podrá dejar de imponer la pena de inhabilitación que establece el artículo anterior.

El Juez o Tribunal ante quien se produjera el reconocimiento ordenará que se entregue testimonio de retractación al ofendido y, si éste lo solicita, ordenará su publicación en el mismo medio en que se vertió la calumnia o injuria, en espacio idéntico o similar a aquél en que se produjo su difusión y dentro del plazo que señale el Juez o Tribunal sentenciador.[88]

Art. 215. 1. Nadie será penado por calumnia o injuria sino en virtud de querella de la persona ofendida por el delito o de su representante legal. Bastará la denuncia cuando la ofensa se dirija contra funcionario público, autoridad o agente de la misma sobre hechos concernientes al ejercicio de sus cargos.

2. Nadie podrá deducir acción de calumnia o injuria vertidas en juicio sin previa licencia del Juez o Tribunal que de él conociere o hubiere conocido.

3. El culpable de calumnia o injuria quedará exento de responsabilidad criminal mediante el perdón de la persona ofendida por el delito o de su representante legal, sin perjuicio de lo dispuesto en el segundo párrafo del número 4.º del artículo 130 de este Código.[89]

Art. 216. En los delitos de calumnia o injuria se considera que la reparación del daño comprende también la publicación o divulgación de la sentencia condenatoria, a costa del condenado por tales delitos, en el tiempo y forma que el Juez o Tribunal consideren más adecuado a tal fin, oídas las dos partes.[90]

TÍTULO XII
DELITOS CONTRA LAS RELACIONES FAMILIARES

CAPÍTULO I
De los matrimonios ilegales[91]

Art. 217. El que contrajere segundo o ulterior matrimonio, a sabiendas de que subsiste legalmente el anterior, será castigado con la pena de prisión de seis meses a un año.[92]

Art. 218. 1. El que, para perjudicar al otro contrayente, celebrare matrimonio inválido será castigado con la pena de prisión de seis meses a dos años.

2. El responsable quedará exento de pena si el matrimonio fuese posteriormente convalidado.[93]

Art. 219. 1. El que autorizare matrimonio en el que concurra alguna causa de nulidad conocida o denunciada en el expediente, será castigado con la pena de prisión de seis meses a dos años e inhabilitación especial para empleo o cargo público de dos a seis años.

86. V. art. 120.2º y DF 6ª Cp.

87. V. arts. 22.3ª y 67 Cp.

88. V. arts. 21.5ª y 67 Cp; LO 2/1984, de 26 de marzo, reguladora del Derecho de Rectificación.

89. V. arts. 86, 126.2 y 130.4º Cp; 104, 106, 279 y 805 LECrim; 3º y 4º LPJDFP.

90. V. arts. 112 Cp; 152 LOREG (§3.3); LO 2/1984, de 26 de marzo, reguladora del Derecho de Rectificación.

91. V. arts. 32 CE; 44 y ss., 73 y 85 y ss. Cc; 103 LECrim.

92. V. arts. 46.2º y 85 y ss. Cc.

93. V. arts. 46 a 48 y 73 a 80 Cc.

2. Si la causa de nulidad fuere dispensable, la pena será de suspensión de empleo o cargo público de seis meses a dos años.[94]

CAPÍTULO II
De la suposición de parto y de la alteración de la paternidad, estado o condición del menor

Art. 220. 1. La suposición de un parto será castigada con las penas de prisión de seis meses a dos años.

2. La misma pena se impondrá al que ocultare o entregare a terceros un hijo para alterar o modificar su filiación.

3. La sustitución de un niño por otro será castigada con las penas de prisión de uno a cinco años.

4. Los ascendientes, por naturaleza o por adopción, que cometieran los hechos descritos en los tres apartados anteriores podrán ser castigados además con la pena de inhabilitación especial para el ejercicio del derecho de patria potestad que tuvieren sobre el hijo o descendiente supuesto, ocultado, entregado o sustituido, y, en su caso, sobre el resto de hijos o descendientes por tiempo de cuatro a diez años.

5. Las sustituciones de un niño por otro que se produjeren en centros sanitarios o socio-sanitarios por imprudencia grave de los responsables de su identificación y custodia, serán castigadas con la pena de prisión de seis meses a un año.[95]

Art. 221. 1. Los que, mediando compensación económica, entreguen a otra persona un hijo, descendiente o cualquier menor aunque no concurra relación de filiación o parentesco, eludiendo los procedimientos legales de la guarda, acogimiento o adopción, con la finalidad de establecer una relación análoga a la de filiación, serán castigados con las penas de prisión de uno a cinco años y de inhabilitación especial para el ejercicio del derecho de patria potestad por tiempo de cuatro a diez años.

2. Con la misma pena serán castigados la persona que lo reciba y el intermediario, aunque la entrega del menor se hubiese efectuado en país extranjero.

3. Si los hechos se cometieren utilizando guarderías, colegios u otros locales o establecimientos donde se recojan niños, se impondrá a los culpables la pena de inhabilitación especial para el ejercicio de las referidas actividades por tiempo de dos a seis años y se podrá acordar la clausura temporal o definitiva de los establecimientos. En la clausura temporal, el plazo no podrá exceder de cinco años.[96]

Art. 222. El educador, facultativo, autoridad o funcionario público que, en el ejercicio de su profesión o cargo, realice las conductas descritas en los dos artículos anteriores, incurrirá en la pena en ellos señalada y, además, en la de inhabilitación especial para empleo o cargo público, profesión u oficio, de dos a seis años.

A los efectos de este artículo, el término facultativo comprende los médicos, matronas, personal de enfermería y cualquier otra persona que realice una actividad sanitaria o socio-sanitaria.

---

94. V. arts. 46 a 60 y 73 a 80 Cc.

95. V. arts. 108 y ss. y 959 a 967 Cc.

96. V. arts. 129.1.a) y 231 Cp; 9.5, 108 y ss., 172 y ss. y 175 y ss. Cc; LO 1/1996, de 15 de enero, de Protección Jurídica del Menor, y de Modificación Parcial del Código Civil y de la Ley de Enjuiciamiento Civil; arts. 1825 a 1832 LEC (exceptuando el 1827, el resto mantienen su vigencia según la DD Única.1.1ª Ley 1/2000, de 7 de enero, de Enjuiciamiento Civil).

CAPÍTULO III
De los delitos contra los derechos y deberes familiares

SECCIÓN 1.ª
Del quebrantamiento de los deberes de custodia y de la inducción de menores al abandono de domicilio[97]

Art. 223. El que, teniendo a su cargo la custodia de un menor de edad o un incapaz, no lo presentare a sus padres o guardadores sin justificación para ello, cuando fuere requerido por ellos, será castigado con la pena de prisión de seis meses a dos años, sin perjuicio de que los hechos constituyan otro delito más grave.

Art. 224. El que indujere a un menor de edad o a un incapaz a que abandone el domicilio familiar, o lugar donde resida con anuencia de sus padres, tutores o guardadores, será castigado con la pena de prisión de seis meses a dos años.[98]

Art. 225. Cuando el responsable de los delitos previstos en esta Sección restituya al menor de edad o al incapaz a su domicilio o residencia, o lo deposite en lugar conocido y seguro, sin haberle hecho objeto de vejaciones, sevicias o acto delictivo alguno, ni haber puesto en peligro su vida, salud, integridad física o libertad sexual, el hecho será castigado con la pena de prisión de seis meses a un año o multa de cuatro a ocho meses, siempre y cuando el lugar de estancia del menor de edad o el incapaz haya sido comunicado a sus padres, tutores o guardadores, o la ausencia no hubiera sido superior a veinticuatro horas.[99]

97. V. arts. 165 y 622 Cp; LO 1/1996, de 15 de enero, de Protección Jurídica del Menor, y de Modificación Parcial del Código Civil y de la Ley de Enjuiciamiento Civil; Convenio europeo de 20 de mayo de 1980, relativo al reconocimiento y ejecución de decisiones en materia de custodia de menores, así como al restablecimiento de dicha custodia, ratificado por Instrumento de 9 de mayo de 1984.

98. V. art. 28.a) Cp.

99. V. arts. 21.5ª y 67 Cp.

SECCIÓN 2.ª
Del abandono de familia, menores o incapaces[100]

Art. 226. 1. El que dejare de cumplir los deberes legales de asistencia inherentes a la patria potestad, tutela, guarda o acogimiento familiar o de prestar la asistencia necesaria legalmente establecida para el sustento de sus descendientes, ascendientes o cónyuge, que se hallen necesitados, será castigado con la pena de arresto de ocho a veinte fines de semana.

2. El Juez o Tribunal podrá imponer, motivadamente, al reo la pena de inhabilitación especial para el ejercicio del derecho de patria potestad, tutela, guarda o acogimiento familiar por tiempo de cuatro a diez años.[101]

Art. 227. 1. El que dejare de pagar durante dos meses consecutivos o cuatro meses no consecutivos cualquier tipo de prestación económica en favor de su cónyuge o sus hijos, establecida en convenio judicialmente aprobado o resolución judicial, en los supuestos de separación legal, divorcio, declaración de nulidad del matrimonio, proceso de filiación, o proceso de alimentos a favor de sus hijos, será castigado con la pena de arresto de ocho a veinte fines de semana.

2. Con la misma pena será castigado el que dejare de pagar cualquier otra prestación económica establecida de forma conjunta o única en los supuestos previstos en el apartado anterior.

3. La reparación del daño procedente del delito comportará siempre el pago de las cuantías adeudadas.[102]

100. V. arts. 39.3 CE; 66 y ss., 142 y ss., 154, 173 y ss., 215 y ss. y 269 Cc; LO 1/1996, de 15 de enero, de Protección Jurídica del Menor, y de Modificación Parcial del Código Civil y de la Ley de Enjuiciamiento Civil.

101. V. arts. 193, 227 y 228 Cp; 9.7 y 854.2º Cc; 1609, 1610 y 1861 a 1864 LEC (vigentes según DD Única.1.1ª Ley 1/2000, de 7 de enero, de Enjuiciamiento Civil).

102. V. arts. 112 y 228 Cp; 90 y ss. y 127 y ss. Cc; Convenio de 15 de abril de 1958, sobre reconoci-

Art. 228. Los delitos previstos en los dos artículos anteriores, sólo se perseguirán previa denuncia de la persona agraviada o de su representante legal. Cuando aquélla sea menor de edad, incapaz o una persona desvalida, también podrá denunciar el Ministerio Fiscal.[103]

Art. 229. 1. El abandono de un menor de edad o un incapaz por parte de la persona encargada de su guarda, será castigado con la pena de prisión de uno a dos años.

2. Si el abandono fuere realizado por los padres, tutores o guardadores legales, se impondrá la pena de prisión de dieciocho meses a tres años.

3. Se impondrá la pena de prisión de dos a cuatro años cuando por las circunstancias del abandono se haya puesto en concreto peligro la vida, salud, integridad física o libertad sexual del menor de edad o del incapaz, sin perjuicio de castigar el hecho como corresponda si constituyera otro delito más grave.[104]

Art. 230. El abandono temporal de un menor de edad o de un incapaz será castigado, en sus respectivos casos, con las penas inferiores en grado a las previstas en el artículo anterior.[105]

Art. 231. 1. El que, teniendo a su cargo la crianza o educación de un menor de edad o de un incapaz, lo entregare a un tercero o a un establecimiento público sin la anuencia de quien se lo hubiere confiado, o de la autoridad, en su defecto, será castigado con la pena de multa de seis a doce meses.

2. Si con la entrega se hubiere puesto en concreto peligro la vida, salud, integridad física o libertad sexual del menor de edad o del incapaz se impondrá la pena de prisión de seis meses a dos años.[106]

Art. 232. 1. Los que utilizaren o prestaren a menores de edad o incapaces para la práctica de la mendicidad, incluso si ésta es encubierta, serán castigados con la pena de prisión de seis meses a un año.

2. Si para los fines del apartado anterior se traficare con menores de edad o incapaces, se empleare con ellos violencia o intimidación, o se les suministrare sustancias perjudiciales para su salud, se impondrá la pena de prisión de uno a cuatro años.[107]

Art. 233. 1. El Juez o Tribunal, si lo estima oportuno en atención a las circunstancias del menor, podrá imponer a los responsables de los delitos previstos en los artículos 229 al 232 la pena de inhabilitación especial para el ejercicio de la patria potestad o de los derechos de guarda, tutela, curatela o acogimiento familiar por tiempo de cuatro a diez años.

2. Si el culpable ostentare la guarda del menor por su condición de funcionario público, se le impondrá además la pena de inhabilitación especial para empleo o cargo público por tiempo de dos a seis años.

3. En todo caso, el Ministerio Fiscal instará de la autoridad competente las medidas pertinentes para la debida custodia y protección del menor.[108]

---

miento y ejecución de decisiones en materia de obligaciones alimenticias con respecto a menores, ratificado por Instrumento de 2 de julio de 1973; Convenio de 2 de octubre de 1973, referente al reconocimiento y a la ejecución de las resoluciones relativas a las obligaciones alimenticias, ratificado por Instrumento de 28 de mayo de 1987.

103. V. arts. 25, 86 y 126.2 Cp.

104. V. arts. 25 y 233 Cp; 756.1º Cc.

105. V. arts. 25 y 233 Cp.

106. V. arts. 25, 221, 233 y 622 Cp.

107. V. art. 233 y DD Única.1.e) Cp.

108. V. DA 2ª y DF 6ª Cp; arts. 170 y 247 Cc.

TÍTULO XIII
DELITOS CONTRA EL PATRIMONIO Y CONTRA EL ORDEN SOCIOECONÓMICO[109]

CAPÍTULO I
De los hurtos

Art. 234. El que, con ánimo de lucro, tomare las cosas muebles ajenas sin la voluntad de su dueño, será castigado, como reo de hurto, con la pena de prisión de seis a dieciocho meses, si la cuantía de lo sustraído excede de cincuenta mil pesetas.[110]

Art. 235. El hurto será castigado con la pena de prisión de uno a tres años:

1. Cuando se sustraigan cosas de valor artístico, histórico, cultural o científico.[111]
2. Cuando se trate de cosas de primera necesidad o destinadas a un servicio público, siempre que la sustracción ocasionare un grave quebranto a éste, o una situación de desabastecimiento.[112]
3. Cuando revista especial gravedad, atendiendo al valor de los efectos sustraídos, o se produjeren perjuicios de especial consideración.
4. Cuando ponga a la víctima o a su familia en grave situación económica o se haya realizado abusando de las circunstancias personales de la víctima.[113]

Art. 236. Será castigado con multa de tres a doce meses el que, siendo dueño de una cosa mueble o actuando con el consentimiento de éste, la sustrajere de quien la tenga legítimamente en su poder, con perjuicio del mismo o de un tercero, siempre que el valor de aquélla excediere de cincuenta mil pesetas.[114]

CAPÍTULO II
De los robos

Art. 237. Son reos del delito de robo los que, con ánimo de lucro, se apoderaren de las cosas muebles ajenas empleando fuerza en las cosas para acceder al lugar donde éstas se encuentran o violencia o intimidación en las personas.[115]

Art. 238. Son reos del delito de robo con fuerza en las cosas los que ejecuten el hecho cuando concurra alguna de las circunstancias siguientes:

1.º Escalamiento.

2.º Rompimiento de pared, techo o suelo, o fractura de puerta o ventana.

3.º Fractura de armarios, arcas u otra clase de muebles u objetos cerrados o sellados, o forzamiento de sus cerraduras o descubrimiento de sus claves para sustraer su contenido, sea en el lugar del robo o fuera del mismo.

4.º Uso de llaves falsas.[116]

5.º Inutilización de sistemas específicos de alarma o guarda.

Art. 239. Se considerarán llaves falsas:

1.º Las ganzúas u otros instrumentos análogos.

2.º Las llaves legítimas perdidas por el propietario u obtenidas por un medio que constituya infracción penal.

3.º Cualesquiera otras que no sean las destinadas por el propietario para abrir la cerradura violentada por el reo.

---

109. V. arts. 33 CE; 57, 268 y 269 Cp; 547 a 566 CCom; 84 a 87, 154 y 155 Ley 19/1985, de 16 de julio, Cambiaria y del Cheque; 544 bis LECrim; sobre las referencias a pesetas, v. art. 2 LO 10/1998, de 17 de diciembre, Complementaria de la Ley sobre Introducción del Euro.

110. V. arts. 235, 237, 244, 268 y 623.1 Cp; 196 CPM; 59 y ss. LPPNA.

111. V. arts. 46 CE; 77.7º CPM; Ley 16/1985, de 25 de junio, del Patrimonio Histórico Español, desarrollada parcialmente por el RD 111/1986, de 10 de enero.

112. V. art. 281 Cp.

113. V. arts. 22.2ª y 67 Cp; 77.2º CPM.

114. V. arts. 455 y 623.2 Cp.

115. V. arts. 57, 238, 240, 242, 244, 268, 269 y 534.1.2ª Cp; 196 CPM; 59 y ss. LPPNA; 282 bis.4.c) LECrim.

116. V. art. 239 Cp.

A los efectos del presente artículo, se consideran llaves las tarjetas, magnéticas o perforadas, y los mandos o instrumentos de apertura a distancia.[117]

Art. 240. El culpable de robo con fuerza en las cosas será castigado con la pena de prisión de uno a tres años.[118]

Art. 241. 1. Se impondrá la pena de prisión de dos a cinco años cuando concurra alguna de las circunstancias previstas en el artículo 235, o el robo se cometa en casa habitada, edificio o local abiertos al público o en cualquiera de sus dependencias.

2. Se considera casa habitada todo albergue que constituya morada de una o más personas, aunque accidentalmente se encuentren ausentes de ella cuando el robo tenga lugar.

3. Se consideran dependencias de casa habitada o de edificio o local abiertos al público, sus patios, garajes y demás departamentos o sitios cercados y contiguos al edificio y en comunicación interior con él, y con el cual formen una unidad física.[119]

Art. 242. 1. El culpable de robo con violencia o intimidación en las personas será castigado con la pena de prisión de dos a cinco años, sin perjuicio de la que pudiera corresponder a los actos de violencia física que realizase.

2. La pena se impondrá en su mitad superior cuando el delincuente hiciere uso de las armas u otros medios igualmente peligrosos que llevare, sea al cometer el delito o para proteger la huida y cuando el reo atacare a los que acudiesen en auxilio de la víctima o a los que le persiguieren.

3. En atención a la menor entidad de la violencia o intimidación ejercidas y valorando además las restantes circunstancias del hecho, podrá imponerse la pena inferior en grado a la prevista en el apartado primero de este artículo.[120]

CAPÍTULO III
De la extorsión

Art. 243. El que, con ánimo de lucro, obligare a otro, con violencia o intimidación, a realizar u omitir un acto o negocio jurídico en perjuicio de su patrimonio o del de un tercero, será castigado con la pena de prisión de uno a cinco años, sin perjuicio de las que pudieran imponerse por los actos de violencia física realizados.[121]

CAPÍTULO IV
Del robo y hurto de uso de vehículos

Art. 244. 1. El que sustrajere un vehículo a motor o ciclomotor ajenos, cuyo valor excediere de cincuenta mil pesetas, sin ánimo de apropiárselo, será castigado con la pena de arresto de doce a veinticuatro fines de semana o multa de tres a ocho meses si lo restituyere, directa o indirectamente, en un plazo no superior a cuarenta y ocho horas, sin que en ningún caso la pena impuesta pueda ser igual o superior a la que correspondería si se apropiare definitivamente del vehículo.

2. Si el hecho se ejecutare empleando fuerza en las cosas, la pena se aplicará en su mitad superior.

3. De no efectuarse la restitución en el plazo señalado, se castigará el hecho como hurto o robo en sus respectivos casos.

4. Si el hecho se cometiere con violencia o intimidación en las personas, se impondrán, en todo caso, las penas del artículo 242.[122]

---

117. V. art. 238.4° Cp.
118. V. arts. 57 y 237 a 239 Cp.
119. V. notas al art. 235 Cp; arts. 20.4°.1° y 202 a 204 Cp.
120. V. arts. 57, 563 y 564 Cp.
121. V. arts. 57 y 269 Cp; 282 bis.4.c) LECrim.
122. V. arts. 234 a 236, 237 a 241, 242, 268 y 623 Cp; 60 LPPNA; 282 bis.4.c) LECrim.

CAPÍTULO V
De la usurpación

Art. 245. 1. Al que con violencia o intimidación en las personas ocupare una cosa inmueble o usurpare un derecho real inmobiliario de pertenencia ajena, se le impondrá, además de las penas en que incurriere por las violencias ejercidas, una multa de seis a dieciocho meses, que se fijará teniendo en cuenta la utilidad obtenida y el daño causado.

2. El que ocupare, sin autorización debida, un inmueble, vivienda o edificio ajenos que no constituyan morada, o se mantuviere en ellos contra la voluntad de su titular, será castigado con la pena de multa de tres a seis meses.[123]

Art. 246. El que alterare términos o lindes de pueblos o heredades o cualquier clase de señales o mojones destinados a fijar los límites de propiedades o demarcaciones de predios contiguos, tanto de dominio público como privado, será castigado con la pena de multa de tres a dieciocho meses, si la utilidad reportada o pretendida excede de cincuenta mil pesetas.[124]

Art. 247. El que, sin hallarse autorizado, distrajere el curso de las aguas de uso público o privativo en provecho propio o de un tercero, será castigado con la pena de multa de tres a seis meses si la utilidad reportada excediere de cincuenta mil pesetas.[125]

CAPÍTULO VI
De las defraudaciones

SECCIÓN 1.ª
De las estafas

Art. 248. 1. Cometen estafa los que, con ánimo de lucro, utilizaren engaño bastante para producir error en otro, induciéndolo a realizar un acto de disposición en perjuicio propio o ajeno.

2. También se consideran reos de estafa los que, con ánimo de lucro, y valiéndose de alguna manipulación informática o artificio semejante consigan la transferencia no consentida de cualquier activo patrimonial en perjuicio de tercero.[126]

Art. 249. Los reos de estafa serán castigados con la pena de prisión de seis meses a cuatro años, si la cuantía de lo defraudado excediere de cincuenta mil pesetas. Para la fijación de la pena se tendrá en cuenta el importe de lo defraudado, el quebranto económico causado al perjudicado, las relaciones entre éste y el defraudador, los medios empleados por éste y cuantas otras circunstancias sirvan para valorar la gravedad de la infracción.[127]

Art. 250. 1. El delito de estafa será castigado con las penas de prisión de uno a seis años y multa de seis a doce meses, cuando:[128]

1.º Recaiga sobre cosas de primera necesidad, viviendas u otros bienes de reconocida utilidad social.

2.º Se realice con simulación de pleito o empleo de otro fraude procesal.

3.º Se realice mediante cheque, pagaré, letra de cambio en blanco o negocio cambiario ficticio.[129]

4.º Se perpetre abusando de firma de otro, o sustrayendo, ocultando o inutilizando, en todo o en parte, algún proceso, expediente, protocolo o documento público u oficial de cualquier clase.[130]

5.º Recaiga sobre bienes que integren el patrimonio artístico, histórico, cultural o científico.[131]

---

123. V. arts. 202 a 204 Cp.
124. V. art. 624 Cp.
125. V. arts. 255 y 326.f) Cp; 338 y ss., 384 y ss. y 388 Cc; Ley 29/1985, de 2 de agosto, de Aguas; RD 849/1986, de 11 de abril, que aprueba el Reglamento del dominio público hidráulico.
126. V. arts. 57, 74, 268, 269, 282, 283, 438 y 623.4 Cp; 189 CPM; 282 bis.4.c) LECrim.
127. V. art. 623.4 Cp.
128. V. arts. 67 y 74 Cp.
129. V. Ley 19/1985, de 16 de julio, Cambiaria y del Cheque.
130. V. arts. 26, 234, 237 y 263 Cp.
131. V. nota al art. 235.1.

6.º Revista especial gravedad, atendiendo al valor de la defraudación, a la entidad del perjuicio y a la situación económica en que deje a la víctima o a su familia.

7.º Se cometa abuso de las relaciones personales existentes entre víctima y defraudador, o aproveche éste su credibilidad empresarial o profesional.

2. Si concurrieran las circunstancias 6.ª o 7.ª con la 1.ª del número anterior se impondrán las penas de prisión de cuatro a ocho años y multa de doce a veinticuatro meses.

Art. 251. Será castigado con la pena de prisión de uno a cuatro años:

1.º Quien, atribuyéndose falsamente sobre una cosa mueble o inmueble facultad de disposición de la que carece, bien por no haberla tenido nunca, bien por haberla ya ejercitado, la enajenare, gravare o arrendare a otro, en perjuicio de éste o de tercero.

2.º El que dispusiere de una cosa mueble o inmueble ocultando la existencia de cualquier carga sobre la misma, o el que, habiéndola enajenado como libre, la gravare o enajenare nuevamente antes de la definitiva transmisión al adquirente, en perjuicio de éste, o de un tercero.

3.º El que otorgare en perjuicio de otro un contrato simulado.[132]

SECCIÓN 2.ª
De la apropiación indebida

Art. 252. Serán castigados con las penas del artículo 249 ó 250, en su caso, los que en perjuicio de otro se apropiaren o distrajeren dinero, efectos, valores o cualquier otra cosa mueble o activo patrimonial que hayan recibido en depósito, comisión o administración, o por otro título que produzca obligación de entregarlos o devolverlos, o negaren haberlos recibido, cuando la cuantía de lo apropiado exceda de cincuenta mil pesetas. Dicha pena se impondrá en su mitad superior en el caso de depósito necesario o miserable.[133]

Art. 253. Serán castigados con la pena de multa de tres a seis meses los que, con ánimo de lucro, se apropiaren de cosa perdida o de dueño desconocido, siempre que en ambos casos el valor de lo apropiado exceda de cincuenta mil pesetas. Si se tratara de cosas de valor artístico, histórico, cultural o científico, la pena será de prisión de seis meses a dos años.[134]

Art. 254. Será castigado con la pena de multa de tres a seis meses el que, habiendo recibido indebidamente, por error del transmitente, dinero o alguna otra cosa mueble, niegue haberla recibido o, comprobado el error, no proceda a su devolución, siempre que la cuantía de lo recibido exceda de cincuenta mil pesetas.[135]

SECCIÓN 3.ª
De las defraudaciones de fluido eléctrico y análogas

Art. 255. Será castigado con la pena de multa de tres a doce meses el que cometiere defraudación por valor superior a cincuenta mil pesetas, utilizando energía eléctrica, gas, agua, telecomunicaciones u otro elemento, energía o fluido ajenos, por alguno de los medios siguientes:

1.º Valiéndose de mecanismos instalados para realizar la defraudación.

---

132. V. arts. 1862 Cc; 40 Ley de 21 de agosto de 1893, de Hipoteca Naval; Ley 42/1998, de 15 de diciembre, sobre Derechos de Aprovechamiento por Turno de Bienes Inmuebles de Uso Turístico y Normas Tributarias; D de 8 de febrero de 1946, por el que se aprueba el Texto Refundido de la Ley Hipotecaria; D de 14 de febrero de 1947, por el que se aprueba el Reglamento hipotecario.

133. V. arts. 57, 268, 269, 295, 438 y 623.4 Cp; 194 CPM; 61 LPPNA; 150 LOREG (§3.3); 1762 y 1781 y ss. Cc; 264 y 306 CCom; 59 Ley de 16 de diciembre de 1954, sobre Hipoteca Mobiliaria y Prenda sin Desplazamiento de Posesión; 7.10, 7.11 y 15 Ley 28/1998, de 13 de julio, de Venta a Plazos de Bienes Muebles.

134. V. arts. 623.4 Cp; 615 Cc; nota al art. 235.1.

135. V. arts. 623.4 Cp; 1895 y ss. Cc.

2.º Alterando maliciosamente las indicaciones o aparatos contadores.

3.º Empleando cualesquiera otros medios clandestinos.[136]

Art. 256. El que hiciere uso de cualquier equipo terminal de telecomunicación, sin consentimiento de su titular, ocasionando a éste un perjuicio superior a cincuenta mil pesetas, será castigado con la pena de multa de tres a doce meses.[137]

CAPÍTULO VII
De las insolvencias punibles

Art. 257. 1. Será castigado con las penas de prisión de uno a cuatro años y multa de doce a veinticuatro meses:

1.º El que se alce con sus bienes en perjuicio de sus acreedores.

2.º Quien con el mismo fin, realice cualquier acto de disposición patrimonial o generador de obligaciones que dilate, dificulte o impida la eficacia de un embargo o de un procedimiento ejecutivo o de apremio, judicial, extrajudicial o administrativo, iniciado o de previsible iniciación.

2. Lo dispuesto en el presente artículo será de aplicación cualquiera que sea la naturaleza u origen de la obligación o deuda cuya satisfacción o pago se intente eludir, incluidos los derechos económicos de los trabajadores, y con independencia de que el acreedor sea un particular o cualquier persona jurídica, pública o privada.

3. Este delito será perseguido aun cuando tras su comisión se iniciara una ejecución concursal.[138]

Art. 258. El responsable de cualquier hecho delictivo que, con posterioridad a su comisión, y con la finalidad de eludir el cumplimiento de las responsabilidades civiles dimanantes del mismo, realizare actos de disposición o contrajere obligaciones que disminuyan su patrimonio, haciéndose total o parcialmente insolvente, será castigado con la pena de prisión de uno a cuatro años y multa de doce a veinticuatro meses.[139]

Art. 259. Será castigado con las penas de prisión de uno a cuatro años y multa de doce a veinticuatro meses, el deudor que una vez admitida a trámite la solicitud de quiebra, concurso o suspensión de pagos, sin estar autorizado para ello ni judicialmente ni por los órganos concursales, y fuera de los casos permitidos por la Ley, realice cualquier acto de disposición patrimonial o generador de obligaciones, destinado a pagar a uno o varios acreedores, preferentes o no, con posposición del resto.[140]

Art. 260. 1. El que fuere declarado en quiebra, concurso o suspensión de pagos será castigado con las penas de prisión de dos a seis años y multa de ocho a veinticuatro meses, cuando la situación de crisis económica o la insolvencia sea causada o agravada dolosamente por el deudor o persona que actúe en su nombre.

2. Se tendrá en cuenta para graduar la pena la cuantía del perjuicio inferido a los acreedores, su número y condición económica.

3. Este delito y los delitos singulares relacionados con él, cometidos por el deudor o persona que haya actuado en su nombre, podrán perseguirse sin esperar a la conclusión del proceso civil y sin perjuicio de la continuación de éste. El importe de la responsabilidad civil derivada de dichos delitos deberá incorporarse, en su caso, a la masa.

4. En ningún caso, la calificación de la insolvencia en el proceso civil vincula a la jurisdicción penal.[141]

---

136. V. arts. 57, 247, 268, 283 y 623.4 Cp.

137. V. arts. 268 y 623.4 Cp.

138. V. arts. 268 Cp; 890.1ª CCom; 1397 y ss. LEC (727 y ss. Ley 1/2000, de 7 de enero, de Enjuiciamiento Civil).

139. V. arts. 109 y ss. Cp; 1092 Cc.

140. V. arts. 874 y ss. y 908 y ss. CCom; 1156 y ss. LEC (vigentes según DD Única.1.1ª Ley 1/2000, de 7 de enero, de Enjuiciamiento Civil).

141. V. arts. 886 y 888 a 897 CCom; 1913 y ss. Cc; Ley de 26 de julio de 1922, de Suspensión de Pagos; arts. 1300, 1302 y 1386 LEC (vigentes según DD Única.1.1ª Ley 1/2000, de 7 de enero, de Enjuiciamiento Civil).

Art. 261. El que en procedimiento de quiebra, concurso o expediente de suspensión de pagos presentare, a sabiendas, datos falsos relativos al estado contable, con el fin de lograr indebidamente la declaración de aquéllos, será castigado con la pena de prisión de uno a dos años y multa de seis a doce meses.[142]

CAPÍTULO VIII
De la alteración de precios en concursos y subastas públicas

Art. 262. Los que solicitaren dádivas o promesas para no tomar parte en un concurso o subasta pública; los que intentaren alejar de ella a los postores por medio de amenazas, dádivas, promesas o cualquier otro artificio; los que se concertaren entre sí con el fin de alterar el precio del remate, o los que fraudulentamente quebraren o abandonaren la subasta habiendo obtenido la adjudicación, serán castigados con la pena de prisión de uno a tres años y multa de doce a veinticuatro meses, así como inhabilitación especial para licitar en subastas judiciales entre tres y cinco años. Si se tratara de un concurso o subasta convocados por las Administraciones o Entes públicos, se impondrá además al agente y a la persona o empresa por él representada la pena de inhabilitación especial que comprenderá, en todo caso, el derecho a contratar con las Administraciones Públicas por un período de tres a cinco años.[143]

CAPÍTULO IX
De los daños

Art. 263. El que causare daños en propiedad ajena no comprendidos en otros Títulos de este Código, será castigado con la pena de multa de seis a veinticuatro meses, atendidas la condición económica de la víctima y la cuantía del daño, si éste excediera de cincuenta mil pesetas.[144]

Art. 264. 1. Será castigado con la pena de prisión de uno a tres años y multa de doce a veinticuatro meses el que causare daños expresados en el artículo anterior, si concurriere alguno de los supuestos siguientes:

1.º Que se realicen para impedir el libre ejercicio de la autoridad o en venganza de sus determinaciones, bien se cometiere el delito contra funcionarios públicos, bien contra particulares que, como testigos o de cualquier otra manera, hayan contribuido o puedan contribuir a la ejecución o aplicación de las Leyes o disposiciones generales.

2.º Que se cause por cualquier medio infección o contagio de ganado.

3.º Que se empleen sustancias venenosas o corrosivas.

4.º Que afecten a bienes de dominio o uso público o comunal.

5.º Que arruinen al perjudicado o se le coloque en grave situación económica.

2. La misma pena se impondrá al que por cualquier medio destruya, altere, inutilice o de cualquier otro modo dañe los datos, programas o documentos electrónicos ajenos contenidos en redes, soportes o sistemas informáticos.[145]

Art. 265. El que destruyere, dañare de modo grave, o inutilizare para el servicio, aun de forma temporal, obras, establecimientos o instalaciones militares, buques de guerra, aeronaves militares, medios de

142. V. arts. 290, 392 y 393 Cp; 872, 874 y 889 CCom; 1382 LEC (vigente según DD Única.1.1ª Ley 1/2000, de 7 de enero, de Enjuiciamiento Civil).

143. V. arts. 169 y 419 y ss. Cp; Ley 16/1989, de 17 de julio, de Defensa de la Competencia; Ley 3/1991, de 10 de enero, de Competencia Desleal; Ley 13/1995, de 18 de mayo, de Contratos de las Administraciones Públicas; arts. 1481 y ss. LEC (634 y ss. Ley 1/2000, de 7 de enero, de Enjuiciamiento Civil).

144. V. arts. 268, 321 y ss., 625 y 626 Cp; 195 CPM; 62 y 63 LPPNA; Ley 28/1998, de 13 de julio, de Venta a Plazos de Bienes Muebles.

145. V. Ley 5/1998, de 6 de marzo, de Incorporación al Derecho Español de la Directiva 96/9/CE, de 11 de marzo, del Parlamento Europeo y el Consejo, sobre la Protección Jurídica de las Bases de Datos.

transporte o transmisión militar, material de guerra, aprovisionamiento u otros medios o recursos afectados al servicio de las Fuerzas Armadas o de las Fuerzas y Cuerpos de Seguridad, será castigado con la pena de prisión de dos a cuatro años si el daño causado excediere de cincuenta mil pesetas.[146]

Art. 266. Será castigado con la pena de prisión de cuatro a ocho años el que cometa los hechos descritos en el artículo anterior, mediante incendio o cualquier otro medio capaz de causar graves estragos o que pongan en peligro la vida o integridad de las personas.[147]

Art. 267. Los daños causados por imprudencia grave en cuantía superior a diez millones de pesetas, serán castigados con la pena de multa de tres a nueve meses, atendiendo a la importancia de los mismos.

Las infracciones a que se refiere este artículo sólo serán perseguibles previa denuncia de la persona agraviada o de su representante legal. El Ministerio Fiscal también podrá denunciar cuando aquélla sea menor de edad, incapaz o una persona desvalida.

En estos casos, el perdón de la persona agraviada o de su representante legal extinguirá la pena o la acción penal, sin perjuicio de lo dispuesto en el segundo párrafo del número 4.º del artículo 130 de este Código.[148]

CAPÍTULO X
Disposiciones comunes a los capítulos anteriores

Art. 268. 1. Están exentos de responsabilidad criminal y sujetos únicamente a la civil los cónyuges que no estuvieren separados legalmente o de hecho o en proceso judicial de separación, divorcio o nulidad de su matrimonio y los ascendientes, descendientes y hermanos por naturaleza o por adopción, así como los afines en primer grado si viviesen juntos, por los delitos patrimoniales que se causaren entre sí, siempre que no concurra violencia o intimidación.

2. Esta disposición no es aplicable a los extraños que participaren en el delito.

Art. 269. La provocación, la conspiración y la proposición para cometer los delitos de robo, extorsión, estafa o apropiación indebida, serán castigadas con la pena inferior en uno o dos grados a la del delito correspondiente.[149]

CAPÍTULO XI
De los delitos relativos a la propiedad intelectual e industrial, al mercado y a los consumidores

SECCIÓN 1.ª
De los delitos relativos a la propiedad intelectual[150]

Art. 270. Será castigado con la pena de prisión de seis meses a dos años o de multa de seis a veinticuatro meses quien,

146. V. arts. 57 y ss. CPM.

147. V. arts. 346, 351 y 571 Cp.

148. V. arts. 86, 126.2, 130.4 y DA 3ª Cp; 155 CPM; 65 LPPNA.

149. V. arts. 17, 18, 237 y ss., 243, 248 y ss. y 252 Cp.

150. V. arts. 20.1.b) CE; 287 y 288 Cp; 428 y 429 Cc; RDLeg 1/1996, de 12 de abril, por el que se aprueba el Texto Refundido de la Ley de Propiedad Intelectual; v. también Ley 5/1998, de 6 de marzo, de Incorporación al Derecho Español de la Directiva 96/9/CE, del Parlamento Europeo y del Consejo, de 11 de marzo, sobre la Protección Jurídica de las Bases de Datos; RD 448/1988, de 22 de abril, por el que se regula la difusión de películas cinematográficas y otras obras audiovisuales recogidas en soporte videográfico; RD 733/1993, de 14 de mayo, por el que se aprueba el Reglamento del Registro general de la propiedad intelectual; Convenio de Berna de 9 de septiembre de 1886, revisado en París el 24 de julio de 1971, para la Protección de Obras Literarias y Artísticas, ratificado por Instrumento de 2 de julio de 1973; Convención Universal de 6 de septiembre de 1952, revisada en París el 24 de julio de 1971, sobre los Derechos de Autor, ratificada por Instrumento de 7 de marzo de 1974; Convenio de Estocolmo, de 14 de julio de 1967, que establece la Organización Mundial de la Propiedad Intelectual, ratificado por Instrumento de 12 de mayo de 1969.

con ánimo de lucro y en perjuicio de tercero, reproduzca, plagie, distribuya o comunique públicamente, en todo o en parte, una obra literaria, artística o científica, o su transformación, interpretación o ejecución artística fijada en cualquier tipo de soporte o comunicada a través de cualquier medio, sin la autorización de los titulares de los correspondientes derechos de propiedad intelectual o de sus cesionarios.

La misma pena se impondrá a quien intencionadamente importe, exporte o almacene ejemplares de dichas obras o producciones o ejecuciones sin la referida autorización.

Será castigada también con la misma pena la fabricación, puesta en circulación y tenencia de cualquier medio específicamente destinada a facilitar la supresión no autorizada o la neutralización de cualquier dispositivo técnico que se haya utilizado para proteger programas de ordenador.

Art. 271. Se impondrá la pena de prisión de un año a cuatro años, multa de ocho a veinticuatro meses, e inhabilitación especial para el ejercicio de la profesión relacionada con el delito cometido, por un período de dos a cinco años, cuando concurra alguna de las siguientes circunstancias:

a) Que el beneficio obtenido posea especial trascendencia económica.

b) Que el daño causado revista especial gravedad.

En tales casos, el Juez o Tribunal podrá, asimismo, decretar el cierre temporal o definitivo de la industria o establecimiento del condenado. El cierre temporal no podrá exceder de cinco años.[151]

Art. 272. 1. La extensión de la responsabilidad civil derivada de los delitos tipificados en los dos artículos anteriores se regirá por las disposiciones de la Ley de Propiedad Intelectual relativas al cese de la actividad ilícita y a la indemnización de daños y perjuicios.

2. En el supuesto de sentencia condenatoria, el Juez o Tribunal podrá decretar la publicación de ésta, a costa del infractor, en un periódico oficial.[152]

SECCIÓN 2.ª
De los delitos relativos a la propiedad industrial[153]

Art. 273. 1. Será castigado con las penas de prisión de seis meses a dos años y multa de seis a veinticuatro meses el que, con fines industriales o comerciales, sin consentimiento del titular de una patente o modelo de utilidad y con conocimiento de su registro, fabrique, importe, posea, utilice, ofrezca o introduzca en el comercio objetos amparados por tales derechos.

2. Las mismas penas se impondrán al que, de igual manera, y para los citados fines, utilice u ofrezca la utilización de un procedimiento objeto de una patente, o posea, ofrezca, introduzca en el comercio, o utilice el producto directamente obtenido por el procedimiento patentado.

---

151. V. art. 129 Cp.

152. V. DF 6ª Cp; arts. 133 a 138 RDLeg 1/1996, de 12 de abril, por el que se aprueba el Texto Refundido de la Ley de Propiedad Intelectual.

153. V. arts. 287, 288 y DD 1.e) Cp; Estatuto sobre Propiedad Industrial, de 26 de julio de 1929; Ley 11/1986, de 20 de marzo, de Patentes y su Reglamento, aprobado por RD 2245/1986, de 10 de octubre; Ley 32/1988, de 10 de noviembre, de Marcas y su Reglamento, aprobado por RD 645/1990, de 18 de mayo; art. 6 Ley 34/1988, de 11 de noviembre, General de Publicidad; Ley 3/1991, de 10 de enero, de Competencia Desleal; Ley 3/2000, de 7 de enero, de Régimen Jurídico de la Protección de las Obtenciones Vegetales; RD 1270/1997, de 24 de julio, por el que se regula la Oficina Española de Patentes y Marcas; Convenio de París de 20 de marzo de 1883, para la protección de la propiedad industrial, revisado en Estocolmo el 14 de julio de 1967, ratificado por Instrumento de 13 de diciembre de 1971; Tratado de Washington de 19 de junio de 1970, de cooperación en materia de patentes, Instrumento de adhesión de 13 de julio de 1989; Convenio de Munich de 5 de octubre de 1973, sobre concesión de patentes europeas, Instrumento de adhesión de 10 de julio de 1986.

3. Será castigado con las mismas penas el que realice cualquiera de los actos tipificados en el párrafo primero de este artículo concurriendo iguales circunstancias en relación con objetos amparados en favor de tercero por un modelo o dibujo industrial o artístico o topografía de un producto semiconductor.[154]

Art. 274. 1. Será castigado con las penas de seis meses a dos años de prisión y multa de seis a veinticuatro meses el que, con fines industriales o comerciales, sin consentimiento del titular de un derecho de propiedad industrial registrado conforme a la legislación de marcas, y con conocimiento del registro, reproduzca, imite, modifique, o de cualquier otro modo utilice un signo distintivo idéntico o confundible con aquél, para distinguir los mismos o similares productos, servicios, actividades o establecimientos para los que el derecho de propiedad industrial se encuentra registrado.

2. Las mismas penas se impondrán al que, a sabiendas posea para su comercialización, o ponga en el comercio, productos o servicios con signos distintivos que, de acuerdo con el apartado 1 de este artículo, suponen una infracción de los derechos exclusivos del titular de los mismos, aun cuando se trate de productos importados del extranjero.[155]

Art. 275. Las mismas penas previstas en el artículo anterior se impondrán a quien intencionadamente y sin estar autorizado para ello, utilice en el tráfico económico una denominación de origen o una indicación geográfica representativa de una calidad determinada legalmente protegidas para distinguir los productos amparados por ellas, con conocimiento de esta protección.[156]

Art. 276. 1. Se impondrá la pena de prisión de dos a cuatro años, multa de ocho a veinticuatro meses, e inhabilitación especial para el ejercicio de la profesión relacionada con el delito cometido, por un período de dos a cinco años, cuando los delitos tipificados en los anteriores artículos revistan especial gravedad, atendiendo al valor de los objetos producidos ilícitamente o a la especial importancia de los perjuicios ocasionados.

2. En dicho supuesto, el Juez podrá decretar el cierre temporal o definitivo de la industria o establecimiento del condenado. El cierre temporal no podrá exceder de cinco años.[157]

Art. 277. Será castigado con las penas de prisión de seis meses a dos años y multa de seis a veinticuatro meses, el que intencionadamente haya divulgado la invención objeto de una solicitud de patente secreta, en contravención con lo dispuesto en la legislación de patentes, siempre que ello sea en perjuicio de la defensa nacional.[158]

---

154. V. nota anterior; y, especialmente, arts. 21 y ss. y 143 a 154 Ley 11/1986, de 20 de marzo, de Patentes; Ley 11/1988, de 3 de mayo, de Protección Jurídica de las Topografías de los Productos Semiconductores.

155. V. Ley 32/1988, de 10 de noviembre, de Marcas y su Reglamento, aprobado por RD 645/1990, de 18 de mayo; Tratado de Ginebra de 27 de octubre de 1994, sobre el Derecho de marcas y Reglamento, ratificado por Instrumento de 13 de noviembre de 1998.

156. V. Ley 25/1970, de 2 de diciembre, del Estatuto de la Viña, del Vino y de los Alcoholes; arts. 4 y 5 Ley 34/1988, de 11 de noviembre, General de Publicidad; 7 Ley 3/1991, de 10 de enero, de Competencia Desleal; RD 157/1988, de 22 de febrero, por el que se establece la normativa a que deben ajustarse las denominaciones de origen y las denominaciones de origen calificadas de vinos; RD 728/1988, de 8 de julio, por el que se establece la normativa a que deben ajustarse las denominaciones de origen específicas y genéricas de productos agroalimentarios no vínicos; RD 1254/1990, de 11 de octubre, por el que se regula la utilización de nombres geográficos protegidos por denominaciones de origen, genéricas y específicas en productos agroalimentarios.

157. V. art. 129 Cp.

158. V. arts. 598 y ss. Cp; 119 y ss. Ley 11/1986, de 20 de marzo, de Patentes.

SECCIÓN 3.ª
De los delitos relativos al mercado y a los consumidores[159]

Art. 278. 1. El que, para descubrir un secreto de empresa se apoderare por cualquier medio de datos, documentos escritos o electrónicos, soportes informáticos u otros objetos que se refieran al mismo, o empleare alguno de los medios o instrumentos señalados en el apartado 1 del artículo 197, será castigado con la pena de prisión de dos a cuatro años y multa de doce a veinticuatro meses.

2. Se impondrá la pena de prisión de tres a cinco años y multa de doce a veinticuatro meses si se difundieren, revelaren o cedieren a terceros los secretos descubiertos.

3. Lo dispuesto en el presente artículo se entenderá sin perjuicio de las penas que pudieran corresponder por el apoderamiento o destrucción de los soportes informáticos.[160]

Art. 279. La difusión, revelación o cesión de un secreto de empresa llevada a cabo por quien tuviere legal o contractualmente obligación de guardar reserva, se castigará con la pena de prisión de dos a cuatro años y multa de doce a veinticuatro meses.

Si el secreto se utilizara en provecho propio, las penas se impondrán en su mitad inferior.

Art. 280. El que, con conocimiento de su origen ilícito, y sin haber tomado parte en su descubrimiento, realizare alguna de las conductas descritas en los dos artículos anteriores, será castigado con la pena de prisión de uno a tres años y multa de doce a veinticuatro meses.

Art. 281. 1. El que detrajere del mercado materias primas o productos de primera necesidad con la intención de desabastecer un sector del mismo, de forzar una alteración de precios, o de perjudicar gravemente a los consumidores, será castigado con la pena de prisión de uno a cinco años y multa de doce a veinticuatro meses.

2. Se impondrá la pena superior en grado si el hecho se realiza en situaciones de grave necesidad o catastróficas.[161]

Art. 282. Serán castigados con la pena de prisión de seis meses a un año o multa de seis a dieciocho meses los fabricantes o comerciantes que, en sus ofertas o publicidad de productos o servicios, hagan alegaciones falsas o manifiesten características inciertas sobre los mismos, de modo que puedan causar un perjuicio grave y manifiesto a los consumidores, sin perjuicio de la pena que corresponda aplicar por la comisión de otros delitos.[162]

Art. 283. Se impondrán las penas de prisión de seis meses a un año y multa de seis a dieciocho meses a los que, en perjuicio del consumidor, facturen cantidades superiores por productos o servicios cuyo costo o precio se mida por aparatos automáticos, mediante la alteración o manipulación de éstos.[163]

Art. 284. Se impondrá la pena de prisión de seis meses a dos años, o multa de seis a dieciocho meses, a los que, difundiendo noticias falsas, empleando violencia,

---

159. V. arts. 51.1 CE; 287 y 288 Cp.

160. V. arts. 197 y ss., 200, 234, 237 y 264.2 Cp; 13 y 18 y ss. Ley 3/1991, de 10 de enero, de Competencia Desleal; 5.a), 54.2.d) y 65.2 RDLeg 1/1995, de 24 de marzo, por el que se aprueba el Texto Refundido de la Ley del Estatuto de los Trabajadores.

161. V. arts. 1 y 2 Ley 26/1984, de 19 de julio, General para la Defensa de los Consumidores y Usuarios.

162. V. arts. 362.1.3º Cp; 8 y 13 Ley 26/1984, de 19 de julio, General para la Defensa de los Consumidores y Usuarios; 3 y ss. Ley 34/1988, de 11 de noviembre, General de Publicidad; Ley 3/1991, de 10 de enero, de Competencia Desleal.

163. V. Ley de 8 de julio de 1892, de Pesas y Medidas; art. 3 RD 1945/1983, de 22 de junio, por el que se regulan las infracciones y sanciones en materia de defensa del consumidor y de la producción agro-alimentaria; RD 597/1988, de 10 de junio, por el que se regula el control metrológico CEE.

amenaza o engaño, o utilizando información privilegiada, intentaren alterar los precios que habrían de resultar de la libre concurrencia de productos, mercancías, títulos valores, servicios o cualesquiera otras cosas muebles o inmuebles que sean objeto de contratación, sin perjuicio de la pena que pudiera corresponderles por otros delitos cometidos.[164]

Art. 285. Quien de forma directa o por persona interpuesta usare de alguna información relevante para la cotización de cualquier clase de valores o instrumentos negociados en algún mercado organizado, oficial o reconocido, a la que haya tenido acceso reservado con ocasión del ejercicio de su actividad profesional o empresarial, o la suministrare obteniendo para sí o para un tercero un beneficio económico superior a setenta y cinco millones de pesetas o causando un perjuicio de idéntica cantidad, será castigado con la pena de prisión de uno a cuatro años y multa de tanto al triplo del beneficio obtenido o favorecido.[165]

Art. 286. Se aplicará la pena de prisión de cuatro a seis años y multa de doce a veinticuatro meses, cuando en las conductas descritas en el artículo anterior concurra alguna de las siguientes circunstancias:

1.ª Que los sujetos se dediquen de forma habitual a tales prácticas abusivas.

2.ª Que el beneficio obtenido sea de notoria importancia.

3.ª Que se cause grave daño a los intereses generales.

164. V. arts. 169 y ss. y 262 Cp; 78 y ss. Ley 24/1988, de 28 de julio, del Mercado de Valores; Ley 16/1989, de 17 de julio, de Defensa de la Competencia; Ley 3/1991, de 10 de enero, de Competencia Desleal; RD 295/1998, de 27 de febrero, relativo a la aplicación en España de las reglas europeas de competencia.

165. V. arts. 78 y ss., 81 y 99 Ley 24/1988, de 28 de julio, del Mercado de Valores.

SECCIÓN 4.ª
Disposiciones comunes a las secciones anteriores

Art. 287. 1. Para proceder por los delitos previstos en los artículos anteriores del presente capítulo será necesaria denuncia de la persona agraviada o de sus representantes legales. Cuando aquélla sea menor de edad, incapaz o una persona desvalida, también podrá denunciar el Ministerio Fiscal.

2. No será precisa la denuncia exigida en el apartado anterior cuando la comisión del delito afecte a los intereses generales o a una pluralidad de personas.[166]

Art. 288. En los supuestos previstos en los artículos anteriores se dispondrá la publicación de la sentencia en los periódicos oficiales y, si lo solicitara el perjudicado, el Juez o Tribunal podrá ordenar su reproducción total o parcial en cualquier otro medio informativo, a costa del condenado.

Además, el Juez o Tribunal, a la vista de las circunstancias del caso, podrá adoptar las medidas previstas en el artículo 129 del presente Código.[167]

CAPÍTULO XII
De la sustracción de cosa propia a su utilidad social o cultural

Art. 289. El que por cualquier medio destruyere, inutilizare o dañare una cosa propia de utilidad social o cultural, o de cualquier modo la sustrajere al cumplimiento de los deberes legales impuestos en interés de la comunidad, será castigado con la pena de arresto de siete a veinticuatro fines de semana o multa de cuatro a dieciséis meses.[168]

166. V. arts. 25, 86 y 126.2 Cp.

167. V. art. 129 Cp.

168. V. art. 33 CE.

CAPÍTULO XIII
De los delitos societarios[169]

Art. 290. Los administradores, de hecho o de derecho, de una sociedad constituida o en formación, que falsearen las cuentas anuales u otros documentos que deban reflejar la situación jurídica o económica de la entidad, de forma idónea para causar un perjuicio económico a la misma, a alguno de sus socios, o a un tercero, serán castigados con la pena de prisión de uno a tres años y multa de seis a doce meses.

Si se llegare a causar el perjuicio económico se impondrán las penas en su mitad superior.[170]

Art. 291. Los que, prevaliéndose de su situación mayoritaria en la Junta de accionistas o el órgano de administración de cualquier sociedad constituida o en formación, impusieren acuerdos abusivos, con ánimo de lucro propio o ajeno, en perjuicio de los demás socios, y sin que reporten beneficios a la misma, serán castigados con la pena de prisión de seis meses a tres años o multa del tanto al triplo del beneficio obtenido.[171]

Art. 292. La misma pena del artículo anterior se impondrá a los que impusieren o se aprovecharen para sí o para un tercero, en perjuicio de la sociedad o de alguno de sus socios, de un acuerdo lesivo adoptado por una mayoría ficticia, obtenida por abuso de firma en blanco, por atribución indebida del derecho de voto a quienes legalmente carezcan del mismo, por negación ilícita del ejercicio de este derecho a quienes lo tengan reconocido por la Ley, o por cualquier otro medio o procedimiento semejante, y sin perjuicio de castigar el hecho como corresponde si constituyese otro delito.[172]

Art. 293. Los administradores de hecho o de derecho de cualquier sociedad constituida o en formación, que sin causa legal negaren o impidieren a un socio el ejercicio de los derechos de información, participación en la gestión o control de la actividad social, o suscripción preferente de acciones reconocidos por las Leyes, serán castigados con la pena de multa de seis a doce meses.[173]

Art. 294. Los que, como administradores de hecho o de derecho de cualquier sociedad constituida o en formación, sometida o que actúe en mercados sujetos a supervisión administrativa, negaren o impidieren la actuación de las personas, órganos o entidades inspectoras o supervisoras, serán castigados con la pena de prisión de seis meses a tres años o multa de doce a veinticuatro meses.

Además de las penas previstas en el párrafo anterior, la autoridad judicial podrá decretar algunas de las medidas previstas en el artículo 129 de este Código.[174]

---

169. V. arts. 297 Cp; 116 y ss. y 281 y ss. CCom; 1692 y ss. Cc; LSA; LSRL; Ley 27/1999, de 16 de julio, de Cooperativas; Ley 13/1989, de 26 de mayo, de Cooperativas de Crédito; Ley 1/1994, de 11 de marzo, sobre Régimen Jurídico de las Sociedades de Garantía Recíproca; Ley 30/1995, de 8 de noviembre, de Ordenación y Supervisión de los Seguros Privados; Ley 4/1997, de 24 de marzo, de Sociedades Laborales; Ley 1/1999, de 5 de enero, reguladora de las Entidades de Capital-Riesgo; RD 1784/1996, de 19 de julio, por el que se aprueba el Reglamento del Registro Mercantil.

170. V. arts. 26, 261 y 390 y ss. Cp; 25 y 34 y ss. CCom; 123, 133, 171 y ss. y 218 y ss. LSA; 62, 63 y 84 a 86 LSRL; 61 Ley 27/1999, de 16 de julio, de Cooperativas; RD 1815/1991, de 20 de diciembre, por el que se aprueban las normas para la formulación de las cuentas anuales consolidadas; arts. 329 y ss. RD 1784/1996, de 19 de julio, por el que se aprueba el Reglamento del Registro Mercantil.

171. V. arts. 93 y ss., 115 y ss. y 133 LSA; 70 LSRL; 31 y 37 Ley 27/1999, de 16 de julio, de Cooperativas; 13 Ley 4/1997, de 24 de marzo, de Sociedades Laborales; 155 y ss. RD 1784/1996, de 19 de julio, por el que se aprueba el Reglamento del Registro Mercantil.

172. V. arts. 27, 102 y ss., 115 y ss. y 133 LSA; 49, 52 y 53 LSRL; 26 y 27 Ley 27/1999, de 16 de julio, de Cooperativas; 13 Ley 4/1997, de 24 de marzo, de Sociedades Laborales.

173. V. arts. 48.2, 112, 144, 155 y ss., 212, 238, 273 y 293 LSA; 51, 75, 86 y 94 LSRL; 16 Ley 27/1999, de 16 de julio, de Cooperativas; 7, 9 y 15 Ley 4/1997, de 24 de marzo, de Sociedades Laborales.

174. V. art. 129 Cp; Ley 19/1988, de 12 de julio,

Art. 295. Los administradores de hecho o de derecho o los socios de cualquier sociedad constituida o en formación, que en beneficio propio o de un tercero, con abuso de las funciones propias de su cargo, dispongan fraudulentamente de los bienes de la sociedad o contraigan obligaciones a cargo de ésta causando directamente un perjuicio económicamente evaluable a sus socios, depositarios, cuentapartícipes o titulares de los bienes, valores o capital que administren, serán castigados con la pena de prisión de seis meses a cuatro años, o multa del tanto al triplo del beneficio obtenido.[175]

Art. 296. 1. Los hechos descritos en el presente capítulo, sólo serán perseguibles mediante denuncia de la persona agraviada o de su representante legal. Cuando aquélla sea menor de edad, incapaz o una persona desvalida, también podrá denunciar el Ministerio Fiscal.

2. No será precisa la denuncia exigida en el apartado anterior cuando la comisión del delito afecte a los intereses generales o a una pluralidad de personas.[176]

Art. 297. A los efectos de este capítulo se entiende por sociedad toda cooperativa, Caja de Ahorros, mutua, entidad financiera o de crédito, fundación, sociedad mercantil o cualquier otra entidad de análoga naturaleza que para el cumplimiento de sus fines participe de modo permanente en el mercado.

CAPÍTULO XIV
De la receptación y otras conductas afines

Art. 298. 1. El que, con ánimo de lucro y con conocimiento de la comisión de un delito contra el patrimonio o el orden socioeconómico, en el que no haya intervenido ni como autor ni como cómplice, ayude a los responsables a aprovecharse de los efectos del mismo, o reciba, adquiera u oculte tales efectos, será castigado con la pena de prisión de seis meses a dos años.

2. Esta pena se impondrá en su mitad superior a quien reciba, adquiera u oculte los efectos del delito para traficar con ellos. Si el tráfico se realizase utilizando un establecimiento o local comercial o industrial, se impondrá, además, la pena de multa de doce a veinticuatro meses. En estos casos los Jueces o Tribunales, atendiendo a la gravedad del hecho y a las circunstancias personales del delincuente, podrán imponer también a éste la pena de inhabilitación especial para el ejercicio de su profesión o industria, por tiempo de dos a cinco años, y acordar la medida de clausura temporal o definitiva del establecimiento o local. Si la clausura fuese temporal, su duración no podrá exceder de cinco años.

3. En ningún caso podrá imponerse pena privativa de libertad que exceda de la señalada al delito encubierto. Si éste estuviese castigado con pena de otra naturaleza, la pena privativa de libertad será sustituida por la de multa de seis a veinticuatro meses, salvo que el delito encubierto tenga asignada pena igual o inferior a ésta; en tal caso, se impondrá al culpable la pena de aquel delito en su mitad inferior.[177]

Art. 299. 1. El que, con ánimo de lucro y con conocimiento de la comisión de

---

de Auditoría de Cuentas; art. 13 Ley 24/1988, de 28 de julio, del Mercado de Valores; Ley 26/1988, de 29 de julio, sobre Disciplina e Intervención de las Entidades de Crédito; Ley 30/1995, de 8 de noviembre, de Ordenación y Supervisión de los Seguros Privados; Ley 1/1999, de 5 de enero, reguladora de las Entidades de Capital-Riesgo y sus entidades gestoras.

175. V. arts. 248 y 252 Cp; 74 y ss., 127 y 133 LSA; 69 LSRL; 43 Ley 27/1999, de 16 de julio, de Cooperativas.

176. V. arts. 25, 86 y 126.2 Cp.

177. V. arts. 129 y 451 y ss. Cp; 23, 196 y 197 CPM; RD 3390/1981, de 18 de diciembre, relativo al comercio de objetos usados que contengan en su composición metales o piedras preciosas y perlas finas; RD 731/1982, de 17 de marzo, sobre control de los establecimientos dedicados al desguace de vehículos de motor.

hechos constitutivos de falta contra la propiedad, habitualmente se aprovechare o auxiliare a los culpables para que se beneficien de los efectos de las mismas, será castigado con la pena de multa de seis a doce meses.

2. Si los efectos los recibiere o adquiriere para traficar con ellos, se impondrá la pena de multa de ocho a dieciséis meses y, si se realizaren los hechos en local abierto al público, podrá acordarse la clausura temporal o definitiva del mismo. En la clausura temporal, el plazo no podrá exceder de cinco años.[178]

Art. 300. Las disposiciones de este capítulo se aplicarán aun cuando el autor o el cómplice del hecho de que provengan los efectos aprovechados fuera irresponsable o estuviera personalmente exento de pena.

Art. 301. 1. El que adquiera, convierta o transmita bienes, sabiendo que éstos tienen su origen en un delito grave, o realice cualquier otro acto para ocultar o encubrir su origen ilícito, o para ayudar a la persona que haya participado en la infracción o infracciones a eludir las consecuencias legales de sus actos, será castigado con la pena de prisión de seis meses a seis años y multa del tanto al triplo del valor de los bienes.

Las penas se impondrán en su mitad superior cuando los bienes tengan su origen en alguno de los delitos relacionados con el tráfico de drogas tóxicas, estupefacientes o sustancias psicotrópicas descritos en los artículos 368 a 372 de este Código.

2. Con las mismas penas se sancionará, según los casos, la ocultación o encubrimiento de la verdadera naturaleza, origen, ubicación, destino, movimiento o derechos sobre los bienes o propiedad de los mismos, a sabiendas de que proceden de alguno de los delitos expresados en el apartado anterior o de un acto de participación en ellos.

3. Si los hechos se realizasen por imprudencia grave, la pena será de prisión de seis meses a dos años y multa del tanto al triplo.

4. El culpable será igualmente castigado aunque el delito del que provinieren los bienes, o los actos penados en los apartados anteriores hubiesen sido cometidos, total o parcialmente, en el extranjero.[179]

Art. 302. En los supuestos previstos en el artículo anterior se impondrán las penas privativas de libertad en su mitad superior a las personas que pertenezcan a una organización dedicada a los fines señalados en los mismos, y la pena superior en grado a los jefes, administradores o encargados de las referidas organizaciones.

En tales casos, los Jueces o Tribunales impondrán, además de las penas correspondientes, la de inhabilitación especial del reo para el ejercicio de su profesión o industria por tiempo de tres a seis años, y podrán decretar, así mismo, alguna de las medidas siguientes:

a) Disolución de la organización o clausura definitiva de sus locales o establecimientos abiertos al público.

b) Suspensión de las actividades de la organización, o clausura de sus locales o establecimientos abiertos al público por tiempo no superior a cinco años.

c) Prohibición a las mismas de realizar aquellas actividades, operaciones mercantiles o negocios, en cuyo ejercicio se haya facilitado o encubierto el delito, por tiempo no superior a cinco años.[180]

---

178. V. arts. 129 y 623 a 628 Cp.

179. V. arts. 13.1, 33.2, 368 a 372 y 374 Cp; Ley 19/1993, de 28 de diciembre, sobre Determinadas Medidas de Prevención del Blanqueo de Capitales y su Reglamento, aprobado por RD 925/1995, de 9 de junio; Ley 36/1995, de 11 de diciembre, sobre la Creación de un Fondo Procedente de los Bienes Decomisados por Tráfico de Drogas y Otros Delitos Relacionados y su Reglamento, aprobado por RD 864/1997, de 6 de junio; Ley 9/1999, de 12 de abril, por la que se regula el Régimen Jurídico de las Transferencias entre Estados Miembros de la Unión Europea; art. 282 bis.4.c) LECrim; Convenio de Estrasburgo de 8 de noviembre de 1990, relativo al Blanqueo, Seguimiento, Embargo y Decomiso de los Productos del Delito, ratificado por Instrumento de 22 de julio de 1998.

180. V. art. 129 Cp.

Art. 303. Si los hechos previstos en los artículos anteriores fueran realizados por empresario, intermediario en el sector financiero, facultativo, funcionario público, trabajador social, docente o educador, en el ejercicio de su cargo, profesión u oficio, se le impondrá, además de la pena correspondiente, la de inhabilitación especial para empleo o cargo público, profesión u oficio, industria o comercio, de tres a diez años. Se impondrá la pena de inhabilitación absoluta de diez a veinte años cuando los referidos hechos fueren realizados por autoridad o agente de la misma.

A tal efecto, se entiende que son facultativos los médicos, psicólogos, las personas en posesión de títulos sanitarios, los veterinarios, los farmacéuticos y sus dependientes.

Art. 304. La provocación, la conspiración y la proposición para cometer los delitos previstos en los artículos 301 a 303 se castigará, respectivamente, con la pena inferior en uno o dos grados.[181]

TÍTULO XIV

DE LOS DELITOS CONTRA LA HACIENDA PÚBLICA Y CONTRA LA SEGURIDAD SOCIAL[182]

Art. 305. 1. El que por acción u omisión, defraude a la Hacienda Pública estatal, autonómica, foral o local, eludiendo el pago de tributos, cantidades retenidas o que se hubieran debido retener o ingresos a cuenta de retribuciones en especie obteniendo indebidamente devoluciones o disfrutando beneficios fiscales de la misma forma, siempre que la cuantía de la cuota defraudada, el importe no ingresado de las retenciones o ingresos a cuenta o de las devoluciones o beneficios fiscales indebidamente obtenidos o disfrutados exceda de quince millones de pesetas, será castigado con la pena de prisión de uno a cuatro años y multa del tanto al séxtuplo de la citada cuantía.

Las penas señaladas en el párrafo anterior se aplicarán en su mitad superior cuando la defraudación se cometiere concurriendo alguna de las circunstancias siguientes:

a) La utilización de persona o personas interpuestas de manera que quede oculta la identidad del verdadero obligado tributario.

b) La especial trascendencia y gravedad de la defraudación atendiendo al importe de lo defraudado o a la existencia de una estructura organizativa que afecte o pueda afectar a una pluralidad de obligados tributarios.

Además de las penas señaladas, se impondrá al responsable la pérdida de la

181. V. arts. 17 y 18 Cp.

182. V. arts. 31.1 CE; 627 y DF 5ª Cp; 77 a 89 y 111 Ley General Tributaria, de 28 de diciembre de 1963; Ley 25/1995, de 20 de julio, de Modificación Parcial de la Ley General Tributaria; 36 Ley 50/1977, de 14 de noviembre, de Medidas Urgentes de Reforma Fiscal; DA 1ª Ley 14/1985, de 29 de mayo, de Régimen Fiscal de Determinados Activos Financieros; arts. 87, 170 y ss. Ley 37/1992, de 28 de diciembre, del Impuesto sobre el Valor Añadido, y RD 1624/1992, de 29 de diciembre, por el que se aprueba su Reglamento; Ley 38/1992, de 28 de diciembre, sobre Normas Reguladoras de Impuestos Especiales; Ley 19/1993, de 28 de diciembre, que establece Determinadas Medidas de Prevención del Blanqueo de Capitales y RD 925/1995, de 9 de junio que aprueba su Reglamento; art. 20.a) Ley 13/1995, de 18 de mayo, de Contratos de las Administraciones Públicas; Ley 43/1995, de 27 de diciembre, del Impuesto de Sociedades y RD 537/1997, de 14 de abril, por el que se aprueba su Reglamento; Ley 1/1998, de 26 de febrero, de Derechos y Garantías de los Contribuyentes, y RD 136/2000, de 4 de febrero, de desarrollo parcial de esta Ley; Ley 40/1998, de 9 de diciembre, del Impuesto sobre la Renta de las Personas Físicas y otras Normas Tributarias, y RD 214/1999, de 5 de febrero, por el que se aprueba su Reglamento; Ley 41/1998, de 9 de diciembre, sobre la Norma de no Residentes y Normas Tributarias, y RD 326/1999, de 26 de febrero, por el que se aprueba su Reglamento; RD 2631/1985, de 18 de diciembre sobre procedimiento para sancionar las infracciones tributarias; art. 66 RD 939/1986, de 25 de abril, por el que se aprueba el Reglamento General de la Inspección de los Tributos; arts. 12 y 18 ter Ley 50/1981, de 30 de diciembre, del Estatuto Orgánico del Ministerio Fiscal.

posibilidad de obtener subvenciones o ayudas públicas y del derecho a gozar de beneficios o incentivos fiscales o de la Seguridad Social durante un período de tres a seis años.

2. A los efectos de determinar la cuantía mencionada en el apartado anterior, si se trata de tributos, retenciones, ingresos a cuenta o devoluciones, periódicos o de declaración periódica, se estará a lo defraudado en cada período impositivo o de declaración, y si éstos son inferiores a doce meses, el importe de lo defraudado se referirá al año natural. En los demás supuestos, la cuantía se entenderá referida a cada uno de los distintos conceptos por los que un hecho imponible sea susceptible de liquidación.

3. Las mismas penas se impondrán cuando las conductas descritas en el apartado primero de este artículo se cometan contra la Hacienda de las Comunidades, siempre que la cuantía defraudada excediere de 50.000 ecus.

4. Quedará exento de responsabilidad penal el que regularice su situación tributaria, en relación con las deudas a que se refiere el apartado primero de este artículo, antes de que se le haya notificado por la Administración tributaria la iniciación de actuaciones de comprobación tendentes a la determinación de las deudas tributarias objeto de regularización, o en el caso de que tales actuaciones no se hubieran producido, antes de que el Ministerio Fiscal, el Abogado del Estado o el representante procesal de la Administración autonómica, foral o local de que se trate, interponga querella o denuncia contra aquél dirigida, o cuando el Ministerio Fiscal o el Juez de Instrucción realicen actuaciones que le permitan tener conocimiento formal de la iniciación de diligencias.

La exención de responsabilidad penal contemplada en el párrafo anterior alcanzará igualmente a dicho sujeto por las posibles irregularidades contables u otras falsedades instrumentales que, exclusivamente en relación a la deuda tributaria objeto de regularización, el mismo pudiera haber cometido con carácter previo a la regularización de su situación tributaria.[183]

Art. 306. El que por acción u omisión defraude a los presupuestos generales de las Comunidades u otros administrados por éstas, en cuantía superior a cincuenta mil ecus, eludiendo el pago de cantidades que se deban ingresar, o dando a los fondos obtenidos una aplicación distinta de aquella a que estuvieren destinados, será castigado con la pena de prisión de uno a cuatro años y multa del tanto al séxtuplo de la citada cuantía.[184]

Art. 307. 1. El que, por acción u omisión, defraude a la Seguridad Social para eludir el pago de las cuotas de ésta y conceptos de recaudación conjunta, obtener indebidamente devoluciones de las mismas o disfrutar de deducciones por cualquier concepto asimismo de forma indebida y con ánimo fraudulento, siempre que la cuantía de las cuotas defraudadas o de las devoluciones o deducciones indebidas exceda de quince millones de pesetas será castigado con la pena de prisión de uno a cuatro años y multa del tanto al séxtuplo de la citada cuantía.[185]

Las penas señaladas en el párrafo anterior se aplicarán en su mitad superior

183. V. arts. 290 y ss.; DF 5ª Cp.

184. V. art. 628 Cp; Ley 46/1998, de 17 de diciembre, sobre Introducción del Euro; RD 2814/1998, de 23 de diciembre, que aprueba las normas sobre aspectos contables de la introducción del euro; arts. 2 LO 10/1998, de 17 de diciembre, Complementaria de la Ley sobre Introducción del Euro; 5 del Tratado de Roma, de 25 de marzo de 1957.

185. V. arts. 41 y 129.1 CE; Ley 8/1998, de 7 de abril, sobre Infracciones y Sanciones de Orden Social; RDLeg 1/1994, de 20 de junio, por el que se aprueba el Texto refundido de la Ley General de la Seguridad Social; RD 84/1995, de 4 de agosto, por el que se aprueba el Reglamento General sobre inscripción de empresa y filiación, altas, bajas y variaciones de datos de trabajadores en la Seguridad Social; RD 1391/1995, de 4 de agosto, por el que se aprueba el reglamento general de la gestión financiera de la Seguridad Social; RD 1637/1995, de 6 de octubre, por el que se aprueba el Reglamento General de recaudación de los recursos del sistema de la Seguridad Social.

cuando la defraudación se cometa concurriendo alguna de las circunstancias siguientes:

a) La utilización de persona o personas interpuestas de manera que quede oculta la identidad del verdadero obligado frente a la Seguridad Social.

b) La especial trascendencia y gravedad de la defraudación atendiendo al importe de lo defraudado o a la existencia de una estructura organizativa que afecte o pueda afectar a una pluralidad de obligados frente a la Seguridad Social.

2. A los efectos de determinar la cuantía mencionada en el apartado anterior, se estará a lo defraudado en cada liquidación, devolución o deducción, refiriéndose al año natural el importe de lo defraudado cuando aquéllas correspondan a un período inferior a doce meses.

3. Quedará exento de responsabilidad penal el que regularice su situación ante la Seguridad Social, en relación con las deudas a que se refiere el apartado primero de este artículo, antes de que se le haya notificado la iniciación de actuaciones inspectoras dirigidas a la determinación de dichas deudas o, en caso de que tales actuaciones no se hubieran producido, antes de que el Ministerio Fiscal o el Letrado de la Seguridad Social interponga querella o denuncia contra aquél dirigida.

La exención de responsabilidad penal contemplada en el párrafo anterior alcanzará igualmente a dicho sujeto por las posibles falsedades instrumentales que, exclusivamente en relación a la deuda objeto de regularización, el mismo pudiera haber cometido con carácter previo a la regularización de su situación.[186]

Art. 308. 1. El que obtenga una subvención, desgravación o ayuda de las Administraciones públicas de más de diez millones de pesetas falseando las condiciones requeridas para su concesión u ocultando las que la hubiesen impedido, será castigado con la pena de prisión de uno a cuatro años y multa del tanto al séxtuplo de su importe.[187]

2. Las mismas penas se impondrán al que en el desarrollo de una actividad subvencionada con fondos de las Administraciones públicas cuyo importe supere los diez millones de pesetas, incumpla las condiciones establecidas alterando sustancialmente los fines para los que la subvención fue concedida.

3. Además de las penas señaladas, se impondrá al responsable la pérdida de la posibilidad de obtener subvenciones o ayudas públicas y del derecho a gozar de beneficios o incentivos fiscales o de la Seguridad Social durante un período de tres a seis años.

4. Quedará exento de responsabilidad penal, en relación con las subvenciones, desgravaciones o ayudas a que se refieren los apartados primero y segundo de este artículo, el que reintegre las cantidades recibidas, incrementadas en un interés anual equivalente al interés legal del dinero aumentado en dos puntos porcentuales, desde el momento en que las percibió, antes de que se le haya notificado la iniciación de actuaciones de inspección o control en relación con dichas subvenciones, desgravaciones o ayudas o, en el caso de que tales actuaciones no se hubieran producido, antes de que el Ministerio Fiscal, el Abogado del Estado o el representante de la Administración autonómica o local de que se trate interponga querella o denuncia contra aquél dirigida.

La exención de responsabilidad penal contemplada en el párrafo anterior alcanzará igualmente a dicho sujeto por las posibles falsedades instrumentales que, exclusivamente en relación a la deuda objeto de regularización, el mismo pudiera haber cometido con carácter previo a la regularización de su situación.[188]

---

186. DF 5ª Cp.

187. V. Sección 4ª del Capítulo I, Título II, Ley General Presupuestaria, aprobado por RDLeg 1091/1988, de 23 de septiembre; RD 2225/1993, de 17 de diciembre, que aprueba el Reglamento del procedimiento para la concesión de subvenciones públicas.

188. V. DF 5ª Cp.

Art. 309. El que obtenga indebidamente fondos de los presupuestos generales de las Comunidades u otros administrados por éstas, en cuantía superior a cincuenta mil ecus, falseando las condiciones requeridas para su concesión u ocultando las que la hubieren impedido, será castigado con la pena de prisión de uno a cuatro años y multa del tanto al séxtuplo de la citada cuantía.[189]

Art. 310. Será castigado con la pena de arresto de siete a quince fines de semana y multa de tres a diez meses el que estando obligado por Ley tributaria a llevar contabilidad mercantil, libros o registros fiscales:[190]

a) Incumpla absolutamente dicha obligación en régimen de estimación directa de bases tributarias.

b) Lleve contabilidades distintas que, referidas a una misma actividad y ejercicio económico, oculten o simulen la verdadera situación de la empresa.

c) No hubiere anotado en los libros obligatorios negocios, actos, operaciones o, en general, transacciones económicas, o los hubiere anotado con cifras distintas a las verdaderas.

d) Hubiere practicado en los libros obligatorios anotaciones contables ficticias.

La consideración como delito de los supuestos de hecho, a que se refieren las letras c) y d) anteriores, requerirá que se hayan omitido las declaraciones tributarias o que las presentadas fueren reflejo de su falsa contabilidad y que la cuantía, en más o menos, de los cargos o abonos omitidos o falseados exceda, sin compensación aritmética entre ellos, de treinta millones de pesetas por cada ejercicio económico.

189. V. arts. 628 Cp; 2 LO 10/1998, de 17 de diciembre, Complementaria de la Ley sobre Introducción del Euro.

190. V. Ley 43/1995, de 27 de diciembre, del Impuesto de Sociedades y RD 2607/1996, de 20 de diciembre, sobre actualización de balances que la desarrolla; Ley 40/1998, de 9 de diciembre, del Impuesto sobre la Renta de las Personas Físicas; RD 2814/1998, de 23 de diciembre, por el que se aprueba las normas sobre los aspectos contables de la introducción del euro.

TÍTULO XV
DE LOS DELITOS CONTRA LOS DERECHOS DE LOS TRABAJADORES

Art. 311. Serán castigados con las penas de prisión de seis meses a tres años y multa de seis a doce meses:[191]

1.º Los que, mediante engaño o abuso de situación de necesidad impongan a los trabajadores a su servicio condiciones laborales o de Seguridad Social que perjudiquen, supriman o restrinjan los derechos que tengan reconocidos por disposiciones legales, convenios colectivos o contrato individual.

2.º Los que en el supuesto de transmisión de empresas, con conocimiento de los procedimientos descritos en el apartado anterior, mantengan las referidas condiciones impuestas por otro.

3.º Si las conductas reseñadas en los apartados anteriores se llevaren a cabo con violencia o intimidación se impondrán las penas superiores en grado.

Art. 312. 1. Serán castigados con las penas de prisión de dos a cinco años y multa de seis a doce meses, los que trafiquen de manera ilegal con mano de obra.[192]

191. V. arts. 35.1, 37, 40 y 41 CE; Ley 51/1980, de 8 de octubre, Básica de Empleo; Ley 8/1988, de 7 de abril, sobre Infracciones y Sanciones en el Orden Social y RD 928/1998, de 14 de mayo, por el que se aprueba el Reglamento general para la imposición de sanciones por infracciones de orden social y para los expedientes liquidatorios de cuotas de la Seguridad Social; art. 20.d) Ley 13/1995, de 18 de mayo, de Contratos de las Administraciones Públicas; Ley 42/1997, de 14 de noviembre, Ordenadora de la Inspección de Trabajo y Seguridad Social; RDLeg 1/1994, de 20 de junio, por el que se aprueba el Texto Refundido de la Ley General de la Seguridad Social; RDLeg. 1/1995, de 24 de marzo, por el que se aprueba el texto refundido de la Ley del Estatuto de los Trabajadores; RD 1659/1998, de 24 de julio, por el que se desarrolla su art. 8.5, en materia de información al trabajador sobre los elementos esenciales del contrato de trabajo.

192. Modificado por DF 1ª LO 4/2000, de 11 de enero, sobre Derechos y Libertades de los Extranjeros en España y su Integración Social.

2. En la misma pena incurrirán quienes recluten personas o las determinen a abandonar su puesto de trabajo ofreciendo empleo o condiciones de trabajo engañosas o falsas, y quienes empleen a súbditos extranjeros sin permiso de trabajo en condiciones que perjudiquen, supriman o restrinjan los derechos que tuviesen reconocidos por disposiciones legales, convenios colectivos o contrato individual.[193]

Art. 313. 1. El que promoviere o favoreciere por cualquier medio la inmigración clandestina de trabajadores a España, será castigado con la pena prevista en el artículo anterior.

2. Con la misma pena será castigado el que, simulando contrato o colocación, o usando de otro engaño semejante, determinare o favoreciere la emigración de alguna persona a otro país.[194]

Art. 314. Los que produzcan una grave discriminación en el empleo, público o privado, contra alguna persona por razón de su ideología, religión o creencias, su pertenencia a una etnia, raza o nación, su sexo, orientación sexual, situación familiar, enfermedad o minusvalía, por ostentar la representación legal o sindical de los trabajadores, por el parentesco con otros trabajadores de la empresa o por el uso de alguna de las lenguas oficiales dentro del Estado español, y no restablezcan la situación de igualdad ante la Ley tras requerimiento o sanción administrativa, reparando los daños económicos que se hayan derivado, serán castigados con la pena de prisión de seis meses a dos años o multa de seis a doce meses.[195]

Art. 315. 1. Serán castigados con las penas de prisión de seis meses a tres años y multa de seis a doce meses los que mediante engaño o abuso de situación de necesidad, impidieren o limitaren el ejercicio de la libertad sindical o el derecho de huelga.[196]

2. Si las conductas reseñadas en el apartado anterior se llevaren a cabo con fuerza, violencia o intimidación se impondrán las penas superiores en grado.

3. Las mismas penas del apartado segundo se impondrán a los que, actuando en grupo, o individualmente pero de acuerdo con otros, coaccionen a otras personas a iniciar o continuar una huelga.[197]

Art. 316. Los que con infracción de las normas de prevención de riesgos laborales y estando legalmente obligados, no faciliten los medios necesarios para que los trabajadores desempeñen su actividad con las medidas de seguridad e higiene adecuadas, de forma que pongan así en peligro grave su vida, salud o integridad física, serán castigados con las penas de prisión de seis meses a tres años y multa de seis a doce meses.[198]

---

193. V. art. 54 Ley 33/1971, de 21 de julio, de Emigración; LO 4/2000, de 11 de enero, sobre Derechos y Libertades de los Extranjeros en España y su Integración Social; Ley 5/1984, de 26 de marzo, reguladora del Derecho de Asilo y de la Condición de Refugiado y RD 203/1995, de 10 de febrero, por el que se aprueba su Reglamento de Aplicación; RD 1099/1986, de 26 de mayo, sobre entrada, permanencia y trabajo en España de ciudadanos de Estados miembros de las Comunidades Europeas; RD 766/1992, de 26 de junio, de entrada y permanencia en España de nacionales de Estados miembros de la UE y otros países miembros del Espacio Económico Europeo.

194. V. notas a los artículos anteriores.

195. V. además, Convenio Internacional sobre eliminación de todas las formas de discriminación racial, hecho en Nueva York, el 7 de marzo de 1966; Convenio 111 de la OIT, sobre discriminación en materia de empleo y ocupación; Convención sobre la eliminación de todas las formas de discriminación contra la mujer, hecha en Nueva York, el 18 de diciembre de 1979.

196. V. arts. 7 y 28 CE; 314, 539, 540 y 542 Cp; LO 11/1985, de 2 de agosto, de Libertad Sindical; RDL 17/1977, de 4 de marzo, sobre Relaciones de Trabajo; art. 4.1 RDLeg. 1/1995, de 24 de marzo, por el que se aprueba el texto refundido de la Ley del Estatuto de los Trabajadores.

197. V. art. 172 Cp.

198. V. además de lo citado en las notas anteriores, art. 40.2 CE; Ley 8/1988, de 7 de abril, sobre Infracciones y Sanciones en el Orden Social; art. 20.d) Ley 13/1995, de 18 de mayo, de Contratos de las Administraciones Públicas; Ley 31/1995, de 8 de noviembre,

Art. 317. Cuando el delito a que se refiere el artículo anterior se cometa por imprudencia grave, será castigado con la pena inferior en grado.

Art. 318. Cuando los hechos previstos en los artículos anteriores se atribuyeran a personas jurídicas, se impondrá la pena señalada a los administradores o encargados del servicio que hayan sido responsables de los mismos y a quienes, conociéndolos y pudiendo remediarlo, no hubieren adoptado medidas para ello.[199]

TITULO XV bis
DELITOS CONTRA LOS DERECHOS DE LOS CIUDADANOS EXTRANJEROS

Art. 318 bis. 1. Los que promuevan, favorezcan o faciliten el tráfico ilegal de personas desde, en tránsito o con destino a España serán castigados con las penas de prisión de seis meses a tres años y multa de seis a doce meses.

2. Los que realicen las conductas descritas en el apartado anterior con ánimo de lucro, o empleando violencia, intimidación o engaño o abusando de una situación de necesidad de la víctima, serán castigados con las penas de prisión de dos a cuatro años y multa de doce a veinticuatro meses.

3. Se impondrán las penas correspondientes en su mitad superior a las previstas en los apartados anteriores, cuando en la comisión de los hechos se hubiere puesto en peligro la vida, la salud o la integridad de las personas o la víctima sea menor de edad.

4. En las mismas penas del apartado anterior y además en la inhabilitación absoluta de seis a doce años incurrirán los que realicen los hechos prevaliéndose de su condición de autoridad, agente de ésta o funcionario público.

5. Se impondrán las penas superiores en grado a las previstas en los apartados anteriores, en sus respectivos casos, cuando el culpable perteneciere a una organización o asociación, incluso de carácter transitorio que se dedicare a la realización de tales actividades.[200]

TÍTULO XVI
DE LOS DELITOS RELATIVOS A LA ORDENACIÓN DEL TERRITORIO Y LA PROTECCIÓN DEL PATRIMONIO HISTÓRICO Y DEL MEDIO AMBIENTE

CAPÍTULO I
De los delitos sobre la ordenación del territorio[201]

Art. 319. 1. Se impondrán las penas de prisión de seis meses a tres años, multa

de Prevención de Riesgos Laborales; RD 485/1997, de 14 de abril, sobre disposiciones mínimas en materia de señalización de seguridad y salud en el trabajo; RD 486/1997, de 14 de abril, por el que se establecen las disposiciones mínimas de seguridad y salud en lugares de trabajo; RD 928/1998, de 14 de mayo, por el que se aprueba el Reglamento General sobre procedimiento para la imposición de sanciones por infracciones de orden social y para los expedientes liquidatorios de cuotas de la Seguridad Social; RD 1488/1998, de 10 de julio, de adaptación de la legislación de prevención de riesgos laborales a la Administración General del Estado.

199. V. art. 31 Cp.

200. Incorporado por DF 2ª LO 4/2000, de 11 enero, sobre Derechos y Libertades de los Extranjeros en España y su Integración Social

201. V. arts. 47, 148.3ª CE; 24 Cp; Ley 7/1985, de 2 de abril, reguladora de las Bases de Régimen Local; Ley 7/1997, de 14 de abril, de Medidas Liberalizadoras en Materia de Suelo y de Colegios Profesionales; Ley 6/1998, de 13 de abril, sobre Régimen del Suelo y Valoraciones; Ley 38/1999, de 5 de noviembre, de Ordenación de la Edificación; RDL 16/1981, de 16 de octubre, sobre adaptación de los planes generales de Ordenación Urbana; RDL 1/1992, de 26 de junio, por el que se aprueba el Texto refundido de la Ley sobre Régimen del Suelo y Ordenación Urbana; RD 3/1980, de 14 de marzo, sobre creación de suelo y agilización de la gestión urbanística.

de doce a veinticuatro meses e inhabilitación especial para profesión u oficio por tiempo de seis meses a tres años, a los promotores, constructores o técnicos directores que lleven a cabo una construcción no autorizada en suelos destinados a viales, zonas verdes, bienes de dominio público o lugares que tengan legal o administrativamente reconocido su valor paisajístico, ecológico, artístico, histórico o cultural, o por los mismos motivos hayan sido considerados de especial protección.

2. Se impondrá la pena de prisión de seis meses a dos años, multa de doce a veinticuatro meses e inhabilitación especial para profesión u oficio por tiempo de seis meses a tres años, a los promotores, constructores o técnicos directores que lleven a cabo una edificación no autorizable en el suelo no urbanizable.

3. En cualquier caso, los Jueces o Tribunales, motivadamente, podrán ordenar, a cargo del autor del hecho, la demolición de la obra, sin perjuicio de las indemnizaciones debidas a terceros de buena fe.

Art. 320. 1. La autoridad o funcionario público que, a sabiendas de su injusticia, haya informado favorablemente proyectos de edificación o la concesión de licencias contrarias a las normas urbanísticas vigentes será castigado con la pena establecida en el artículo 404 de este Código y, además, con la de prisión de seis meses a dos años o la de multa de doce a veinticuatro meses.

2. Con las mismas penas se castigará a la autoridad o funcionario público que por sí mismo o como miembro de un organismo colegiado haya resuelto o votado a favor de su concesión a sabiendas de su injusticia.

CAPÍTULO II
De los delitos sobre el patrimonio histórico[202]

Art. 321. Los que derriben o alteren gravemente edificios singularmente protegidos por su interés histórico, artístico, cultural o monumental serán castigados con las penas de prisión de seis meses a tres años, multa de doce a veinticuatro meses y, en todo caso, inhabilitación especial para profesión u oficio por tiempo de uno a cinco años.

En cualquier caso, los Jueces o Tribunales, motivadamente, podrán ordenar, a cargo del autor del hecho, la reconstrucción o restauración de la obra, sin perjuicio de las indemnizaciones debidas a terceros de buena fe.[203]

Art. 322. 1. La autoridad o funcionario público que, a sabiendas de su injusticia, haya informado favorablemente proyectos de derribo o alteración de edificios singularmente protegidos será castigado además de con la pena establecida en el artículo 404 de este Código con la de prisión de seis meses a dos años o la de multa de doce a veinticuatro meses.

2. Con las mismas penas se castigará a la autoridad o funcionario público que por sí mismo o como miembro de un organismo colegiado haya resuelto o votado a favor de su concesión a sabiendas de su injusticia.[204]

Art. 323. Será castigado con la pena de prisión de uno a tres años y multa de doce a veinticuatro meses el que cause daños en

202. V. arts. 46 CE; 235.1, 250.5, 253, 432.2, 625.2 y 626 Cp; 2.1.e) LORC (§ 3.6); Ley 23/1982, de 16 de junio, del Patrimonio Nacional y su Reglamento, aprobado por RD 496/1987, de 18 de marzo; Ley 16/1985, de 25 de junio, de Patrimonio Histórico Español; Ley 36/1994, de 23 de diciembre, de incorporación al ordenamiento jurídico español de la Directiva 93/7/CEE del Consejo, de 15 de marzo, relativa a la restitución de bienes culturales que hayan salido de forma ilegal del territorio de un Estado miembro de la Unión Europea; RD 1631/1992, de 29 de diciembre, sobre restricciones a la circulación de ciertos bienes y mercancías.

203. V. arts. 109 y ss.; 264.1.4º, 289, 625.2 y 629 Cp.

204. V. art. 24 Cp.

un archivo, registro, museo, biblioteca, centro docente, gabinete científico, institución análoga o en bienes de valor histórico, artístico, científico, cultural o monumental, así como en yacimientos arqueológicos.

En este caso, los Jueces o Tribunales podrán ordenar, a cargo del autor del daño, la adopción de medidas encaminadas a restaurar, en lo posible, el bien dañado.[205]

Art. 324. El que por imprudencia grave cause daños, en cuantía superior a cincuenta mil pesetas, en un archivo, registro, museo, biblioteca, centro docente, gabinete científico, institución análoga o en bienes de valor artístico, histórico, cultural, científico o monumental, así como en yacimientos arqueológicos, será castigado con la pena de multa de tres a dieciocho meses, atendiendo a la importancia de los mismos.

CAPÍTULO III
De los delitos contra los recursos naturales y el medio ambiente[206]

Art. 325. Será castigado con las penas de prisión de seis meses a cuatro años, multa de ocho a veinticuatro meses e inhabilitación especial para profesión u oficio por tiempo de uno a tres años el que, contraviniendo las Leyes u otras disposiciones de carácter general protectoras del medio ambiente, provoque o realice directa o indirectamente emisiones, vertidos, radiaciones, extracciones o excavaciones, aterramientos, ruidos, vibraciones, inyecciones o depósitos, en la atmósfera, el suelo, el subsuelo, o las aguas terrestres, marítimas o subterráneas, con incidencia, incluso, en los espacios transfronterizos, así como las captaciones de aguas que puedan perjudicar gravemente el equilibrio de los sistemas naturales. Si el riesgo de grave perjuicio fuese para la salud de las personas, la pena de prisión se impondrá en su mitad superior.

Art. 326. Se impondrá la pena superior en grado, sin perjuicio de las que puedan corresponder con arreglo a otros preceptos de este Código, cuando en la comisión de cualquiera de los hechos descritos en el artículo anterior concurra alguna de las circunstancias siguientes:

a) Que la industria o actividad funcione clandestinamente, sin haber obtenido la preceptiva autorización o aprobación administrativa de sus instalaciones.[207]

b) Que se hayan desobedecido las órdenes expresas de la autoridad administrativa de corrección o suspensión de las actividades tipificadas en el artículo anterior.

c) Que se haya falseado u ocultado información sobre los aspectos ambientales de la misma.

d) Que se haya obstaculizado la actividad inspectora de la Administración.[208]

e) Que se haya producido un riesgo de deterioro irreversible o catastrófico.

f) Que se produzca una extracción ilegal de aguas en período de restricciones.

---

205. V. arts. 264.1, 265, 289, 324, 625.2 y 626 Cp.

206. V. arts 45, 148.1.9ª, 149.1.23ª CE; 389 a 391 y 1907 y 1098 CC; 42 a 44 Ley 1/1970 de 4 de abril, de Caza; Ley 38/1972, de 22 de diciembre, de Protección del Ambiente Atmosférico y D 833/1975, de 6 de febrero, que la desarrolla; arts. 34 y 81, Ley 22/1973, de 21 de julio, de Minas; arts. 84 y ss., y 108 y ss. Ley 29/1985, de 2 de agosto, de Aguas; 19, 39, 40.1, 41 y 42 Ley 14/1986, General de Sanidad; 56 y ss. Ley 22/1988, de 28 de julio, de Costas; Ley 4/1989, de 27 de marzo, de Conservación de los Espacios Naturales y de la Flora y Fauna Silvestres; arts. 1 a 3, 9 a 12 y 30 a 38 Ley 21/1992, de 16 de julio, de Industrias; Ley 15/1994, de 3 junio, por el que se establece el Régimen Jurídico de la Utilización Confinada, Liberación Voluntaria y Comercialización de Organismos Modificados Genéticamente, a fin de Prevenir los Riesgos para la Salud Humana y para el Medio Ambiente; Ley 38/1995, de 12 de diciembre, sobre el Derecho de Acceso a la Información en Materia Medioambiental; RDLeg 1302/1986, de 28 de junio, de evaluación de impacto medioambiental y RD 1131/1988, de 30 de septiembre, por el que se aprueba su Reglamento; RD 484/1995, de 7 de abril, sobre medidas de regularización y control de vertidos; D 2414/1961, de 30 de noviembre, por el que se aprueba el Reglamento de actividades molestas, insolubres, nocivas y peligrosas; D 3025/1974, de 9 de agosto, sobre limitación de la contaminación atmosférica producida por los vehículos automóviles.

207. V. Ley 21/1992, de 16 de julio, de Industria.

208. V. art. 294 Cp.

Art. 327. En todos los casos previstos en los dos artículos anteriores, el Juez o Tribunal podrá acordar alguna de las medidas previstas en las letras a) o e) del artículo 129 de este Código.

Art. 328. Serán castigados con la pena de multa de dieciocho a veinticuatro meses y arresto de dieciocho a veinticuatro fines de semana quienes establecieren depósitos o vertederos de desechos o residuos sólidos o líquidos que sean tóxicos o peligrosos y puedan perjudicar gravemente el equilibrio de los sistemas naturales o la salud de las personas.

Art. 329. 1. La autoridad o funcionario público que, a sabiendas, hubiere informado favorablemente la concesión de licencias manifiestamente ilegales que autoricen el funcionamiento de las industrias o actividades contaminantes a que se refieren los artículos anteriores, o que con motivo de sus inspecciones hubieren silenciado la infracción de Leyes o disposiciones normativas de carácter general que las regulen será castigado con la pena establecida en el artículo 404 de este Código y, además, con la de prisión de seis meses a tres años o la de multa de ocho a veinticuatro meses.

2. Con las mismas penas se castigará a la autoridad o funcionario público que por sí mismo o como miembro de un organismo colegiado hubiese resuelto o votado a favor de su concesión a sabiendas de su injusticia.

Art. 330. Quien, en un espacio natural protegido, dañare gravemente alguno de los elementos que hayan servido para calificarlo, incurrirá en la pena de prisión de uno a cuatro años y multa de doce a veinticuatro meses.

Art. 331. Los hechos previstos en este capítulo serán sancionados, en su caso, con la pena inferior en grado, en sus respectivos supuestos, cuando se hayan cometido por imprudencia grave.

CAPÍTULO IV
De los delitos relativos a la protección de la flora y fauna[209]

Art. 332. El que corte, tale, queme, arranque, recolecte o efectúe tráfico ilegal de alguna especie o subespecie de flora amenazada o de sus propágulos, o destruya o altere gravemente su hábitat, será castigado con la pena de prisión de seis meses a dos años o multa de ocho a veinticuatro meses.[210]

Art. 333. El que introdujera o liberara especies de flora o fauna no autóctona, de modo que perjudique el equilibrio biológico, contraviniendo las Leyes o disposiciones de carácter general protectoras de las especies de flora o fauna, será castigado con la pena de prisión de seis meses a dos años o multa de ocho a veinticuatro meses.[211]

Art. 334. 1. El que cace o pesque especies amenazadas, realice actividades que impidan o dificulten su reproducción o

---

209. V. DD 1ª.e) Cp; arts. 2.1.f) LORC (§ 3.6); 263 bis y 282 bis LECrim; Ley de 8 de junio de 1957, de Montes y su Reglamento aprobado por RD 485/1962; art. 12 LOFCS; Ley 4/1989, de 27 de marzo, de Conservación de los Espacios Naturales y de la Flora y Fauna Silvestres; Ley 14/1998, de 1 de junio, por la que se establece el Régimen de Control para la Protección de los Recursos Pesqueros; RD 1270 /1985, de 25 de mayo, sobre control de productos afectados por el Acuerdo sobre comercio internacional de especies amenazadas de fauna y flora silvestres; RD 439/1990, de 30 de marzo, por el que se regula el Catálogo Nacional de Especies amenazadas; RD 1997/1995, de 7 de diciembre, por el que se establecen medidas para contribuir a garantizar la biodiversidad mediante la conservación de los habitad naturales y de la fauna y flora silvestres; RD 1739/1997, de 20 de noviembre, sobre medidas de aplicación del CITES y del Reglamento (CE) 338/97, del Consejo, de 9 de diciembre de 1996, relativo a la protección de especies de la fauna y la flora silvestres mediante el control de su comercialización.

210. V. arts. 352 y ss. Cp.

211. V. arts. 2.1.f) LORC (§ 3.6); 282 bis LECrim.

migración, contraviniendo las Leyes o disposiciones de carácter general protectoras de las especies de fauna silvestre, comercie o trafique con ellas o con sus restos, será castigado con la pena de prisión de seis meses a dos años o multa de ocho a veinticuatro meses.

2. La pena se impondrá en su mitad superior si se trata de especies o subespecies catalogadas en peligro de extinción.

Art. 335. El que cace o pesque especies distintas a las indicadas en el artículo anterior, no estando expresamente autorizada su caza o pesca por las normas específicas en la materia, será castigado con la pena de multa de cuatro a ocho meses.

Art. 336. El que, sin estar legalmente autorizado, emplee para la caza o pesca veneno, medios explosivos u otros instrumentos o artes de similar eficacia destructiva para la fauna, será castigado con la pena de prisión de seis meses a dos años o multa de ocho a veinticuatro meses. Si el daño causado fuera de notoria importancia se impondrá la pena de prisión antes mencionada en su mitad superior.

Art. 337. En los supuestos previstos en los tres artículos anteriores, se impondrá además a los responsables la pena de inhabilitación especial para el ejercicio del derecho de cazar o pescar por tiempo de tres a ocho años.

CAPÍTULO V
Disposiciones comunes

Art. 338. Cuando las conductas definidas en este Título afecten a algún espacio natural protegido, se impondrán las penas superiores en grado a las respectivamente previstas.

Art. 339. Los Jueces o Tribunales, motivadamente, podrán ordenar la adopción, a cargo del autor del hecho, de medidas encaminadas a restaurar el equilibrio ecológico perturbado, así como adoptar cualquier otra medida cautelar necesaria para la protección de los bienes tutelados en este Título.

Art. 340. Si el culpable de cualquiera de los hechos tipificados en este Título hubiera procedido voluntariamente a reparar el daño causado, los Jueces y Tribunales le impondrán la pena inferior en grado a las respectivamente previstas.

TÍTULO XVII
DE LOS DELITOS CONTRA LA SEGURIDAD COLECTIVA

CAPÍTULO I
De los delitos de riesgo catastrófico

SECCIÓN 1.ª
De los delitos relativos a la energía nuclear y a las radiaciones ionizantes[212]

Art. 341. El que libere energía nuclear o elementos radiactivos que pongan en peli-

212. V. DD 1.f) Cp; Ley 25/1964, de 29 de abril, sobre Energía Nuclear; Ley 40/1994, de 30 de diciembre, de Ordenación del Sistema Eléctrico Nacional; RD 2967/1979, de 7 de diciembre, sobre ordenación de actividades en el ciclo del combustible nuclear; RD 833/1988, de 20 de julio, por el que se aprueba el Reglamento para la ejecución de la Ley 20/1986, de 14 de mayo, básica de residuos tóxicos; RD 1132/1990, de 14 de septiembre, por el que se establecen medidas fundamentales de protección radiológica de las personas sometidas a exámenes o tratamientos médicos; RD 1891/1991, de 30 de diciembre, sobre Instalación y utilización de aparatos de rayos X con fines de diagnóstico médico; RD 53/1992, de 24 de enero, Reglamento sobre protección sanitaria contra radiaciones ionizantes; RD 2088/1994, de 20 de octubre, por el que se dictan las disposiciones de aplicación de la Directiva del Consejo de las Comunidades Europeas 92/3/EURATOM, relativa a la vigilancia y control de los traslados de residuos radiactivos entre Estados miembros o procedentes o con destino al Exterior de la Comunidad; RD 158/1995, de 3 de febrero, sobre protección física de los materiales nucleares; RD 413/1997, de 21 de marzo, sobre protección operacional de los trabajadores externos con riesgo de exposición a radiaciones ionizantees por intervención en zona controlada; D 2869/1972, de 21 de julio, por el que se aprueba el Reglamento sobre instalaciones nucleares y radiactivas.

gro la vida o la salud de las personas o sus bienes, aunque no se produzca explosión, será sancionado con la pena de prisión de quince a veinte años, e inhabilitación especial para empleo o cargo público, profesión u oficio por tiempo de diez a veinte años.

Art. 342. El que, sin estar comprendido en el artículo anterior, perturbe el funcionamiento de una instalación nuclear o radiactiva, o altere el desarrollo de actividades en las que intervengan materiales o equipos productores de radiaciones ionizantes, creando una situación de grave peligro para la vida o la salud de las personas, será sancionado con la pena de prisión de cuatro a diez años, e inhabilitación especial para empleo o cargo público, profesión u oficio por tiempo de seis a diez años.

Art. 343. El que exponga a una o varias personas a radiaciones ionizantes que pongan en peligro su vida, integridad, salud o bienes, será sancionado con la pena de prisión de seis a doce años, e inhabilitación especial para empleo o cargo público, profesión u oficio por tiempo de seis a diez años.

Art. 344. Los hechos previstos en los artículos anteriores serán sancionados con la pena inferior en grado, en sus respectivos supuestos, cuando se hayan cometido por imprudencia grave.

Art. 345. 1. El que se apodere de materiales nucleares o elementos radiacivos, aun sin ánimo de lucro, será sancionado con la pena de prisión de uno a cinco años. La misma pena se impondrá al que sin la debida autorización facilite, reciba, transporte o posea materiales radiactivos o sustancias nucleares, trafique con ellos, retire o utilice sus desechos o haga uso de isótopos radiactivos.

2. Si la sustracción se ejecutara empleando fuerza en las cosas, se impondrá la pena en su mitad superior.

3. Si el hecho se cometiera con violencia o intimidación en las personas, el culpable será castigado con la pena superior en grado.

SECCIÓN 2.ª
De los estragos

Art. 346. Los que, provocando explosiones o utilizando cualquier otro medio de similar potencia destructiva causaren la destrucción de aeropuertos, puertos, estaciones, edificios, locales públicos, depósitos que contengan materiales inflamables o explosivos, vías de comunicación, medios de transporte colectivos, o la inmersión o varamiento de nave, inundación, explosión de una mina o instalación industrial, levantamiento de los carriles de una vía férrea, cambio malicioso de las señales empleadas en el servicio de ésta para la seguridad de los medios de transporte, voladura de puente, destrozo de calzada pública, perturbación grave de cualquier clase o medio de comunicación, incurrirán en la pena de prisión de diez a veinte años, cuando los estragos comportaren necesariamente un peligro para la vida o integridad de las personas.[213]

Si, además del peligro, se hubiere producido lesión para la vida, integridad física o salud de las personas, los hechos se castigarán separadamente con la pena correspondiente al delito cometido.

Art. 347. El que por imprudencia grave provocare un delito de estragos será castigado con la pena de prisión de uno a cuatro años.

SECCIÓN 3.ª
De otros delitos de riesgo provocados por otros agentes

Art. 348. Los que en la fabricación, manipulación, transporte, tenencia o comercialización de explosivos, sustancias inflamables o corrosivas, tóxicas y asfixiantes, o cualesquiera otras materias, aparatos o artificios que puedan causar estragos, contravinieren las normas de seguridad establecidas, poniendo en concreto peligro la vida, la

213. V. arts. 265, 266, 351, 473.2, 571, 577 Cp; 13 y 40.2 LPPNA; 58 CPM.

integridad física o la salud de las personas, o el medio ambiente, serán castigados con la pena de prisión de seis meses a dos años, multa de seis a doce meses, e inhabilitación especial para empleo o cargo público, profesión u oficio por tiempo de tres a seis años.[214]

Art. 349. Los que en la manipulación, transporte o tenencia de organismos contravinieren las normas o medidas de seguridad establecidas, poniendo en concreto peligro la vida, la integridad física o la salud de las personas, o el medio ambiente, serán castigados con las penas de prisión de seis meses a dos años, multa de seis a doce meses, e inhabilitación especial para el empleo o cargo público, profesión u oficio por tiempo de tres a seis años.[215]

Art. 350. Sin perjuicio de lo dispuesto en el artículo 316, incurrirán en las penas previstas en el artículo anterior los que en la apertura de pozos o excavaciones, en la construcción o demolición de edificios, presas, canalizaciones u obras análogas o, en su conservación, acondicionamiento o mantenimiento infrinjan las normas de seguridad establecidas cuya inobservancia pueda ocasionar resultados catastróficos, y pongan en concreto peligro la vida, la integridad física de las personas o el medio ambiente.[216]

CAPÍTULO II
De los incendios

SECCIÓN 1.ª
De los delitos de incendio

Art. 351. Los que provocaren un incendio que comporte un peligro para la vida o integridad física de las personas, serán castigados con la pena de prisión de diez a veinte años. Los Jueces o Tribunales podrán imponer la pena inferior en grado atendidas la menor entidad del peligro causado y las demás circunstancias del hecho.

SECCIÓN 2.ª
De los incendios forestales[217]

Art. 352. Los que incendiaren montes o masas forestales, serán castigados con las penas de prisión de uno a cinco años y multa de doce a dieciocho meses.

Si ha existido peligro para la vida o integridad física de las personas, se castigará el hecho conforme a lo dispuesto en el artículo 351, imponiéndose, en todo caso, la pena de multa de doce a veinticuatro meses.

---

214. V. Ley 10/1998, de 21 de abril, de Residuos; RD 137/1993, de 29 de enero, por el que se aprueba el Reglamento de Armas; RD 1253/1997, de 24 de julio, sobre condiciones mínimas exigidas a los buques que transporten mercancías peligrosas o contaminantes, con origen o destino en puertos marítimos nacionales; RD 230/1998, de 16 de febrero, que aprueba el Reglamento de Explosivos; RD 2115/1998, de 2 de octubre, sobre transporte de mercancías peligrosas por carretera; RD 2225/1998, de 19 de octubre, sobre transporte de mercancías peligrosas por ferrocarril; RD 1254/1999, de 16 de julio, por el que se aprueban medidas de control de los riesgos inherentes a los accidentes graves en los que intervengan sustancias peligrosas.

215. V. además del contenido de la nota anterior; Ley 15/1994, de 3 de junio, por la que se establece el Régimen Jurídico de la Utilización Confinada, Liberación Voluntaria y Comercialización de Organismos Modificados Genéticamente, desarrollada por RD 951/1997, de 20 de junio, por el que se aprueba su Reglamento; RD 401/1996, de 1 de marzo, por el que se establecen las condiciones para la introducción en el territorio nacional de determinados organismos nocivos, vegetales, productos vegetales y otros objetos, con fines de ensayo, científicos, y para la actividad de selección de variedades.

216. V. nota a los arts. 316 y 318; además, RD 863/1985, de 2 de abril, por el que se aprueba el reglamento general de normas básicas de seguridad minera.

217. V. arts. 1.2.e) LOTJ; 30 a 34 Ley 81/1968, de 5 de diciembre, sobre Incendios Forestales; 131 a 147 de su Reglamento, aprobado por Decreto 3769/1972, de 23 de diciembre; Ley 4/1989, de 27 de marzo, de Conservación de los Espacios Naturales y de la Flora y Fauna silvestres; RD 9383/1987, de 26 de junio, por el se regula el pago de indemnizaciones por gastos derivados de la extinción de incendios forestales.

Art. 353. 1. Las penas señaladas en el artículo anterior se impondrán en su mitad superior cuando el incendio alcance especial gravedad, atendida la concurrencia de alguna de las circunstancias siguientes:

1.º Que afecte a una superficie de considerable importancia.

2.º Que se deriven grandes o graves efectos erosivos en los suelos.[218]

3.º Que altere significativamente las condiciones de vida animal o vegetal o afecte a algún espacio natural protegido.[219]

4.º En todo caso, cuando se ocasione grave deterioro o destrucción de los recursos afectados.[220]

2. También se impondrán dichas penas en su mitad superior cuando el autor actúe para obtener un beneficio económico con los efectos derivados del incendio.

Art. 354. 1. El que prendiere fuego a montes o masas forestales sin que llegue a propagarse el incendio de los mismos, será castigado con la pena de prisión de seis meses a un año y multa de seis a doce meses.

2. La conducta prevista en el apartado anterior quedará exenta de pena si el incendio no se propaga por la acción voluntaria y positiva de su autor.[221]

Art. 355. En todos los casos previstos en esta sección, los Jueces o Tribunales podrán acordar que la calificación del suelo en las zonas afectadas por un incendio forestal no pueda modificarse en un plazo de hasta treinta años. Igualmente podrán acordar que se limiten o supriman los usos que se vinieran llevando a cabo en las zonas afectadas por el incendio, así como la intervención administrativa de la madera quemada procedente del incendio.

218. V. art. 332 Cp.
219. V. art. 336 Cp.
220. V. arts. 325 y ss. Cp.
221. V. art. 16.2 y 3 Cp.

SECCIÓN 3.ª
De los incendios en zonas no forestales

Art. 356. El que incendiare zonas de vegetación no forestales perjudicando gravemente el medio natural, será castigado con la pena de prisión de seis meses a dos años y multa de seis a veinticuatro meses.[222]

SECCIÓN 4.ª
De los incendios en bienes propios

Art. 357. El incendiario de bienes propios será castigado con la pena de prisión de uno a cuatro años si tuviere propósito de defraudar o perjudicar a terceros, hubiere causado defraudación o perjuicio, existiere peligro de propagación a edificio, arbolado o plantío ajeno o hubiere perjudicado gravemente las condiciones de la vida silvestre, los bosques o los espacios naturales.[223]

SECCIÓN 5.ª
Disposición común

Art. 358. El que por imprudencia grave provocare alguno de los delitos de incendio penados en las secciones anteriores, será castigado con la pena inferior en grado, a las respectivamente previstas para cada supuesto.

CAPÍTULO III
De los delitos contra la salud pública[224]

Art. 359. El que, sin hallarse debidamente autorizado, elabore sustancias noci-

222. V. art. 332 Cp.
223. V. arts. 248 y ss., y 332 y ss. Cp.
224. V. art. 45 CE; Ley 26/1984, de 19 de julio, General para la Defensa de los Consumidores y Usuarios; art. 32 Ley 14/1986, de 25 de abril, General de Sanidad; Ley 15/1994, de 3 de junio, por la que se establece el Régimen Jurídico de la Utilización Confinada, Liberación Voluntaria y Comercialización de Organismos Modificados Genéticamente, a fin de Prevenir los Riesgos para la Salud Humana y el Medio Ambiente; Ley

vas para la salud o productos químicos que puedan causar estragos, o los despache o suministre, o comercie con ellos, será castigado con la pena de prisión de seis meses a tres años y multa de seis a doce meses, e inhabilitación especial para profesión o industria por tiempo de seis meses a dos años.[225]

Art. 360. El que, hallándose autorizado para el tráfico de las sustancias o productos a que se refiere el artículo anterior, los despache o suministre sin cumplir con las formalidades previstas en las Leyes y Reglamentos respectivos, será castigado con la pena de multa de seis a doce meses e inhabilitación para la profesión u oficio de seis meses a dos años.[226]

Art. 361. Los que expendan o despachen medicamentos deteriorados o caducados, o que incumplan las exigencias técnicas relativas a su composición, estabilidad y eficacia, o sustituyan unos por otros, y con ello pongan en peligro la vida o la salud de las personas serán castigados con las penas de prisión de seis meses a dos años, multa de seis a dieciocho meses e inhabilitación especial para profesión u oficio de seis meses a dos años.[227]

Art. 362. 1. Serán castigados con las penas de prisión de seis meses a tres años, multa de seis a dieciocho meses e inhabilitación especial para profesión u oficio de uno a tres años:[228]

1.º El que altere, al fabricarlo o elaborarlo o en un momento posterior, la cantidad, la dosis o la composición genuina, según lo autorizado o declarado, de un medicamento, privándole total o parcialmente de su eficacia terapéutica, y con ello ponga en peligro la vida o la salud de las personas.

2.º El que, con ánimo de expenderlos o utilizarlos de cualquier manera, imite o simule medicamentos o sustancias productoras de efectos beneficiosos para la salud, dándoles apariencia de verdaderos, y con ello ponga en peligro la vida o la salud de las personas.

3.º El que, conociendo su alteración y con propósito de expenderlos o destinarlos al uso por otras personas, tenga en depósito, anuncie o haga publicidad, ofrezca, exhiba, venda, facilite o utilice en cualquier forma los medicamentos referidos y con ello ponga en peligro la vida o la salud de las personas.[229]

22/1994, de 6 de julio, de Responsabilidad Civil por los Daños Causados por Productos Defectuosos; Ley 11/1997, de 24 de abril, de Envases y residuos de Envases; RD 1945/1983, de 22 de junio, por el que se regulan las infracciones y sanciones en materia de defensa del consumidor y de la producción agro-alimentaria; RD 820/1990, de 22 de junio, por el que se prohibe la fabricación y comercialización de los modelos de apariencia engañosa que pongan el peligro la salud o seguridad de los consumidores; RD 2207/1995, de 28 de diciembre, que desarrolla las normas de higiene de los productos alimenticios; RD 44/1996, de 19 de enero, por el que se adoptan medidas para garantizar la seguridad general de los productos puestos a disposición del consumidor; art. 65.1.d) LOPJ.

225. V. arts. 346 y 368 Cp; Ley 25/1990, de 20 de diciembre, del Medicamento; RD 414/1996, de 1 de marzo, por el que se regulan los productos sanitarios; D 2184/1967, de 21 de septiembre, por el que se aprueba el Código Alimentario Español, y Decreto 2519/1974, de 9 de agosto, sobre entrada en vigor, aplicación y desarrollo del Código Alimentario Español.

226. V. arts. 95 y ss. Ley 14/1986, de 25 de abril, General de Sanidad; RD de 9 de febrero de 1924, Reglamento para la elaboración y venta de especialidades farmacéuticas; RD 726/1982, de 17 de marzo, sobre caducidad y devolución de especialidades farmacéuticas; RD 1910/1984, de 26 de septiembre, de receta médica; RD 478/1993, de 2 de abril, que regula los medicamentos derivados de la sangre y plasma humano; RD 479/1993, de 2 de abril, que regula los radiofármacos de uso humano; RD 767/1993, de 21 de mayo, que regula la evaluación, autorización, registro y condiciones de dispensación de especialidades farmacéuticas y otros medicamentos de uso humano fabricados industrialmente; RD 1416/1994, de 25 de junio, que regula la publicidad de los medicamentos de uso humano; RD 414/1996, de 1 de marzo, por el que se regulan los productos sanitarios; RD 520/1999, de 26 de marzo, que aprueba el Estatuto de la Agencia Española del Medicamento.

227. V. nota al art. anterior.

228. V. nota al art. 360.

229. V. Ley 34/1988, de 11 de noviembre, General de Publicidad; RD 1416/1994, de 25 de junio, que regula la publicidad de los medicamentos de uso humano;

2. Las penas de inhabilitación previstas en este artículo y en los anteriores serán de tres a seis años cuando los hechos sean cometidos por farmacéuticos, o por los directores técnicos de laboratorios legalmente autorizados, en cuyo nombre o representación actúen.

3. En casos de suma gravedad, los Jueces o Tribunales, teniendo en cuenta las circunstancias personales del autor y las del hecho, podrán imponer las penas superiores en grado a las antes señaladas.

Art. 363. Serán castigados con la pena de prisión de uno a cuatro años, multa de seis a doce meses e inhabilitación especial para profesión, oficio, industria o comercio por tiempo de tres a seis años los productores, distribuidores o comerciantes que pongan en peligro la salud de los consumidores:[230]

1. Ofreciendo en el mercado productos alimentarios con omisión o alteración de los requisitos establecidos en las leyes o reglamentos sobre caducidad o composición.

2. Fabricando o vendiendo bebidas o comestibles destinados al consumo público y nocivos para la salud.

3. Traficando con géneros corrompidos.

4. Elaborando productos cuyo uso no se halle autorizado y sea perjudicial para la salud, o comerciando con ellos.

5. Ocultando o sustrayendo efectos destinados a ser inutilizados o desinfectados, para comerciar con ellos.

Art. 364. 1. El que adulterare con aditivos u otros agentes no autorizados susceptibles de causar daños a la salud de las personas los alimentos, sustancias o bebidas destinadas al comercio alimentario, será castigado con las penas del artículo anterior. Si el reo fuera el propietario o el responsable de producción de una fábrica de productos alimenticios, se le impondrá, además, la pena de inhabilitación especial para profesión, oficio, industria o comercio de seis a diez años.[231]

2. Se impondrá la misma pena al que realice cualquiera de las siguientes conductas:

1.º Administrar a los animales cuyas carnes o productos se destinen al consumo humano sustancias no permitidas que generen riesgo para la salud de las personas, o en dosis superiores o para fines distintos a los autorizados.

2.º Sacrificar animales de abasto o destinar sus productos al consumo humano, sabiendo que se les ha administrado las sustancias mencionadas en el número anterior.

3.º Sacrificar animales de abasto a los que se hayan aplicado tratamientos terapéuticos mediante sustancias de las referidas en el apartado 1.º

4.º Despachar al consumo público las carnes o productos de los animales de abasto sin respetar los períodos de espera en su caso reglamentariamente previstos.

Art. 365. Será castigado con la pena de prisión de dos a seis años el que envenenare o adulterare con sustancias infecciosas, u otras que puedan ser gravemente nocivas para la salud, las aguas potables o las sus-

---

RD 1907/1996, de 2 de agosto, sobre publicidad y promoción comercial de productos, actividades o servicios con pretendida finalidad sanitaria.

230. V. nota al art. 359, y además, arts. 362 y 365 Cp; Ley 26/1984, de 19 de julio, General para la Defensa de los Consumidores y Usuarios; Ley 22/1994, de 6 de julio, de Responsabilidad Civil por los Daños Causados por Productos Defectuosos; Ley 10/1998, de 21 de abril, Normas reguladoras de los Residuos; RD 1945/1983, de 22 de junio, que regula las infracciones y sanciones en materia de defensa del consumidor y de la producción agro-alimentaria; RD 212/1992, de 6 de marzo, por el que se aprueba la Norma General de Etiquetado, Presentación y Publicidad de los Productos Alimenticios; RD 1397/1995, de 4 de agosto, que aprueba medidas adicionales sobre el control oficial de productos alimenticios; RD 2207/1995, de 28 de diciembre, que desarrolla las normas de higiene relativas a los productos alimenticios.

231. V. RD 1904/1993, de 29 de octubre, por el que se establecen las condiciones sanitarias de producción y comercialización de productos cárnicos y otros determinados productos de origen animal, cuyos anejos han sido actualizados por órdenes de 25 de septiembre de 1997 y de 25 de noviembre de 1998.

tancias alimenticias destinadas al uso público o al consumo de una colectividad de personas.

Art. 366. En el caso de los artículos anteriores, se podrá imponer la medida de clausura del establecimiento, fábrica, laboratorio o local por tiempo de hasta cinco años, y en los supuestos de extrema gravedad podrá decretarse el cierre definitivo conforme a lo previsto en el artículo 129.

Art. 367. Si los hechos previstos en todos los artículos anteriores fueran realizados por imprudencia grave, se impondrán, respectivamente, las penas inferiores en grado.

Art. 368. Los que ejecuten actos de cultivo, elaboración o tráfico, o de otro modo promuevan, favorezcan o faciliten el consumo ilegal de drogas tóxicas, estupefacientes o sustancias psicotrópicas, o las posean con aquellos fines, serán castigados con las penas de prisión de tres a nueve años y multa del tanto al triplo del valor de la droga objeto del delito si se tratare de sustancias o productos que causen grave daño a la salud, y de prisión de uno a tres años y multa del tanto al duplo en los demás casos.[232]

Art. 369. Se impondrán las penas privativas de libertad superiores en grado a las respectivamente señaladas en el artículo anterior y multa del tanto al cuádruplo cuando:

1.º Las drogas tóxicas, estupefacientes o sustancias psicotrópicas se faciliten a menores de dieciocho años o disminuidos psíquicos, o se introduzcan o difundan en centros docentes, en centros, establecimientos y unidades militares, en establecimientos penitenciarios o en centros asistenciales.

2.º Los hechos fueren realizados en establecimientos abiertos al público por los responsables o empleados de los mismos.

3.º Fuere de notoria importancia la cantidad de drogas tóxicas, estupefacientes o sustancias psicotrópicas objeto de las conductas a que se refiere el artículo anterior.

4.º Las citadas sustancias o productos se faciliten a personas sometidas a tratamiento de deshabituación o rehabilitación.

5.º Las referidas sustancias o productos se adulteren, manipulen o mezclen entre sí o con otros, incrementando el posible daño a la salud.

6.º El culpable perteneciere a una organización o asociación, incluso de carácter transitorio, que tuviere como finalidad difundir tales sustancias o productos aun de modo ocasional.

7.º El culpable participare en otras actividades delictivas organizadas o cuya ejecución se vea facilitada por la comisión del delito.

8.º El culpable fuere autoridad, facultativo, funcionario público, trabajador social,

---

232. V. arts. 301.1 y 379 Cp; 177.3 CPM; 2.3.a) LORC (§ 3.6); Ley 17/1967, de 8 de abril, de Estupefacientes; Ley 19/1993, de 28 de diciembre, sobre determinadas Medidas de Prevención del Blanqueo de Capitales, y el RD 925/1995, de 9 de junio, por el que se aprueba el Reglamento que la desarrolla; Ley 3/1996, de 10 de enero, sobre Medidas de Control de Sustancias Químicas Catalogadas Susceptibles de Desvío para la Fabricación Ilícita de Drogas, desarrollada por el RD 865/1997, de 6 de junio, que aprueba su Reglamento; RD 2829/1977, de 6 de octubre, por el que se regulan las sustancias y preparados medicinales psicotrópicos; arts. 4.1.b) y 12.4b) RD 1910/1984, de 26 de septiembre, de receta médica; RD 75/1990, de 19 de enero, por el que se regulan los tratamiento con opiáceos de personas dependientes de estupefacientes; RD 1078/1993, de 2 de julio, sobre remisión de sanciones administrativas en materia de drogas y seguimiento de los tratamiento de deshabituación; RD 1573/1993, de 10 de septiembre, por el que se somete a ciertas resctricciones la circulación de los productos psicotrópicos y estupefacientes; RD 255/1996, de 16 de febrero, por el que se establece el Régimen de infracciones y sanciones para la represión del dopaje; arts. 263 bis y 338 LECrim; 23 LOPJ (§ 3.4); Ley 5/1988, de 24 de marzo, por la que se crea la Fiscalía Especial para la Prevención y Represión del Tráfico Ilegal de Drogas; Convención Única sobre Estupefacientes, de 30 de marzo de 1961, enmendada por el Protocolo, de 25 de marzo de 1972; Convenio, de 21 de febrero de 1971, sobre sustancias psicotrópicas; Convención de Viena, de 20 de diciembre de 1988, contra el tráfico ilícito de estupefacientes y sustancias psicotrópicas.

docente o educador y obrase con abuso de su profesión, oficio o cargo.

9.º Se utilice a menores de dieciséis años para cometer estos delitos.

Art. 370. Los Jueces o Tribunales impondrán las penas privativas de libertad superiores en grado a las señaladas en el artículo anterior y multa del tanto al séxtuplo cuando las conductas en él definidas sean de extrema gravedad, o cuando se trate de los jefes, administradores o encargados de las organizaciones o asociaciones mencionadas en su número 6.º En este último caso, así como cuando concurra el supuesto previsto en el número 2.º del mencionado artículo, la autoridad judicial podrá decretar, además, alguna de las medidas siguientes:

a) Disolución de la organización o asociación o clausura definitiva de sus locales o de los establecimientos abiertos al público.

b) Suspensión de las actividades de la organización o asociación, o clausura de los establecimientos abiertos al público por tiempo no superior a cinco años.

c) Prohibición a las mismas de realizar aquellas actividades, operaciones mercantiles o negocios, en cuyo ejercicio se haya facilitado o encubierto el delito, por tiempo no superior a cinco años.

Art. 371. 1. El que fabrique, transporte, distribuya, comercie o tenga en su poder equipos, materiales o sustancias enumeradas en el cuadro I y cuadro II de la Convención de Naciones Unidas, hecha en Viena el 20 de diciembre de 1988, sobre el tráfico ilícito de estupefacientes y sustancias psicotrópicas, y cualesquiera otros productos adicionados al mismo Convenio o que se incluyan en otros futuros Convenios de la misma naturaleza, ratificados por España, a sabiendas de que van a utilizarse en el cultivo, la producción o la fabricación ilícitas de drogas tóxicas, estupefacientes o sustancias psicotrópicas, o para estos fines, será castigado con la pena de prisión de tres a seis años y multa del tanto al triplo del valor de los géneros o efectos.[233]

2. Se impondrán las penas privativas de libertad en su mitad superior cuando las personas que realicen los hechos descritos en el apartado anterior pertenezcan a una organización dedicada a los fines en él señalados, y la pena superior en grado cuando se trate de los jefes, administradores o encargados de las referidas organizaciones o asociaciones.

En tales casos, los Jueces o Tribunales impondrán, además de las penas correspondientes, la de inhabilitación especial del reo para el ejercicio de su profesión o industria por tiempo de tres a seis años, y las demás medidas previstas en el artículo 370.

Art. 372. Si los hechos previstos en este capítulo fueran realizados por empresario, intermediario en el sector financiero, facultativo, funcionario público, trabajador social, docente o educador, en el ejercicio de su cargo, profesión u oficio, se le impondrá, además de la pena correspondiente, la de inhabilitación especial para empleo o cargo público, profesión u oficio, industria o comercio, de tres a diez años. Se impondrá la pena de inhabilitación absoluta de diez a veinte años cuando los referidos hechos fueren realizados por autoridad o agente de la misma, en el ejercicio de su cargo.

A tal efecto, se entiende que son facultativos los médicos, psicólogos, las personas en posesión de título sanitario, los veterinarios, los farmacéuticos y sus dependientes.

Art. 373. La provocación, la conspiración y la proposición para cometer los delitos previstos en los artículos 368 al 372, se castigarán con la pena inferior en uno a dos grados a la que corresponde, respectivamente, a los hechos previstos en los preceptos anteriores.

Art. 374. 1. A no ser que pertenezcan a un tercero de buena fe no responsable del delito, serán objeto de decomiso las drogas tóxicas, estupefacientes o sustancias psicotrópicas, los equipos, materiales y sustancias a que se refiere el artículo 371, los vehículos, buques, aeronaves y cuantos bienes y efectos, de cualquier naturaleza que sean,

233. V. nota al art. 368, y además, art. 359 Cp.

hayan servido de instrumento para la comisión de cualquiera de los delitos previstos en los artículos anteriores, o provengan de los mismos, así como las ganancias de ellos obtenidas, cualesquiera que sean las transformaciones que hayan podido experimentar.[234]

2. A fin de garantizar la efectividad del comiso, los bienes, efectos e instrumentos a que se refiere el párrafo anterior podrán ser aprehendidos y puestos en depósito por la autoridad judicial desde el momento de las primeras diligencias. Dicha autoridad podrá acordar asimismo que, con las debidas garantías para su conservación y mientras se sustancia el procedimiento, los bienes, efectos o instrumentos de lícito comercio puedan ser utilizados provisionalmente por la policía judicial encargada de la represión del tráfico ilegal de drogas.

3. Los bienes, efectos e instrumentos definitivamente decomisados por sentencia se adjudicarán al Estado.[235]

Art. 375. Las condenas de Jueces o Tribunales extranjeros por delitos de la misma naturaleza que los previstos en los artículos 368 al 372 de este capítulo producirán los efectos de reincidencia, salvo que el antecedente penal haya sido cancelado o pueda serlo con arreglo al Derecho español.[236]

234. V. arts. 127 y 128 Cp; Ley 19/1993, de 28 de diciembre, sobre Determinadas medidas de Prevención del Blanqueo de Capitales, y el RD 925/1995, de 9 de junio, por el que se aprueba el Reglamento que la desarrolla; arts. 263 bis, 282 bis y 338 LECrim.

235. V. Ley 36/1995, de 11 de diciembre, sobre la creación de un Fondo Procedente de los Bienes Decomisados por Tráfico de Drogas y Otros Delitos Relacionados, y RD 864/1997, de 6 de junio, por el que se aprueba su Reglamento.

236. V. art. 22.8ª Cp; RD 1176/1992, de 2 de octubre, que regula el Registro de condenas por tráfico ilícito de estupefacientes y sustancias psicotrópicas, dictadas por los Tribunales de los países hispano-luso-americanos; Convenio sobre comunicación de antecedentes penales y de información sobre condenas judiciales por tráfico ilícito de estupefacientes psicotrópicas de 12 de octubre de 1984.

Art. 376. En los delitos previstos en los artículos 368 al 372, los Jueces o Tribunales, razonándolo en sentencia, podrán imponer la pena inferior en uno o dos grados a la señalada por la Ley para el delito de que se trate, siempre que el sujeto haya abandonado voluntariamente sus actividades delictivas, y se haya presentado a las autoridades confesando los hechos en que hubiera participado y haya colaborado activamente con éstas, bien para impedir la producción del delito, bien para obtener pruebas decisivas para la identificación o captura de otros responsables o para impedir la actuación o el desarrollo de las organizaciones o asociaciones a las que haya pertenecido o con las que haya colaborado.

Art. 377. Para la determinación de la cuantía de las multas que se impongan en aplicación de los artículos 368 al 372, el valor de la droga objeto del delito o de los géneros o efectos intervenidos será el precio final del producto o, en su caso, la recompensa o ganancia obtenida por el reo, o que hubiera podido obtener.[237]

Art. 378. Los pagos que se efectúen por el penado por uno o varios de los delitos a que se refieren los artículos 368 a 372 se imputarán por el orden siguiente:[238]

1.º A la reparación del daño causado e indemnización de perjuicios.

2.º A la indemnización del Estado por el importe de los gastos que se hayan hecho por su cuenta en la causa.

3.º A la multa.

4.º A las costas del acusador particular o privado cuando se imponga en la sentencia su pago.

5.º A las demás costas procesales, incluso las de la defensa del procesado, sin preferencia entre los interesados.

237. V. art. 52 Cp.

238. V. art. 126 Cp; Ley 36/1995, de 11 de diciembre, sobre la Creación de un Fondo Procedente de los bienes Decomisados por Tráfico de Drogas y Otros Delitos Relacionados y RD 864/1997, de 6 de junio, por el que se aprueba su Reglamento.

CAPÍTULO IV
De los delitos contra la seguridad del tráfico[239]

Art. 379. El que condujere un vehículo a motor o un ciclomotor bajo la influencia de drogas tóxicas, estupefacientes, sustancias psicotrópicas o de bebidas alcohólicas, será castigado con la pena de arresto de ocho a doce fines de semana o multa de tres a ocho meses y, en cualquier caso, privación del derecho a conducir vehículos a motor y ciclomotores, respectivamente, por tiempo superior a uno y hasta cuatro años.

Art. 380. El conductor que, requerido por el agente de la autoridad, se negare a someterse a las pruebas legalmente establecidas para la comprobación de los hechos descritos en el artículo anterior, será castigado como autor de un delito de desobediencia grave, previsto en el artículo 556 de este Código.[240]

Art. 381. El que condujere un vehículo a motor o un ciclomotor con temeridad manifiesta y pusiera en concreto peligro la vida o la integridad de las personas, será castigado con las penas de prisión de seis meses a dos años y privación del derecho a conducir vehículos a motor y ciclomotores por tiempo superior a uno y hasta seis años.

Art. 382. Será castigado con la pena de prisión de seis meses a dos años o multa de tres a ocho meses el que origine un grave riesgo para la circulación de alguna de las siguientes formas:

1.º Alterando la seguridad del tráfico mediante la colocación en la vía de obstáculos imprevisibles, derramamiento de sustancias deslizantes o inflamables, mutación o daño de la señalización, o por cualquier otro medio.

2.º No restableciendo la seguridad de la vía, cuando haya obligación de hacerlo.

Art. 383. Cuando con los actos sancionados en los artículos 379, 381 y 382 se ocasionara, además del riesgo prevenido, un resultado lesivo, cualquiera que sea su gravedad, los Jueces y Tribunales apreciarán tan sólo la infracción más gravemente penada, condenando en todo caso al resarcimiento de la responsabilidad civil que se haya originado.

En la aplicación de las penas establecidas en los citados artículos, procederán los Jueces y Tribunales según su prudente arbitrio, sin sujetarse a las reglas prescritas en el artículo 66.[241]

Art. 384. Será castigado con las penas de prisión de uno a cuatro años, multa de seis a doce meses y privación del derecho a conducir vehículos a motor y ciclomotores por tiempo superior a seis y hasta diez años, el que, con consciente desprecio por la vida de los demás, incurra en la conducta descrita en el artículo 381.

Cuando no se haya puesto en concreto peligro la vida o la integridad de las personas, la pena de prisión será de uno a dos años, manteniéndose el resto de las penas.

---

239. V. DD 1ª a) Cp; arts. 31 y 32 LPPNA; Ley 25/1988, de 29 de julio, de Carreteras; D 632/1968, de 21 de marzo que aprueba el Texto refundido de la Ley de Uso y Circulación de Vehículos, cuya denominación ha sido cambiada por la Ley 307/1995, de 8 de noviembre, pasando a ser ésta "Ley sobre Responsabilidad civil y Seguro en la Circulación de Vehículos a Motor"; RDLeg 339/1990, de 2 de marzo, que aprueba el texto articulado de la Ley sobre Tráfico, Circulación de Vehículos a Motor y Seguridad Vial; RD 13/1992, de 17 de enero, que aprueba el Reglamento General de Circulación; RD 320/1994, de 25 de febrero, Reglamento de procedimiento sancionador en materia de tráfico, circulación de vehículos a motor y seguridad vial; RD 2484/1994, de 23 de diciembre, que regula la utilización, instalación y comprobación de funcionamiento de dispositivos de limitación de velocidad en determinadas categorías de vehículos; RD 2242/1996, de 18 de octubre, que establece normas sobre tiempos de conducción, descanso y uso de tacógrafo; RD 2115/1998, de 2 de octubre, que aprueba el Reglamento de transportes de mercancías peligrosas por carretera; RD 2822/1998, de 23 de diciembre, que aprueba el Reglamento general de vehículos.

240. V. contenido de la nota anterior, además, arts. 20.2ª, 21.2ª, 556 y 634 Cp; STC 234/1997, de 18 de diciembre.

241. V. arts. 8, 73 a 77 y 129 y ss. Cp.

Art. 385. El vehículo a motor o el ciclomotor utilizado en los hechos previstos en el artículo anterior, se considerará instrumento del delito a los efectos del artículo 127 de este Código.

TÍTULO XVIII
DE LAS FALSEDADES

CAPÍTULO I
De la falsificación de moneda y efectos timbrados[242]

Art. 386. Será castigado con las penas de prisión de ocho a doce años y multa del tanto al décuplo del valor aparente de la moneda:[243]

1.º El que fabrique moneda falsa.

2.º El que la introduzca en el país.

3.º El que la expenda o distribuya en connivencia con los falsificadores o introductores.

La tenencia de moneda falsa para su expendición o distribución será castigada con la pena inferior en uno o dos grados, atendiendo al valor de aquélla y al grado de connivencia con los autores mencionados en los números anteriores. La misma pena se impondrá al que, sabiéndola falsa, adquiera moneda con el fin de ponerla en circulación.

El que habiendo recibido de buena fe moneda falsa, la expenda o distribuya después de constarle su falsedad será castigado con las penas de arresto de nueve a quince fines de semana y multa de seis a veinticuatro meses, si el valor aparente de la moneda fuera superior a cincuenta mil pesetas.

Art. 387. A los efectos del artículo anterior se entiende por moneda la metálica y papel moneda de curso legal. A los mismos efectos se considerarán moneda las tarjetas de crédito, las de débito y los cheques de viaje. Igualmente, se equipararán a la moneda nacional, la de la Unión Europea y las extranjeras.[244]

Art. 388. La condena de un Tribunal extranjero, impuesta por delito de la misma naturaleza de los comprendidos en este capítulo, será equiparada a las sentencias de los Jueces o Tribunales españoles a los efectos de reincidencia, salvo que el antecedente penal haya sido cancelado o pudiese serlo con arreglo al Derecho español.[245]

Art. 389. El que falsificare, o expendiere, en connivencia con el falsificador, sellos de correos o efectos timbrados, o los introdujere en España conociendo su falsedad, será castigado con la pena de prisión de seis meses a tres años.[246]

El adquirente de buena fe de sellos de correos o efectos timbrados que, conociendo su falsedad, los distribuyera en cantidad superior a cincuenta mil pesetas, será castigado con la pena de arresto de ocho a doce fines de semana, y, si únicamente los utilizara, por la misma cantidad, con la pena de multa de tres a doce meses.

---

242. V. arts. 400 Cp; 681.6 CC; Ley 10/1975, de 12 de marzo, sobre Regulación de Moneda Metálica; 20.a) de la Ley 13/1995, de Contratos de las Administraciones Públicas; Ley 46/1998, de 17 de diciembre, sobre Introducción del Euro; RD 1417/1982, de 14 de mayo, por el que se autoriza la emisión y acuñación de moneda metálica; arts. 23 y 65.1.b) LOPJ.

243. V. art. 629 Cp; Ley 46/1998, de 17 de diciembre, sobre Introducción del Euro; arts. 2.5º LO 10/1998, de 17 de diciembre, Complementaria de la Ley sobre la Introducción del Euro; 282 bis LECrim.

244. V. Ley 46/1998, de 17 de diciembre, sobre Introducción del Euro; art. 2.5º LO 10/1998, de 17 de diciembre, Complementaria de la Ley sobre la Introducción del Euro.

245. V. art. 22.8 Cp.

246. V. art. 629 Cp.

CAPÍTULO II
De las falsedades documentales[247]

SECCIÓN 1.ª
De la falsificación de documentos públicos, oficiales y mercantiles y de los despachos transmitidos por servicios de telecomunicación[248]

Art. 390. 1. Será castigado con las penas de prisión de tres a seis años, multa de seis a veinticuatro meses e inhabilitación especial por tiempo de dos a seis años, la autoridad o funcionario público que, en el ejercicio de sus funciones, cometa falsedad:

1.º Alterando un documento en alguno de sus elementos o requisitos de carácter esencial.

2.º Simulando un documento en todo o en parte, de manera que induzca a error sobre su autenticidad.

3.º Suponiendo en un acto la intervención de personas que no la han tenido, o atribuyendo a las que han intervenido en él declaraciones o manifestaciones diferentes de las que hubieran hecho.

4.º Faltando a la verdad en la narración de los hechos.

2. Será castigado con las mismas penas a las señaladas en el apartado anterior el responsable de cualquier confesión religiosa que incurra en alguna de las conductas descritas en los números anteriores, respecto de actos y documentos que puedan producir efecto en el estado de las personas o en el orden civil.

Art. 391. La autoridad o funcionario público que por imprudencia grave incurriere en alguna de las falsedades previstas en el artículo anterior o diere lugar a que otro las cometa, será castigado con la pena de multa de seis a doce meses y suspensión de empleo o cargo público por tiempo de seis meses a un año.

Art. 392. El particular que cometiere en documento público, oficial o mercantil, alguna de las falsedades descritas en los tres primeros números del apartado 1 del artículo 390, será castigado con las penas de prisión de seis meses a tres años y multa de seis a doce meses.[249]

Art. 393. El que, a sabiendas de su falsedad, presentare en juicio o, para perjudicar a otro, hiciere uso de un documento falso de los comprendidos en los artículos precedentes, será castigado con la pena inferior en grado a la señalada a los falsificadores.[250]

Art. 394. 1. La autoridad o funcionario público encargado de los servicios de telecomunicación que supusiere o falsificare un despacho telegráfico u otro propio de dichos servicios, incurrirá en la pena de prisión de seis meses a tres años e inhabilitación especial por tiempo de dos a seis años.

2. El que, a sabiendas de su falsedad, hiciere uso del despacho falso para perjudicar a otro, será castigado con la pena inferior en grado a la señalada a los falsificadores.

SECCIÓN 2.ª
De la falsificación de documentos privados[251]

Art. 395. El que, para perjudicar a otro, cometiere en documento privado alguna de las falsedades previstas en los tres primeros números del apartado 1 del artículo 390, será castigado con la pena de prisión de seis meses a dos años.

---

247. V. arts. 26 y 400 Cp; 115 CPM; 1216 y ss. CC; 954.3 LECrim; 1796.2 LEC. (510.2 LO 1/2000, de 7 de enero, de Enjuiciamiento Civil).

248. V. arts. 55, 56 y 58 LPPNA; 135.2 LOREG (§ 3.3); 1216 y ss. CC; D 196/1976, de 6 de febrero, que regula el Documento Nacional de Identidad; RD 1245/1985, de 17 de julio, por el que se modifica y completa la Normativa reguladora del Documento Nacional de Identidad; arts. 596 y ss. LEC (317 y ss. LO 1/2000, de 7 de enero, de Enjuiciamiento Civil).

249. V. art. 141 LOREG (§ 3.3); Ley 19/1985, de 16 de julio, Cambiaria y del Cheque.

250. V. arts. 461 Cp; 1796.2º LEC (510.2 LO 1/2000, de 7 de enero, de Enjuiciamiento Civil).

251. V. arts. 1225 a 1230 CC.

Art. 396. El que, a sabiendas de su falsedad, presentare en juicio o, para perjudicar a otro, hiciere uso de un documento falso de los comprendidos en el artículo anterior, incurrirá en la pena inferior en grado a la señalada a los falsificadores.

SECCIÓN 3.ª
De la falsificación de certificados

Art. 397. El facultativo que librare certificado falso será castigado con la pena de multa de tres a doce meses.

Art. 398. La autoridad o funcionario público que librare certificación falsa será castigado con la pena de suspensión de seis meses a dos años.[252]

Art. 399. 1. El particular que falsificare una certificación de las designadas en los artículos anteriores será castigado con la pena de multa de tres a seis meses.

2. La misma pena se aplicará al que hiciere uso, a sabiendas, de la certificación falsa.

CAPÍTULO III
Disposición general

Art. 400. La fabricación o tenencia de útiles, materiales, instrumentos, sustancias, máquinas, programas de ordenador o aparatos, específicamente destinados a la comisión de los delitos descritos en los capítulos anteriores, se castigarán con la pena señalada en cada caso para los autores.

CAPÍTULO IV
De la usurpación del estado civil

Art. 401. El que usurpare el estado civil de otro será castigado con la pena de prisión de seis meses a tres años.[253]

252. V. Ley 68/1980, de 1 de diciembre, sobre Expedición Certificaciones e Informes sobre Conducta Ciudadana.

253. V. arts. 220 y ss. Cp; 325 a 332 CC; Ley de 8 de junio de 1957, del Registro Civil.

CAPÍTULO V
De la usurpación de funciones públicas y del intrusismo

Art. 402. El que ilegítimamente ejerciere actos propios de una autoridad o funcionario público atribuyéndose carácter oficial, será castigado con la pena de prisión de uno a tres años.[254]

Art. 403. El que ejerciere actos propios de una profesión sin poseer el correspondiente título académico expedido o reconocido en España de acuerdo con la legislación vigente, incurrirá en la pena de multa de seis a doce meses. Si la actividad profesional desarrollada exigiere un título oficial que acredite la capacitación necesaria y habilite legalmente para su ejercicio, y no se estuviere en posesión de dicho título, se impondrá la pena de multa de tres a cinco meses.

Si el culpable, además, se atribuyese públicamente la cualidad de profesional amparada por el título referido, se le impondrá la pena de prisión de seis meses a dos años.[255]

254. V. art. 637 Cp; Ley 6/1997, de 14 de abril, de Organización y Funcionamiento de la Administración General del Estado; D 315/1964, de 7 de febrero, por el que se aprueba el texto articulado de la Ley de Funcionarios Civiles del Estado.

255. V. arts. 36 CE; 637 Cp; 38 LPPNA; 5.l) Ley 2/1974, de 13 de febrero, de Colegios Profesionales; RDL 6/1999, de 16 de abril, de Medidas Urgentes de Liberalización e Incremento de la Competencia; RD 1754/1998, de 31 de julio, por el que se incorporan al Derecho español las Directivas 95/43/CE y 97/38/CE y se modifican los anexos de los RD 1665/1991, de 25 de octubre, y 1396/1995, de 4 de agosto, relativos al sistema general de reconocimiento de títulos y formaciones profesionales de los Estados miembros de la Unión Europea y demás Estados signatarios del Acuerdo sobre el Espacio Económico Europeo.

TÍTULO XIX
DELITOS CONTRA LA ADMINISTRACIÓN PÚBLICA[256]

CAPÍTULO I
De la prevaricación de los funcionarios públicos y otros comportamientos injustos

Art. 404. A la autoridad o funcionario público que, a sabiendas de su injusticia, dictare una resolución arbitraria en un asunto administrativo se le castigará con la pena de inhabilitación especial para empleo o cargo público por tiempo de siete a diez años.[257]

Art. 405. A la autoridad o funcionario público que, en el ejercicio de su competencia y a sabiendas de su ilegalidad, propusiere, nombrare o diere posesión para el ejercicio de un determinado cargo público a cualquier persona sin que concurran los requisitos legalmente establecidos para ello, se le castigará con las penas de multa de tres a ocho meses y suspensión de empleo o cargo público por tiempo de seis meses a dos años.[258]

Art. 406. La misma pena de multa se impondrá a la persona que acepte la propuesta, nombramiento o toma de posesión mencionada en el artículo anterior, sabiendo que carece de los requisitos legalmente exigibles.

CAPÍTULO II
Del abandono de destino y de la omisión del deber de perseguir delitos

Art. 407. 1. A la autoridad o funcionario público que abandonare su destino con el propósito de no impedir o no perseguir cualquiera de los delitos comprendidos en los Títulos XXI, XXII, XXIII y XXIV se le castigará con la pena de prisión de uno a cuatro años e inhabilitación absoluta para empleo o cargo público por tiempo de seis a diez años. Si hubiera realizado el abandono para no impedir o no perseguir cualquier otro delito, se le impondrá la pena de inhabilitación especial para empleo o cargo público por tiempo de uno a tres años.[259]

2. Las mismas penas se impondrán, respectivamente, cuando el abandono tenga por objeto no ejecutar las penas correspondientes a estos delitos impuestas por la autoridad judicial competente.

Art. 408. La autoridad o funcionario que, faltando a la obligación de su cargo, dejare intencionadamente de promover la persecución de los delitos de que tenga noticia o de sus responsables, incurrirá en la pena de inhabilitación especial para empleo o cargo público por tiempo de seis meses a dos años.[260]

---

256. V. arts. 103 CE; 24 Cp; Ley 53/1984, de 26 de diciembre, de Incompatibilidades del Personal al servicio de las Administraciones Públicas; Ley 6/1997, de 14 de abril, de Organización y Funcionamiento de la Administración General del Estado; Decreto 315/1964, de 7 de febrero, por el que se aprueba el texto articulado de la Ley de Funcionarios Civiles del Estado; RD 33/1986, de 10 de enero, por el que se aprueba el Reglamento de Régimen Disciplinario de los Funcionarios de la Administración del Estado; RD 364/1995, de 10 de marzo, por el que se aprueba el Reglamento general de Ingreso del Personal al servicio de la Administración General del Estado y de provisión de puestos de trabajo y promoción profesional de los Funcionarios Civiles de la Administración General del Estado.

257. V. arts. 320, 322 y 329 Cp; 62.1.d) Ley 30/1992, de 26 de noviembre, de Régimen Jurídico de las Administraciones Públicas y del Procedimiento Administrativo Común (modificada por Ley 4/1999, de 13 de enero).

258. V. arts. 30 D 315/1964, de 7 de febrero, por el que se aprueba el texto articulado de la Ley de Funcionarios Civiles del Estado; 7.1.c) del Reglamento de Régimen Disciplinario de los Funcionarios de la Administración del Estado, aprobado por RD 33/1986, de 10 de enero.

259. V. arts. 483 Cp; 143 LOREG (§ 3.3); 4 Ley 50/1981, de 30 de diciembre, del Estatuto Orgánico del Ministerio Fiscal.

260. V. arts. 181 CPM; 4.2 LOFCS; 262 LECrim; 443 a 446 LOPJ; 1.3, 4 y 63 Ley 50/1981, de 30 de diciembre, del Estatuto Orgánico del Ministerio Fiscal.

Art. 409. A las autoridades o funcionarios públicos que promovieren, dirigieren u organizaren el abandono colectivo y manifiestamente ilegal de un servicio público, se les castigará con la pena de multa de ocho a doce meses y suspensión de empleo o cargo público por tiempo de seis meses a dos años.

Las autoridades o funcionarios públicos que meramente tomaren parte en el abandono colectivo o manifiestamente ilegal de un servicio público esencial y con grave perjuicio de éste o de la comunidad, serán castigados con la pena de multa de ocho a doce meses.[261]

CAPÍTULO III
De la desobediencia y denegación de auxilio

Art. 410. 1. Las autoridades o funcionarios públicos que se negaren abiertamente a dar el debido cumplimiento a resoluciones judiciales, decisiones u órdenes de la autoridad superior, dictadas dentro del ámbito de su respectiva competencia y revestidas de las formalidades legales, incurrirán en la pena de multa de tres a doce meses e inhabilitación especial para empleo o cargo público por tiempo de seis meses a dos años.[262]

2. No obstante lo dispuesto en el apartado anterior, no incurrirán en responsabilidad criminal las autoridades o funcionarios por no dar cumplimiento a un mandato que constituya una infracción manifiesta, clara y terminante de un precepto de Ley o de cualquier otra disposición general.

Art. 411. La autoridad o funcionario público que, habiendo suspendido, por cualquier motivo que no sea el expresado en el apartado segundo del artículo anterior, la ejecución de las órdenes de sus superiores, las desobedeciere después de que aquéllos hubieren desaprobado la suspensión, incurrirá en las penas de multa de doce a veinticuatro meses, e inhabilitación especial para empleo o cargo público por tiempo de uno a tres años.

Art. 412. 1. El funcionario público que, requerido por autoridad competente, no prestare el auxilio debido para la Administración de Justicia u otro servicio público, incurrirá en las penas de multa de tres a doce meses, y suspensión de empleo o cargo público por tiempo de seis meses a dos años.

2. Si el requerido fuera autoridad, jefe o responsable de una fuerza pública o un agente de la autoridad, se impondrán las penas de multa de doce a dieciocho meses y suspensión de empleo o cargo público por tiempo de dos a tres años.

3. La autoridad o funcionario público que, requerido por un particular a prestar algún auxilio a que venga obligado por razón de su cargo para evitar un delito contra la vida de las personas, se abstuviera de prestarlo, será castigado con la pena de multa de dieciocho a veinticuatro meses e inhabilitación especial para empleo o cargo público por tiempo de tres a seis años.

Si se tratase de un delito contra la integridad, libertad sexual, salud o libertad de las personas, será castigado con la pena de multa de doce a dieciocho meses y suspensión de empleo o cargo público de uno a tres años.

En el caso de que tal requerimiento lo fuera para evitar cualquier otro delito u otro mal, se castigará con la pena de multa de tres a doce meses y suspensión de empleo o cargo público por tiempo de seis meses a dos años.[263]

---

261. V. art. 28.2 CE; LO 11/1985, de 2 de agosto, de Libertad Sindical; RD 17/1977, de 4 de marzo, sobre Derecho de Huelga y los Conflictos Colectivos de Trabajo; RD 1479/1988, de 9 de diciembre, que establece las normas básicas para garantizar el mantenimiento de los servicios esenciales en la Administración del Estado.

262. V. arts. 103.1 CE; 102 CPM; 50 LPPNA; 5 LOFCS; 112 Ley 29/1998, de 13 de julio, reguladora de la Jurisdicción Contencioso-administrativa; 79 y 81.3 D 315/1964, de 7 de febrero, por el que se aprueba el texto articulado de la Ley de Funcionarios Civiles del Estado; 17.2 LOPJ; 27, 62.1 y 63.2 Ley 50/1981, de 30 de diciembre, del Estatuto Orgánico del Ministerio Fiscal; 24.2 LO 3/1981, de 6 de abril, del Defensor del Pueblo.

263. V. arts. 118 CE; 195, 408 y 450 Cp; 153 CPM; 4 y 5 LOFCS; 17.1 y 399.2 LOPJ.

CAPÍTULO IV
De la infidelidad en la custodia de documentos y de la violación de secretos[264]

Art. 413. La autoridad o funcionario público que, a sabiendas, sustrajere, destruyere, inutilizare u ocultare, total o parcialmente, documentos cuya custodia le esté encomendada por razón de su cargo, incurrirá en las penas de prisión de uno a cuatro años, multa de siete a veinticuatro meses, e inhabilitación especial para empleo o cargo público por tiempo de tres a seis años.[265]

Art. 414. 1. A la autoridad o funcionario público que, por razón de su cargo, tenga encomendada la custodia de documentos respecto de los que la autoridad competente haya restringido el acceso, y que a sabiendas destruya o inutilice los medios puestos para impedir ese acceso o consienta su destrucción o inutilización, incurrirá en la pena de prisión de seis meses a un año o multa de seis a veinticuatro meses y, en cualquier caso, inhabilitación especial para empleo o cargo público por tiempo de uno a tres años.

2. El particular que destruyere o inutilizare los medios a que se refiere el apartado anterior, será castigado con la pena de multa de seis a dieciocho meses.[266]

Art. 415. La autoridad o funcionario público no comprendido en el artículo anterior que, a sabiendas y sin la debida autorización, accediere o permitiere acceder a documentos secretos cuya custodia le esté confiada por razón de su cargo, incurrirá en la pena de multa de seis a doce meses, e inhabilitación especial para empleo o cargo público por tiempo de uno a tres años.[267]

Art. 416. Serán castigados con las penas de prisión o multa inmediatamente inferiores a las respectivamente señaladas en los tres artículos anteriores los particulares encargados accidentalmente del despacho o custodia de documentos, por comisión del Gobierno o de las autoridades o funcionarios públicos a quienes hayan sido confiados por razón de su cargo, que incurran en las conductas descritas en los mismos.

Art. 417. 1. La autoridad o funcionario público que revelare secretos o informaciones de los que tenga conocimiento por razón de su oficio o cargo y que no deban ser divulgados, incurrirá en la pena de multa de doce a dieciocho meses e inhabilitación especial para empleo o cargo público por tiempo de uno a tres años.

Si de la revelación a que se refiere el párrafo anterior resultara grave daño para la causa pública o para tercero, la pena será de prisión de uno a tres años, e inhabilitación especial para empleo o cargo público por tiempo de tres a cinco años.

2. Si se tratara de secretos de un particular, las penas serán las de prisión de dos a cuatro años, multa de doce a dieciocho meses, y suspensión de empleo o cargo público por tiempo de uno a tres años.[268]

Art. 418. El particular que aprovechare para sí o para un tercero el secreto o la información privilegiada que obtuviere de un funcionario público o autoridad, será castigado con multa del tanto al triplo del beneficio obtenido o facilitado. Si resultara grave

---

264. V. arts. 18 CE; 26, 264 y 535 Cp; 573 a 588 LECrim.
265. V. arts. 234, 237 y 263 Cp; 1 LOTJ.
266. V. arts. 263 Cp; 1 LOTJ.
267. V. arts. 197 a 201 y 278 a 280 Cp; 116 CPM; 1 LOTJ.
268. V. arts. 197 y ss. y 278 a 280 Cp; 60 y 116 CPM; 5.5. LOFCS; LO 5/1992, de 29 de octubre, de Regulación del Tratamiento Automatizado de los Datos de Carácter Personal; Ley 9/1968, de 5 de abril, de Secretos Oficiales; Decreto 241/1969, de 20 de febrero, que la desarrolla; 20.a) Ley 13/1995, de 18 de mayo, de Contratos de las Administraciones Públicas; RD 994/1999, de 11 de junio, por el que se aprueba el reglamento de medidas de seguridad de los ficheros automatizados que contengan datos de carácter personal; arts. 301 y 417.2 LECrim; 1 LOTJ; 18 ter Ley 50/1981, de 30 de diciembre, por la que se regula el Estatuto Orgánico del Ministerio Fiscal.

daño para la causa pública o para tercero, la pena será de prisión de uno a seis años.[269]

CAPÍTULO V
Del cohecho[270]

Art. 419. La autoridad o funcionario público que, en provecho propio o de un tercero, solicitare o recibiere, por sí o por persona interpuesta, dádiva o presente o aceptare ofrecimiento o promesa para realizar en el ejercicio de su cargo una acción u omisión constitutivas de delito, incurrirá en la pena de prisión de dos a seis años, multa del tanto al triplo del valor de la dádiva e inhabilitación especial para empleo o cargo público por tiempo de siete a doce años, sin perjuicio de la pena correspondiente al delito cometido en razón de la dádiva o promesa.

Art. 420. La autoridad o funcionario público que, en provecho propio o de un tercero, solicite o reciba, por sí o por persona interpuesta, dádiva o promesa por ejecutar un acto injusto relativo al ejercicio de su cargo que no constituya delito, y lo ejecute, incurrirá en la pena de prisión de uno a cuatro años e inhabilitación especial para empleo o cargo público por tiempo de seis a nueve años, y de prisión de uno a dos años e inhabilitación especial para empleo o cargo público por tiempo de tres a seis años, si no llegara a ejecutarlo. En ambos casos se impondrá, además, la multa del tanto al triplo del valor de la dádiva.

Art. 421. Cuando la dádiva solicitada, recibida o prometida tenga por objeto que la autoridad o funcionario público se abstenga de un acto que debiera practicar en el ejercicio de su cargo, las penas serán de multa del tanto al duplo del valor de la dádiva e inhabilitación especial para empleo o cargo público por tiempo de uno a tres años.

Art. 422. Lo dispuesto en los artículos precedentes será también aplicable a los jurados, árbitros, peritos, o cualesquiera personas que participen en el ejercicio de la función pública.

Art. 423. 1. Los que con dádivas, presentes, ofrecimientos o promesas corrompieren o intentaren corromper a las autoridades o funcionarios públicos serán castigados con las mismas penas de prisión y multa que éstos.

2. Los que atendieren las solicitudes de las autoridades o funcionarios públicos, serán castigados con la pena inferior en grado a la prevista en el apartado anterior.

Art. 424. Cuando el soborno mediare en causa criminal en favor del reo por parte de su cónyuge u otra persona a la que se halle ligado de forma estable por análoga relación de afectividad, o de algún ascendiente, descendiente o hermano, por naturaleza, por adopción o afines en los mismos grados, se impondrá al sobornador la pena de multa de tres a seis meses.[271]

Art. 425. 1. La autoridad o funcionario público que solicitare dádiva o presente o admitiere ofrecimiento o promesa para realizar un acto propio de su cargo o como recompensa del ya realizado, incurrirá en la pena de multa del tanto al triplo del valor de la dádiva y suspensión de empleo o cargo público por tiempo de seis meses a tres años.

2. En el caso de recompensa por el acto ya realizado, si éste fuera constitutivo de delito se impondrá, además, la pena de prisión de uno a tres años, multa de seis a diez meses e inhabilitación especial para empleo o cargo público por tiempo de diez a quince años.[272]

Art. 426. La autoridad o funcionario público que admitiere dádiva o regalo que le

269. V. art. 442 Cp.

270. V. arts. 185 CPM; 20.a) Ley 13/1995, de 18 de mayo, de Contratos de las Administraciones Públicas; 1796.4 LEC; 954.3 LECrim; 18 ter Ley 50/1981, de 30 de diciembre, por la que se regula el Estatuto Orgánico del Ministerio Fiscal; 1 LOTJ.

271. V. arts. 23 y 67 Cp.

272. V. arts. 419 y 420 Cp.

fueren ofrecidos en consideración a su función o para la consecución de un acto no prohibido legalmente, incurrirá en la pena de multa de tres a seis meses.

Art. 427. Quedará exento de pena por el delito de cohecho el particular que haya accedido ocasionalmente a la solicitud de dádiva o presente realizada por autoridad o funcionario público y denunciare el hecho a la autoridad que tenga el deber de proceder a su averiguación, antes de la apertura del correspondiente procedimiento, siempre que no hayan transcurrido más de diez días desde la fecha de los hechos.

CAPÍTULO VI
Del tráfico de influencias[273]

Art. 428. El funcionario público o autoridad que influyere en otro funcionario público o autoridad prevaliéndose del ejercicio de las facultades de su cargo o de cualquier otra situación derivada de su relación personal o jerárquica con éste o con otro funcionario o autoridad para conseguir una resolución que le pueda generar directa o indirectamente un beneficio económico para sí o para un tercero, incurrirá en las penas de prisión de seis meses a un año, multa del tanto al duplo del beneficio perseguido u obtenido, e inhabilitación especial para empleo o cargo público por tiempo de tres a seis años. Si obtuviere el beneficio perseguido se impondrán las penas en su mitad superior.

Art. 429. El particular que influyere en un funcionario público o autoridad prevaliéndose de cualquier situación derivada de su relación personal con éste o con otro funcionario público o autoridad para conseguir una resolución que le pueda generar, directa o indirectamente, un beneficio económico para sí o para un tercero, será castigado con las penas de prisión de seis meses a un año, y multa del tanto al duplo del beneficio perseguido u obtenido. Si obtuviere el beneficio perseguido se impondrán las penas en su mitad superior.

Art. 430. Los que, ofreciéndose a realizar las conductas descritas en los artículos anteriores, solicitaren de terceros dádivas, presentes o cualquier otra remuneración, o aceptaren ofrecimiento o promesa, serán castigados con la pena de prisión de seis meses a un año.

En cualquiera de los supuestos a que se refiere este artículo, la autoridad judicial podrá imponer también la suspensión de las actividades de la sociedad, empresa, organización o despacho y la clausura de sus dependencias abiertas al público por tiempo de seis meses a tres años.

Art. 431. En todos los casos previstos en este capítulo y en el anterior, las dádivas, presentes o regalos caerán en decomiso.[274]

CAPÍTULO VII
De la malversación[275]

Art. 432. 1. La autoridad o funcionario público que, con ánimo de lucro, sustrajere o consintiere que un tercero, con igual ánimo, sustraiga los caudales o efectos públicos que tenga a su cargo por razón de sus funciones, incurrirá en la pena de prisión de tres a seis años e inhabilitación absoluta por tiempo de seis a diez años.

2. Se impondrá la pena de prisión de cuatro a ocho años y la de inhabilitación absoluta por tiempo de diez a veinte años si la malversación revistiera especial gravedad atendiendo al valor de las cantidades sustraídas y al daño o entorpecimiento producido al servicio público. Las mismas penas se

273. V. arts. 20.a) Ley 13/1995, de 18 de mayo, de Contratos de las Administraciones Públicas; 18 ter Ley 50/1981, de 30 de diciembre, por la que se regula el Estatuto Orgánico del Ministerio Fiscal; 1 LOTJ.

274. V. art. 127 Cp.

275. V. arts. 195 CPM; 141.1.a), 143, 145 y 146 RDLeg 1091/1988, de 23 de septiembre, por el que se aprueba el texto refundido de la Ley General Presupuestaria; 20.a) Ley 13/1995, de 18 de mayo, de Contratos de las Administraciones Públicas; 18 ter Ley 50/1981, de 30 de diciembre, por la que se regula el Estatuto Orgánico del Ministerio Fiscal; 1 LOTJ.

aplicarán si las cosas malversadas hubieran sido declaradas de valor histórico o artístico, o si se tratara de efectos destinados a aliviar alguna calamidad pública.

3. Cuando la sustracción no alcance la cantidad de quinientas mil pesetas, se impondrán las penas de multa superior a dos y hasta cuatro meses, prisión de seis meses a tres años y suspensión de empleo o cargo público por tiempo de seis meses a un año.

Art. 433. La autoridad o funcionario público que destinare a usos ajenos a la función pública los caudales o efectos puestos a su cargo por razón de sus funciones, incurrirá en la pena de multa de seis a doce meses, y suspensión de empleo o cargo público por tiempo de seis meses a tres años.

Si el culpable no reintegrara el importe de lo distraído dentro de los diez días siguientes al de la incoación del proceso, se le impondrán las penas del artículo anterior.

Art. 434. La autoridad o funcionario público que, con ánimo de lucro propio o ajeno y con grave perjuicio para la causa pública, diere una aplicación privada a bienes muebles o inmuebles pertenecientes a cualquier Administración o Entidad estatal, autonómica o local u Organismos dependientes de alguna de ellas, incurrirá en las penas de prisión de uno a tres años e inhabilitación especial para empleo o cargo público por tiempo de tres a seis años.[276]

Art. 435. Las disposiciones de este capítulo son extensivas:

1.º A los que se hallen encargados por cualquier concepto de fondos, rentas o efectos de las Administraciones públicas.

2.º A los particulares legalmente designados como depositarios de caudales o efectos públicos.

3.º A los administradores o depositarios de dinero o bienes embargados, secuestrados o depositados por autoridad pública, aunque pertenezcan a particulares.

276. V. art. 252 Cp.

CAPÍTULO VIII
De los fraudes y exacciones ilegales[277]

Art. 436. La autoridad o funcionario público que, interviniendo por razón de su cargo en cualquiera de los actos de las modalidades de contratación pública o en liquidaciones de efectos o haberes públicos, se concertara con los interesados o usase de cualquier otro artificio para defraudar a cualquier ente público, incurrirá en las penas de prisión de uno a tres años e inhabilitación especial para empleo o cargo público por tiempo de seis a diez años.[278]

Art. 437. La autoridad o funcionario público que exigiere, directa o indirectamente, derechos, tarifas por aranceles o minutas que no sean debidos o en cuantía mayor a la legalmente señalada, será castigado, sin perjuicio de los reintegros a que viniere obligado, con las penas de multa de seis a veinticuatro meses y de suspensión de empleo o cargo público por tiempo de seis meses a cuatro años.[279]

Art. 438. La autoridad o funcionario público que, abusando de su cargo, cometiere algún delito de estafa o apropiación indebida, incurrirá en las penas respectivamente señaladas a éstos, en su mitad superior, e inhabilitación especial para empleo o cargo público por tiempo de dos a seis años.[280]

277. V. Ley 13/1995, de 18 de mayo, de Contratos de las Administraciones Públicas; arts. 18 ter Ley 50/1981, de 30 de diciembre, por la que se regula el Estatuto Orgánico del Ministerio Fiscal; 1 LOTJ.

278. V. art. 194 CPM.

279. V. art. 4 Ley 8/1989, de 13 de abril, de Tasas y Precios Públicos.

280. V. arts. 248 a 254 Cp.

CAPÍTULO IX
De las negociaciones y actividades prohibidas a los funcionarios públicos y de los abusos en el ejercicio de su función[281]

Art. 439. La autoridad o funcionario público que, debiendo informar, por razón de su cargo, en cualquier clase de contrato, asunto, operación o actividad, se aproveche de tal circunstancia para forzar o facilitarse cualquier forma de participación, directa o por persona interpuesta, en tales negocios o actuaciones, incurrirá en la pena de multa de doce a veinticuatro meses e inhabilitación especial para empleo o cargo público por tiempo de uno a cuatro años.[282]

Art. 440. Los peritos, árbitros y contadores partidores que se condujeren del modo previsto en el artículo anterior, respecto de los bienes o cosas en cuya tasación, partición o adjudicación hubieran intervenido, y los tutores, curadores o albaceas respecto de los pertenecientes a sus pupilos o testamentarías, serán castigados con la pena de multa de doce a veinticuatro meses e inhabilitación especial para empleo o cargo público, profesión u oficio, guarda, tutela o curatela, según los casos, por tiempo de tres a seis años.[283]

Art. 441. La autoridad o funcionario público que, fuera de los casos admitidos en las Leyes o Reglamentos, realizare, por sí o por persona interpuesta, una actividad profesional o de asesoramiento permanente o accidental, bajo la dependencia o al servicio de entidades privadas o de particulares, en asunto en que deba intervenir o haya intervenido por razón de su cargo, o en los que se tramiten, informen o resuelvan en la oficina o centro directivo en que estuviere destinado o del que dependa, incurrirá en las penas de multa de seis a doce meses, y suspensión de empleo o cargo público por tiempo de uno a tres años.[284]

Art. 442. La autoridad o funcionario público que haga uso de un secreto del que tenga conocimiento por razón de su oficio o cargo, o de una información privilegiada, con ánimo de obtener un beneficio económico para sí o para un tercero, incurrirá en las penas de multa del tanto al triplo del beneficio perseguido, obtenido o facilitado e inhabilitación especial para empleo o cargo público por tiempo de dos a cuatro años. Si obtuviere el beneficio perseguido se impondrán las penas en su mitad superior.

Si resultara grave daño para la causa pública o para tercero, la pena será de prisión de uno a seis años, e inhabilitación especial para empleo o cargo público por tiempo de siete a diez años. A los efectos de este artículo, se entiende por información privilegiada toda información de carácter concreto que se tenga exclusivamente por razón del oficio o cargo público y que no haya sido notificada, publicada o divulgada.[285]

---

281. V. art. 191 CPM; Ley 12/1995, de 11 de mayo, de Incompatibilidades de los Miembros del Gobierno de la Nación y de los Altos Cargos de la Administración General del Estado; art. 20.a) Ley 13/1995, de Contratos de las Administraciones Públicas, desarrollada parcialmente por RD 390/1996, de 1 de marzo; Ley 50/1997, de 27 de noviembre, del Gobierno; arts. 389 a 397 LOPJ; 18 ter Ley 50/1981, de 30 de diciembre, por la que se regula el Estatuto Orgánico del Ministerio Fiscal.

282. V. art. 191 CPM; Ley 13/1995, de 18 de mayo, de Contratos de las Administraciones Públicas; art. 1 LOTJ.

283. V. art. 1 LOTJ.

284. LO 1/1985, de 18 de enero, de Incompatibilidades del Personal al Servicio del Tribunal Constitucional, Consejo General del Poder Judicial, componentes del Poder Judicial y Personal a Servicio de la Administración de Justicia, Tribunal de Cuentas y Consejo de Estado; Ley 53/1984, de 26 de diciembre, de Incompatibilidades del Personal al Servicio de las Administraciones Públicas; Ley 12/1995, de 11 de mayo, de Incompatibilidades de los Miembros del Gobiernos de la Nación y de los altos cargos de la Administración General del Estado; Ley 50/1997, de 27 de noviembre, del Gobierno.

285. V. arts. 197 y ss., y 285 y ss. Cp; 81 Ley 24/1988, de 28 de julio, del Mercado de Valores.

Art. 443. Será castigado con la pena de prisión de uno a dos años e inhabilitación absoluta por tiempo de seis a doce años, la autoridad o funcionario público que solicitare sexualmente a una persona que, para sí misma o para su cónyuge u otra persona con la que se halle ligado de forma estable por análoga relación de afectividad, ascendiente, descendiente, hermano, por naturaleza, por adopción, o afín en los mismos grados, tenga pretensiones pendientes de la resolución de aquél o acerca de las cuales deba evacuar informe o elevar consulta a su superior.

Art. 444. 1. El funcionario de Instituciones Penitenciarias o de centros de protección o corrección de menores que solicitare sexualmente a una persona sujeta a su guarda, será castigado con la pena de prisión de uno a cuatro años, e inhabilitación absoluta por tiempo de seis a doce años.[286]

2. En las mismas penas incurrirán cuando la persona solicitada fuera ascendiente, descendiente, hermano, por naturaleza, por adopción, o afines en los mismos grados, de persona que tuviere bajo su guarda. Incurrirá, asimismo, en estas penas cuando la persona solicitada sea cónyuge de persona que tenga bajo su guarda o se halle ligada a ésta de forma estable por análoga relación de afectividad.

Art. 445. Las penas previstas en los dos artículos anteriores se impondrán sin perjuicio de las que correspondan por los delitos contra la libertad sexual efectivamente cometidos.[287]

286. V. arts. 181 y ss. Cp; 7.1.c) RD 33/1986, de 10 de enero, por el que se aprueba el Reglamento de régimen disciplinarios de los Funcionarios de la Administración del Estado.

287. V. arts. 178 a 194 Cp.

TÍTULO XIX bis
DE LOS DELITOS DE CORRUPCIÓN EN LAS TRANSACCIONES COMERCIALES INTERNACIONALES[288]

Art. 445 bis. Los que, con dádivas, presentes, ofrecimientos o promesas, corrompieren o intentaren corromper, por sí o por persona interpuesta, a las autoridades o funcionarios públicos extranjeros o de organizaciones internacionales en el ejercicio de su cargo en beneficio de éstos o de un tercero, o atendieren a sus solicitudes al respecto, con el fin de que actúen o se abstengan de actuar en relación con el ejercicio de funciones públicas para conseguir o conservar un contrato u otro beneficio irregular en la realización de actividades económicas internacionales, serán castigados con las penas previstas en el artículo 423, en sus respectivos casos.[289]

TÍTULO XX
DELITOS CONTRA LA ADMINISTRACIÓN DE JUSTICIA

CAPÍTULO I
De la prevaricación[290]

Art. 446. El Juez o Magistrado que, a sabiendas, dictare sentencia o resolución injusta será castigado:

1.º Con la pena de prisión de uno a cuatro años si se trata de sentencia injusta contra el reo en causa criminal por delito y la sentencia no hubiera llegado a ejecutarse, y

288. Título incorporado por el art. único LO 3/2000, de 11 enero (§ 4.1).

289. V. Convenio de la Organización de Cooperación y Desarrollo Económico (OCDE) de lucha contra la corrupción de agentes públicos extranjeros en las transacciones comerciales internacionales, firmado el 17 de diciembre de 1997.

290. V. art. 404 Cp; RD 33/1986, de 10 de enero, que aprueba el Reglamento de régimen disciplinario de los funcionarios de la Administración del Estado; RD 1398/1993, de 4 de agosto, por el que se aprueba el Reglamento de procedimiento para el ejercicio de la potestad sancionadora de las Administraciones públicas.

con la misma pena en su mitad superior y multa de doce a veinticuatro meses si se ha ejecutado. En ambos casos se impondrá, además, la pena de inhabilitación absoluta por tiempo de diez a veinte años.

2.º Con la pena de multa de seis a doce meses e inhabilitación especial para empleo o cargo público por tiempo de seis a diez años, si se tratara de una sentencia injusta contra el reo dictada en proceso por falta.

3.º Con la pena de multa de doce a veinticuatro meses e inhabilitación especial para empleo o cargo público por tiempo de diez a veinte años, cuando dictara cualquier otra sentencia o resolución injustas.[291]

Art. 447. El Juez o Magistrado que por imprudencia grave o ignorancia inexcusable dictara sentencia o resolución manifiestamente injusta incurrirá en la pena de inhabilitación especial para empleo o cargo público por tiempo de dos a seis años.

Art. 448. El Juez o Magistrado que se negase a juzgar, sin alegar causa legal, o so pretexto de oscuridad, insuficiencia o silencio de la Ley, será castigado con la pena de inhabilitación especial para empleo o cargo público por tiempo de seis meses a cuatro años.[292]

Art. 449. 1. En la misma pena señalada en el artículo anterior incurrirá el Juez, Magistrado o Secretario Judicial culpable de retardo malicioso en la Administración de Justicia. Se entenderá por malicioso el retardo provocado para conseguir cualquier finalidad ilegítima.

2. Cuando el retardo sea imputable a funcionario distinto de los mencionados en el apartado anterior, se le impondrá la pena indicada, en su mitad inferior.[293]

CAPÍTULO II
De la omisión de los deberes de impedir delitos o de promover su persecución

Art. 450. 1. El que, pudiendo hacerlo con su intervención inmediata y sin riesgo propio o ajeno, no impidiere la comisión de un delito que afecte a las personas en su vida, integridad o salud, libertad o libertad sexual, será castigado con la pena de prisión de seis meses a dos años si el delito fuera contra la vida, y la de multa de seis a veinticuatro meses en los demás casos, salvo que al delito no impedido le correspondiera igual o menor pena, en cuyo caso se impondrá la pena inferior en grado a la de aquél.

2. En las mismas penas incurrirá quien, pudiendo hacerlo, no acuda a la autoridad o a sus agentes para que impidan un delito de los previstos en el apartado anterior y de cuya próxima o actual comisión tenga noticia.[294]

CAPÍTULO III
Del encubrimiento

Art. 451. Será castigado con la pena de prisión de seis meses a tres años el que, con conocimiento de la comisión de un deli-

291. V. arts. 24, 117 y 121 CE; 184 CPM: 244 a 248 LOPJ.

292. V. arts. 24.1 CE; 1º.7 Cc; 361 LEC (132 LO 1/2000, de 7 de enero, de Enjuiciamiento Civil); 198 LECrim; 11.3 LOPJ.

293. V. art. 11 LOFCS; LO 4/1987, de 15 de julio, de la Competencia y Organización de la Jurisdicción Militar; Ley 50/1981, de 30 de diciembre, reguladora del Estatuto Orgánico del Ministerio Fiscal; RD 769/1987, de 19 de junio, relativo a la Policía Judicial; arts. 92 y ss. Reglamento orgánico del cuerpo de secretarios judiciales, aprobado por RD 429/1988, de 29 de abril; 83 y ss. Reglamento orgánico de los cuerpos de oficiales, auxiliares y agentes al servicio de la Administración de Justicia, aprobado por RD 249/1996, de 13 de febrero; 1 Reglamento de los Institutos de Medicina legal, aprobado por RD 386/1996, de 1 de marzo; 361, 375 y 447 LEC (132 y 211 LO 1/2000, de 7 de enero, de Enjuiciamiento Civil); 197, 198 y 284 LECrim; 417 y ss. LOPJ.

294. V. arts. 20.5º, 195, 407, 408, 412 y 476.2 Cp; 57, 137 y 181 CPM; 5 LOSC; 11 y 21 Ley de 30 de julio de 1992, de Seguridad Privada (esta ley y la LOSC han sido desarrolladas por RD 2364/1994, de 9 de diciembre, que aprueba el Reglamento de seguridad privada); 259, 262 y 264 LECrim.

to y sin haber intervenido en el mismo como autor o cómplice, interviniere con posterioridad a su ejecución, de alguno de los modos siguientes:

1.º Auxiliando a los autores o cómplices para que se beneficien del provecho, producto o precio del delito, sin ánimo de lucro propio.

2.º Ocultando, alterando o inutilizando el cuerpo, los efectos o los instrumentos de un delito, para impedir su descubrimiento.

3.º Ayudando a los presuntos responsables de un delito a eludir la investigación de la autoridad o de sus agentes, o a sustraerse a su busca o captura, siempre que concurra alguna de las circunstancias siguientes:

a) Que el hecho encubierto sea constitutivo de traición, homicidio del Rey, de cualquiera de sus ascendientes o descendientes, de la Reina consorte o del consorte de la Reina, del Regente o de algún miembro de la Regencia, o del Príncipe heredero de la Corona, genocidio, rebelión, terrorismo u homicidio.

b) Que el favorecedor haya obrado con abuso de funciones públicas. En este caso se impondrá, además de la pena de privación de libertad, la de inhabilitación especial para empleo o cargo público por tiempo de dos a cuatro años si el delito encubierto fuere menos grave, y la de inhabilitación absoluta por tiempo de seis a doce años si aquél fuera grave.[295]

Art. 452. En ningún caso podrá imponerse pena privativa de libertad que exceda de la señalada al delito encubierto. Si éste estuviera castigado con pena de otra naturaleza, la pena privativa de libertad será sustituida por la de multa de seis a veinticuatro meses, salvo que el delito encubierto tenga asignada pena igual o inferior a ésta, en cuyo caso se impondrá al culpable la pena de aquel delito en su mitad inferior.[296]

Art. 453. Las disposiciones de este capítulo se aplicarán aun cuando el autor del hecho encubierto sea irresponsable o esté personalmente exento de pena.[297]

Art. 454. Están exentos de las penas impuestas a los encubridores los que lo sean de su cónyuge o de persona a quien se hallen ligados de forma estable por análoga relación de afectividad, de sus ascendientes, descendientes, hermanos, por naturaleza, por adopción, o afines en los mismos grados, con la sola excepción de los encubridores que se hallen comprendidos en el supuesto del número 1.º del artículo 451.[298]

CAPÍTULO IV
De la realización arbitraria del propio derecho

Art. 455. 1. El que, para realizar un derecho propio, actuando fuera de las vías legales, empleare violencia, intimidación o fuerza en las cosas, será castigado con la pena de multa de seis a doce meses.

2. Se impondrá la pena superior en grado si para la intimidación o violencia se hiciera uso de armas u objetos peligrosos.[299]

CAPÍTULO V
De la acusación y denuncia falsas y de la simulación de delitos

Art. 456. 1. Los que, con conocimiento de su falsedad o temerario desprecio hacia la verdad, imputaren a alguna persona hechos que, de ser ciertos, constituirían infracción penal, si esta imputación se hiciera ante funcionario judicial o administrativo que tenga el deber de proceder a su averiguación, serán sancionados:

---

295. V. arts. 22.7ª, 27, 127, 138 y ss., 298, 299, 472 a 484, 485, 571 a 580, 581 a 588 y 607 Cp; 23, 66 y 197 CPM; 259 y ss. LECrim.

296. V. arts. 23 y 66 CPM.

297. V. arts. 19, 20, 268, 305.4, 307.3, 308.4, 354, 427, 454, 462 y 480 Cp.

298. V. arts. 23 Cp; 23, último párrafo, CPM.

299. V. arts. 20.4º, 5º y 7º y 236 y ss. Cp; 7º Cc.

1.º Con la pena de prisión de seis meses a dos años y multa de doce a veinticuatro meses, si se imputara un delito grave.

2.º Con la pena de multa de doce a veinticuatro meses, si se imputara un delito menos grave.

3.º Con la pena de multa de tres a seis meses, si se imputara una falta.

2. No podrá procederse contra el denunciante o acusador sino tras sentencia firme o auto también firme, de sobreseimiento o archivo del Juez o Tribunal que haya conocido de la infracción imputada. Estos mandarán proceder de oficio contra el denunciante o acusador siempre que de la causa principal resulten indicios bastantes de la falsedad de la imputación, sin perjuicio de que el hecho pueda también perseguirse previa denuncia del ofendido.[300]

Art. 457. El que, ante alguno de los funcionarios señalados en el artículo anterior, simulare ser responsable o víctima de una infracción penal o denunciare una inexistente provocando actuaciones procesales, será castigado con la multa de seis a doce meses.[301]

CAPÍTULO VI
Del falso testimonio

Art. 458. 1. El testigo que faltare a la verdad en su testimonio en causa judicial, será castigado con las penas de prisión de seis meses a dos años y multa de tres a seis meses.[302]

2. Si el falso testimonio se diera en contra del reo en causa criminal por delito, las penas serán de prisión de uno a tres años y multa de seis a doce meses. Si a consecuencia del testimonio hubiera recaído sentencia condenatoria, se impondrán las penas superiores en grado.

3. Las mismas penas se impondrán si el falso testimonio tuviera lugar ante Tribunales Internacionales que, en virtud de Tratados debidamente ratificados conforme a la Constitución Española, ejerzan competencias derivadas de ella, o se realizara en España al declarar en virtud de comisión rogatoria remitida por un Tribunal extranjero.[303]

Art. 459. Las penas de los artículos precedentes se impondrán en su mitad superior a los peritos o intérpretes que faltaren a la verdad maliciosamente en su dictamen o traducción, los cuales serán, además, castigados con la pena de inhabilitación especial para profesión u oficio, empleo o cargo público, por tiempo de seis a doce años.[304]

Art. 460. Cuando el testigo, perito o intérprete, sin faltar sustancialmente a la ver-

---

300. V. arts. 13, 33; 205 y 208 Cp; 9 LO 6/1984, de 24 de mayo, reguladora del Procedimiento de "Habeas Corpus"; 102.2º y 259 y ss. LECrim.

301. V. arts. 250.2º Cp; 180 CPM; 9 LO 6/1984, de 24 de mayo, reguladora del Procedimiento de "Habeas Corpus".

302. V. arts. 461 Cp; 183 CPM; 681.6º Cc; Ley 29/1998, de 13 de julio, reguladora de la Jurisdicción Contenciosa Administrativa; arts. 637 y ss. LEC (299, 300 y 360 y ss. LO 1/2000, de 7 de enero, de Enjuiciamiento Civil); 452, 715 y 954.3º LECrim.

303. V. arts. 7.3 LO 15/1994, de 1 de junio, para la Cooperación con el Tribunal Internacional para el Enjuiciamiento de los Presuntos Responsables de Violaciones Graves del Derecho Humanitario Internacional Cometidas en el Territorio de la ex Yugoslavia; 300 LEC (177 LO 1/2000, de 7 de enero, de Enjuiciamiento Civil); 193 y 194 LECrim; 124 y ss. Reglamento de Procedimiento del Tribunal de Justicia de las Comunidades Europeas, de 19 de junio de 1991. Pueden consultarse, entre otros, dada la multiplicidad de los Tratados existentes sobre la materia objeto de esta figura delictiva: Convenio Europeo de asistencia judicial en materia penal, de 20 de abril de 1959, ratificado por Instrumento de 14 de julio de 1982, y Protocolo Adicional del mismo, de 17 de marzo de 1978, ratificado por Instrumento de 27 de mayo de 1991; Convenio relativo a la notificación o traslado en el extranjero de documentos judiciales y extrajudiciales en materia civil o comercial, hecho en la Haya el 15 de noviembre de 1965, Instrumento de ratificación de 29 de abril de 1987.

304. V. arts. 390 y 391 Cp; 610 y ss. LEC (335 y ss. LO 1/2000, de 7 de enero, de Enjuiciamiento Civil); 456 y ss. y 723 y ss. LECrim.

dad, la alterare con reticencias, inexactitudes o silenciando hechos o datos relevante que le fueran conocidos, será castigado con la pena de multa de seis a doce meses y, en su caso, de suspensión de empleo o cargo público, profesión u oficio, de seis meses a tres años.

Art. 461. 1. El que presentare a sabiendas testigos falsos o peritos o intérpretes mendaces, será castigado con las mismas penas que para ellos se establecen en los artículos anteriores.

2. La misma pena se impondrá al que conscientemente presente en juicio elementos documentales falsos. Si el autor del hecho lo hubiera sido además de la falsedad, se impondrá la pena correspondiente al delito más grave en su mitad superior.

3. Si el responsable de este delito fuese abogado, procurador, graduado social o representante del Ministerio Fiscal, en actuación profesional o ejercicio de su función, se impondrá en cada caso la pena en su mitad superior y la de inhabilitación especial para empleo o cargo público, profesión u oficio, por tiempo de dos a cuatro años.[305]

Art. 462. Quedará exento de pena el que, habiendo prestado un falso testimonio en causa criminal, se retracte en tiempo y forma, manifestando la verdad para que surta efecto antes de que se dicte sentencia en el proceso de que se trate. Si a consecuencia del falso testimonio, se hubiese producido la privación de libertad, se impondrán las penas correspondientes inferiores en grado.[306]

CAPÍTULO VII
De la obstrucción a la Justicia y la deslealtad profesional

Art. 463. 1. El que, citado en legal forma, dejare voluntariamente de comparecer, sin justa causa, ante un Juzgado o Tribunal en proceso criminal con reo en prisión provisional, provocando la suspensión del juicio oral, será castigado con la pena de arresto de doce a dieciocho fines de semana y multa de seis a nueve meses. En la pena de multa de seis a nueve meses incurrirá el que, habiendo sido advertido lo hiciere por segunda vez en causa criminal sin reo en prisión, haya provocado o no la suspensión.[307]

2. Si el responsable de este delito fuese abogado, procurador o representante del Ministerio Fiscal, en actuación profesional o ejercicio de su función, se le impondrá la pena en su mitad superior y la de inhabilitación especial para empleo o cargo público, profesión u oficio, por tiempo de dos a cuatro años.[308]

3. Si la suspensión tuviere lugar, en el caso del apartado 1 de este artículo, como consecuencia de la incomparecencia del Juez o miembro del Tribunal o de quien ejerza las funciones de Secretario Judicial, se impondrá la pena de arresto de dieciocho a veinticuatro fines de semana, multa de seis a doce meses de inhabilitación especial por tiempo de dos a cuatro años.[309]

Art. 464. 1. El que con violencia o intimidación intentare influir directa o indirectamente en quien sea denunciante, parte o imputado, abogado, procurador, perito, intérprete o testigo en un procedimiento para que modifique su actuación procesal,

---

305. V. arts. 26, 390, 392, 393, 394, 396 y 399.2 Cp; LO 50/1981, de 30 de diciembre, que regula el Estatuto Orgánico del Ministerio Fiscal; arts. 90 y ss. RDLeg 2/1995, de 7 de abril, por el que se aprueba el Texto Refundido de la Ley de Procedimiento Laboral; RD 2090/1982, de 24 de julio, que aprueba el Estatuto general de la abogacía; RD 2046/1982, de 30 de julio, que aprueba el Estatuto general de los procuradores de los Tribunales; arts. 514 y 1796.2º LEC (40 y 510.2º, LO 1/2000, de 7 de enero, de Enjuiciamiento Civil); 954.3º LECrim.

306. V. arts. 16.3, 21.4ª y 5ª y 214 Cp; 715 LECrim.

307 V. arts. 556 y 634 Cp; 88 y 187 CPM; 420, 462, 463, 661, 966 y 971 LECrim; 170 y ss. LOPM.

308. V. art. 412 Cp; RD 2092/1982, de 24 de julio, por el que se aprueba el Estatuto general de la abogacía; RD 2046/1982, de 30 de julio, por el que se aprueba el Estatuto general de los procuradores de los Tribunales; art. 894 LECrim.

309. V. RD 429/1988, por el que se aprueba el Reglamento orgánico del cuerpo de secretarios judiciales; arts. 417 y 418 LOPJ; 297.5 LOPM.

será castigado con la pena de prisión de uno a cuatro años y multa de seis a veinticuatro meses.

Si el autor del hecho alcanzara su objetivo se impondrá la pena en su mitad superior.

2. Iguales penas se impondrán a quien realizare cualquier acto atentatorio contra la vida, integridad, libertad, libertad sexual o bienes, como represalia contra las personas citadas en el apartado anterior, por su actuación en procedimiento judicial, sin perjuicio de la pena correspondiente a la infracción de que tales hechos sean constitutivos.[310]

Art. 465. 1. El que, interviniendo en un proceso como abogado o procurador, con abuso de su función, destruyere, inutilizare u ocultare documentos o actuaciones de los que haya recibido traslado en aquella calidad, será castigado con la pena de prisión de seis meses a dos años, multa de siete a doce meses e inhabilitación especial para su profesión, empleo o cargo público de tres a seis años.

2. Si los hechos descritos en el apartado primero de este artículo fueran realizados por un particular, la pena será de multa de tres a seis meses.[311]

Art. 466. 1. El abogado o procurador que revelare actuaciones procesales declaradas secretas por la autoridad judicial, será castigado con las penas de multa de doce a veinticuatro meses e inhabilitación especial para empleo, cargo público, profesión u oficio de uno a cuatro años.

2. Si la revelación de las actuaciones declaradas secretas fuese realizada por el Juez o miembro del Tribunal, representante del Ministerio Fiscal, Secretario Judicial o cualquier funcionario al servicio de la Administración de Justicia, se le impondrán las penas previstas en el artículo 417 en su mitad superior.

3. Si la conducta descrita en el apartado primero fuere realizada por cualquier otro particular que intervenga en el proceso, la pena se impondrá en su mitad inferior.[312]

Art. 467. 1. El abogado o procurador que, habiendo asesorado o tomado la defensa o representación de alguna persona, sin el consentimiento de ésta defienda o represente en el mismo asunto a quien tenga intereses contrarios, será castigado con la pena de multa de seis a doce meses e inhabilitación especial para su profesión de dos a cuatro años.

2. El abogado o procurador que, por acción u omisión, perjudique de forma manifiesta los intereses que le fueren encomendados será castigado con las penas de multa de doce a veinticuatro meses e inhabilitación especial para empleo, cargo público, profesión u oficio de uno a cuatro años.

Si los hechos fueran realizados por imprudencia grave se impondrán las penas de multa de seis a doce meses e inhabilitación especial para su profesión de seis meses a dos años.[313]

---

310. V. arts. 73 y ss., 138 y ss., 147 y ss., 169 a 172, 173 y ss., 178 y ss., 263 y 264 Cp; 182 CPM; LO 19/1994, de 23 de diciembre, de Protección a Testigos y Peritos en Causas Criminales; arts. 442 LEC (225 LO 1/2000, de 7 de enero, de Enjuiciamiento Civil); 456 y ss. y 474 LECrim; 11.1, 238.2 y 239 LOPJ.

311. V. art. 26 Cp; RD 2092/1982, de 24 de julio, por el que se aprueba el Estatuto general de la abogacía; RD 2046/1982, de 30 de julio, por el que se aprueba el Estatuto general de los procuradores de los Tribunales.

312. V. arts. 197 a 201 y 413 a 418 Cp; 4.5º Ley 50/1981, de 30 de diciembre, del Estatuto Orgánico del Ministerio Fiscal; 41 y 53 RD 2090/1982, de 24 de julio, por el que se aprueba el Estatuto general de la abogacía; 11 y ss. RD 2046/1982, de 30 de julio, por el que se aprueba el Estatuto general de los procuradores de los Tribunales; 15 RD 769/1987, de 19 de junio, de regulación de la policía judicial; 61.2.c) RD 429/1988, de 29 de abril, por el que se aprueba el Reglamento orgánico del cuerpo de secretarios judiciales; 77 RD 249/1996, de 16 de febrero, por el que se aprueba el Reglamento orgánico de los cuerpos de oficiales, auxiliares y agentes al servicio de la Administración de Justicia; 314 LEC (138 LO 1/2000, de 7 de enero, de Enjuiciamiento Civil); 263, 301, 302, 416.2º y 789.4º LECrim.

313. V. arts. 39, 48, 53 y 113 RD 2090/1982, de 24 de julio, por el que se aprueba el Estatuto general de la abogacía; 11, 62 y 63 RD 2046/1982, de 30 de julio, por el que se aprueba el Estatuto general de los procuradores de los Tribunales.

CAPÍTULO VIII
Del quebrantamiento de condena

Art. 468. Los que quebrantaren su condena, medida de seguridad, prisión, medida cautelar, conducción o custodia, serán castigados con la pena de prisión de seis meses a un año si estuvieran privados de libertad, y con la multa de doce a veinticuatro meses en los demás casos.[314]

Art. 469. Los sentenciados o presos que se fugaren del lugar en que estén recluidos, haciendo uso de violencia o intimidación en las personas o fuerza en las cosas o tomando parte en motín, serán castigados con la pena de prisión de seis meses a cuatro años.[315]

Art. 470. 1. El particular que proporcionare la evasión a un condenado, preso o detenido, bien del lugar en que esté recluido, bien durante su conducción, será castigado con la pena de prisión de seis meses a un año y multa de doce a veinticuatro meses.

2. Si se empleara al efecto violencia o intimidación en las personas, fuerza en las cosas o soborno, la pena será de prisión de seis meses a cuatro años.

3. Si se tratara de alguna de las personas citadas en el artículo 454, se les castigará con la pena de multa de tres a seis meses, pudiendo en este caso el Juez o Tribunal imponer tan sólo las penas correspondientes a los daños causados o a las amenazas o violencias ejercidas.[316]

Art. 471. Se impondrá la pena superior en grado, en sus respectivos casos, si el culpable fuera un funcionario público encargado de la conducción o custodia de un condenado, preso o detenido. El funcionario será castigado, además, con la pena de inhabilitación especial para empleo o cargo público de seis a diez años si el fugitivo estuviera condenado por sentencia ejecutoria, y con la inhabilitación especial para empleo o cargo público de tres a seis años en los demás casos.[317]

TÍTULO XXI
DELITOS CONTRA LA CONSTITUCIÓN

CAPÍTULO I
Rebelión[318]

Art. 472. Son reos del delito de rebelión los que se alzaren violenta y públicamente para cualquiera de los fines siguientes:

1.º Derogar, suspender o modificar total o parcialmente la Constitución.[319]

2.º Destituir o despojar en todo o en parte de sus prerrogativas y facultades al Rey o al Regente o miembros de la Regencia, u obligarles a ejecutar un acto contrario a su voluntad.[320]

---

314. V. arts. 88.3, 100 y 469 a 471 Cp; 188 CPM; 4º.1.a) y 45.1.a) LOGP; 108.e) RP, aprobado por RD 1201/1981, de 8 de mayo, en la redacción dada por RD 787/1984, de 8 de marzo, vigente a tenor de la DD única, apartado 3, RD 190/1996, de 9 de febrero; 8.2 y 12.1.B.f) LOFCS; 758.8º.c) LECrim.

315. V. arts. 73 y ss., 138 a 143, 147 y ss., 169 y ss., 238, 263, 617, 620 y 625 Cp; 45.1.a) y b) LOGP; 108.a), b) y c) RP aprobado por RD 1201/1981, de 8 de mayo, en la redacción dada por RD 787/1984, de 8 de marzo, vigentes a tenor de la DD única, apartado 3, RD 190/1996, de 9 de febrero.

316. V. arts. 28.b), 73 y ss., 147 y ss., 169 y ss., 263, 264, 419, 423, 424, 617 y 620 Cp; 188 CPM; 45.1.a) y b) LOGP; 108.e) RP, aprobado por RD 1201/1981, de 8 de mayo, en la redacción dada por RD 787/1984, de 8 de marzo, vigente a tenor de la DD única, apartado 3, RD 190/1996, de 9 de febrero; 31 a 40 RP, sobre conducción y traslado de los reclusos.

317. V. arts. 118 y 161.2º CPM; 18 LOGP; 31 a 40 RP, sobre conducción y traslado de los reclusos; 5, 11, 12.1.B.f) y 27 LOFCS; 31.1.c) Ley 30/1984, de 2 de agosto, de Medidas para la Reforma de la Función Pública.

318. V. arts. 79 y ss. CPM; 23.3.c) LOPJ (§ 3.4) y en relación con él art. 3.1 LEP (§ 3.2); 3 Ley de 18 de junio de 1870, por la que se establecen Reglas para el Ejercicio de la Gracia de Indulto (§ 3.1).

319. V. arts. 55 y 166 a 169 CE; 79.1º CPM; 13 y 32 LO 4/1981, de 1 de junio, sobre los Estados de Alarma, Excepción y Sitio.

320. V. arts. 56 a 65 CE; 169 y ss., 489 y 492 Cp; 5 LO 6/1980, de 1 de julio, por la que se regulan los Criterios Básicos de Defensa Nacional y la Organización Militar.

3.º Impedir la libre celebración de elecciones para cargos públicos.[321]

4.º Disolver las Cortes Generales, el Congreso de los Diputados, el Senado o cualquier Asamblea Legislativa de una Comunidad Autónoma, impedir que se reúnan, deliberen o resuelvan, arrancarles alguna resolución o sustraerles alguna de sus atribuciones o competencias.[322]

5.º Declarar la independencia de una parte del territorio nacional.[323]

6.º Sustituir por otro el Gobierno de la Nación o el Consejo de Gobierno de una Comunidad Autónoma, o usar o ejercer por sí o despojar al Gobierno o Consejo de Gobierno de una Comunidad Autónoma, o a cualquiera de sus miembros de sus facultades, o impedirles o coartarles su libre ejercicio, u obligar a cualquiera de ellos a ejecutar actos contrarios a su voluntad.[324]

7.º Sustraer cualquier clase de fuerza armada a la obediencia del Gobierno.[325]

Art. 473. 1. Los que, induciendo a los rebeldes, hayan promovido o sostengan la rebelión, y los jefes principales de ésta, serán castigados con la pena de prisión de quince a veinticinco años e inhabilitación absoluta por el mismo tiempo; los que ejerzan un mando subalterno, con la de prisión de diez a quince años e inhabilitación absoluta de diez a quince años, y los meros participantes, con la de prisión de cinco a diez años e inhabilitación especial para empleo o cargo público por tiempo de seis a diez años.

2. Si se han esgrimido armas, o si ha habido combate entre la fuerza de su mando y los sectores leales a la autoridad legítima, o la rebelión hubiese causado estragos en propiedades de titularidad pública o privada, cortado las comunicaciones telegráficas, telefónicas, por ondas, ferroviarias o de otra clase, ejercido violencias graves contra las personas, exigido contribuciones o distraído los caudales públicos de su legítima inversión, las penas de prisión serán, respectivamente, de veinticinco a treinta años para los primeros, de quince a veinticinco años para los segundos y de diez a quince años para los últimos.[326]

Art. 474. Cuando la rebelión no haya llegado a organizarse con jefes conocidos, se reputarán como tales los que de hecho dirijan a los demás, o lleven la voz por ellos, o firmen escritos expedidos a su nombre, o ejerzan otros actos semejantes de dirección o representación.[327]

Art. 475. Serán castigados como rebeldes con la pena de prisión de cinco a diez años e inhabilitación absoluta por tiempo de seis a doce años los que sedujeren o allegaren tropas o cualquier otra clase de fuerza armada para cometer el delito de rebelión.

Si llegara a tener efecto la rebelión, se reputarán promotores y sufrirán la pena señalada en el artículo 473.[328]

Art. 476. 1. El militar que no empleare los medios a su alcance para contener la rebelión en las fuerzas de su mando, será castigado con las penas de prisión de dos a cinco años e inhabilitación absoluta de seis a diez años.

2. Será castigado con las mismas penas previstas en el apartado anterior en su mitad inferior el militar que, teniendo conocimiento de que se trata de cometer un delito de rebelión, no lo denuncie inme-

321. V. arts. 23.2 CE; 135 y ss. LOREG (§ 3.3).

322. V. arts. 66 y ss. CE; 492 a 502 Cp; 79.4º CPM.

323. V. arts. 2 CE; 79.5º CPM; 13 y 32 LO 4/1981, de 1 de junio, sobre los Estados de Alarma, Excepción y Sitio.

324. V. arts. 97 y ss. CE; 169 y ss., 503 y 504 Cp; 79.6º CPM.

325. V. arts. 8 CE; 554.2 Cp; 79.5º CPM; 1, 5, 8 y 23 LO 6/1980, de 1 de julio, por la que se regulan los Criterios Básicos de la Defensa Nacional y Organización Militar; 9 LOFCS.

326. V. arts. 28, 29, 63, 64, 167, 243, 263 a 265, 346, 432, 475, 564 y 592 Cp.

327. V. arts. 5, 28 y 546 Cp.

328. V. arts. 5, 28, 471 a 473 y 592 Cp; 10 y 80 CPM; 38 LO 6/1980, de 1 de julio, por la que se regulan los Criterios Básicos de la Defensa Nacional y Organización Militar; 7.3 LOFCS.

diatamente a sus superiores o a las autoridades o funcionarios que, por razón de su cargo, tengan la obligación de perseguir el delito.[329]

Art. 477. La provocación, la conspiración y la proposición para cometer rebelión serán castigadas, además de con la inhabilitación prevista en los artículos anteriores, con la pena de prisión inferior en uno o dos grados a la del delito correspondiente.[330]

Art. 478. En el caso de hallarse constituido en autoridad el que cometa cualquiera de los delitos previstos en este capítulo, la pena de inhabilitación que estuviese prevista en cada caso se sustituirá por la inhabilitación absoluta por tiempo de quince a veinte años, salvo que tal circunstancia se halle específicamente contemplada en el tipo penal de que se trate.[331]

Art. 479. Luego que se manifieste la rebelión, la autoridad gubernativa intimará a los sublevados a que inmediatamente se disuelvan y retiren.

Si los sublevados no depusieran su actitud inmediatamente después de la intimación, la autoridad hará uso de la fuerza de que disponga para disolverlos.

No será necesaria la intimación desde el momento en que los rebeldes rompan el fuego.[332]

Art. 480. 1. Quedará exento de pena el que, implicado en un delito de rebelión, lo revelare a tiempo de poder evitar sus consecuencias.

2. A los meros ejecutores que depongan las armas antes de haber hecho uso de ellas, sometiéndose a las autoridades legítimas, se les aplicará la pena de prisión inferior en grado. La misma pena se impondrá si los rebeldes se disolvieran o sometieran a la autoridad legítima antes de la intimación o a consecuencia de ella.[333]

Art. 481. Los delitos particulares cometidos en una rebelión o con motivo de ella serán castigados, respectivamente, según las disposiciones de este Código.[334]

Art. 482. Las autoridades que no hayan resistido la rebelión, serán castigadas con la pena de inhabilitación absoluta de doce a veinte años.[335]

Art. 483. Los funcionarios que continúen desempeñando sus cargos bajo el mando de los alzados o que, sin habérseles admitido la renuncia de su empleo, lo abandonen cuando haya peligro de rebelión, incurrirán en la pena de inhabilitación especial para empleo o cargo público de seis a doce años.[336]

Art. 484. Los que aceptaren empleo de los rebeldes, serán castigados con la pena de inhabilitación absoluta de seis a doce años.[337]

---

329. V. arts. 407, 408 y 450.2 Cp; 8º y 83 CPM; LO 8/1998, de 2 de diciembre, de Régimen Disciplinario de las Fuerzas Armadas; arts. 259 y ss. LECrim; 130 y 134 LOPM.

330. V. arts. 17 y 18 Cp; 81 CPM.

331. V. arts. 24 y 67 Cp.

332. V. arts. 24 y 544 a 549 Cp; 13 y 32 LO 4/1981, de 1 de junio, reguladora de los Estados de Alarma, Excepción y Sitio; 3 Ley provisional de 18 de junio de 1870, por la que se establecen Reglas para el Ejercicio de la Gracia de Indulto (§ 3.1).

333. V. arts. 16.2 y 3, 21.4ª y 5ª, 473, 479 y 544 a 549 Cp; 82 CPM.

334. V. arts. 8, 73 a 75, 77 y 544 a 549 Cp.

335. V. arts. 24, 476 y 544 a 549 Cp; 9 CPM; 31.1.a) Ley 30/1984, de 2 de agosto, de Medidas para la Reforma de la Función Pública y RD 33/1986, de 10 de enero, por el que se aprueba el Reglamento de régimen disciplinario de los funcionarios de la Administración del Estado.

336. V. arts. 407, 409 y 544 a 549 Cp; 121, 122, 130, 144.2º y 145 CPM; 31.1.c) Ley 30/1984, de 2 de agosto, de Medidas para la Reforma de la Función Pública y RD 33/1986, de 10 de enero, por el que se aprueba el Reglamento de régimen disciplinario de los funcionarios de la Administración del Estado.

337. V. arts. 544 a 549 Cp; 30 y 84 CPM; 31.1.a) Ley 30/1984, de 2 de agosto, de Medidas para la Reforma de la Función Pública y RD 33/1986, de 10 de enero, por el que se aprueba el Reglamento de régimen disciplinario de los funcionarios de la Administración del Estado.

CAPÍTULO II
Delitos contra la Corona[338]

Art. 485. 1. El que matare al Rey, o a cualquiera de sus ascendientes o descendientes, a la Reina consorte o al consorte de la Reina, al Regente o a algún miembro de la Regencia, o al Príncipe heredero de la Corona, será castigado con la pena de prisión de veinte a veinticinco años.

2. La tentativa del mismo delito se castigará con la pena inferior en un grado.

3. Si concurrieran en el delito dos o más circunstancias agravantes, se impondrá la pena de prisión de veinticinco a treinta años.[339]

Art. 486. 1. El que causare al Rey, o a cualquiera de sus ascendientes o descendientes, a la Reina consorte o al consorte de la Reina, al Regente o a algún miembro de la Regencia, o al Príncipe heredero de la Corona, lesiones de las previstas en el artículo 149, será castigado con la pena de prisión de quince a veinte años.

Si se tratara de alguna de las lesiones previstas en el artículo 150, se castigará con la pena de prisión de ocho a quince años.

2. El que les causare cualquier otra lesión, será castigado con la pena de prisión de cuatro a ocho años.[340]

Art. 487. Será castigado con la pena de prisión de quince a veinte años el que privare al Rey, o a cualquiera de sus ascendientes o descendientes, a la Reina consorte o al consorte de la Reina, al Regente o a algún miembro de la Regencia, o al Príncipe heredero de la Corona, de su libertad personal, salvo que los hechos estén castigados con mayor pena en otros preceptos de este Código.[341]

Art. 488. La provocación, la conspiración y la proposición para los delitos previstos en los artículos anteriores se castigará con la pena inferior en uno o dos grados a las respectivamente previstas.[342]

Art. 489. El que con violencia o intimidación grave obligare a las personas referidas en los artículos anteriores a ejecutar un acto contra su voluntad, será castigado con la pena de prisión de ocho a doce años.

En el caso previsto en el párrafo anterior, si la violencia o la intimidación no fueran graves, se impondrá la pena inferior en grado.[343]

Art. 490. 1. El que allanare con violencia o intimidación la morada de cualquiera de las personas mencionadas en los artículos anteriores será castigado con la pena de prisión de tres a seis años. Si no hubiere violencia o intimidación la pena será de dos a cuatro años.[344]

2. Con la pena de prisión de tres a seis años será castigado el que amenazare gravemente a cualquiera de las personas mencionadas en el apartado anterior, y con la pena de prisión de uno a tres años si la amenaza fuera leve.[345]

3. El que calumniare o injuriare al Rey o a cualquiera de sus ascendientes o descendientes, a la Reina consorte o al consorte de la Reina, al Regente o a algún miembro de la Regencia, o al Príncipe heredero de la Corona, en el ejercicio de sus funciones o con motivo u ocasión de éstas, será castigado con la pena de prisión de seis meses a dos años si la calumnia o injuria

338. V. arts. 56 y ss. CE; 23.3.b) (§ 3.4) y 65.1º.a) LOPJ, según la cual la sala de lo penal de la Audiencia Nacional es la competente para conocer, en única instancia, de los delitos comprendidos en este capítulo; 3 y 29 de la Ley provisional de 18 de junio de 1870, por la que se establecen Reglas para el Ejercicio de la Gracia de Indulto (§ 3.1).

339. V. arts. 15 CE; 8, 15, 16, 62, 64, 76 a 78, 138 a 140, 142, 143, 451.3º.a), 572.1º y 621.2 Cp.

340. V. arts. 15 CE; 8, 147 y ss., 488, 572.1.2º, 617 y 621 Cp.

341. V. arts. 17 CE; 8, 163 a 167, 488, 530 a 532 y 572 Cp.

342. V. arts. 17 y 18 Cp.

343. V. arts. 17 CE; 8, 172 y 472.2º Cp.

344. V. arts. 18.2 CE; 8, 202 a 204 y 534.1.1º Cp.

345. V. arts. 17 CE; 8 y 169 a 171 Cp.

fueran graves, y con la de multa de seis a doce meses si no lo son.[346]

Art. 491. 1. Las calumnias e injurias contra cualquiera de las personas mencionadas en el artículo anterior, y fuera de los supuestos previstos en el mismo, serán castigadas con la pena de multa de cuatro a veinte meses.

2. Se impondrá la pena de multa de seis a veinticuatro meses al que utilizare la imagen del Rey o de cualquiera de sus ascendientes o descendientes, o de la Reina consorte o del consorte de la Reina, o del Regente o de algún miembro de la Regencia, o del Príncipe heredero, de cualquier forma que pueda dañar el prestigio de la Corona.[347]

CAPÍTULO III
De los delitos contra las Instituciones del Estado y la división de poderes

SECCIÓN 1.ª
Delitos contra las Instituciones del Estado[348]

Art. 492. Los que, al vacar la Corona o quedar inhabilitado su Titular para el ejercicio de su autoridad, impidieren a las Cortes Generales reunirse para nombrar la Regencia o el tutor del Titular menor de edad, serán sancionados con la pena de prisión de diez a quince años e inhabilitación absoluta por tiempo de diez a quince años, sin perjuicio de la pena que pudiera corresponderles por la comisión de otras infracciones más graves.[349]

Art. 493. Los que, sin alzarse públicamente, invadieren con fuerza, violencia o intimidación las sedes del Congreso de los Diputados, del Senado o de una Asamblea Legislativa de Comunidad Autónoma, si están reunidos, serán castigados con la pena de prisión de tres a cinco años.[350]

Art. 494. Incurrirán en la pena de prisión de seis meses a un año o multa de doce a veinticuatro meses los que promuevan, dirijan o presidan manifestaciones u otra clase de reuniones ante las sedes del Congreso de los Diputados, del Senado o de una Asamblea Legislativa de Comunidad Autónoma, cuando estén reunidos, alterando su normal funcionamiento.[351]

Art. 495. 1. Los que, sin alzarse públicamente, portando armas u otros instrumentos peligrosos, intentaren penetrar en las sedes del Congreso de los Diputados, del Senado o de la Asamblea Legislativa de una Comunidad Autónoma, para presentar en persona o colectivamente peticiones a los mismos, incurrirán en la pena de prisión de tres a cinco años.

---

346. V. arts. 18.1, 20.1.a), 20.2 y 4 CE; 8 y 205 a 216 Cp.

347. V. nota al art. anterior.

348. V. arts. 66 y ss. CE; LO 2/1979, de 3 de octubre, del Tribunal Constitucional; LO 3/1981, de 6 de abril, del Defensor del Pueblo; LO 2/1982, de 12 de mayo, del Tribunal de Cuentas; Reglamento del Congreso de los Diputados de 10 de febrero de 1982; Reglamento del Senado, Texto Refundido aprobado el 3 de mayo de 1994; arts. 23.3.b) (§ 3.4) y 65.1º.a) LOPJ según la cual la sala de lo penal de la Audiencia Nacional es la competente para conocer, en única instancia, de los delitos comprendidos en este capítulo; 3 y 29 Ley de 18 de junio de 1870, sobre Reglas para el Ejercicio de la Gracia de Indulto (§ 3.1). Véanse también los diferentes Estatutos de Autonomía y Reglamentos legislativos autonómicos, ya que la mayoría de las figuras delictivas contenidas en este capítulo se refieren no sólo a las Cortes Generales, sino también a las Asambleas legislativas de las distintas Comunidades autonómas.

349. V. arts. 1.3, 56 a 60, 66 y 74 CE; 472,4º Cp; DF 3ª Reglamento del Congreso de 10 de febrero de 1982; DA 2ª Texto Refundido del Reglamento del Senado, aprobado el 3 de mayo de 1994.

350. V. arts. 66.3, 73 y 74 CE; 472, 492 y 495 Cp; 61 a 63 Reglamento del Congreso de 10 de febrero de 1982; 69 a 71 Texto Refundido del Reglamento del Senado, aprobado el 3 de mayo de 1994.

351. V. arts. 21 y 73 y ss. CE; 513 y 514 Cp; 1, 5, 8 a 11 LO 9/1983, de 15 de julio, reguladora del Derecho de Reunión; 11 CEPDHLF; 21 PIDCP.

2. La pena prevista en el apartado anterior se aplicará en su mitad superior a quienes promuevan, dirijan o presidan el grupo.[352]

Art. 496. El que injuriare gravemente a las Cortes Generales o a una Asamblea Legislativa de Comunidad Autónoma, hallándose en sesión, o a alguna de sus Comisiones en los actos públicos en que las representen, será castigado con la pena de multa de doce a dieciocho meses.

El imputado de las injurias descritas en el párrafo anterior quedará exento de pena si se dan las circunstancias previstas en el artículo 210.[353]

Art. 497. 1. Incurrirán en la pena de prisión de seis meses a un año quienes, sin ser miembros del Congreso de los Diputados, del Senado o de una Asamblea Legislativa de Comunidad Autónoma, perturben gravemente el orden de sus sesiones.

2. Cuando la perturbación del orden de las sesiones a que se refiere el apartado anterior no sea grave, se impondrá la pena de multa de seis a doce meses.[354]

Art. 498. Los que emplearen fuerza, violencia, intimidación o amenaza grave para impedir a un miembro del Congreso de los Diputados, del Senado o de una Asamblea Legislativa de Comunidad Autónoma asistir a sus reuniones, o, por los mismos medios, coartaren la libre manifestación de sus opiniones o la emisión de su voto, serán castigados con la pena de prisión de tres a cinco años.[355]

Art. 499. La autoridad o funcionario público que quebrantare la inviolabilidad de las Cortes Generales o de una Asamblea Legislativa de Comunidad Autónoma, será castigado con las penas de inhabilitación especial para empleo o cargo público por tiempo de diez a veinte años, sin perjuicio de las que pudieran corresponderle si el hecho constituyera otro delito más grave.[356]

Art. 500. La autoridad o funcionario público que detuviere a un miembro de las Cortes Generales o de una Asamblea Legislativa de Comunidad Autónoma fuera de los supuestos o sin los requisitos establecidos por la legislación vigente incurrirá, según los casos, en las penas previstas en este Código, impuestas en su mitad superior, y además en la de inhabilitación especial para empleo o cargo público de seis a doce años.[357]

Art. 501. La autoridad judicial que inculpare o procesare a un miembro de las Cortes Generales o de una Asamblea Legislativa de Comunidad Autónoma sin los requisitos establecidos por la legislación vigente, será castigada con la pena de inhabilitación especial para empleo o cargo público de diez a veinte años.[358]

---

352. V. arts. 29 y 77 CE; 8, 16, 28.b), 61, 62, 64, 493 y 563 Cp; Ley 92/1960, de 22 de diciembre, reguladora del Derecho de Petición; arts. 46 y 49 Reglamento del Congreso de 10 de febrero de 1982; 192 y ss. Texto Refundido del Reglamento del Senado, aprobado el 3 de mayo de 1994.

353. V. arts. 63.3, 73 y ss. CE; 8, 208 y ss. y 620.2ª Cp; 40 a 53 y 61 a 66 Reglamento del Congreso de 10 de febrero de 1982; 49 a 68 y 69 a 83 Texto Refundido del Reglamento del Senado, aprobado el 3 de mayo de 1994.

354. V. arts. 72.3 CE; 558 y 633 Cp; 61 a 66 y 105 a 107 Reglamento del Congreso de 10 de febrero de 1982; 37 a 39 y 69 a 83 Texto Refundido del Reglamento del Senado, aprobado el 3 de mayo de 1994.

355. V. arts. 20, 66 y 71 CE; 8, 169 a 172, 559 y 620.2º Cp; 6, 10, 15, 61 a 66 y 78 a 89 Reglamento del Congreso de 10 de febrero de 1982; 20, 69 a 83 y 92 a 100 Texto Refundido del Reglamento del Senado, aprobado el 3 de mayo de 1994.

356. V. arts. 66.3 CE; 8, 24, 73 a 75, 77, 492 a 498 y 557 Cp.

357. V. arts. 71.1 y 2 CE; 8, 24, 167, 404 y 529 a 533 Cp; 20 y 21 LOSC (el apartado 2 del art. 20 y el apartado 2 del art. 21 de esta Ley fueron declarados inconstitucionales por STC 341/1993, de 18 de noviembre); 1 LO 6/1984, de 24 de mayo, reguladora del Procedimiento de "Habeas Corpus"; 11 y 12 Reglamento del Congreso de 10 de febrero de 1982; 22 Texto Refundido del Reglamento del Senado, aprobado el 3 de mayo de 1994; 489 a 501, 750 y 751 LECrim.

358. V. arts. 71.2 y 3 y 102 CE; 446, 447 y 507 a 509 Cp; 11 a 14 y 169 Reglamento del Congreso de 10 de febrero de 1982; 21 y 22 Texto Refundido del

Art. 502. 1. Los que, habiendo sido requeridos en forma legal y bajo apercibimiento, dejaren de comparecer ante una Comisión de investigación de las Cortes Generales o de una Asamblea Legislativa de Comunidad Autónoma, serán castigados como reos del delito de desobediencia. Si el reo fuera autoridad o funcionario público, se le impondrá además la pena de suspensión de empleo o cargo público por tiempo de seis meses a dos años.[359]

2. En las mismas penas incurrirá la autoridad o funcionario que obstaculizare la investigación del Defensor del Pueblo, Tribunal de Cuentas u órganos equivalentes de las Comunidades Autónomas, negándose o dilatando indebidamente el envío de los informes que éstos solicitaren o dificultando su acceso a los expedientes o documentación administrativa necesaria para tal investigación.[360]

3. El que convocado ante una Comisión parlamentaria de investigación faltare a la verdad en su testimonio, será castigado con la pena de prisión de seis meses a un año o multa de seis a doce meses.[361]

Art. 503. Incurrirán en la pena de prisión de dos a cuatro años:

1.º Los que invadan violentamente o con intimidación el local donde esté constituido el Consejo de Ministros o un Consejo de Gobierno de Comunidad Autónoma.

2.º Los que coarten o por cualquier medio pongan obstáculos a la libertad del Gobierno reunido en Consejo o de los miembros de un Gobierno de Comunidad Autónoma, reunido en Consejo, salvo que los hechos sean constitutivos de otro delito más grave.[362]

Art. 504. Incurrirán en la pena de multa de doce a dieciocho meses los que calumnien, injurien o amenacen gravemente al Gobierno de la Nación, al Consejo General del Poder Judicial, al Tribunal Constitucional, al Tribunal Supremo, o al Consejo de Gobierno o al Tribunal Superior de Justicia de una Comunidad Autónoma.

El culpable de calumnias o injurias conforme a lo dispuesto en el párrafo anterior quedará exento de pena si se dan las circunstancias previstas, respectivamente, en los artículos 207 y 210 de este Código.

Se impondrá la pena de prisión de tres a cinco años a los que empleen fuerza, violencia o intimidación para impedir a los miembros de dichos Organismos asistir a sus respectivas reuniones.[363]

Art. 505. Los que injuriaren o amenazaren gravemente a los Ejércitos, Clases o Cuerpos y Fuerzas de Seguridad, serán castigados con la pena de multa de doce a dieciocho meses.

El culpable de las injurias previstas en el párrafo anterior quedará exento de pena si se dan las circunstancias descritas en el artículo 210 de este Código.[364]

Reglamento del Senado, aprobado el 3 de mayo de 1994; 750 a 756 LECrim; 57, párrafo 1, apartado 2º LOPJ.

359. V. arts. 75, 76, 109 y 110 CE; 24, 410, 411, 556 y 634 Cp; 1 LO 5/1984, de 24 de mayo, de Comparecencia ante las Comisiones de Investigación del Congreso y del Senado, o de ambas Cámaras; RDL 5/1994, de 29 de abril, por el que se regula la obligación de comunicación de determinados datos a requerimiento de las Comisiones parlamentarias de investigación; arts. 44, 52, 63.2 y 64.3 Reglamento del Congreso de 10 de febrero de 1982; 59, 60 y 67 Texto Refundido del Reglamento del Senado, aprobado el 3 de mayo de 1994.

360. V. arts. 54 CE; 24, 556 y 634 Cp; 19 y 21 LO 1/1981, de 6 de abril, del Defensor del Pueblo y Reglamento de organización y funcionamiento del Defensor del Pueblo; LO 2/1982, de 12 de mayo, del Tribunal de Cuentas y Ley 7/1988, de 5 de abril, por la que se regula su funcionamiento; Ley 36/1985, de 6 de noviembre, por la que se regulan las Relaciones entre la Institución del Defensor del Pueblo y las Figuras Similares en las Distintas Comunidades Autónomas; art. 4 LRJAPPAC.

361. V. arts. 458 y ss. Cp; RDL 5/1994, de 29 de abril, sobre comunicación de datos a requerimiento de comisiones parlamentarias de investigación.

362. V. arts. 98 CE; 8, 73 a 75, 77, 169, 172, 203.2, 472, 498 y 534 Cp.

363. V. arts. 58 y ss., 97 y ss., 122, 123, 143 y ss., 152 y 159 y ss. CE; 8, 169 a 171, 205 a 216 y 620 Cp; LO 2/1979, de 3 de octubre, del Tribunal Constitucional; arts. 53, 54 y 107 y ss. LOPJ.

364. V. arts. 8, 169 a 171, 205 a 216 y 620 Cp; 90 CPM; 4.4. LPJDFP.

SECCIÓN 2.ª
De la usurpación de atribuciones

Art. 506. La autoridad o funcionario público que, careciendo de atribuciones para ello, dictare una disposición general o suspendiere su ejecución, será castigado con la pena de prisión de uno a tres años, multa de seis a doce meses e inhabilitación especial para empleo o cargo público por tiempo de seis a doce años.[365]

Art. 507. El Juez o Magistrado que se arrogare atribuciones administrativas de las que careciere, o impidiere su legítimo ejercicio por quien las ostentare, será castigado con la pena de prisión de seis meses a un año, multa de tres a seis meses y suspensión de empleo o cargo público por tiempo de uno a tres años.[366]

Art. 508. 1. La autoridad o funcionario público que se arrogare atribuciones judiciales o impidiere ejecutar una resolución dictada por la autoridad judicial competente, será castigado con las penas de prisión de seis meses a un año, multa de tres a ocho meses y suspensión de empleo o cargo público por tiempo de uno a tres años.

2. La autoridad o funcionario administrativo o militar que atentare contra la independencia de los Jueces o Magistrados, garantizada por la Constitución, dirigiéndoles instrucción, orden o intimación relativas a causas o actuaciones que estén conociendo, será castigado con la pena de prisión de uno a dos años, multa de cuatro a diez meses e inhabilitación especial para empleo o cargo público por tiempo de dos a seis años.[367]

Art. 509. El Juez o Magistrado, la autoridad o el funcionario público que, legalmente requerido de inhibición, continuare procediendo sin esperar a que se decida el correspondiente conflicto jurisdiccional, salvo en los casos permitidos por la Ley, será castigado con la pena de multa de tres a diez meses e inhabilitación especial para empleo o cargo público por tiempo de seis meses a un año.[368]

CAPÍTULO IV
De los delitos relativos al ejercicio de los derechos fundamentales y libertades públicas y al deber de cumplimiento de la prestación social sustitutoria

SECCIÓN 1.ª
De los delitos cometidos con ocasión del ejercicio de los derechos fundamentales y de las libertades públicas garantizados por la Constitución[369]

Art. 510. 1. Los que provocaren a la discriminación, al odio o a la violencia contra grupos o asociaciones, por motivos racistas, antisemitas u otros referentes a la ideología, religión o creencias, situación familiar, la pertenencia de sus miembros a una etnia o raza, su origen nacional, su sexo, orientación sexual, enfermedad o minusvalía, serán castigados con la pena de prisión de uno a tres años y multa de seis a doce meses.

2. Serán castigados con la misma pena los que, con conocimiento de su falsedad o temerario desprecio hacia la verdad, difundieren informaciones injuriosas sobre

365. V. arts. 81 a 92 CE; 24 y 404 Cp; 51 y 62 LRJAPPAC; Ley 6/1997, de 14 de abril, de Organización y Funcionamiento de la Administración General del Estado.

366. V. arts. 3 a 5 y 10 LO 2/1987, de 18 de mayo, de Conflictos Jurisdiccionales; 2, 3, 5, 6, 9 y 38 a 41 LOPJ.

367. V. arts. 117 y 124 CE; 138 CPM; 9 LO 2/1987, de 18 de mayo, de Conflictos Jurisdiccionales; 442 LEC (225 LO 1/2000, de 7 de enero, de Enjuiciamiento Civil); 38 a 41 y 399 LOPJ.

368. V. arts. 24 y 410 Cp; 143 CPM; 11, 12.2 y 26 LO 2/1987, de 18 de mayo, de Conflictos Jurisdiccionales; 82 y 89 y ss. LEC (36 y ss. LO 1/2000, de 12 de enero, de Enjuiciamiento Civil); 19 y ss. LECrim; 38 a 41 LOPJ; 12 y ss. LOPM.

369. V. arts. 14 y ss. y 55 CE; LO 4/2000, de 11 de enero (§ 4.1); arts. 1 a 5 y DF LPJDFP; 2º DUDH; 14 CEPDHLF; 26 PIDPC; Convención de Naciones Unidas sobre los Derechos del niño, hecha en Nueva York el 20 de noviembre de 1989, ratificada por Instrumento de 30 de noviembre de 1990.

grupos o asociaciones en relación a su ideología, religión o creencias, la pertenencia de sus miembros a una etnia o raza, su origen nacional, su sexo, orientación sexual, enfermedad o minusvalía.[370]

Art. 511. 1. Incurrirá en la pena de prisión de seis meses a dos años y multa de doce a veinticuatro meses e inhabilitación especial para empleo o cargo público por tiempo de uno a tres años el particular encargado de un servicio público que deniegue a una persona una prestación a la que tenga derecho por razón de su ideología, religión o creencias, su pertenencia a una etnia o raza, su origen nacional, su sexo, orientación sexual, situación familiar, enfermedad o minusvalía.

2. Las mismas penas serán aplicables cuando los hechos se cometan contra una asociación, fundación, sociedad o corporación o contra sus miembros por razón de su ideología, religión o creencias, la pertenencia de sus miembros o de alguno de ellos a una etnia o raza, su origen nacional, su sexo, orientación sexual, situación familiar, enfermedad o minusvalía.

3. Los funcionarios públicos que cometan alguno de los hechos previstos en este artículo, incurrirán en las mismas penas en su mitad superior y en la de inhabilitación especial para empleo o cargo público por tiempo de dos a cuatro años.[371]

370. V. arts. 14 y 15 CE; 8, 22.4ª, 28.b), 67, 208 a 216 y 607 Cp; Convenio internacional sobre eliminación de todas las formas de discriminación racial, aprobado por la Asamblea General de las Naciones Unidas el 21 de diciembre de 1965; Convención de 18 de diciembre de 1979, sobre eliminación de las formas de discriminación contra la mujer, Instrumento de ratificación de 16 de diciembre de 1983.

371. V. nota al artículo anterior y arts. 14 y 15 CE; 8, 22.4ª, 67 y 404 Cp; 31.1.b) Ley 30/1984, de 2 de agosto, de Medidas para la Reforma de la Función Pública; 6.b) RD 33/1986, de 10 de enero, que aprueba el Reglamento de régimen disciplinario de los funcionarios de la Administración del Estado; RD 1398/1993, de 4 de agosto, por el que se aprueba el Reglamento del procedimiento para el ejercicio de la potestad sancionadora.

Art. 512. Los que en el ejercicio de sus actividades profesionales o empresariales denegaren a una persona una prestación a la que tenga derecho por razón de su ideología, religión o creencias, su pertenencia a una etnia, raza o nación, su sexo, orientación sexual, situación familiar, enfermedad o minusvalía, incurrirán en la pena de inhabilitación especial para el ejercicio de profesión, oficio, industria o comercio, por un período de uno a cuatro años.[372]

Art. 513. Son punibles las reuniones o manifestaciones ilícitas, y tienen tal consideración:

1.º Las que se celebren con el fin de cometer algún delito.

2.º Aquéllas a las que concurran personas con armas, artefactos explosivos u objetos contundentes o de cualquier otro modo peligroso.[373]

Art. 514. 1. Los promotores o directores de cualquier reunión o manifestación comprendida en el número 1.º del artículo anterior y los que, en relación con el número 2.º del mismo, no hayan tratado de impedir por todos los medios a su alcance las circunstancias en ellos mencionadas, incurrirán en las penas de prisión de uno a tres años y multa de doce a veinticuatro meses. A estos efectos, se reputarán directores o promotores de la reunión o manifestación los que las convoquen o presidan.

2. Los asistentes a una reunión o manifestación que porten armas u otros medios igualmente peligrosos serán castigados con la pena de prisión de uno a dos años y multa de seis a doce meses. Los Jueces o Tribunales, atendiendo a los antecedentes del sujeto, circunstancias del caso y características del arma o instrumento portado, podrán rebajar en un grado la pena señalada.

372. V. nota al artículo anterior y art. 314 Cp.

373. V. arts. 21 CE; 472 y ss., 514, 544 y ss. y 563 y ss. Cp; 16, 17 y 23 LOSC; LO 9/1983, de 15 de julio, reguladora del Derecho de Reunión; arts. 20 DUDH; 11 CPDHLF; 21 PIDCP.

3. Las personas que, con ocasión de la celebración de una reunión o manifestación, realicen actos de violencia contra la autoridad, sus agentes, personas o propiedades públicas o privadas, serán castigadas con la pena que a su delito corresponda, en su mitad superior.

4. Los que impidieren el legítimo ejercicio de las libertades de reunión o manifestación, o perturbaren gravemente el desarrollo de una reunión o manifestación lícita serán castigados con la pena de prisión de dos a tres años o multa de doce a veinticuatro meses si los hechos se realizaren con violencia, y con la pena de arresto de siete a veinticuatro fines de semana o multa de seis a doce meses si se cometieren mediante vías de hecho o cualquier otro procedimiento ilegítimo.

5. Los promotores o directores de cualquier reunión o manifestación que convocaren, celebraren o intentaren celebrar de nuevo una reunión o manifestación que hubiese sido previamente suspendida o prohibida, y siempre que con ello pretendieran subvertir el orden constitucional o alterar gravemente la paz pública, serán castigados con las penas de prisión de seis meses a un año y multa de seis a doce meses, sin perjuicio de la pena que pudiera corresponder, en su caso, conforme a los apartados precedentes.[374]

Art. 515. Son punibles las asociaciones ilícitas, teniendo tal consideración:[375]

1.º Las que tengan por objeto cometer algún delito o, después de constituidas, promuevan su comisión.

2.º Las bandas armadas, organizaciones o grupos terroristas.

3.º Las que, aun teniendo por objeto un fin lícito, empleen medios violentos o de alteración o control de la personalidad para su consecución.

4.º Las organizaciones de carácter paramilitar.

5.º Las que promuevan la discriminación, el odio o la violencia contra personas, grupos o asociaciones por razón de su ideología, religión o creencias, la pertenencia de sus miembros o de alguno de ellos a una etnia, raza o nación, su sexo, orientación sexual, situación familiar, enfermedad o minusvalía, o inciten a ello.

6.º Las que promuevan el tráfico ilegal de personas.[376]

Art. 516. En los casos previstos en el número 2.º del artículo anterior, se impondrán las siguientes penas:

1.º A los promotores y directores de las bandas armadas y organizaciones terroristas, y a quienes dirijan cualquiera de sus grupos, las de prisión de ocho a catorce años y de inhabilitación especial para empleo o cargo público por tiempo de ocho a quince años.

2.º A los integrantes de las citadas organizaciones, la de prisión de seis a doce años, e inhabilitación especial para empleo o cargo público por tiempo de seis a catorce años.[377]

Art. 517. En los casos previstos en los números 1.º y 3.º al 6.º del artículo 515 se impondrán las siguientes penas:[378]

---

374. V. arts. 24, 513, 550, 563 y 634 Cp; 16, 17 y 23 LOSC. Destacar que los apartados 4 y 5 de este artículo han sido introducidos por LO 2/1998, de 15 de junio (§ 4.1).

375. V. arts. 22, 28.1 y 55 CE; 516, 517, 519 a 521, 569 y 571 Cp; 15.2, 18 y ss. y 52 LOFCS; 7 LO 4/2000, de 11 de enero (§ 4.1); Ley 191/1964, de 24 de diciembre, de Asociaciones; Ley 19/1977, de 1 de abril, sobre regulación del Derecho de Asociación Sindical; Ley 54/1978, de 4 de diciembre, de Partidos Políticos; RDLeg 1/1995, de 24 de marzo, por el que se aprueba el Texto Refundido de la Ley del Estatuto de los Trabajadores; arts. 1.2 LPJDFP; 20 DUDH; 11 CEPDHLF; 22 PIDCP; Convenio de la OIT de 9 de julio de 1948, sobre Libertad sindical, ratificado por Instrumento de 13 de abril de 1977.

376. Incorporado por DF 3ª LO 4/2000, de 11 de enero (§ 4.1).

377. V. arts. 28, 519, 521 y 571 y ss. Cp; DT LO 4/1988, de 25 de mayo, de Reforma de la Ley de Enjuiciamiento Criminal, relativa a la competencia para la instrucción y enjuiciamiento de las causas por delitos cometidos por personas integradas en bandas armadas o elementos terroristas.

378. Párrafo modificado por DF 3ª LO 4/2000, de 11 de enero (§ 4.1), incorporando la referencia al apartado 6º del art. 515 Cp.

1.º A los fundadores, directores y presidentes de las asociaciones, las de prisión de dos a cuatro años, multa de doce a veinticuatro meses e inhabilitación especial para empleo o cargo público por tiempo de seis a doce años.

2.º A los miembros activos, las de prisión de uno a tres años y multa de doce a veinticuatro meses.[379]

Art. 518. Los que con su cooperación económica o de cualquier otra clase, en todo caso relevante, favorezcan la fundación, organización o actividad de las asociaciones comprendidas en los números 1.º y 3.º al 6.º del artículo 515, incurrirán en la pena de prisión de uno a tres años, multa de doce a veinticuatro meses, e inhabilitación para empleo o cargo público por tiempo de uno a cuatro años.[380]

Art. 519. La provocación, la conspiración y la proposición para cometer el delito de asociación ilícita se castigarán con la pena inferior en uno o dos grados a la que corresponda, respectivamente, a los hechos previstos en los artículos anteriores.[381]

Art. 520. Los Jueces o Tribunales, en los supuestos previstos en el artículo 515, acordarán la disolución de la asociación ilícita y, en su caso, cualquier otra de las consecuencias accesorias del artículo 129 de este Código.

Art. 521. En el delito de asociación ilícita, si el reo fuera autoridad, agente de ésta o funcionario público, se le impondrá, además de las penas señaladas, la de inhabilitación absoluta de diez a quince años.[382]

379. V. art. 521 Cp.

380. V. arts. 28.b), 301 y ss., 519 y 521 Cp. Este artículo ha sido modificado por DF 3ª LO 4/2000, de 11 de enero (§ 4.1), incorporando la referencia al apartado 6º del art. 515 Cp.

381. V. arts. 17 y 18 Cp.

382. V. art. 24 Cp.

SECCIÓN 2.ª
De los delitos contra la libertad de conciencia, los sentimientos religiosos y el respeto a los difuntos[383]

Art. 522. Incurrirán en la pena de multa de cuatro a diez meses:

1.º Los que por medio de violencia, intimidación, fuerza o cualquier otro apremio ilegítimo impidan a un miembro o miembros de una confesión religiosa practicar los actos propios de las creencias que profesen, o asistir a los mismos.

2.º Los que por iguales medios fuercen a otro u otros a practicar o concurrir a actos de culto o ritos, o a realizar actos reveladores de profesar o no profesar una religión, o a mudar la que profesen.[384]

Art. 523. El que con violencia, amenaza, tumulto o vías de hecho, impidiere, interrumpiere o perturbare los actos, funciones, ceremonias o manifestaciones de las confesiones religiosas inscritas en el correspondiente registro público del Ministerio de Justicia e Interior, será castigado con la pena de prisión de seis meses a seis años, si el hecho se ha cometido en lugar destinado al culto, y con la de multa de cuatro a diez meses si se realiza en cualquier otro lugar.[385]

383. V. arts. 14 y 16 CE; LO 7/1980, de 5 de julio, de Libertad Religiosa; Leyes 24, 25 y 26/1992, de 10 de noviembre, por las que se aprueban los Acuerdos de Cooperación del Estado español con la Federación de entidades religiosas evangélicas de España, con la Federación de comunidades israelitas de España y con la Comisión islámica de España; RD 142/1981, de 9 de enero, sobre Organización y funcionamiento del registro de entidades religiosas; arts. 1.2 LPJDFP; 18 DUDH; 9º CEPDHLF; 18 PIDCP; 13.3 Pacto internacional de derechos económicos, sociales y culturales de 19 de diciembre de 1966, ratificado por Instrumento de 13 de abril de 1977; Acuerdo entre el Estado español y la Santa Sede sobre Asuntos Jurídicos, de 3 de enero de 1977, ratificado por Instrumento de 3 de enero de 1979.

384. V. arts. 16.2 CE; 169 a 172 y 620 Cp; 16 LOSC; 2 LO 7/1980, de 5 de julio, de Libertad Religiosa.

385. V. arts. 21 CE; 147 y ss., 169 y ss., 558, 559, 617, 620 y 633 Cp; 5 LO 7/1980, de 5 de julio, de Libertad Religiosa.

Art. 524. El que en templo, lugar destinado al culto o en ceremonias religiosas, ejecutare actos de profanación en ofensa de los sentimientos religiosos legalmente tutelados, será castigado con la pena de prisión de seis meses a un año o multa de cuatro a diez meses.[386]

Art. 525. 1. Incurrirán en la pena de multa de ocho a doce meses los que, para ofender los sentimientos de los miembros de una confesión religiosa, hagan públicamente, de palabra, por escrito o mediante cualquier tipo de documento, escarnio de sus dogmas, creencias, ritos o ceremonias, o vejen, también públicamente, a quienes los profesan o practican.

2. En las mismas penas incurrirán los que hagan públicamente escarnio, de palabra o por escrito, de quienes no profesan religión o creencia alguna.[387]

Art. 526. El que, faltando al respeto debido a la memoria de los muertos, violare los sepulcros o sepulturas, profanare un cadáver o sus cenizas o, con ánimo de ultraje, destruyere, alterare o dañare las urnas funerarias, panteones, lápidas o nichos, será castigado con la pena de arresto de doce a veinticuatro fines de semana y multa de tres a seis meses.[388]

SECCIÓN 3.ª
De los delitos contra el deber de cumplimiento de la prestación social sustitutoria[389]

Art. 527. Será castigado con la pena de inhabilitación especial para empleo o cargo público por tiempo de cuatro a seis años el objetor reconocido que:

1.º Llamado al cumplimiento del servicio que se le asigne, dejare de presentarse sin causa justificada, retrasando su incorporación al mismo por tiempo superior a un mes.

2.º Hallándose incorporado al referido servicio, dejare de asistir al mismo por más de veinte días consecutivos o treinta no consecutivos, sin justa causa.

3.º Incorporado para el cumplimiento de la prestación social sustitutoria, se negare de modo explícito o por actos concluyentes a cumplirla.

La inhabilitación incluirá la incapacidad para desempeñar cualquier empleo o cargo al servicio de las Administraciones, entidades o empresas públicas o de sus Organismos autónomos y, además, la imposibilidad de obtener subvenciones, becas o ayudas públicas de cualquier tipo durante el período de condena.

Una vez cumplida la condena impuesta, el penado quedará exento del cumplimiento de la prestación.[390]

Art. 528.[391]
(derogado)

---

386. V. nota a la rúbrica de esta Sección y art. 263 Cp.

387. V. nota a la rúbrica de esta Sección y arts. 16 CE; 208 y ss. y 620.2 Cp.

388. V. arts. 263 y 625 Cp; 163 CPM; Ley 49/1978, de 3 de noviembre, sobre Enterramientos en Cementerios Municipales; Ley 30/1979, de 27 de octubre, sobre Extracción y Trasplante de Órganos; Ley 29/1980, de 21 de junio, de Autopsias Clínicas y RD 2230/1982, de 18 de junio, que la desarrolla; Ley 42/1988, de 28 de diciembre, sobre Donación y Utilización de Embriones y Fetos Humanos o de sus Células, Tejidos u Órganos; RD 411/1996, de 1 de marzo, regulador de las actividades relativas a la utilización de tejidos humanos; RD 2070/1999, de 30 de diciembre, regulador de las actividades de obtención y utilización clínica de órganos humanos y la coordinación territorial en materia de donación y trasplante de órganos y tejidos; D 2263/1974, de 20 de julio, por el que se aprueba el Reglamento de policía sanitaria mortuoria.

389. Esta Sección ha sido modificada por LO 7/1998, de 5 de octubre (§ 4.1).

390. Artículo redactado de conformidad con lo dispuesto en LO 7/1998, de 5 de octubre (§ 4.1). V. arts. 30. 1 y 2 CE; 42 y 604 Cp; LO 6/1980, de 1 de julio, por la que se regulan los Criterios Básicos de la Defensa Nacional y la Organización Militar; arts. 11 a 14, 24, 57 y 58 LO 13/1991, de 20 de diciembre, del Servicio Militar y RD 1410/1994, de 25 de junio, por el que se aprueba su Reglamento; 1 y ss. y 16 a 18 Ley 22/1998, de 6 de julio, reguladora de la Objeción de Conciencia y la Prestación Social Sustitutoria; RD 700/1999, de 30 de abril, por el que se aprueba el Reglamento de la objeción de conciencia y de la prestación social sustitutoria; arts. 18 DUDH; 4º.3 y 9º.1 CEPDHLF; 8º.3 y 18.1 PIDCP.

391. Precepto derogado por DD única LO 7/1998, de 5 de octubre (§ 4.1).

CAPÍTULO V
De los delitos cometidos por los funcionarios públicos contra las garantías constitucionales[392]

SECCIÓN 1.ª
De los delitos cometidos por los funcionarios públicos contra la libertad individual[393]

Art. 529. 1. El Juez o Magistrado que entregare una causa criminal a otra autoridad o funcionario, militar o administrativo, que ilegalmente se la reclame, será castigado con la pena de inhabilitación especial para empleo o cargo público por tiempo de seis meses a dos años.

2. Si además entregara la persona de un detenido, se le impondrá la pena superior en grado.[394]

Art. 530. La autoridad o funcionario público que, mediando causa por delito, acordare, practicare o prolongare cualquier privación de libertad de un detenido, preso o sentenciado, con violación de los plazos o demás garantías constitucionales o legales, será castigado con la pena de inhabilitación especial para empleo o cargo público por tiempo de cuatro a ocho años.[395]

Art. 531. La autoridad o funcionario público que, mediando causa por delito, decretare, practicare o prolongare la incomunicación de un detenido, preso o sentenciado, con violación de los plazos o demás garantías constitucionales o legales, será castigado con la pena de inhabilitación especial para empleo o cargo público por tiempo de dos a seis años.[396]

Art. 532. Si los hechos descritos en los dos artículos anteriores fueran cometidos por imprudencia grave, se castigarán con la pena de suspensión de empleo o cargo público por tiempo de seis meses a dos años.

Art. 533. El funcionario penitenciario o de centros de protección o corrección de menores que impusiere a los reclusos o internos sanciones o privaciones indebidas, o usare con ellos de un rigor innecesario, será castigado con la pena de inhabilitación especial para empleo o cargo público por tiempo de dos a seis años.[397]

SECCIÓN 2.ª
De los delitos cometidos por los funcionarios públicos contra la inviolabilidad domiciliaria y demás garantías de la intimidad[398]

Art. 534. 1. Será castigado con las penas de multa de seis a doce meses e inhabilitación especial para empleo o cargo público de dos a seis años la autoridad o funcionario público que, mediando causa

---

392. V. arts. 14 y ss. y 53 y ss. CE; 24 Cp.

393. V. arts. 17 CE; 6 LO 3/1981, de 6 de abril, del Defensor del Pueblo; 8 LOFCS; 146 LORJAPPAC; 11 a 14 Reglamento del Congreso, de 10 de febrero de 1982; 22 Texto Refundido del Reglamento del Senado, de 3 de mayo de 1994; 489 a 491, 495 y 496 LECrim; 16, 21, 23 (§ 3.4), 57, 73.3, 119.1 y 398.1 LOPJ.

394. V. arts. 24.2 CE; 446 y 447 Cp; 1 y 9 a 12 LECrim; 9 y 23 (§ 3.4) LOPJ; 22 y ss. LO 2/1987, de 18 de mayo, de Conflictos Jurisdiccionales; 4 a 19 LO 4/1987, de 15 de julio, de la Competencia y Organización de la Jurisdicción Militar.

395. V. arts. 17 CE; 8, 167 y 404 Cp; 15 y 17 LOGP; 15, 22 y ss. RP; 14 y ss. LOSC y RD 2634/1994, de 9 de diciembre, que aprueba el Reglamento de seguridad privada; 16 LO 4/1981, de 1 de junio, reguladora de los Estados de Alarma, Excepción y Sitio; LO 6/1984, de 24 de mayo, reguladora del Procedimiento de "Habeas Corpus"; arts. 5.3 LOFCS; 309, 489 y ss. 502 a 511, 517, 750 y 751 LECrim (tener en cuenta que el 504 bis de esta Ley fue declarado inconstitucional por STC 71/1994, de 3 de marzo, dotándole de un nuevo contenido la DF 2ª, apartado 5, de la LOTJ); 9º DUDH; 5º CEPDHLF; 9º PIDCP.

396. V. nota al artículo anterior y arts. 8, 167 y 404 Cp; 51 a 53 LOGP; 19 RP; 497, 506 a 511 y 520 bis LECrim.

397. V. arts. 404 Cp; 41 a 45 LOGP; 4.2.a) y 173 a 177 RP.

398. V. arts. 18 CE; 21 LOSC (si bien el nº 2 de este artículo ha sido declarado inconstitucional por STC 341/1993, de 18 de noviembre), desarrollada por RD 2634/1994, de 9 de diciembre, que aprueba el Reglamento de seguridad privada; LO 1/1985, de 5 de mayo, sobre Protección Civil del Derecho al Honor, a la Inti-

por delito, y sin respetar las garantías constitucionales o legales:

1.º Entre en un domicilio sin el consentimiento del morador.

2.º Registre los papeles o documentos de una persona o los efectos que se hallen en su domicilio, a no ser que el dueño haya prestado libremente su consentimiento.

Si no devolviera al dueño, inmediatamente después del registro, los papeles, documentos y efectos registrados, las penas serán las de inhabilitación especial para empleo o cargo público de seis a doce años y multa de doce a veinticuatro meses, sin perjuicio de la pena que pudiera corresponderle por la apropiación.

2. La autoridad o funcionario público que, con ocasión de lícito registro de papeles, documentos o efectos de una persona, cometa cualquier vejación injusta o daño innecesario en sus bienes, será castigado con las penas previstas para estos hechos, impuestas en su mitad superior, y, además, con la pena de inhabilitación especial para empleo o cargo público por tiempo de dos a seis años.[399]

Art. 535. La autoridad o funcionario público que, mediando causa por delito, interceptare cualquier clase de correspondencia privada, postal o telegráfica, con violación de las garantías constitucionales o legales, incurrirá en la pena de inhabilitación especial para empleo o cargo público de dos a seis años.

Si divulgara o revelara la información obtenida, se impondrá la pena de inhabilitación especial, en su mitad superior, y, además, la de multa de seis a dieciocho meses.[400]

Art. 536. La autoridad, funcionario público o agente de éstos que, mediando causa por delito, interceptare las telecomunicaciones o utilizare artificios técnicos de escuchas, transmisión, grabación o reproducción del sonido, de la imagen o de cualquier otra señal de comunicación con violación de las garantías constitucionales o legales, incurrirá en la pena de inhabilitación especial para empleo o cargo público de dos a seis años.

Si divulgare o revelare la información obtenida, se impondrán las penas de inhabilitación especial, en su mitad superior y, además, la de multa de seis a dieciocho meses.[401]

SECCIÓN 3.ª
De los delitos cometidos por los funcionarios públicos contra otros derechos individuales

Art. 537. La autoridad o funcionario público que impida u obstaculice el derecho a la asistencia de abogado al detenido o preso, procure o favorezca la renuncia del mismo a dicha asistencia o no le informe de forma inmediata y de modo que le sea comprensible de sus derechos y de las razones de su detención, será castigado con la pena de multa de cuatro a diez meses e inhabilitación especial para empleo o cargo público de dos a cuatro años.[402]

Art. 538. La autoridad o funcionario público que establezca la censura previa o,

---

midad y a la Propia Imagen; LO 15/1999, de 13 de diciembre, de Protección de Datos de Carácter Personal; arts. 545 y ss. LECrim; 17.2 LOPJ; 135 y ss. LOPM; 12 DUDH; 8º CEPDHLF; 17 PIDCP.

399. V. arts. 197, 198, 204, 234 y ss., 237 y ss., 263 y 620.2º Cp.

400. V. arts. 18.3 CE; 197 y 198 Cp; 579 y ss. LECrim; 51.1 LOGP; 41 y ss. RP; 18 y 32 y ss. LO 4/1981, de 1 de junio, reguladora de los Estados de Alarma, Excepción y Sitio.

401. V. arts. 18.3 CE; 197 y 198 Cp; 51.4 LOGP; 41 y ss., especialmente 46 a 49 RP; 579 y ss. LECrim; 187 y 188 LPM.

402. V. arts. 17.3, 24.2 y 55 CE; 51.2 LOGP; 48 RP; 3, 6 y 29 Ley 1/1996, de 10 de enero, de Asistencia Jurídica Gratuita y RD 2103/1996, de 20 de septiembre, por el que se aprueba el Reglamento que la desarrolla; 57 y ss. RD 2090/1982, de 24 de julio, por el que se aprueba el Estatuto general de la abogacía; 10 y ss. RD 1396/1992, de 20 de noviembre, por el que se aprueba el Reglamento de establecimientos penitenciarios militares; 520, 527 y 788 LECrim; 20, 440 y 441 LOPJ; 102 y 103 LO 4/1987, de 15 de julio, de Competencia y Organización de la Jurisdicción Militar.

fuera de los casos permitidos por la Constitución y las Leyes, recoja ediciones de libros o periódicos o suspenda su publicación o la difusión de cualquier emisión radiotelevisiva, incurrirá en la pena de inhabilitación absoluta de seis a diez años.[403]

Art. 539. La autoridad o funcionario público que disuelva o suspenda en sus actividades a una asociación legalmente constituida, sin previa resolución judicial, o sin causa legítima le impida la celebración de sus sesiones, será castigado con la pena de inhabilitación especial para empleo o cargo público de ocho a doce años y multa de seis a doce meses.[404]

Art. 540. La autoridad o funcionario público que prohiba una reunión pacífica o la disuelva fuera de los casos expresamente permitidos por las Leyes, será castigado con la pena de inhabilitación especial para empleo o cargo público de cuatro a ocho años y multa de seis a nueve meses.[405]

Art. 541. La autoridad o funcionario público que expropie a una persona de sus bienes fuera de los casos permitidos y sin cumplir los requisitos legales, incurrirá en las penas de inhabilitación especial para empleo o cargo público de uno a cuatro años y multa de seis a doce meses.[406]

Art. 542. Incurrirá en la pena de inhabilitación especial para empleo o cargo público por tiempo de uno a cuatro años la autoridad o el funcionario público que, a sabiendas, impida a una persona el ejercicio de otros derechos cívicos reconocidos por la Constitución y las Leyes.[407]

CAPÍTULO VI
De los ultrajes a España

Art. 543. Las ofensas o ultrajes de palabra, por escrito o de hecho a España, a sus Comunidades Autónomas o a sus símbolos o emblemas, efectuados con publicidad, se castigarán con la pena de multa de siete a doce meses.[408]

---

403. V. arts. 20 (no obstante v. 55 y 116) CE; 21 y 32 y ss. LO 4/1981, de 1 de junio, reguladora de los Estados de Alarma, Excepción y Sitio; Ley 14/1966, de 18 de marzo, de Prensa e Imprenta; arts. 3.2 LPJDFP; 19 DUDH; 10 CEPDHLF; 19 PIDCP.

404. V. arts. 1, 6, 7, 22, 28 y 55 CE; 404 y 515 Cp; 15.2, 18 y 52.2 LOFCS; 8 LO 4/2000, de 11 de enero (§ 4.1); Ley 191/1964, de 24 de diciembre, de Asociaciones; Ley 19/1977, de 1 de abril, sobre regulación del Derecho de Asociación Sindical; arts. 181 y ss. Ley 85/1978, de 28 de diciembre, de Reales Ordenanzas de las Fuerzas Armadas; 1.2 LPJDFP; 20 DUDH; 11 CEPDHLF; 22 PIDCP.

405. V. arts. 21 CE; 404 y 513 Cp; LO de 15 de julio de 1983, reguladora del Derecho de Reunión; art. 7 LO 4/2000, de 11 de enero (§ 4.1); 180 Ley 85/1978, de 28 de diciembre, de Reales Ordenanzas de las Fuerzas Armadas; 1.2 LPJDFP; 20 DUDH; 11 CEPDHLF; 21 PIDCP.

406. V. art. 33.3 CE; Ley de 16 de diciembre de 1954, de Expropiación Forzosa y su Reglamento aprobado por Decreto de 26 de abril de 1957; RDLeg 1/1992, de 26 de junio de 1992, por el que se aprueba el Texto Refundido de la Ley sobre el Régimen del Suelo y Ordenación Urbana; art. 17 DUDH.

407. V. arts. 10 y ss. CE; 315 y 559 Cp.

408. V. arts. 1, 2, 4, 137 y 147 CE; 208 y ss., 491, 496 y 504 Cp; 89 CPM; Ley 33/1981, de 5 de octubre, del Escudo de España; art. 10 Ley 39/1981, de 28 de octubre, por la que se regula el Uso de la Bandera de España y de Otras Banderas y Enseñas (los apartados 2 y 3 fueron declarados inconstitucionales por SSTC 119/1992, de 18 de septiembre y 118/1982, de 16 de septiembre, respectivamente); RD 441/1981, de 27 de febrero, por el que se especifican técnicamente los colores de la bandera de España; RD 2864/1981, de 18 de diciembre, por el que se hace público el modelo oficial del escudo de España; RD 2267/1982, de 3 de septiembre, por el que se especifican técnicamente los colores del escudo de España; RD 1560/1997, de 10 de octubre, que regula el himno nacional. V. también las Leyes Orgánicas que aprueban los diferentes Estatutos de autonomía de las Comunidades autónomas.

TÍTULO XXII
DELITOS CONTRA EL ORDEN PÚBLICO

CAPÍTULO I
Sedición[409]

Art. 544. Son reos de sedición los que, sin estar comprendidos en el delito de rebelión, se alcen pública y tumultuariamente para impedir, por la fuerza o fuera de las vías legales, la aplicación de las Leyes o a cualquier autoridad, corporación oficial o funcionario público, el legítimo ejercicio de sus funciones o el cumplimiento de sus acuerdos, o de las resoluciones administrativas o judiciales.[410]

Art. 545. 1. Los que hubieren inducido, sostenido o dirigido la sedición o aparecieren en ella como sus principales autores, serán castigados con la pena de prisión de ocho a diez años, y con la de diez a quince años, si fueran personas constituidas en autoridad. En ambos casos se impondrá, además, la inhabilitación absoluta por el mismo tiempo.

2. Fuera de estos casos, se impondrá la pena de cuatro a ocho años de prisión, y la de inhabilitación especial para empleo o cargo público por tiempo de cuatro a ocho años.[411]

Art. 546. Lo dispuesto en el artículo 474 es aplicable al caso de sedición cuando ésta no haya llegado a organizarse con jefes conocidos.

Art. 547. En el caso de que la sedición no haya llegado a entorpecer de un modo grave el ejercicio de la autoridad pública y no haya tampoco ocasionado la perpetración de otro delito al que la Ley señale penas graves, los Jueces o Tribunales rebajarán en uno o dos grados la penas señaladas en este capítulo.[412]

Art. 548. La provocación, la conspiración y la proposición para la sedición serán castigadas con las penas inferiores de uno o dos grados a las respectivamente previstas, salvo que llegue a tener efecto la sedición, en cuyo caso se castigará con la pena señalada en el primer apartado del artículo 545, y a sus autores se los considerará promotores.[413]

Art. 549. Lo dispuesto en los artículos 479 a 484 es también aplicable al delito de sedición.[414]

CAPÍTULO II
De los atentados contra la autoridad, sus agentes, y los funcionarios públicos, y de la resistencia y desobediencia[415]

Art. 550. Son reos de atentado los que acometan a la autoridad, a sus agentes o funcionarios públicos, o empleen fuerza contra ellos, los intimiden gravemente o les hagan resistencia activa también grave, cuando se hallen ejecutando las funciones de sus cargos o con ocasión de ellas.[416]

Art. 551. 1. Los atentados comprendidos en el artículo anterior serán castigados con las penas de prisión de dos a cuatro años y multa de tres a seis meses si el atentado fuera contra autoridad y de prisión de uno a tres años en los demás casos.

---

409. V. arts. 91 y ss. CPM; 20 a 27 LPPNA; 23.3.c) LOPJ (§ 3.4); 3.1 LEP (§ 3.2); 3 Ley de 18 de junio de 1870, sobre las Reglas para el Ejercicio de la Gracia de Indulto (§ 3.1).

410. V. arts. 264, 472, 548 a 550 y 562 Cp; 14 y ss. LOSC; 51 y ss. LORJAPPAC.

411. V. arts. 24, 28.b), 473, 546, 548, 549, 550 y 562 Cp.

412. V. art. 92 CPM.

413. V. arts. 17, 18, 545 y 562 Cp; 94, 95 y 97 CPM.

414. V. notas a los arts. 479 a 484 Cp.

415. V. arts. 24 Cp; 87, 88, 98 y ss. y 186 CPM (señalar que el art. 99 ha sido derogado por LO 2/1989, de 18 de abril); 7.2 LOFCS; 1 y ss. LOSC, desarrollada por RD 2364/1994, de 9 de diciembre, que aprueba el Reglamento de seguridad privada; 23.3.g) LOPJ (§ 3.4); 3.1 LEP (§ 3.2).

416. V. arts. 8, 551 a 556 y 562 Cp.

2. No obstante lo previsto en el apartado anterior, si la autoridad contra la que se atentare fuera miembro del Gobierno, de los Consejos de Gobierno de las Comunidades Autónomas, del Congreso de los Diputados, del Senado o de las Asambleas Legislativas de las Comunidades Autónomas, del Consejo General del Poder Judicial o Magistrado del Tribunal Constitucional, se impondrá la pena de prisión de cuatro a seis años y multa de seis a doce meses.[417]

Art. 552. Se impondrán las penas superiores en grado a las respectivamente previstas en el artículo anterior siempre que en el atentado concurra alguna de las circunstancias siguientes:

1.ª Si la agresión se verificara con armas u otro medio peligroso.

2.ª Si el autor del hecho se prevaliera de su condición de autoridad, agente de ésta o funcionario público.[418]

Art. 553. La provocación, la conspiración y la proposición para cualquiera de los delitos previstos en los artículos anteriores, será castigada con la pena inferior en uno o dos grados a la del delito correspondiente.[419]

Art. 554. 1. El que maltratare de obra o hiciere resistencia activa grave a fuerza armada en el ejercicio de sus funciones o con ocasión de ellas, será castigado con las penas establecidas en los artículos 551 y 552, en sus respectivos casos.

2. A estos efectos, se entenderán por fuerza armada los militares que, vistiendo uniforme, presten un servicio que legalmente esté encomendado a las Fuerzas Armadas y les haya sido reglamentariamente ordenado.[420]

Art. 555. Las penas previstas en los artículos 551 y 552 se impondrán en un grado inferior, en sus respectivos casos, a los que acometan o intimiden a las personas que acudan en auxilio de la autoridad, sus agentes o funcionarios.

Art. 556. Los que, sin estar comprendidos en el artículo 550, resistieren a la autoridad o sus agentes, o los desobedecieren gravemente, en el ejercicio de sus funciones, serán castigados con la pena de prisión de seis meses a un año.[421]

CAPÍTULO III
De los desórdenes públicos[422]

Art. 557. Serán castigados con la pena de prisión de seis meses a tres años los que, actuando en grupo, y con el fin de atentar contra la paz pública, alteren el orden público causando lesiones a las personas, produciendo daños en las propiedades, obstaculizando las vías públicas o los accesos a las mismas de manera peligrosa para los que por ellas circulen, o invadiendo instalaciones o edificios, sin perjuicio de las penas que les puedan corresponder conforme a otros preceptos de este Código.[423]

---

417. V. arts. 492, 498, 503, 504, 552 a 555, 562 y 572.2 Cp.

418. V. arts. 22.7ª, 67 y 563 y ss. Cp.

419. V. arts. 17, 18 y 562 Cp.

420. V. arts. 562 y 617.2 Cp; 10 y 85 CPM.

421. V. arts. 8, 380, 410 a 412, 502, 562 y 634 Cp; 63, 88 y 187 CPM; 20 y 26 LOSC, desarrollada por RD 2364/1994, de 9 de diciembre, que aprueba el Reglamento de seguridad privada; 10.1 LO 4/1981, de 1 de junio, sobre los Estados de Alarma, Excepción y Sitio; 440 y 441 LEC (40, 186 y 247 LO 1/2000, de 7 de enero, de Enjuiciamiento Civil); 215, 420, 569, 575, 716 y 785.8ª.c) LECrim; 192 y 193 LOPJ.

422. V. arts. 23 LOSC, desarrollada por RD 2364/1994, de 9 de diciembre, que aprueba el Reglamento de seguridad privada; 60 a 69 Ley 10/1990, de 15 de octubre, del Deporte; RD 75/1992, de 31 de enero, sobre la Comisión nacional contra la violencia en los espectáculos deportivos; RD 1591/1992, de 23 de diciembre, sobre disciplina deportiva; RD 769/1993, de 21 de mayo, por el que se aprueba el Reglamento para la prevención de la violencia en los espectáculos deportivos; Convenio Europeo de 19 de agosto de 1985, sobre la violencia e irrupciones de espectadores con motivo de manifestaciones deportivas y especialmente de partidos de fútbol, ratificado por Instrumento de 22 de junio de 1987.

423. V. arts. 8, 73 a 75, 77, 147 y ss., 263 y ss., 382, 562, 617 y 625 Cp; 147 LOREG (§ 3.3).

Art. 558. Serán castigados con la pena de arresto de siete a veinticuatro fines de semana o multa de tres a doce meses, los que perturben gravemente el orden en la audiencia de un Tribunal o Juzgado, en los actos públicos propios de cualquier autoridad o corporación, en colegio electoral, oficina o establecimiento público, centro docente, o con motivo de la celebración de espectáculos deportivos o culturales.[424]

Art. 559. Los que perturben gravemente el orden público con objeto de impedir a alguna persona el ejercicio de sus derechos cívicos, serán castigados con las penas de multa de tres a doce meses y de inhabilitación especial para el derecho de sufragio pasivo por tiempo de dos a seis años.[425]

Art. 560. 1. Los que causaren daños que interrumpan, obstaculicen o destruyan líneas o instalaciones de telecomunicaciones o la correspondencia postal, serán castigados con la pena de prisión de uno a cinco años.

2. En la misma pena incurrirán los que causen daños en vías férreas u originen un grave daño para la circulación ferroviaria de alguna de las formas previstas en el artículo 382.

3. Igual pena se impondrá a los que dañen las conducciones o transmisiones de agua, gas o electricidad para las poblaciones, interrumpiendo o alterando gravemente el suministro o servicio.[426]

Art. 561. El que, con ánimo de atentar contra la paz pública, afirme falsamente la existencia de aparatos explosivos u otros que puedan causar el mismo efecto, será castigado con la pena de prisión de seis meses a un año o multa de seis a dieciocho meses, atendida la alarma o alteración del orden efectivamente producida.[427]

CAPÍTULO IV
Disposición común a los capítulos anteriores

Art. 562. En el caso de hallarse constituido en autoridad el que cometa cualquiera de los delitos expresados en los capítulos anteriores de este Título, la pena de inhabilitación que estuviese prevista en cada caso se sustituirá por la inhabilitación absoluta por tiempo de diez a quince años, salvo que dicha circunstancia esté específicamente contemplada en el tipo penal de que se trate.[428]

CAPÍTULO V
De la tenencia, tráfico y depósito de armas, municiones o explosivos y de los delitos de terrorismo

SECCIÓN 1.ª
De la tenencia, tráfico y depósito de armas, municiones o explosivos[429]

Art. 563. La tenencia de armas prohibidas y la de aquellas que sean resultado de la modificación sustancial de las caracterís-

---

424. V. arts. 497, 523, 562, 633 y 634 Cp; 147 LOREG (§ 3.3); 23 a 26 LOSC, desarrollada por RD 2364/1994, de 9 de diciembre, que aprueba el Reglamento de seguridad privada (téngase en cuenta que el inciso final del art. 26.j) fue declarado inconstitucional y nulo por STC 341/1993, de 18 de noviembre); 437 y ss. LEC (132, 168, 211, 247 y 482 LO 1/2000, de 7 de enero, de Enjuiciamiento Civil); 258 y 684 LECrim; 190 a 195 LOPJ.

425. V. arts. 8, 542 y 562 Cp.

426. V. arts. 263 a 267, 346, 382 y 562 Cp; 20 y ss. y 59 y ss. LPPNA (cuyo art. 29 ha sido derogado por la DD única, apartado f Cp); Ley 16/1987, de 30 de julio, de Ordenación de Transportes Terrestres; Ley 29/1985, de 2 de agosto, de Aguas; Ley 11/1998, de 24 de abril, General de Telecomunicaciones; RD 927/1988, de 29 de julio, por el que se aprueba el Reglamento de la Administración pública del agua y de la planificación hidrológica en desarrollo de los Títulos II y III de la Ley de Aguas.

427. V. arts. 169, 172 y 572 Cp.

428. V. art. 24 Cp.

429. V. arts. 2.1.j) LORC (§ 3.6); 7, 18 y 19 LOSC, desarrollada por RD 2364/1994, de 9 de diciembre, que aprueba el Reglamento de seguridad privada; Ley 49/1999, de 20 de diciembre, sobre Medidas de Control de Sustancias Químicas Susceptibles de Desvío para la Fabricación de Armas Químicas; RD 137/1993, de 29

ticas de fabricación de armas reglamentadas, será castigada con la pena de prisión de uno a tres años.[430]

Art. 564. 1. La tenencia de armas de fuego reglamentadas, careciendo de las licencias o permisos necesarios, será castigada:

1.º Con la pena de prisión de uno a dos años, si se trata de armas cortas.

2.º Con la pena de prisión de seis meses a un año, si se trata de armas largas.

2. Los delitos previstos en el número anterior se castigarán, respectivamente, con las penas de prisión de dos a tres años y de uno a dos años, cuando concurra alguna de las circunstancias siguientes:

1.ª Que las armas carezcan de marcas de fábrica o de número, o los tengan alterados o borrados.

2.ª Que hayan sido introducidas ilegalmente en territorio español.

3.ª Que hayan sido transformadas, modificando sus características originales.[431]

Art. 565. Los Jueces o Tribunales podrán rebajar en un grado las penas señaladas en los artículos anteriores, siempre que por las circunstancias del hecho y del culpable se evidencie la falta de intención de usar las armas con fines ilícitos.

Art. 566. 1. Los que fabriquen, comercialicen o establezcan depósitos de armas o municiones no autorizados por las Leyes o la autoridad competente serán castigados:

1.º Si se trata de armas o municiones de guerra o de armas químicas, con la pena de prisión de cinco a diez años los promotores y organizadores, y con la de prisión de tres a cinco años los que hayan cooperado a su formación.

2.º Si se trata de armas de fuego reglamentadas o municiones para las mismas, con la pena de prisión de dos a cuatro años los promotores y organizadores, y con la de prisión de seis meses a dos años los que hayan cooperado a su formación.

3.º Con las mismas penas será castigado, en sus respectivos casos, el tráfico de armas o municiones de guerra o de defensa, o de armas químicas.

2. Las penas contempladas en el punto 1.º del apartado anterior se impondrán a los que desarrollen o empleen armas químicas o inicien preparativos militares para su empleo.[432]

Art. 567. 1. Se considera depósito de armas de guerra la fabricación, la comercialización o la tenencia de cualquiera de dichas armas, con independencia de su modelo o clase, aun cuando se hallen en piezas desmontadas. Se considera depósito de armas químicas la fabricación, la comercialización o la tenencia de las mismas.

El depósito de armas, en su vertiente de comercialización, comprende tanto la adquisición como la venta.[433]

2. Se consideran armas de guerra las determinadas como tales en las disposiciones reguladoras de la Defensa Nacional. Se consideran armas químicas las determinadas como tales en los Tratados o Conve-

---

de enero, por el que se aprueba el Reglamento de armas; RD 230/1998, de 16 de febrero, por el que se aprueba el Reglamento de explosivos; RD 491/1998, de 27 de marzo, por el que se aprueba el Reglamento del comercio exterior de material de defensa y de doble uso; RD 2487/1998, de 20 de noviembre, por el que se regula la acreditación de la aptitud psicofísica necesaria para tener y usar armas y para prestar servicios de seguridad privada; arts. 23.4.b) LOPJ (§ 3.4); 3.1 LEP (§ 3.2); 77 y ss. del Acuerdo de Adhesión del reino de España al Convenio de aplicación del Acuerdo de Schengen, de 14 de junio de 1985, ratificado por Instrumento de 23 de julio de 1993.

430. V. arts. 565 y 570 Cp; 6, 7 y 23 LOSC, desarrollada por RD 2364/1994, de 9 de diciembre, que aprueba el Reglamento de seguridad privada.

431. V. arts. 565 y 570 Cp; 2.1.j) LORC (§ 3.6); 28 y ss. y 59 y ss. RD 137/1993, de 29 de enero, por el que se aprueba el Reglamento de armas; 363 bis LECrim en la redacción dada por LO 5/1999, de 13 de enero, sobre Entrega Vigilada de Armas.

432. Apartado 2 incorporado por LO 2/2000, de 7 de enero (§ 4.1). V. arts. 567, 569, 570 y 573 Cp; 3 RD 137/1993, de 29 de enero, por el que se aprueba el Reglamento de armas; RD 491/1998, de 27 de marzo, por el que se aprueba el Reglamento del comercio exterior de material de defensa y doble uso.

433. Apartado 1 que recibe nueva redacción por LO 2/2000, de 7 de enero (§ 4.1).

nios Internacionales en los que España sea parte.

Se entiende por desarrollo de armas químicas cualquier actividad consistente en la investigación o estudio de carácter científico o técnico encaminada a la creación de una nueva arma química o la modificación de una preexistente.[434]

3. Se considera depósito de armas de fuego reglamentadas la fabricación, comercialización o reunión de cinco o más de dichas armas, aun cuando se hallen en piezas desmontadas.

4. Respecto de las municiones, los Jueces y Tribunales, teniendo en cuenta la cantidad y clase de las mismas, declararán si constituyen depósito a los efectos de este capítulo.[435]

Art. 568. La tenencia o el depósito de sustancias o aparatos explosivos, inflamables, incendiarios o asfixiantes, o sus componentes, así como su fabricación, tráfico o transporte, o suministro de cualquier forma, no autorizado por las Leyes o la autoridad competente, serán castigados con la pena de prisión de cuatro a ocho años, si se trata de sus promotores y organizadores, y con la pena de prisión de tres a cinco años para los que hayan cooperado a su formación.[436]

Art. 569. Los depósitos de armas, municiones o explosivos establecidos en nombre o por cuenta de una asociación con propósito delictivo, determinarán la declaración judicial de ilicitud y su consiguiente disolución.[437]

Art. 570. En los casos previstos en este capítulo, si el delincuente estuviera autorizado para fabricar o traficar con alguna o algunas de las sustancias, armas y municiones mencionadas en el mismo, sufrirá, además de las penas señaladas, la de inhabilitación especial para el ejercicio de su industria o comercio por tiempo de doce a veinte años.[438]

SECCIÓN 2.ª
De los delitos de terrorismo[439]

Art. 571. Los que perteneciendo, actuando al servicio o colaborando con bandas armadas, organizaciones o grupos cuya finalidad sea la de subvertir el orden constitucional o alterar gravemente la paz pública, cometan los delitos de estragos o de incendios tipificados en los artículos 346 y 351, respectivamente, serán castigados con la pena de prisión de quince a veinte años, sin perjuicio de la pena que les corresponda si

434. Segundo párrafo incorporado por LO 2/2000, de 7 de enero (§ 4.1).

435. V. notas a esta Sección y arts. 569 y 570 Cp.

436. V. arts. 348, 569, 570, 573 y 579 Cp; 23 LOSC, desarrollada por RD 2364/1994, de 9 de diciembre, que aprueba el Reglamento de seguridad privada; 31 y ss., 150 y ss. y 203 y ss. RD 230/1998, de 16 de febrero, por el que se aprueba el Reglamento de explosivos.

437. V. arts. 129.1.b), 515 y 520 Cp; 23 LOSC, desarrollada por RD 2364/1994, de 9 de diciembre, que aprueba el Reglamento de seguridad privada.

438. V. arts. 23 LOSC, desarrollada por RD 2364/1994, de 9 de diciembre, que aprueba el Reglamento de seguridad privada; 10 y ss. y 59 y ss. RD 137/1993, de 29 de enero, por el que se aprueba el Reglamento de armas. V. también el régimen de autorizaciones contenido en el RD 230/1998, de 16 de febrero, por el que se aprueba el Reglamento de explosivos; así como el contenido en el RD 491/1988, de 27 de marzo, por el que se aprueba el Reglamento de comercio exterior de material de defensa y doble uso.

439. V. arts. 13.3 CE; 170 y 514 Cp; 48.1.2ª RP; DT LO 4/1988, de 25 de mayo, de Reforma de la LECrim; Ley 19/1993, de 28 de diciembre, sobre Determinadas Medidas de Prevención del Blanqueo de Capitales; Ley 35/1995, de 11 de diciembre, de Ayudas y Asistencia a las Víctimas de Delitos Violentos y Contra la Libertad Sexual (§ 3.5) y RD 738/1997, de 23 de mayo, por el que se aprueba el Reglamento que la desarrolla; Ley 32/1999, de 8 de octubre, de Solidaridad con las Víctimas del Terrorismo y RD 1912/1999, de 17 de diciembre, por el que se aprueba su Reglamento; RD 1211/1997, de 18 de julio, por el que se aprueba el Reglamento de ayudas y resarcimientos a las víctimas de delitos de terrorismo; arts. 384 bis, 520, 553 y 579.4ª LECrim; 23.4.b) LOPJ (§ 3.4); DF 2ª LOTJ, que añade un nuevo art. 504 bis.2.a) a la LECrim; art. 4.1º LEP; Convenio Europeo de 27 de enero de 1977, para la represión del terrorismo, Instrumento de ratificación de 9 de mayo de 1980; arts. 2 y ss. Convenio de 27 de septiembre de 1996, relativo a la Extradición entre los Estados miembros de la Unión Europea.

se produjera lesión para la vida, integridad física o salud de las personas.[440]

Art. 572. 1. Los que perteneciendo, actuando al servicio o colaborando con las bandas armadas, organizaciones o grupos terroristas descritos en el artículo anterior, atentaren contra las personas, incurrirán:

1.º En la pena de prisión de veinte a treinta años si causaran la muerte de una persona.

2.º En la pena de prisión de quince a veinte años si causaran lesiones de las previstas en los artículos 149 y 150 o secuestraran a una persona.

3.º En la pena de prisión de diez a quince años si causaran cualquier otra lesión o detuvieran ilegalmente, amenazaran o coaccionaran a una persona.

2. Si los hechos se realizaran contra las personas mencionadas en el apartado 2 del artículo 551 o contra miembros de las Fuerzas Armadas, de las Fuerzas y Cuerpos de Seguridad del Estado, Policías de las Comunidades Autónomas o de los Entes locales, se impondrá la pena en su mitad superior.[441]

Art. 573. El depósito de armas o municiones o la tenencia o depósito de sustancias o aparatos explosivos, inflamables, incendiarios o asfixiantes, o de sus componentes, así como su fabricación, tráfico, transporte o suministro de cualquier forma, y la mera colocación o empleo de tales sustancias o de los medios o artificios adecuados, serán castigados con la pena de prisión de seis a diez años cuando tales hechos sean cometidos por quienes pertenezcan, actúen al servicio o colaboren con las bandas armadas, organizaciones o grupos terroristas descritos en los artículos anteriores.[442]

440. V. arts. 8, 73 a 75, 77, 78, 138 a 140, 147 a 150, 515.2ª, 520, 521, 578 a 580 y 617 Cp.

441. V. arts. 8, 77, 138 a 140, 147 a 156, 163 a 167, 169 a 172, 578 a 580, 617.1 y 620.2 Cp.

442. V. arts. 8, 77, 348, 567 a 569 y 578 a 580 Cp; 23 LOSC, desarrollada por RD 2364/1994, de 9 de diciembre, que aprueba el Reglamento de seguridad privada; 31 y ss., 150 y ss. y 203 y ss. RD 230/1998, de 16 de febrero, por el que se aprueba el Reglamento de explosivos.

Art. 574. Los que perteneciendo, actuando al servicio o colaborando con bandas armadas, organizaciones o grupos terroristas, cometan cualquier otra infracción con alguna de las finalidades expresadas en el artículo 571, serán castigados con la pena señalada al delito o falta ejecutados en su mitad superior.

Art. 575. Los que, con el fin de allegar fondos a las bandas armadas, organizaciones o grupos terroristas señalados anteriormente, o con el propósito de favorecer sus finalidades, atentaren contra el patrimonio, serán castigados con la pena superior en grado a la que correspondiere por el delito cometido, sin perjuicio de las que proceda imponer conforme a lo dispuesto en el artículo siguiente por el acto de colaboración.

Art. 576. 1. Será castigado con las penas de prisión de cinco a diez años y multa de dieciocho a veinticuatro meses el que lleve a cabo, recabe o facilite, cualquier acto de colaboración con las actividades o las finalidades de una banda armada, organización o grupo terrorista.

2. Son actos de colaboración la información o vigilancia de personas, bienes o instalaciones; la construcción, el acondicionamiento, la cesión o la utilización de alojamientos o depósitos; la ocultación o traslado de personas vinculadas a las bandas armadas, organizaciones o grupos terroristas; la organización de prácticas de entrenamiento o la asistencia a ellas, y, en general, cualquier otra forma equivalente de cooperación, ayuda o mediación, económica o de otro género, con las actividades de las citadas bandas armadas, organizaciones o grupos terroristas.

Cuando la información o vigilancia de personas mencionada en el párrafo anterior ponga en peligro la vida, la integridad física, la libertad o el patrimonio de las mismas, se impondrá la pena prevista en el apartado 1, en su mitad superior. Si llegara a ejecutarse el riesgo prevenido, se castigará el hecho como coautoría o complicidad, según los casos.[443]

Art. 577. Los que, sin pertenecer a banda armada, organización o grupo terrorista, y con la finalidad de subvertir el orden constitucional o de alterar gravemente la paz pública, cometieren homicidios, lesiones de las tipificadas en los artículos 149 o150, detenciones ilegales, secuestros, amenazas o coacciones contra las personas, o llevaren a cabo cualesquiera delitos de incendios, estragos o tenencia, tráfico y depósitos de armas o municiones, serán castigados con la pena que corresponda al hecho cometido, en su mitad superior.[444]

Art. 578. La provocación, la conspiración y la proposición para cometer los delitos previstos en los artículos 571 a 577, se castigarán con la pena inferior en uno o dos grados a la que corresponda, respectivamente, a los hechos previstos en los artículos anteriores.[445]

Art. 579. En los delitos previstos en esta sección, los Jueces y Tribunales, razonándolo en sentencia, podrán imponer la pena inferior en uno o dos grados a la señalada por la Ley para el delito de que se trate, cuando el sujeto haya abandonado voluntariamente sus actividades delictivas y se presente a las autoridades confesando los hechos en que haya participado y además colabore activamente con éstas para impedir la producción del delito o coadyuve eficazmente a la obtención de pruebas decisivas para la identificación o captura de otros responsables o para impedir la actuación o el desarrollo de bandas armadas, organizaciones o grupos terroristas a los que haya pertenecido o con los que haya colaborado.[446]

443. V. arts. 27 a 29, 61 a 64, 298, 299, 301 a 303, 451.3°.a), 454 y 578 a 580 Cp.

444. V. arts. 8, 138 a 140, 163 a 167, 169 a 172, 346, 351, 557 a 561, 563 a 570 y 578 a 580 Cp.

445. V. arts. 17 y 18 Cp y notas a los arts. 571 a 577.

446. V. arts. 21.4ª y 5ª y 67 Cp.

Art. 580. En todos los delitos relacionados con la actividad de las bandas armadas, organizaciones o grupos terroristas, la condena de un Juez o Tribunal extranjero será equiparada a las sentencias de los Jueces o Tribunales españoles a los efectos de aplicación de la agravante de reincidencia.[447]

TÍTULO XXIII
DE LOS DELITOS DE TRAICIÓN Y CONTRA LA PAZ O LA INDEPENDENCIA DEL ESTADO Y RELATIVOS A LA DEFENSA NACIONAL

CAPÍTULO I
Delitos de traición[448]

Art. 581. El español que indujere a una potencia extranjera a declarar la guerra a España o se concertare con ella para el mismo fin, será castigado con la pena de prisión de quince a veinte años.[449]

Art. 582. Será castigado con la pena de prisión de doce a veinte años:

1.° El español que facilite al enemigo la entrada en España, la toma de una plaza, puesto militar, buque o aeronave del Estado o almacenes de intendencia o armamento.

2.° El español que seduzca o allegue tropa española o que se halle al servicio de España, para que se pase a las filas enemigas o deserte de sus banderas estando en campaña.

3.° El español que reclute gente o suministre armas u otros medios eficaces para hacer la guerra a España, bajo banderas enemigas.[450]

447. V. art. 22.8ª y DT 7ª Cp.

448. V. arts. 102.2 CE; 18 a 28 Cc; 169 Reglamento del Congreso de los Diputados, de 10 de febrero de 1982; 23.3.a) LOPJ (§ 3.4).

449. V. arts. 451.3, 587, 590.1, 592 y 616 Cp; 49 CPM; 17 y ss. Cc.

450. V. arts. 451.1.3, 583, 587, 595 y 616 Cp; 49 y 50 CPM.

Art. 583. Será castigado con la pena de prisión de doce a veinte años:

1.º El español que tome las armas contra la Patria bajo banderas enemigas.

Se impondrá la pena superior en grado al que obre como jefe o promotor, o tenga algún mando, o esté constituido en autoridad.

2.º El español que suministre a las tropas enemigas caudales, armas, embarcaciones, aeronaves, efectos o municiones de intendencia o armamento u otros medios directos y eficaces para hostilizar a España, o favorezca el progreso de las armas enemigas de un modo no comprendido en el artículo anterior.

3.º El español que suministre al enemigo planos de fortalezas, edificios o de terrenos, documentos o noticias que conduzcan directamente al mismo fin de hostilizar a España o de favorecer el progreso de las armas enemigas.

4.º El español que, en tiempo de guerra, impida que las tropas nacionales reciban los auxilios expresados en el número 2.º o los datos y noticias indicados en el número 3.º de este artículo.[451]

Art. 584. El español que, con el propósito de favorecer a una potencia extranjera, asociación u organización internacional, se procure, falsee, inutilice o revele información clasificada como reservada o secreta, susceptible de perjudicar la seguridad nacional o la defensa nacional, será castigado, como traidor, con la pena de prisión de seis a doce años.[452]

Art. 585. La provocación, la conspiración y la proposición para cualquiera de los delitos previstos en los artículos anteriores de este capítulo, serán castigadas con la pena de prisión inferior en uno o dos grados a la del delito correspondiente.[453]

Art. 586. El extranjero residente en España que cometiere alguno de los delitos comprendidos en este capítulo será castigado con la pena inferior en grado a la señalada para ellos, salvo lo establecido por Tratados o por el Derecho de gentes acerca de los funcionarios diplomáticos, consulares y de Organizaciones internacionales.[454]

Art. 587. Las penas señaladas en los artículos anteriores de este capítulo son aplicables a los que cometieren los delitos comprendidos en los mismos contra una potencia aliada de España, en caso de hallarse en campaña contra el enemigo común.[455]

Art. 588. Incurrirán en la pena de prisión de quince a veinte años los miembros del Gobierno que, sin cumplir con lo dispuesto en la Constitución, declararan la guerra o firmaran la paz.[456]

---

451. V. arts. 26, 417, 451.3, 473, 582, 584, 587, 596 y 616 Cp; 14, 49 y 50 CPM.

452. V. arts. 197 y ss., 394, 413 a 418, 442, 451.3, 466, 587, 592, 598 y 616 Cp; 50, 52 y 53 y ss. CPM; Ley 9/1968, de 5 de abril, de Secretos Oficiales; RD 689/1978, de 10 de febrero, por el que se aprueba el Reglamento de zonas e instalaciones de interés para la Defensa nacional, en desarrollo de la Ley 8/1975, de 12 de marzo, de Zonas e Instalaciones para la Defensa Nacional; RD 1324/1995, de 28 de julio, que establece el Estatuto del personal del centro superior de información de la defensa; arts. 573 a 588 LECrim. V. también Acuerdo de la OTAN, de 21 de septiembre de 1960, al que se adhirió España por Instrumento de 17 de julio de 1987, relativo a la salvaguardia mutua del secreto de invenciones relativas a la defensa respecto de las cuales se hayan presentado solicitudes de patentes; Acuerdo de 19 de octubre de 1970 de la Otan, sobre la comunicación de información técnica con fines de defensa, al que España se adhirió por Instrumento de 17 de julio de 1987; Acuerdo hecho en Washington el 12 de marzo de 1984, sobre seguridad de información clasificada entre España y los Estados Unidos.

453. V. arts. 17 y 18 Cp; 66 CPM.

454. V. arts. 13.4 CE; 616 Cp; LO 4/2000, de 11 de enero (§ 4.1); Ley 5/1984, de 26 de marzo, reguladora del Derecho de Asilo y de la Condición de Refugiado y su Reglamento, aprobado por RD 203/1995, de 10 de febrero; RD 766/1992, de 26 de junio, sobre entrada y permanencia en España de nacionales de Estados miembros de las Comunidades Europeas; Convención internacional sobre el Estatuto de los refugiados, de 28 de julio de 1951 y su Protocolo de 31 de enero de 1967; Convención de Viena sobre relaciones diplomáticas, de 18 de abril de 1961, al que se adhirió España el 21 de noviembre de 1967.

455. V. arts. 616 Cp; 13, 17 y 65 CPM.

456. V. arts. 63.3, 74, 94.1.b), 97 y 102 CE; 616 Cp; 5, 6 y 7 LO 6/1980, de 17 de julio; Ley 6/1997, de 14 de abril, de Organización y Funcionamiento de la Administración General del Estado.

CAPÍTULO II
Delitos que comprometen la paz o la independencia del Estado

Art. 589. El que publicare o ejecutare en España cualquier orden, disposición o documento de un Gobierno extranjero que atente contra la independencia o seguridad del Estado, se oponga a la observancia de sus Leyes o provoque su incumplimiento, será castigado con la pena de prisión de uno a tres años.[457]

Art. 590. 1. El que, con actos ilegales o que no estén debidamente autorizados, provocare o diere motivo a una declaración de guerra contra España por parte de otra potencia, o expusiere a los españoles a experimentar vejaciones o represalias en sus personas o en sus bienes, será castigado con la pena de prisión de ocho a quince años si es autoridad o funcionario, y de cuatro a ocho si no lo es.

2. Si la guerra no llegara a declararse ni a tener efecto las vejaciones o represalias, se impondrá, respectivamente, la pena inmediata inferior.[458]

Art. 591. Con las mismas penas señaladas en el artículo anterior será castigado, en sus respectivos casos, el que, durante una guerra en que no intervenga España, ejecutare cualquier acto que comprometa la neutralidad del Estado o infringiere las disposiciones publicadas por el Gobierno para mantenerla.[459]

Art. 592. 1. Serán castigados con la pena de prisión de cuatro a ocho años los que, con el fin de perjudicar la autoridad del Estado o comprometer la dignidad o los intereses vitales de España, mantuvieran inteligencia o relación de cualquier género con Gobiernos extranjeros, con sus agentes o con grupos, Organismos o Asociaciones internacionales o extranjeras.

2. Quien realizara los actos referidos en el apartado anterior con la intención de provocar una guerra o rebelión será castigado con arreglo a los artículos 581, 473 ó 475 de este Código según los casos.[460]

Art. 593. Se impondrá la pena de prisión de ocho a quince años a quien violare tregua o armisticio acordado entre la Nación española y otra enemiga, o entre sus fuerzas beligerantes.[461]

Art. 594. 1. El español que, en tiempo de guerra, comunicare o hiciere circular noticias o rumores falsos encaminados a perjudicar el crédito del Estado o los intereses de la Nación, será castigado con las penas de prisión de seis meses a dos años.

2. En las mismas penas incurrirá el extranjero que en el territorio español realizare cualquiera de los hechos comprendidos en el apartado anterior.[462]

Art. 595. El que, sin autorización legalmente concedida, levantare tropas en España para el servicio de una potencia extranjera, cualquiera que sea el objeto que se proponga o la Nación a la que intente hostilizar, será castigado con la pena de prisión de cuatro a ocho años.[463]

Art. 596. 1. El que, en tiempo de guerra y con el fin de comprometer la paz, seguridad o independencia del Estado, tuviere correspondencia con un país enemigo u ocupado por sus tropas cuando el Gobierno lo hubiera prohibido, será castigado con la pena de prisión de uno a cinco años. Si en la correspondencia se dieran avisos o noticias de las que pudiera aprove-

457. V. arts. 1 y 8 CE; 616 Cp; LO 6/1980, de 1 de julio, sobre Criterios Básicos de la Defensa Nacional y la Organización Militar; art. 23.3.a) LOPJ (§ 3.4).

458. V. arts. 1 y 2 CE; 16, 24, 28.b), 62, 64, 588 y 616 Cp; 133 CPM.

459. V. arts. 581 y 616 Cp; 49, 57, 58 y 60 a 62 CPM.

460. V. art. 616 Cp.

461. V. art. 72 CPM.

462. V. arts. 284 y 616 Cp; 49.8º y 64 CPM; 18 a 28 Cc.

463. V. arts. 582.2º y 616 Cp.

charse el enemigo se impondrá la pena de prisión de ocho a quince años.

2. En las mismas penas incurrirá el que ejecutare los delitos comprendidos en este artículo, aunque dirija la correspondencia por país amigo o neutral para eludir la Ley.

3. Si el reo se propusiera servir al enemigo con sus avisos o noticias, se estimará comprendido en el número 3.º o el número 4.º del artículo 583.[464]

Art. 597. El español o extranjero que, estando en el territorio nacional, pasare o intentare pasar a país enemigo cuando lo haya prohibido el Gobierno, será castigado con la pena de multa de seis a doce meses.[465]

CAPÍTULO III
De los delitos relativos a la defensa nacional

SECCIÓN 1.ª
Del descubrimiento y revelación de secretos e informaciones relativas a la defensa nacional[466]

Art. 598. El que, sin propósito de favorecer a una potencia extranjera, se procurare, revelare, falseare o inutilizare información legalmente calificada como reservada o secreta, relacionada con la seguridad nacional o la defensa nacional o relativa a los medios técnicos o sistemas empleados por las Fuerzas Armadas o las industrias de interés militar, será castigado con la pena de prisión de uno a cuatro años.[467]

Art. 599. La pena establecida en el artículo anterior se aplicará en su mitad superior cuando concurra alguna de las circunstancias siguientes:

1.º Que el sujeto activo sea depositario o conocedor del secreto o información por razón de su cargo o destino.

2.º Que la revelación consistiera en dar publicidad al secreto o información en algún medio de comunicación social o de forma que asegure su difusión.[468]

Art. 600. 1. El que sin autorización expresa reprodujere planos o documentación referentes a zonas, instalaciones o materiales militares que sean de acceso restringido y cuyo conocimiento esté protegido y reservado por una información legalmente calificada como reservada o secreta, será castigado con la pena de prisión de seis meses a tres años.

2. Con la misma pena será castigado el que tenga en su poder objetos o información legalmente calificada como reservada o secreta, relativos a la seguridad o a la defensa nacional, sin cumplir las disposiciones establecidas en la legislación vigente.[469]

Art. 601. El que, por razón de su cargo, comisión o servicio, tenga en su poder o

---

464. V. arts. 616 Cp; 14, 17 y 49.10 CPM.

465. V. arts. 16, 62, 64 y 616 Cp; 49.6º CPM.

466. V. arts. 53 a 56 CPM; Ley 9/1968, de 5 de abril, de Secretos Oficiales; RD 689/1978, de 10 de febrero, por el que se aprueba el Reglamento de zonas e instalaciones de interés para la Defensa nacional, en desarrollo de la Ley 8/1975, de 12 de marzo, de Zonas e Instalaciones para la Defensa Nacional; RD 2632/1985, de 27 de diciembre, por el que se regula la estructura interna y las relaciones del Centro superior de información de la defensa; RD 1324/1995, de 28 de julio, que establece el Estatuto del personal del centro superior de información de la defensa; arts. 573 a 588 LECrim; Acuerdo de 19 de octubre de 1970 de la OTAN, sobre la comunicación de información técnica con fines de defensa, al que España se adhirió por Instrumento de 17 de julio de 1987; art. 194 del Tratado constitutivo de la Comunidad Europea de la energía atómica, de 25 de marzo de 1957, ratificado por Instrumento de 20 de septiembre de 1985; Acuerdo de la OTAN, de 21 de septiembre de 1960, al que se adhirió España por Instrumento de 17 de julio de 1987, relativo a la salvaguardia mutua del secreto de invenciones relativas a la defensa respecto de las cuales se hayan presentado solicitudes de patentes; Acuerdo de seguridad de la Unión Europea Occidental de 28 de marzo de 1995, ratificado por Instrumento de 2 de febrero de 1996.

467. V. arts. 197 y ss., 413 a 418, 535, 536, 584, 615 y 616 Cp; 50, 52 y 53 CPM.

468. V. arts. 22.7ª, 30, 67, 415, 417, 442, 615 y 616 Cp; 54 CPM.

469. V. arts. 26, 414, 615 y 616 Cp; 55 CPM.

conozca oficialmente objetos o información legalmente calificada como reservada o secreta o de interés militar, relativos a la seguridad nacional o la defensa nacional, y por imprudencia grave dé lugar a que sean conocidos por persona no autorizada o divulgados, publicados o inutilizados, será castigado con la pena de prisión de seis meses a un año.[470]

Art. 602. El que descubriere, violare, revelare, sustrajere o utilizare información legalmente calificada como reservada o secreta relacionada con la energía nuclear, será castigado con la pena de prisión de seis meses a tres años, salvo que el hecho tenga señalada pena más grave en otra Ley.[471]

Art. 603. El que destruyere, inutilizare, falseare o abriere sin autorización la correspondencia o documentación legalmente calificada como reservada o secreta, relacionadas con la defensa nacional y que tenga en su poder por razones de su cargo o destino, será castigado con la pena de prisión de dos a cinco años e inhabilitación especial de empleo o cargo público por tiempo de tres a seis años.[472]

SECCIÓN 2.ª
De los delitos contra el deber de prestación del Servicio Militar

Art. 604. El que, citado legalmente para el cumplimiento del servicio militar, no se presentare sin causa justificada, retrasando su incorporación al mismo por tiempo superior a un mes, o, no habiéndose incorporado aún a las Fuerzas Armadas, manifestare explícitamente en el expediente su negativa a cumplir el mencionado servicio sin causa legal alguna, será castigado con la pena de inhabilitación especial para empleo o cargo público por tiempo de cuatro a seis años.

La inhabilitación incluirá la incapacidad para desempeñar cualquier empleo o cargo al servicio de las Administraciones, entidades o empresas públicas o de sus Organismos autónomos y, además, la imposibilidad de obtener subvenciones, becas o ayudas públicas de cualquier tipo durante el período de condena.

Una vez cumplida la condena impuesta, el penado quedará exento del cumplimiento del Servicio Militar, excepto en el supuesto de movilización por causa de guerra.[473]

TÍTULO XXIV
DELITOS CONTRA LA COMUNIDAD INTERNACIONAL

CAPÍTULO I
Delitos contra el Derecho de gentes[474]

Art. 605. 1. El que matare al Jefe de un Estado extranjero, o a otra persona internacionalmente protegida por un Tratado, que se halle en España, será castigado con la pena de prisión de veinte a veinticinco años. Si concurrieran en el hecho dos o más cir-

470. V. arts. 12, 599.1º y 616 Cp; 56 CPM.

471. V. arts. 8, 417, 584, 615 y 616 Cp y DD única, apartado f), por el que se deroga el art. 87 de la Ley 25/1964, de 29 de abril, sobre la Energía Nuclear, cuyo contenido coincidía con este precepto; 50, 52 y 53 a 56 CPM.

472. V. arts. 414 Cp; 60 CPM.

473. Precepto modificado por art. 2 LO 7/1998, de 5 de octubre (§ 4.1). V. arts. 30 CE; 72, 527 y 528 Cp; 14, 119, 119 bis y 120 CPM; 23 Ley 85/1978, de 28 de diciembre, de Reales Ordenanzas de las Fuerzas Armadas; 35 a 37 LO 6/1980, de 1 de julio, por la que se regulan los Criterios Básicos de la Defensa Nacional y la Organización Militar; 1 y 6 y ss. LO 13/1991, de 20 de diciembre, del Servicio Militar; Ley 22/1998, de 6 de julio, reguladora de la Objeción de Conciencia y de la Prestación Social Sustitutoria; RD 1107/1993, de 9 de julio, por el que se aprueba el Reglamento de reclutamiento; RD 1410/1994, de 25 de junio, por el que se aprueba el Reglamento del servicio militar; RD 700/1999, de 30 de abril, por el que se aprueba el Reglamento de la objeción de conciencia y de la prestación social sustitutoria.

474. V. arts. 615 y 616 Cp; 39 a 44 LPPNA; Convención hecha en Nueva York el 14 de diciembre de 1973, sobre la prevención y el castigo de los delitos contra personas internacionalmente protegidas, inclusive los agentes diplomáticos, Instrumento de adhesión de 26 de julio de 1985; Convención sobre la seguridad del personal de las Naciones Unidas y el personal asociado, hecha en Nueva York el 9 de diciembre de 1994, ratificada por Instrumento de 11 de diciembre de 1997.

cunstancias agravantes se impondrá la pena de prisión de veinticinco a treinta años.

2. El que causare lesiones de las previstas en el artículo 149 a las personas mencionadas en el apartado anterior, será castigado con la pena de prisión de quince a veinte años.

Si se tratara de alguna de las lesiones previstas en el artículo 150 se castigará con la pena de prisión de ocho a quince años, y de cuatro a ocho años si fuera cualquier otra lesión.

3. Cualquier otro delito cometido contra las personas mencionadas en los números precedentes, o contra los locales oficiales, la residencia particular o los medios de transporte de dichas personas, será castigado con las penas establecidas en este Código para los respectivos delitos, en su mitad superior.[475]

Art. 606. 1. El que violare la inmunidad personal del Jefe de otro Estado o de otra persona internacionalmente protegida por un Tratado, será castigado con la pena de prisión de seis meses a tres años.

2. Cuando los delitos comprendidos en este artículo y en el anterior no tengan señalada una penalidad recíproca en las Leyes del país a que correspondan las personas ofendidas, se impondrá al delincuente la pena que sería propia del delito, con arreglo a las disposiciones de este Código, si la persona ofendida no tuviese el carácter oficial mencionado en el apartado anterior.

CAPÍTULO II
Delitos de genocidio[476]

Art. 607. 1. Los que, con propósito de destruir total o parcialmente a un grupo nacional, étnico, racial o religioso, perpetraren alguno de los actos siguientes, serán castigados:

1.º Con la pena de prisión de quince a veinte años, si mataran a alguno de sus miembros.

Si concurrieran en el hecho dos o más circunstancias agravantes, se impondrá la pena superior en grado.

2.º Con la prisión de quince a veinte años, si agredieran sexualmente a alguno de sus miembros o produjeran alguna de las lesiones previstas en el artículo 149.

3.º Con la prisión de ocho a quince años, si sometieran al grupo o a cualquiera de sus individuos a condiciones de existencia que pongan en peligro su vida o perturben gravemente su salud, o cuando les produjeran algunas de las lesiones previstas en el artículo 150.

4.º Con la misma pena, si llevaran a cabo desplazamientos forzosos del grupo o sus miembros, adoptaran cualquier medida que tienda a impedir su género de vida o reproducción, o bien trasladaran por la fuerza individuos de un grupo a otro.

5.º Con la de prisión de cuatro a ocho años, si produjeran cualquier otra lesión distinta de las señaladas en los números 2.º y 3.º de este apartado.

2. La difusión por cualquier medio de ideas o doctrinas que nieguen o justifiquen los

475. V. arts. 22, 66, 138 y ss., 147 y ss., 263 y ss., 615, 616 y 617 Cp.

476. V. arts. 14 y 15 CE; 22.4ª, 67, 510 a 512, 615 y 616 Cp; 77.6º CPM; Resolución de 19 de octubre de 1993, de la Secretaría General Técnica, por la que se publica la Resolución 827/1993, de 25 de mayo, del Consejo de Seguridad de las Naciones Unidas creando un Tribunal Internacional para el castigo de los crímenes perpetrados en la antigua Yugoslavia y documento anejo y LO 15/1994, de 1 de junio, para la Cooperación Internacional con el Tribunal Internacional para el Enjuiciamiento de los Presuntos Responsables de Violaciones Graves del Derecho Internacional Humanitario Cometidas en el Territorio de la Ex-Yugoslavia; Resolución de 10 de mayo de 1995, de la Secretaría General Técnica, por la que se publica la resolución 955/1994, de 8 de noviembre, del Consejo de Seguridad de las Naciones Unidas, por la que se crea un Tribunal internacional para el enjuiciamiento de los crímenes internacionales perpetrados en Ruanda y LO 4/1998, de 1 de julio, para la Cooperación con el Tribunal Internacional para Ruanda; arts. 23.4.a) LOPJ (§ 3.4); 14 CPDHLF; 3º PIDCP; Convenio de 9 de diciembre de 1948 para la prevención y sanción del delito de genocidio, al que España se adhirió por Instrumento de 13 de septiembre de 1968; Convenio internacional, hecho en Nueva York el 7 de marzo de 1966, sobre eliminación de todas las formas de discriminación racial; Convenio-marco n.º 157, del Consejo de Europa, de 1 de febrero de 1995, para la protección de las minorías nacionales, ratificado por Instrumento de 20 de julio de 1995.

delitos tipificados en el apartado anterior de este artículo, o pretendan la rehabilitación de regímenes o instituciones que amparen prácticas generadoras de los mismos, se castigará con la pena de prisión de uno a dos años.[477]

CAPÍTULO III
De los delitos contra las personas y bienes protegidos en caso de conflicto armado[478]

Art. 608. A los efectos de este capítulo, se entenderá por personas protegidas:

1.º Los heridos, enfermos o náufragos y el personal sanitario o religioso, protegidos por el I y II Convenios de Ginebra de 12 de agosto de 1949 o por el Protocolo I Adicional de 8 de Junio de 1977.

2.º Los prisioneros de guerra protegidos por el III Convenio de Ginebra de 12 de agosto de 1949 o por el Protocolo I Adicional de 8 de junio de 1977.

3.º La población civil y las personas civiles protegidas por el IV Convenio de Ginebra de 12 de agosto de 1949 o por el Protocolo I Adicional de 8 de junio de 1977.

4.º Las personas fuera de combate y el personal de la Potencia Protectora y de su sustituto protegidos por los Convenios de Ginebra de 12 de agosto de 1949 o por el Protocolo I Adicional de 8 de junio de 1977.

5.º Los parlamentarios y las personas que los acompañen, protegidos por el Convenio II de La Haya de 29 de julio de 1899.

6.º Cualquier otra que tenga aquella condición en virtud del Protocolo II Adicional de 8 de junio de 1977 o de cualesquiera otros Tratados internacionales en los que España fuere parte.

Art. 609. El que, con ocasión de un conflicto armado, maltrate de obra o ponga en grave peligro la vida, la salud o la integridad de cualquier persona protegida, la haga objeto de tortura o tratos inhumanos, incluidos los experimentos biológicos, le cause grandes sufrimientos o la someta a cualquier acto médico que no esté indicado por su estado de salud ni de acuerdo con las normas médicas generalmente reconocidas que la Parte responsable de la actuación aplicaría, en análogas circunstancias médicas, a sus propios nacionales no privados de libertad, será castigado con la pena de prisión de cuatro a ocho años, sin perjuicio de la pena que pueda corresponder por los resultados lesivos producidos.[479]

Art. 610. El que, con ocasión de un conflicto armado, emplee u ordene emplear métodos o medios de combate prohibidos o destinados a causar sufrimientos innecesarios o males superfluos, así como aquellos concebidos para causar o de los que fundadamente quepa prever que causen daños extensos, duraderos y graves al medio ambiente natural, comprometiendo la salud o la supervivencia de la población, será castigado con la pena de prisión de diez a quince años, sin perjuicio de la pena que corresponda por los resultados producidos.[480]

---

477. V. arts. 22.4ª, 66, 67, 138 a 140, 147 a 152, 159 a 162, 178 a 180 y 615 a 617 Cp.

478. V. arts. 12 y 13 LO 4/1987, de 15 de julio, de la Competencia y Organización de la Jurisdicción Militar; 23 (§ 3.4) y 65 LOPJ; 10 LOPM.

479. V. arts. 8, 73 a 75, 138 a 142, 147 a 150, 157, 159 a 162, 173 a 177 y 615 a 617 Cp; 69 y 76 CPM.

480. V. arts. 70 y 77.7º CPM; Ley 33/1998, de 5 de octubre, de Prohibición Total de Minas Antipersonal y Armas de Efecto Similar; RD 663/1997, de 12 de mayo, por el que se regula la composición y funciones de la Autoridad nacional para la prohibición de las armas químicas; Tratado de no proliferación de armas nucleares, hecho en Washington, Moscú y Londres el 1 de julio de 1968, al que se adhirió España por Instrumento de 13 de diciembre de 1987; Convención sobre prohibiciones o restricciones del empleo de ciertas armas convencionales que puedan considerarse excesivamente nocivas o de efectos indiscriminados, hecha en Ginebra el 10 de octubre de 1980, y ratificada por Instrumento de 3 de diciembre de 1993 y Protocolo Adicional a esta Convención de 13 de octubre de 1995, Instrumento de aceptación de 12 de enero de 1998, y Protocolo II, anexo a la misma, sobre prohibiciones o restricciones del empleo de minas, armas trampa y otros artefactos, enmendado el 3 de mayo de 1996 y aceptado por España por Instrumento de 19 de enero de 1998; Convención de 13 de enero de 1993, sobre la prohibición del desarrollo, la producción, el almacenamiento y el empleo de armas químicas y sobre

Art. 611. Será castigado con la pena de prisión de diez a quince años, sin perjuicio de la pena que corresponda por los resultados producidos, el que, con ocasión de un conflicto armado:

1.º Realice u ordene realizar ataques indiscriminados o excesivos o haga objeto a la población civil de ataques, represalias o actos o amenazas de violencia cuya finalidad principal sea aterrorizarla.

2.º Destruya o dañe, violando las normas del Derecho Internacional aplicables en los conflictos armados, buque o aeronave no militares de una Parte adversa o neutral, innecesariamente y sin dar tiempo o sin adoptar las medidas necesarias para proveer a la seguridad de las personas y a la conservación de la documentación de a bordo.

3.º Obligue a un prisionero de guerra o persona civil a servir, en cualquier forma, en las Fuerzas Armadas de la Parte adversa, o les prive de su derecho a ser juzgados regular e imparcialmente.

4.º Deporte, traslade de modo forzoso, tome como rehén o detenga ilegalmente a cualquier persona protegida.

5.º Traslade y asiente en territorio ocupado a población de la Parte ocupante, para que resida en él de modo permanente.

6.º Realice, ordene realizar o mantenga, respecto de cualquier persona protegida, prácticas de segregación racial y demás prácticas inhumanas y degradantes basadas en otras distinciones de carácter desfavorable, que entrañen un ultraje contra la dignidad personal.

7.º Impida o demore, injustificadamente, la liberación o la repatriación de prisioneros de guerra o de personas civiles.[481]

Art. 612. Será castigado con la pena de prisión de tres a siete años, sin perjuicio de la pena que corresponda por los resultados producidos, el que, con ocasión de un conflicto armado:

1.º Viole a sabiendas la protección debida a unidades sanitarias y medios de transporte sanitarios, campos de prisioneros, zonas y localidades sanitarias y de seguridad, zonas neutralizadas o lugares de internamiento de la población civil, localidades no defendidas y zonas desmilitarizadas, dadas a conocer por los signos o señales distintivos apropiados.

2.º Ejerza violencia sobre el personal sanitario o religioso o integrante de la misión médica o de las sociedades de socorro.

3.º Injurie gravemente, prive o no procure el alimento indispensable o la asistencia médica necesaria a cualquier persona protegida o la haga objeto de tratos humillantes o degradantes, prostitución inducida o forzada o cualquier forma de atentado a su pudor, omita informarle, sin demora justificada y de modo comprensible, de su situación, imponga castigos colectivos por actos individuales, o viole las prescripciones sobre alojamiento de mujeres y familias o sobre protección especial de mujeres y niños establecidas en los Tratados internacionales en los que España fuere parte.

4.º Use indebidamente o de modo pérfido los signos protectores o distintivos, emblemas o señales establecidos y reconocidos en los Tratados internacionales en los que España fuere parte, especialmente los signos distintivos de la Cruz Roja y de la Media Luna Roja.

5.º Utilice indebidamente o de modo pérfido bandera, uniforme, insignia o emblema distintivo de Estados neutrales, de las Naciones Unidas o de otros Estados que no sean partes en el conflicto o de Partes adversas, durante los ataques o para cubrir, favorecer, proteger u obstaculizar operaciones militares, salvo en los casos exceptuados expresamente previstos en los Tratados internacionales en los que España fuere parte.

6.º Utilice indebidamente o de modo pérfido bandera de parlamento o de rendición, atente contra la inviolabilidad o retenga indebidamente a parlamentario o a cualquiera de

---

su destrucción, ratificada por Instrumento de 22 de julio de 1994; Convención de 18 de septiembre de 1997, ratificada por Instrumento de 7 de enero de 1999, de prohibición del empleo, almacenamiento, producción y transferencia de minas antipersonal y sobre su destrucción.

481. V. arts. 22.4ª, 163 y ss., 173, 346, 510, 511, 607 y ss., 615 y 616 Cp; 71, 73 y 77.5º y 6º CPM.

las personas que lo acompañen, a personal de la Potencia Protectora o su sustituto, o a miembro de la Comisión Internacional de Encuesta.

7.º Despoje de sus efectos a un cadáver, herido, enfermo, náufrago, prisionero de guerra o persona civil internada.[482]

Art. 613. 1. Será castigado con la pena de prisión de cuatro a seis años el que, con ocasión de un conflicto armado:

a) Ataque o haga objeto de represalias o de actos de hostilidad a bienes culturales o lugares de culto claramente reconocidos, que constituyen el patrimonio cultural o espiritual de los pueblos y a los que se haya conferido protección en virtud de acuerdos especiales, causando como consecuencia extensas destrucciones de los mismos y siempre que tales bienes no estén situados en la inmediata proximidad de objetivos militares o no sean utilizados en apoyo del esfuerzo militar del adversario.

b) Ataque o haga objeto de represalias o de actos de hostilidad a bienes de carácter civil de la Parte adversa, causando su destrucción, siempre que ello no ofrezca, en las circunstancias del caso, una ventaja militar definida o que tales bienes no contribuyan eficazmente a la acción militar del adversario.

c) Ataque, destruya, sustraiga o inutilice los bienes indispensables para la supervivencia de la población civil, salvo que la Parte adversa utilice tales bienes en apoyo directo de una acción militar o exclusivamente como medio de subsistencia para los miembros de sus Fuerzas Armadas.

d) Ataque o haga objeto de represalias a las obras o instalaciones que contengan fuerzas peligrosas, cuando tales ataques puedan producir la liberación de aquellas fuerzas y causar, en consecuencia, pérdidas importantes en la población civil, salvo que tales obras o instalaciones se utilicen en apoyo regular, importante y directo de operaciones militares y que tales ataques sean el único medio factible de poner fin a tal apoyo.

e) Destruya, dañe o se apodere, sin necesidad militar, de cosas que no le pertenezcan, obligue a otro a entregarlas o realice cualesquiera otros actos de pillaje.

2. En el caso de que se trate de bienes culturales bajo protección especial, o en los supuestos de extrema gravedad, se podrá imponer la pena superior en grado.[483]

Art. 614. El que, con ocasión de un conflicto armado, realizare u ordenare realizar cualesquiera otras infracciones o actos contrarios a las prescripciones de los Tratados internacionales en los que España fuere parte y relativos a la conducción de las hostilidades, protección de los heridos, enfermos y náufragos, trato a los prisioneros de guerra, protección de las personas civiles y protección de los bienes culturales en caso de conflicto armado, será castigado con la pena de prisión de seis meses a dos años.[484]

CAPÍTULO IV
Disposiciones comunes

Art. 615. La provocación, la conspiración y la proposición para la ejecución de los delitos previstos en este Título, se castigarán con la pena inferior en uno o dos grados a la que correspondería a los mismos.[485]

Art. 616. En el caso de cometerse cualquiera de los delitos comprendidos en este Título y en el anterior por una autoridad o funcionario público, se le impondrá, además de las penas señaladas en ellos, la de inhabilitación absoluta por tiempo de diez a veinte años; si fuese un particular, los Jueces o Tribunales podrán imponerle la de inhabilitación especial para empleo o cargo público por tiempo de uno a diez años.[486]

---

482. V. arts. 22.2ª, 173 y ss., 178 y ss., 195, 196, 208, 235 y ss., 252, 615 y 616 Cp; 75, 76 y 77.2º a 4º CPM.

483. V. arts. 234 y ss., 252 y ss., 263 y ss., 321 a 324, 346, 365, 615 y 616 Cp; 73, 74 y 77.7º CPM; Protocolo de 14 de mayo de 1954, para la protección de los bienes culturales en caso de conflicto armado, ratificado por Instrumento de 1 de junio de 1992.

484. V. arts. 615 y 616 Cp; y notas a los artículos de este capítulo.

485. V. arts. 17 y 18 Cp.

486. V. art. 24 Cp.

LIBRO III
FALTAS Y SUS PENAS[487]

TÍTULO I
FALTAS CONTRA LAS PERSONAS

Art. 617. 1. El que, por cualquier medio o procedimiento, causare a otro una lesión no definida como delito en este Código, será castigado con la pena de arresto de tres a seis fines de semana o multa de uno a dos meses.[488]

2. El que golpeare o maltratare de obra a otro sin causarle lesión será castigado con la pena de arresto de uno a tres fines de semana o multa de diez a treinta días.

Cuando el ofendido fuere alguna de las personas a las que se refiere el artículo 153, la pena será la de arresto de tres a seis fines de semana o multa de uno a dos meses, teniendo en cuenta la posible repercusión económica que la pena impuesta pudiera tener sobre la propia víctima o sobre el conjunto de los integrantes de la unidad familiar.[489]

Art. 618. Serán castigados con la pena de arresto de tres a seis fines de semana o multa de uno a dos meses los que, encontrando abandonado a un menor de edad o a un incapaz, no lo presenten a la autoridad o a su familia, o no le presten, en su caso, el auxilio que las circunstancias requieran.[490]

Art. 619. Serán castigados con la pena de multa de diez a veinte días los que dejaren de prestar asistencia o, en su caso, el auxilio que las circunstancias requieran a una persona de edad avanzada o discapacitada que se encuentre desvalida y dependa de sus cuidados.[491]

Art. 620. Serán castigados con la pena de multa de diez a veinte días:

1.º Los que, de modo leve, amenacen a otro con armas u otros instrumentos peligrosos, o los saquen en riña, como no sea en justa defensa, y salvo que el hecho sea constitutivo de delito.

2.º Los que causen a otro una amenaza, coacción, injuria o vejación injusta de carácter leve.

Los hechos descritos en los dos números anteriores sólo serán perseguibles mediante denuncia de la persona agraviada o de su representante legal.

Cuando el ofendido fuere alguna de las personas a las que se refiere el artículo 153, la pena será la de arresto de dos a cuatro fines de semana o la de multa de diez a veinte días, teniendo en cuenta la posible repercusión económica que la pena impuesta pudiera tener sobre la propia víctima o sobre el conjunto de los integrantes de la unidad familiar. En estos casos no será exigible la denuncia a que se refiere el párrafo anterior de este artículo, excepto para la persecución de las injurias.[492]

Art. 621. 1. Los que por imprudencia grave causaren alguna de las lesiones previstas en el apartado 2 del artículo 147, serán castigados con la pena de multa de uno a dos meses.

2. Los que por imprudencia leve causaren la muerte de otra persona, serán castigados con la pena de multa de uno a dos meses.

3. Los que por imprudencia leve causaren lesión constitutiva de delito, serán castigados con pena de multa de quince a treinta días.

---

487. V. arts. 10, 11, 13.3, 15, 27, 109, 123, 127, 131.2, 133.1, 638 y 639 Cp; 66 a 75 LPPNA; 14.1 y 962 y ss. LECrim.

488. V. arts. 57 y 147 y ss. Cp; 544 bis LECrim.

489. Apartado modificado primero por LO 11/1999, de 30 de abril y de nuevo por LO 14/1999, de 9 de junio (§ 4.1). V. arts. 57 y 153 Cp; 13, 103, 109 y 544 bis LECrim.

490. V. arts. 25, 195 y DA 2ª Cp; LO 1/1996, de 15 de enero, de Protección Jurídica del Menor, y de Modificación Parcial del Código Civil y de la Ley de Enjuiciamiento Civil.

491. V. art. 195 Cp.

492. Redactado conforme a la LO 14/1999, de 9 de junio (§ 4.1). V. arts. 57, 126.2, 153, 154, 169 y ss., 172, 208 y ss., 534.2, 563, 564 y 639 Cp; 26.g) LOSC; 14.1, 104, 109 y 544 bis LECrim; 4.3º LPJDFP.

4. Si el hecho se cometiera con vehículo a motor o ciclomotor, podrá imponerse además, respectivamente, la privación del derecho a conducirlos por tiempo de tres meses a un año.

5. Si el hecho se cometiera con arma podrá imponerse, además, la privación del derecho a la tenencia y porte de armas por tiempo de tres meses a un año.

6. Las infracciones penadas en este artículo sólo serán perseguibles mediante denuncia de la persona agraviada o de su representante legal.[493]

Art. 622. Los padres, tutores o guardadores de un menor que, sin llegar a incurrir, en su caso, en el delito de desobediencia, quebrantaren la resolución adoptada por el Juez o Tribunal, apoderándose del menor, sacándolo de la guarda establecida en la resolución judicial o por decisión de la entidad pública que tenga encomendada la tutela, retirándolo del establecimiento, familia, persona o institución tutelar a quien se le hubiese encomendado, o no restituyéndolo cuando estuvieren obligados, serán castigados con la pena de multa de uno a dos meses.[494]

TÍTULO II
FALTAS CONTRA EL PATRIMONIO

Art. 623. Serán castigados con arresto de dos a seis fines de semana o multa de uno a dos meses:

1. Los que cometan hurto, si el valor de lo hurtado no excediera de cincuenta mil pesetas.

2. Los que realicen la conducta descrita en el artículo 236, siempre que el valor de la cosa no exceda de cincuenta mil pesetas.

3. Los que sustraigan, sin ánimo de apropiárselo, un vehículo a motor o ciclomotor ajeno, si el valor del vehículo utilizado no excediera de cincuenta mil pesetas.

Si el hecho se ejecutase empleando fuerza en las cosas, se impondrá la pena en su mitad superior. Si se realizara con violencia o intimidación en las personas, se penará conforme a lo dispuesto en el artículo 244.

4. Los que cometan estafa, apropiación indebida, o defraudación de electricidad, gas, agua u otro elemento, energía o fluido, o en equipos terminales de telecomunicación, en cuantía no superior a cincuenta mil pesetas.[495]

Art. 624. El que ejecutare los actos comprendidos en el artículo 246, será castigado con multa de diez a treinta días si la utilidad no excede de cincuenta mil pesetas o no sea estimable, siempre que medie denuncia del perjudicado.[496]

Art. 625. 1. Serán castigados con la pena de arresto de uno a seis fines de semana o multa de uno a veinte días los que intencionadamente causaren daños cuyo importe no exceda de cincuenta mil pesetas.

2. Se impondrá la pena en su mitad superior si los daños se causaran en bienes de valor histórico, artístico, cultural o monumental.[497]

Art. 626. Los que deslucieren bienes inmuebles de dominio público o privado, sin la debida autorización de la Administración o de sus propietarios, serán castigados con la pena de arresto de uno a tres fines de semana.[498]

---

493. V. arts. 126.2, 138, 142, 147, 152, 158, 379 y ss., 639 y DA 3º Cp; 20, párrafo 2º, 38 y 159 CPM; 75 LPPNA; 9 RDLeg 339/1990, de 2 de marzo, por el que se aprueba el texto articulado de la Ley sobre Tráfico, Circulación de Vehículos a Motor y Seguridad Vial; 3 RD 13/1992, de 17 de enero, por el que se aprueba el Reglamento general de circulación.

494. V. arts. 556 Cp; 172 y ss., 215 y ss. y 222 y ss. Cc; LO 1/1996, de 15 de enero, de Protección Jurídica del Menor, y de Modificación Parcial del Código Civil y de la Ley de Enjuiciamiento Civil.

495. V. arts. 234 y ss., 244, 248 y ss., 252 y ss., 255 y 256 Cp.

496. V. art. 639 Cp.

497. V. arts. 46 CE; 263 y ss., 321 y ss., 557 y 560 Cp; Ley 16/1985, de 25 de junio, del Patrimonio Histórico Español, desarrollada parcialmente por RD 111/1986, de 10 de enero; art. 23.n) LOSC.

498. V. art. 14.1º LECrim.

Art. 627. El que defraudare a la Hacienda de las Comunidades más de cuatro mil ecus por cualquiera de los procedimientos descritos en el artículo 305, será castigado con multa de cinco días a dos meses.

Art. 628. El que defraudare a los presupuestos generales de las Comunidades, u otros administrados por éstas, u obtuviere indebidamente fondos de las mismas, por alguno de los procedimientos descritos en los artículos 306 y 309, en cuantía superior a cuatro mil ecus, será castigado con la pena de multa de cinco días a dos meses.

TÍTULO III
FALTAS CONTRA LOS INTERESES GENERALES

Art. 629. Serán castigados con la pena de arresto de uno a cuatro fines de semana o multa de quince a sesenta días, los que, habiendo recibido de buena fe moneda, billetes, sellos de correos o efectos timbrados falsos, los expendieren en cantidad que no exceda de cincuenta mil pesetas, a sabiendas de su falsedad.[499]

Art. 630. Los que abandonaren jeringuillas, en todo caso, u otros instrumentos peligrosos, de modo o con circunstancias que pudieran causar daño a las personas o contagiar enfermedades, o en lugares frecuentados por menores, serán castigados con las penas de arresto de tres a cinco fines de semana o multa de uno a dos meses.[500]

Art. 631. Los dueños o encargados de la custodia de animales feroces o dañinos que los dejaren sueltos o en condiciones de causar mal, serán castigados con la pena de multa de quince a treinta días.

Art. 632. Los que maltrataren cruelmente a los animales domésticos o a cualesquiera otros en espectáculos no autorizados legalmente, serán castigados con la pena de multa de diez a sesenta días.

TÍTULO IV
FALTAS CONTRA EL ORDEN PÚBLICO

Art. 633. Los que perturbaren levemente el orden en la audiencia de un Tribunal o Juzgado, en los actos públicos, en espectáculos deportivos o culturales, solemnidades o reuniones numerosas, serán castigados con las penas de arresto de uno a seis fines de semana y multa de diez a treinta días.[501]

Art. 634. Los que faltaren al respeto y consideración debida a la autoridad o sus agentes, o los desobedecieren levemente, cuando ejerzan sus funciones, serán castigados con la pena de multa de diez a sesenta días.[502]

Art. 635. Serán castigados con las penas de arresto de uno a cinco fines de semana y multa de uno a dos meses el que se mantuviere contra la voluntad de su titular, fuera de las horas de apertura, en el domicilio de una persona jurídica pública o privada, despacho profesional u oficina, o establecimiento mercantil o local abierto al público.[503]

Art. 636. Los que realizaren actividades careciendo de los seguros obligatorios de responsabilidad civil que se exigieran legalmente para el ejercicio de aquéllas, serán castigados con la pena de multa de uno a dos meses.[504].

---

499. V. arts. 386 a 389 Cp.

500. V. art. 25 LOSC, desarrollada por RD 2364/1994, de 9 de diciembre, que aprueba el Reglamento de Seguridad privada.

501. V. arts. 558 Cp; 23 LOSC; 258 y 684 LECrim.

502. V. arts. 556 Cp; 26 LOSC; 4 y 34 LOFCS.

503. V. art. 203 Cp.

504. V. art. 117 Cp; RD 2641/1986, de 30 de diciembre, por el que se aprueba el Reglamento del

Art. 637. El que usare pública e indebidamente uniforme, traje, insignia o condecoración oficiales, o se atribuyere públicamente la cualidad de profesional amparada por un título académico que no posea, será castigado con la pena de arresto de uno a cinco fines de semana o multa de diez a treinta días.[505]

TÍTULO V
DISPOSICIONES COMUNES A LAS FALTAS

Art. 638. En la aplicación de las penas de este Libro procederán los Jueces y Tribunales, según su prudente arbitrio, dentro de los límites de cada una, atendiendo a las circunstancias del caso y del culpable, sin ajustarse a las reglas de los artículos 61 a 72 de este Código.

Art. 639. En las faltas perseguibles a instancias de la persona agraviada también podrá denunciar el Ministerio Fiscal si aquélla fuere menor de edad, incapaz o una persona desvalida.

La ausencia de denuncia no impedirá la práctica de diligencias a prevención.

En estas faltas, el perdón del ofendido o su representante legal extinguirá la acción penal o la pena impuesta, salvo lo dispuesto en el segundo párrafo del número 4.º del artículo 130.

DISPOSICIONES ADICIONALES

Disposición adicional primera. Cuando una persona sea declarada exenta de responsabilidad criminal por concurrir alguna de las causas previstas en los números 1.º y 3.º del artículo 20 de este Código, el Ministerio Fiscal instará, si fuera procedente, la declaración de incapacidad ante la Jurisdicción Civil, salvo que la misma hubiera sido ya anteriormente acordada y, en su caso, el internamiento conforme a las normas de la legislación civil.

Disposición adicional segunda. Cuando la autoridad gubernativa tenga conocimiento de la existencia de un menor de edad o de un incapaz que se halla en estado de prostitución, sea o no por su voluntad, pero con anuencia de las personas que sobre él ejerzan autoridad familiar o ético-social o de hecho, o que carece de ellas, o éstas lo tienen en abandono y no se encargan de su custodia, lo comunicará de inmediato a la entidad pública que en el respectivo territorio tenga encomendada la protección de menores y al Ministerio Fiscal, para que actúen de conformidad con sus respectivas competencias.

Asimismo, en los supuestos en que el Juez o Tribunal acuerde la inhabilitación especial para el ejercicio de la patria potestad, el acogimiento, la guarda, tutela o curatela, lo comunicará de inmediato a la entidad pública que en el respectivo territorio tenga encomendada la protección de los menores y al Ministerio Fiscal para que actúen de conformidad con sus respectivas competencias.

Disposición adicional tercera. Cuando, mediando denuncia o reclamación del perjudicado, se incoe un procedimiento penal por hechos constitutivos de infracciones previstas y penadas en los artículos 267 y 621 del presente Código, podrán comparecer en las diligencias penales que se incoen y mostrarse parte todos aquellos otros implicados en los mismos hechos que se consideren perjudicados, cualquiera que sea la cuantía de los daños que reclamen.

---

seguro de responsabilidad civil derivada del uso y circulación de vehículos de motor de suscripción obligatoria; RD 63/1994, de 21 de enero, por el que se aprueba el Reglamento del seguro de responsabilidad civil del cazador, de suscripción obligatoria; D 632/1968, de 21 de marzo, por el que se aprueba el Texto Refundido de la Ley sobre Responsabilidad Civil y Seguro de la Circulación de Vehículos a Motor, que recibe la denominación de Ley sobre Responsabilidad Civil y Seguro en la Circulación de Vehículos a Motor, por DA 8ª Ley 30/1995, de 8 de noviembre, de Ordenación del Seguro Privado.

505. V. arts. 402 y 403 Cp; 164 CPM.

DISPOSICIONES TRANSITORIAS

Disposición transitoria primera. Los delitos y faltas cometidos hasta el día de la entrada en vigor de este Código se juzgarán conforme al cuerpo legal y demás Leyes penales especiales que se derogan. Una vez que entre en vigor el presente Código, si las disposiciones del mismo son más favorables para el reo, se aplicarán éstas.

Disposición transitoria segunda. Para la determinación de cuál sea la Ley más favorable se tendrá en cuenta la pena que correspondería al hecho enjuiciado con la aplicación de las normas completas de uno u otro Código. Las disposiciones sobre redención de penas por el trabajo sólo serán de aplicación a todos los condenados conforme al Código derogado y no podrán gozar de ellas aquellos a quienes se les apliquen las disposiciones del nuevo Código.

En todo caso, será oído el reo.

Disposición transitoria tercera. Los Directores de los establecimientos penitenciarios remitirán a la mayor urgencia, a partir de la publicación del nuevo Código Penal, a los Jueces o Tribunales que estén conociendo de la ejecutoria, relación de los penados internos en el Centro que dirijan, y liquidación provisional de la pena en ejecución, señalando los días que el reo haya redimido por el trabajo y los que pueda redimir, en su caso, en el futuro conforme al artículo 100 del Código Penal que se deroga y disposiciones complementarias.

Disposición transitoria cuarta. Los Jueces o Tribunales mencionados en la disposición anterior procederán, una vez recibida la anterior liquidación de condena, a dar traslado al Ministerio Fiscal para que informe sobre si procede revisar la sentencia y, en tal caso, los términos de la revisión. Una vez haya informado el Fiscal, procederán también a oir al reo, notificándole los términos de la revisión propuesta, así como a dar traslado al Letrado que asumió su defensa en el juicio oral, para que exponga lo que estime más favorable para el reo.

Disposición transitoria quinta. El Consejo General del Poder Judicial, en el ámbito de las competencias que le atribuye el artículo 98 de la Ley Orgánica del Poder Judicial, podrá asignar a uno o varios de los Juzgados de lo Penal o Secciones de las Audiencias Provinciales dedicados en régimen de exclusividad a la ejecución de sentencias penales, la revisión de las sentencias firmes dictadas antes de la vigencia de este Código.

Dichos Jueces o Tribunales procederán a revisar las sentencias firmes y en las que el penado esté cumpliendo efectivamente la pena, aplicando la disposición más favorable considerada taxativamente y no por el ejercicio del arbitrio judicial. En las penas privativas de libertad no se considerará más favorable este Código cuando la duración de la pena anterior impuesta al hecho con sus circunstancias sea también imponible con arreglo al nuevo Código. Se exceptúa el supuesto en que este Código contenga para el mismo hecho la previsión alternativa de una pena no privativa de libertad; en tal caso deberá revisarse la sentencia.

No se revisarán las sentencias en que el cumplimiento de la pena esté suspendido, sin perjuicio de hacerlo en caso de que se revoque la suspensión y antes de proceder al cumplimiento efectivo de la pena suspendida. Igual regla se aplicará si el penado se encuentra en período de libertad condicional.

Tampoco se revisarán las sentencias en que, con arreglo al Código derogado y al nuevo, corresponda, exclusivamente, pena de multa.

Disposición transitoria sexta. No serán revisadas las sentencias en que la pena esté ejecutada o suspendida, aunque se encuentren pendientes de ejecutar otros pronunciamientos del fallo, así como las ya totalmente ejecutadas, sin perjuicio de que el Juez o Tribunal que en el futuro pudiera tenerlas en cuenta a efectos de reincidencia deba examinar previamente si el hecho en ellas penado ha dejado de ser delito o pudiera corresponderle una pena menor de la impuesta conforme a este Código.

En los supuestos de indulto parcial, no se revisarán las sentencias cuando la pena resultante que se halle cumpliendo el condenado se encuentre comprendida en un marco imponible inferior respecto al nuevo Código.

Disposición transitoria séptima. A efectos de la apreciación de la agravante de reincidencia, se entenderán comprendidos en el mismo Título de este Código, aquellos delitos previstos en el Cuerpo legal que se deroga y que tengan análoga denominación y ataquen del mismo modo a idéntico bien jurídico.

Disposición transitoria octava. En los casos en que la pena que pudiera corresponder por la aplicación de este Código fuera la de arresto de fin de semana, se considerará, para valorar su gravedad comparativa, que la duración de la privación de libertad equivale a dos días por cada fin de semana que correspondiera imponer. Si la pena fuera la de multa, se considerará que cada día de arresto sustitutorio que se haya impuesto o pudiese imponer el Juez o Tribunal conforme al Código que se deroga, equivale a dos cuotas diarias de la multa del presente Cuerpo legal.

Disposición transitoria novena. En las sentencias dictadas conforme a la legislación que se deroga y que no sean firmes por estar pendientes de recurso, se observarán, una vez transcurrido el período de vacatio, las siguientes reglas:

a) Si se trata de un recurso de apelación, las partes podrán invocar y el Juez o Tribunal aplicará de oficio los preceptos del nuevo Código, cuando resulten más favorables al reo.

b) Si se trata de un recurso de casación, aún no formalizado, el recurrente podrá señalar las infracciones legales basándose en los preceptos del nuevo Código.

c) Si, interpuesto recurso de casación, estuviera sustanciándose, se pasará de nuevo al recurrente, de oficio o a instancia de parte, por el término de ocho días, para que adapte, si lo estima procedente, los motivos de casación alegados a los preceptos del nuevo Código, y del recurso así modificado se instruirán las partes interesadas, el Fiscal y el Magistrado ponente, continuando la tramitación conforme a Derecho.

Disposición transitoria décima. Las medidas de seguridad que se hallen en ejecución o pendientes de ella, acordadas conforme a la Ley de Peligrosidad y Rehabilitación Social, o en aplicación de los números 1.º y 3.º del artículo 8 o del número 1.º del artículo 9 del Código Penal que se deroga, serán revisadas conforme a los preceptos del Título IV del Libro I de este Código y a las reglas anteriores.

En aquellos casos en que la duración máxima de la medida prevista en este Código sea inferior al tiempo que efectivamente hayan cumplido los sometidos a la misma, el Juez o Tribunal dará por extinguido dicho cumplimiento y, en el caso de tratarse de una medida de internamiento, ordenará su inmediata puesta en libertad.

Disposición transitoria undécima. 1. Cuando se hayan de aplicar Leyes penales especiales o procesales por la jurisdicción ordinaria, se entenderán sustituidas:

a) La pena de reclusión mayor, por la de prisión de quince a veinte años, con la cláusula de elevación de la misma a la pena de prisión de veinte a veinticinco años cuando concurran en el hecho dos o más circunstancias agravantes.

b) La pena de reclusión menor, por la de prisión de ocho a quince años.

c) La pena de prisión mayor, por la de prisión de tres a ocho años.

d) La pena de prisión menor, por la de prisión de seis meses a tres años.

e) La pena de arresto mayor, por la de arresto de siete a quince fines de semana.

f) La pena de multa impuesta en cuantía superior a cien mil pesetas señalada para hechos castigados como delito, por la de multa de tres a diez meses.

g) La pena de multa impuesta en cuantía inferior a cien mil pesetas señalada para hechos castigados como delito, por la de multa de dos a tres meses.

h) La pena de multa impuesta para hechos delictivos en cuantía proporcional al lucro obtenido o al perjuicio causado seguirá aplicándose proporcionalmente.

i) La pena de arresto menor, por la de arresto de uno a seis fines de semana.

j) La pena de multa establecida para hechos definidos como falta, por la multa de uno a sesenta días.

k) Las penas privativas de derechos se impondrán en los términos y por los plazos fijados en este Código.

l) Cualquier otra pena de las suprimidas en este Código, por la pena o medida de seguridad que el Juez o Tribunal estime más análoga y de igual o menor gravedad. De no existir o de ser todas más graves, dejará de imponerse.

2. En caso de duda, será oído el reo.

Disposición transitoria duodécima. Hasta la aprobación de la Ley que regule la responsabilidad penal del menor, en los procedimientos que se sustancien por razón de un delito o falta presuntamente cometido por un menor de dieciocho años, el Juez o Tribunal competente requerirá a los equipos técnicos que están al servicio de los Jueces de menores, la elaboración de un informe sobre la situación psicológica, educativa y familiar del menor, así como sobre su entorno social y, en general, sobre cualquier otra circunstancia que pueda haber influido en el hecho que se le imputa.

DISPOSICIÓN DEROGATORIA

Disposición derogatoria única. 1. Quedan derogados:

a) El texto refundido del Código Penal publicado por el Decreto 3096/1973, de 14 septiembre, conforme a la Ley 44/1971, de 15 noviembre, con sus modificaciones posteriores, excepto los artículos 8.2, 9.3, la regla 1.ª del artículo 20 en lo que se refiere al número 2.º del artículo 8, el segundo párrafo del artículo 22, 65, 417 bis y las disposiciones adicionales primera y segunda de la Ley Orgánica 3/1989, de 21 junio.

b) La Ley de 17 de marzo de 1908 de condena condicional, con sus modificaciones posteriores y disposiciones complementarias.

c) La Ley 16/1970, de 4 agosto, sobre Peligrosidad y Rehabilitación Social, con sus modificaciones posteriores y disposiciones complementarias.

d) La Ley de 26 de julio de 1878, de prohibición de ejercicios peligrosos ejecutados por menores.

e) Los preceptos penales sustantivos de las siguientes Leyes especiales:

Ley de 19 de septiembre de 1896, para la protección de pájaros insectívoros.

Ley de 16 de mayo de 1902, sobre la propiedad industrial.

Ley de 23 de julio de 1903, sobre mendicidad de menores.

Ley de 20 de febrero de 1942, de pesca fluvial.

Ley de 31 de diciembre de 1946, sobre pesca con explosivos.

Ley 1/1970, de 4 de abril, de caza. Los delitos y faltas previstos en dicha Ley, no contenidos en este Código, tendrán la consideración de infracciones administrativas muy graves, sancionándose con multa de cincuenta mil a quinientas mil pesetas y retirada de la licencia de caza, o de la facultad de obtenerla, por un plazo de dos a cinco años.

f) Los siguientes preceptos:

El artículo 256 del Reglamento Penitenciario, aprobado por Real Decreto 1201/1981, de 8 mayo.

Los artículos 65 a 73 del Reglamento de los servicios de prisiones, aprobado por Decreto de 2 de febrero de 1956.

Los artículos 84 a 90 de la Ley 25/1964, de 29 de abril, de Energía Nuclear.

El artículo 54 de la Ley 33/1971, de 21 de julio, de Emigración.

El segundo párrafo del artículo 24 de la Ley Orgánica 2/1981, de 6 de abril, del Defensor del Pueblo.

El artículo 2 de la Ley Orgánica 8/1984, de 26 de diciembre, sobre régimen de recursos en caso de objeción de conciencia y su régimen penal.

El artículo 4.º de la Ley Orgánica

5/1984, de 24 de mayo, de Comparecencia ante las Comisiones de Investigación del Congreso y del Senado o de ambas Cámaras.

Los artículos 29 y 49 de la Ley 209/1964, de 24 de diciembre, Penal y Procesal de la Navegación Aérea.

Los términos «activo y» del artículo 137 de la Ley Orgánica 5/1985, de 19 de junio, del Régimen Electoral General.

El artículo 6 de la Ley 57/1968, de 27 de julio, sobre Percibo de Cantidades Anticipadas en la Construcción y Venta de Viviendas.

2. Quedan también derogadas cuantas normas sean incompatibles con lo dispuesto en este Código.

DISPOSICIONES FINALES

Disposición final primera. La Ley de Enjuiciamiento Criminal quedará modificada en los siguientes términos:

«Artículo 14.

Tercero. Para el conocimiento y fallo de las causas por delitos menos graves, así como de las faltas, sean o no incidentales, imputables a los autores de esos delitos o a otras personas, cuando la comisión de la falta o su prueba estuviesen relacionadas con aquéllos, el Juez de lo Penal de la circunscripción donde el delito fue cometido o el Juez Central de lo Penal en el ámbito que le es propio.»

«Artículo 779.

Sin perjuicio de lo establecido para los demás procesos especiales, el procedimiento regulado en este Título se aplicará al enjuiciamiento de los delitos castigados con pena privativa de libertad no superior a nueve años, o bien con cualesquiera otras penas de distinta naturaleza, bien sean únicas, conjuntas o alternativas, cualquiera que sea su cuantía o duración.»

Disposición final segunda. El apartado 2 del artículo 1 de la Ley Orgánica 5/1995, sobre el Tribunal del Jurado, queda redactado en los siguientes términos:

«2. Dentro del ámbito de enjuiciamiento previsto en el apartado anterior, el Tribunal del Jurado será competente para el conocimiento y fallo de las causas por los delitos tipificados en los siguientes preceptos del Código Penal:

a) Del homicidio (artículos 138 a 140).

b) De las amenazas (artículo 169. 1.º).

c) De la omisión del deber de socorro (artículos 195 y 196).

d) Del allanamiento de morada (artículos 202 y 204).

e) De los incendios forestales (artículos 352 a 354).

f) De la infidelidad en la custodia de documentos (artículos 413 a 415).

g) Del cohecho (artículos 419 a 426).

h) Del tráfico de influencias (artículos 428 a 430).

i) De la malversación de caudales públicos (artículos 432 a 434).

j) De los fraudes y exacciones ilegales (artículos 436 a 438).

k) De las negociaciones prohibidas a funcionarios (artículos 439 y 440).

l) De la infidelidad en la custodia de presos (artículo 471).»

Disposición final tercera. 1. El capítulo VI de la Ley 35/1988, de 22 de noviembre, sobre Técnicas de Reproducción Asistida, quedará modificado en los siguientes términos:

1.º Quedan suprimidas las letras a), k), l) y v) del apartado 2.B) del artículo 20.

2.º El texto de la letra r) de dicho apartado 2.B) se sustituirá por el siguiente: «La transferencia de gametos o preembriones humanos en el útero de otra especie animal o la operación inversa, así como las fecundaciones entre gametos humanos y animales que no estén autorizadas.»

2. El artículo 21 del capítulo VII de la Ley 35/1988, sobre Técnicas de Reproducción Asistida, pasará a ser artículo 24.

Disposición final cuarta. La Ley Orgánica 1/1982, de 5 de mayo, de Protección del Derecho al Honor, a la Intimidad Personal y Familiar y a la Propia Imagen, quedará modificada en los siguientes términos:

«Artículo 1.º
2. El carácter delictivo de la intromisión no impedirá el recurso al procedimiento de tutela judicial previsto en el artículo 9.º de esta Ley. En cualquier caso, serán aplicables los criterios de esta Ley para la determinación de la responsabilidad civil derivada de delito.»

«Artículo 7.º
7. La imputación de hechos o la manifestación de juicios de valor a través de acciones o expresiones que de cualquier modo lesionen la dignidad de otra persona, menoscabando su fama o atentando contra su propia estimación.»

Disposición final quinta. La disposición adicional segunda de la Ley Orgánica 6/1995, de 29 de junio, quedará modificada en los siguientes términos:

«La exención de responsabilidad penal contemplada en los párrafos segundos de los artículos 305, apartado 4; 307 apartado 3, y 308 apartado 4, resultará igualmente aplicable aunque las deudas objeto de regularización sean inferiores a las cuantías establecidas en los citados artículos.»

Disposición final sexta. El Título V del Libro I de este Código, los artículos 193, 212, 233.3 y 272, así como las disposiciones adicionales primera y segunda, la disposición transitoria duodécima y las disposiciones finales primera y tercera tienen carácter de Ley ordinaria.

Disposición final séptima. El presente Código entrará en vigor a los seis meses de su completa publicación en el «Boletín Oficial del Estado» y se aplicará a todos los hechos punibles que se cometan a partir de su vigencia.

No obstante lo anterior, queda exceptuada la entrada en vigor de su artículo 19 hasta tanto adquiera vigencia la Ley que regule la responsabilidad penal del menor a que se refiere dicho precepto.

§ 2. LEY ORGÁNICA 5/2000, DE 12 DE ENERO, REGULADORA DE LA RESPONSABILIDAD PENAL DE LOS MENORES

(BOE 11, de 13 enero de 2000)

EXPOSICIÓN DE MOTIVOS

I

1. La promulgación de la presente Ley Orgánica reguladora de la responsabilidad penal de los menores era una necesidad impuesta por lo establecido en la Ley Orgánica 4/1992, de 5 de junio, sobre reforma de la Ley reguladora de la competencia y el procedimiento de los Juzgados de Menores; en la moción aprobada por el Congreso de los Diputados el 10 de mayo de 1994, y en el artículo 19 de la vigente Ley Orgánica 10/1995, de 23 de noviembre, del Código Penal.

2. La Ley Orgánica 4/1992, promulgada como consecuencia de la sentencia del Tribunal Constitucional 36/1991, de 14 de febrero, que declaró inconstitucional el artículo 15 de la Ley de Tribunales Tutelares de Menores, texto refundido de 11 de junio de 1948, establece un marco flexible para que los Juzgados de Menores puedan determinar las medidas aplicables a éstos en cuanto infractores penales, sobre la base de valorar especialmente el interés del menor, entendiendo por menores a tales efectos a las personas comprendidas entre los doce y los dieciséis años. Simultáneamente, encomienda al Ministerio Fiscal la iniciativa procesal, y le concede amplias facultades para acordar la terminación del proceso con la intención de evitar, dentro de lo posible, los efectos aflictivos que el mismo pudiera llegar a producir. Asimismo, configura al equipo técnico como instrumento imprescindible para alcanzar el objetivo que persiguen las medidas y termina estableciendo un procedimiento de naturaleza sancionadora-educativa, al que otorga todas las garantías derivadas de nuestro ordenamiento constitucional, en sintonía con lo establecido en la aludida sentencia del Tribunal Constitucional y lo dispuesto en el artículo 40 de la Convención de los Derechos del Niño de 20 de noviembre de 1989.

Dado que la expresada Ley Orgánica se reconocía a sí misma expresamente «el carácter de una reforma urgente, que adelanta parte de una renovada legislación sobre reforma de menores, que será objeto de medidas legislativas posteriores», es evidente la oportunidad de la presente Ley Orgánica, que constituye esa necesaria reforma legislativa, partiendo de los principios básicos que ya guiaron la redacción de aquélla (especialmente, el principio del superior interés del menor), de las garantías de nuestro ordenamiento constitucional, y de las normas de Derecho internacional, con particular atención a la citada Convención de los Derechos del Niño de 20 de noviembre de 1989, y esperando responder de este modo a las expectativas creadas en la sociedad española, por razones en parte coyunturales y en parte permanentes, sobre este tema concreto.

3. Los principios expuestos en la moción aprobada unánimemente por el Congreso de los Diputados el día 10 de mayo de 1994, sobre medidas para mejorar el marco jurídico vigente de protección del menor, se refieren esencialmente al establecimiento de la mayoría de edad penal en los dieciocho años y a la promulgación de «una ley penal del menor y juvenil que contemple la exigencia de responsabilidad para los jóvenes infractores que no hayan alcanzado la mayoría de edad penal, fundamentada en principios orientados hacia la reeducación de los menores de edad infractores, en base

a las circunstancias personales, familiares y sociales, y que tenga especialmente en cuenta las competencias de las Comunidades Autónomas en esta materia...».

4. El artículo 19 del vigente Código Penal, aprobado por la Ley Orgánica 10/1995, de 23 de noviembre, fija efectivamente la mayoría de edad penal en los dieciocho años y exige la regulación expresa de la responsabilidad penal de los menores de dicha edad en una Ley independiente. También para responder a esta exigencia se aprueba la presente Ley Orgánica, si bien lo dispuesto en este punto en el Código Penal debe ser complementado en un doble sentido. En primer lugar, asentando firmemente el principio de que la responsabilidad penal de los menores presenta frente a la de los adultos un carácter primordial de intervención educativa que trasciende a todos los aspectos de su regulación jurídica y que determina considerables diferencias entre el sentido y el procedimiento de las sanciones en uno y otro sector, sin perjuicio de las garantías comunes a todo justiciable. En segundo término, la edad límite de dieciocho años establecida por el Código Penal para referirse a la responsabilidad penal de los menores precisa de otro límite mínimo a partir del cual comience la posibilidad de exigir esa responsabilidad y que se ha concretado en los catorce años, con base en la convicción de que las infracciones cometidas por los niños menores de esta edad son en general irrelevantes y que, en los escasos supuestos en que aquéllas pueden producir alarma social, son suficientes para darles una respuesta igualmente adecuada los ámbitos familiar y asistencial civil, sin necesidad de la intervención del aparato judicial sancionador del Estado.

5. Asimismo, han sido criterios orientadores de la redacción de la presente Ley Orgánica, como no podía ser de otra manera, los contenidos en la doctrina del Tribunal Constitucional, singularmente en los fundamentos jurídicos de las sentencias 36/1991, de 14 de febrero, y 60/1995, de 17 de marzo, sobre las garantías y el respeto a los derechos fundamentales que necesariamente han de imperar en el procedimiento seguido ante los Juzgados de Menores, sin perjuicio de las modulaciones que, respecto del procedimiento ordinario, permiten tener en cuenta la naturaleza y finalidad de aquel tipo de proceso, encaminado a la adopción de unas medidas que, como ya se ha dicho, fundamentalmente no pueden ser represivas, sino preventivo-especiales, orientadas hacia la efectiva reinserción y el superior interés del menor, valorados con criterios que han de buscarse primordialmente en el ámbito de las ciencias no jurídicas.

II

6. Como consecuencia de los principios, criterios y orientaciones a que se acaba de hacer referencia, puede decirse que la redacción de la presente Ley Orgánica ha sido conscientemente guiada por los siguientes principios generales: naturaleza formalmente penal pero materialmente sancionadora-educativa del procedimiento y de las medidas aplicables a los infractores menores de edad, reconocimiento expreso de todas las garantías que se derivan del respeto de los derechos constitucionales y de las especiales exigencias del interés del menor, diferenciación de diversos tramos a efectos procesales y sancionadores en la categoría de infractores menores de edad, flexibilidad en la adopción y ejecución de las medidas aconsejadas por las circunstancias del caso concreto, competencia de las entidades autonómicas relacionadas con la reforma y protección de menores para la ejecución de las medidas impuestas en la sentencia y control judicial de esta ejecución.

7. La presente Ley Orgánica tiene ciertamente la naturaleza de disposición sancionadora, pues desarrolla la exigencia de una verdadera responsabilidad jurídica a los menores infractores, aunque referida específicamente a la comisión de hechos tipificados como delitos o faltas por el Código Penal y las restantes leyes penales especiales. Al pretender ser la reacción jurídica dirigida al menor infractor una intervención

de naturaleza educativa, aunque desde luego de especial intensidad, rechazando expresamente otras finalidades esenciales del Derecho penal de adultos, como la proporcionalidad entre el hecho y la sanción o la intimidación de los destinatarios de la norma, se pretende impedir todo aquello que pudiera tener un efecto contraproducente para el menor, como el ejercicio de la acción por la víctima o por otros particulares.

Y es que en el Derecho penal de menores ha de primar, como elemento determinante del procedimiento y de las medidas que se adopten, el superior interés del menor. Interés que ha de ser valorado con criterios técnicos y no formalistas por equipos de profesionales especializados en el ámbito de las ciencias no jurídicas, sin perjuicio desde luego de adecuar la aplicación de las medidas a principios garantistas generales tan indiscutibles como el principio acusatorio, el principio de defensa o el principio de presunción de inocencia.

8. Sin embargo, la Ley tampoco puede olvidar el interés propio del perjudicado o víctima del hecho cometido por el menor, estableciendo un procedimiento singular, rápido y poco formalista para el resarcimiento, en su caso, de daños y perjuicios, dotando de amplias facultades al Juez de Menores para la incorporación a los autos de documentos y testimonios relevantes de la causa principal. En este ámbito de atención a los intereses y necesidades de las víctimas, la Ley introduce el principio en cierto modo revolucionario de la responsabilidad solidaria con el menor responsable de los hechos de sus padres, tutores, acogedores o guardadores, si bien permitiendo la moderación judicial de la misma y recordando expresamente la aplicabilidad en su caso de la Ley 30/1992, de 26 de noviembre, de Régimen Jurídico de las Administraciones Públicas y del Procedimiento Administrativo Común, así como de la Ley 35/1995, de 11 de diciembre, de ayudas y asistencia a las víctimas de delitos violentos y contra la libertad sexual.

Asimismo la Ley regula, para procedimientos por delitos graves cometidos por mayores de dieciséis años, un régimen de intervención del perjudicado en orden a salvaguardar el interés de la víctima en el esclarecimiento de los hechos y su enjuiciamiento por el orden jurisdiccional competente, sin contaminar el procedimiento propiamente educativo y sancionador del menor.

Esta Ley arbitra un amplio derecho de participación a las víctimas ofreciéndoles la oportunidad de intervenir en las actuaciones procesales proponiendo y practicando prueba, formulando conclusiones e interponiendo recursos. Sin embargo, esta participación se establece de un modo limitado ya que respecto de los menores no cabe reconocer a los particulares el derecho a constituirse propiamente en parte acusadora con plenitud de derechos y cargas procesales. No existe aquí ni la acción particular de los perjudicados por el hecho criminal, ni la acción popular de los ciudadanos, porque en estos casos el interés prioritario para la sociedad y para el Estado coincide con el interés del menor.

9. Conforme a las orientaciones declaradas por el Tribunal Constitucional, anteriormente aludidas, se instaura un sistema de garantías adecuado a la pretensión procesal, asegurando que la imposición de la sanción se efectuará tras vencer la presunción de inocencia, pero sin obstaculizar los criterios educativos y de valoración del interés del menor que presiden este proceso, haciendo al mismo tiempo un uso flexible del principio de intervención mínima, en el sentido de dotar de relevancia a las posibilidades de no apertura del procedimiento o renuncia al mismo, al resarcimiento anticipado o conciliación entre el infractor y la víctima, y a los supuestos de suspensión condicional de la medida impuesta o de sustitución de la misma durante su ejecución.

La competencia corresponde a un Juez ordinario, que, con categoría de Magistrado y preferentemente especialista, garantiza la tutela judicial efectiva de los derechos en conflicto. La posición del Ministerio Fiscal es relevante, en su doble condición de institución que constitucionalmente tiene encomendada la función de promover la acción de la Justicia y la defensa de la legalidad, así como de los derechos de los menores, velando por el interés de éstos. El letrado del menor tiene participación en todas y cada una de las fases del proceso, conociendo en todo momento el contenido del expediente, pudiendo proponer pruebas e interviniendo en todos los actos que se refieren a la valoración del interés del menor y a la ejecución de la medida, de la que puede solicitar la modificación.

La adopción de medidas cautelares sigue el modelo de solicitud de parte, en audiencia contradictoria, en la que debe valorarse especialmente, una vez más, el superior interés del menor.

En defensa de la unidad de doctrina, el sistema de recursos ordinario se confía a las Salas de Menores de los Tribunales Superiores de Justicia, que habrán de crearse, las cuales, con la inclusión de Magistrados especialistas, aseguran y refuerzan la efectividad de la tutela judicial en relación con las finalidades que se propone la Ley. En el mismo sentido, procede destacar la instauración del recurso de casación para unificación de doctrina, reservado a los casos de mayor gravedad, en paralelismo con el proceso penal de adultos, reforzando la garantía de la unidad de doctrina en el ámbito del derecho sancionador de menores a través de la jurisprudencia del Tribunal Supremo.

10. Conforme a los principios señalados, se establece, inequívocamente, el límite de los catorce años de edad para exigir este tipo de responsabilidad sancionadora a los menores de edad penal y se diferencian, en el ámbito de aplicación de la Ley y de la graduación de las consecuencias por los hechos cometidos, dos tramos, de catorce a dieciséis y de diecisiete a dieciocho años, por presentar uno y otro grupo diferencias características que requieren, desde un punto de vista científico y jurídico, un tratamiento diferenciado, constituyendo una agravación específica en el tramo de los mayores de dieciséis años la comisión de delitos que se caracterizan por la violencia, intimidación o peligro para las personas.

La aplicación de la presente Ley a los mayores de dieciocho años y menores de veintiuno, prevista en el artículo 69 del Código Penal vigente, podrá ser acordada por el Juez atendiendo a las circunstancias personales y al grado de madurez del autor, y a la naturaleza y gravedad de los hechos. Estas personas reciben, a los efectos de esta Ley, la denominación genérica de «jóvenes».

Se regulan expresamente, como situaciones que requieren una respuesta específica, los supuestos en los que el menor presente síntomas de enajenación mental o la concurrencia de otras circunstancias modificativas de su responsabilidad, debiendo promover el Ministerio Fiscal, tanto la adopción de las medidas más adecuadas al interés del menor que se encuentre en tales situaciones, como la constitución de los organismos tutelares previstos por las leyes. También se establece que las acciones u omisiones imprudentes no puedan ser sancionadas con medidas de internamiento en régimen cerrado.

11. Con arreglo a las orientaciones expuestas, la Ley establece un amplio catálogo de medidas aplicables, desde la referida perspectiva sancionadora-educativa, debiendo primar nuevamente el interés del menor en la flexible adopción judicial de la medida más idónea, dadas las características del caso concreto y de la evolución personal del sancionado durante la ejecución de la medida. La concreta finalidad que las ciencias de la conducta exigen que se persiga con cada una de las medidas relacionadas, se detalla con carácter orientador en el apartado III de esta exposición de motivos.

12. La ejecución de las medidas judicialmente impuestas corresponde a las entidades públicas de protección y reforma de menores de las Comunidades Autónomas, bajo el inexcusable control del Juez de Menores. Se mantiene el criterio de que el interés del menor tiene que ser atendido por especialistas en las áreas de la educación y la formación, pertenecientes a esferas de mayor inmediación que el Estado. El Juez de Menores, a instancia de las partes y

oídos los equipos técnicos del propio Juzgado y de la entidad pública de la correspondiente Comunidad Autónoma, dispone de amplias facultades para suspender o sustituir por otras las medidas impuestas, naturalmente sin mengua de las garantías procesales que constituyen otro de los objetivos primordiales de la nueva regulación, o permitir la participación de los padres del menor en la aplicación y consecuencias de aquéllas.

13. Un interés particular revisten en el contexto de la Ley los temas de la reparación del daño causado y la conciliación del delincuente con la víctima como situaciones que, en aras del principio de intervención mínima, y con el concurso mediador del equipo técnico, pueden dar lugar a la no incoación o sobreseimiento del expediente, o a la finalización del cumplimiento de la medida impuesta, en un claro predominio, una vez más, de los criterios educativos y resocializadores sobre los de una defensa social esencialmente basada en la prevención general y que pudiera resultar contraproducente para el futuro.

La reparación del daño causado y la conciliación con la víctima presentan el común denominador de que el ofensor y el perjudicado por la infracción llegan a un acuerdo, cuyo cumplimiento por parte del menor termina con el conflicto jurídico iniciado por su causa. La conciliación tiene por objeto que la víctima reciba una satisfacción psicológica a cargo del menor infractor, quien ha de arrepentirse del daño causado y estar dispuesto a disculparse. La medida se aplicará cuando el menor efectivamente se arrepienta y se disculpe, y la persona ofendida lo acepte y otorgue su perdón. En la reparación el acuerdo no se alcanza únicamente mediante la vía de la satisfacción psicológica, sino que requiere algo más: el menor ejecuta el compromiso contraído con la víctima o perjudicado de reparar el daño causado, bien mediante trabajos en beneficio de la comunidad, bien mediante acciones, adaptadas a las necesidades del sujeto, cuyo beneficiario sea la propia víctima o perjudicado.

III

14. En la medida de amonestación, el Juez, en un acto único que tiene lugar en la sede judicial, manifiesta al menor de modo concreto y claro las razones que hacen socialmente intolerables los hechos cometidos, le expone las consecuencias que para él y para la víctima han tenido o podían haber tenido tales hechos, y le formula recomendaciones para el futuro.

15. La medida de prestaciones en beneficio de la comunidad, que, en consonancia con el artículo 25.2 de nuestra Constitución, no podrá imponerse sin consentimiento del menor, consiste en realizar una actividad, durante un número de sesiones previamente fijado, bien sea en beneficio de la colectividad en su conjunto, o de personas que se encuentren en una situación de precariedad por cualquier motivo. Preferentemente, se buscará relacionar la naturaleza de la actividad en que consista esta medida con la de los bienes jurídicos afectados por los hechos cometidos por el menor.

Lo característico de esta medida es que el menor ha de comprender, durante su realización, que la colectividad o determinadas personas han sufrido de modo injustificado unas consecuencias negativas derivadas de su conducta. Se pretende que el sujeto comprenda que actuó de modo incorrecto, que merece el reproche formal de la sociedad, y que la prestación de los trabajos que se le exigen es un acto de reparación justo.

16. Las medidas de internamiento responden a una mayor peligrosidad, manifestada en la naturaleza peculiarmente grave de los hechos cometidos, caracterizados en los casos más destacados por la violencia, la intimidación o el peligro para las personas. El objetivo prioritario de la medida es disponer de un ambiente que provea de las condiciones educativas adecuadas para que el menor pueda reorientar aquellas disposiciones o deficiencias que han caracterizado su comportamiento antisocial, cuando para ello sea necesario, al menos de manera temporal, asegurar la estancia del infractor en un régimen físicamente restrictivo de su libertad.

La mayor o menor intensidad de tal restricción da lugar a los diversos tipos de internamiento, a los que se va a aludir a continuación. El internamiento, en todo caso, ha de proporcionar un clima de seguridad personal para todos los implicados, profesionales y menores infractores, lo que hace imprescindible que las condiciones de estancia sean las correctas para el normal desarrollo psicológico de los menores.

El internamiento en régimen cerrado pretende la adquisición por parte del menor de los suficientes recursos de competencia social para permitir un comportamiento responsable en la comunidad, mediante una gestión de control en un ambiente restrictivo y progresivamente autónomo.

El internamiento en régimen semiabierto implica la existencia de un proyecto educativo en donde desde el principio los objetivos sustanciales se realizan en contacto con personas e instituciones de la comunidad, teniendo el menor su residencia en el centro, sujeto al programa y régimen interno del mismo.

El internamiento en régimen abierto implica que el menor llevará a cabo todas las actividades del proyecto educativo en los servicios normalizados del entorno, residiendo en el centro como domicilio habitual.

El internamiento terapéutico se prevé para aquellos casos en los que los menores, bien por razón de su adicción al alcohol o a otras drogas, bien por disfunciones significativas en su psiquismo, precisan de un contexto estructurado en el que poder realizar una programación terapéutica, no dándose, ni, de una parte, las condiciones idóneas en el menor o en su entorno para el tratamiento ambulatorio, ni, de otra parte, las condiciones de riesgo que exigirían la aplicación a aquél de un internamiento en régimen cerrado.

17. En la asistencia a un centro de día, el menor es derivado a un centro plenamente integrado en la comunidad, donde se realizan actividades educativas de apoyo a su competencia social. Esta medida sirve el propósito de proporcionar a un menor un ambiente estructurado durante buena parte del día, en el que se lleven a cabo actividades socio-educativas que puedan compensar las carencias del ambiente familiar de aquél. Lo característico del centro de día es que en ese lugar es donde toma cuerpo lo esencial del proyecto socio-educativo del menor, si bien éste puede asistir también a otros lugares para hacer uso de otros recursos de ocio o culturales. El sometido a esta medida puede, por lo tanto, continuar residiendo en su hogar, o en el de su familia, o en el establecimiento de acogida.

18. En la medida de libertad vigilada, el menor infractor está sometido, durante el tiempo establecido en la sentencia, a una vigilancia y supervisión a cargo de personal especializado, con el fin de que adquiera las habilidades, capacidades y actitudes necesarias para un correcto desarrollo personal y social. Durante el tiempo que dure la libertad vigilada, el menor también deberá cumplir las obligaciones y prohibiciones que, de acuerdo con esta Ley, el Juez puede imponerle.

19. La realización de tareas socio-educativas consiste en que el menor lleve a cabo actividades específicas de contenido educativo que faciliten su reinserción social. Puede ser una medida de carácter autónomo o formar parte de otra más compleja. Empleada de modo autónomo, pretende satisfacer necesidades concretas del menor percibidas como limitadoras de su desarrollo integral. Puede suponer la asistencia y participación del menor a un programa ya existente en la comunidad, o bien a uno creado «ad hoc» por los profesionales encargados de ejecutar la medida. Como ejemplos de tareas socio-educativas, se pueden mencionar las siguientes: asistir a un taller ocupacional, a un aula de educación compensatoria o a un curso de preparación para el empleo; participar en actividades estructuradas de animación sociocultural, asistir a talleres de aprendizaje para la competencia social, etc.

20. El tratamiento ambulatorio es una medida destinada a los menores que disponen de las condiciones adecuadas en su vida para beneficiarse de un programa terapéutico que les ayude a superar procesos adictivos o disfunciones significativas de su psi-

quismo. Previsto para los menores que presenten una dependencia al alcohol o las drogas, y que en su mejor interés puedan ser tratados de la misma en la comunidad, en su realización pueden combinarse diferentes tipos de asistencia médica y psicológica. Resulta muy apropiado para casos de desequilibrio psicológico o perturbaciones del psiquismo que puedan ser atendidos sin necesidad de internamiento. La diferencia más clara con la tarea socio-educativa es que ésta pretende lograr una capacitación, un logro de aprendizaje, empleando una metodología, no tanto clínica, sino de orientación psico-educativa. El tratamiento ambulatorio también puede entenderse como una tarea socio-educativa muy específica para un problema bien definido.

21. La permanencia de fin de semana es la expresión que define la medida por la que un menor se ve obligado a permanecer en su hogar desde la tarde o noche del viernes hasta la noche del domingo, a excepción del tiempo en que realice las tareas socio-educativas asignadas por el Juez. En la práctica, combina elementos del arresto de fin de semana y de la medida de tareas socio-educativas o prestaciones en beneficio de la comunidad. Es adecuada para menores que cometen actos de vandalismo o agresiones leves en los fines de semana.

22. La convivencia con una persona, familia o grupo educativo es una medida que intenta proporcionar al menor un ambiente de socialización positivo, mediante su convivencia, durante un período determinado por el Juez, con una persona, con una familia distinta a la suya o con un grupo educativo que se ofrezca a cumplir la función de la familia en lo que respecta al desarrollo de pautas socioafectivas prosociales en el menor.

23. La privación del permiso de conducir ciclomotores o vehículos a motor, o del derecho a obtenerlo, o de licencias administrativas para caza o para el uso de cualquier tipo de armas, es una medida accesoria que se podrá imponer en aquellos casos en los que el hecho cometido tenga relación con la actividad que realiza el menor y que ésta necesite autorización administrativa.

24. Por último, procede poner de manifiesto que los principios científicos y los criterios educativos a que han de responder cada una de las medidas, aquí sucintamente expuestos, se habrán de regular más extensamente en el Reglamento que en su día se dicte en desarrollo de la presente Ley Orgánica.

TÍTULO PRELIMINAR

Art. 1. *Declaración general*

1. Esta Ley se aplicará para exigir la responsabilidad de las personas mayores de catorce años y menores de dieciocho por la comisión de hechos tipificados como delitos o faltas en el Código Penal o las leyes penales especiales.

2. También se aplicará lo dispuesto en esta Ley para los menores a las personas mayores de dieciocho años y menores de veintiuno, en los términos establecidos en el artículo 4 de la misma.

3. Las personas a las que se aplique la presente Ley gozarán de todos los derechos reconocidos en la Constitución y en el ordenamiento jurídico, particularmente en la Ley Orgánica 1/1996, de 15 de enero, de Protección Jurídica del Menor, así como en la Convención sobre los Derechos del Niño de 20 de noviembre de 1989 y en todas aquellas normas sobre protección de menores contenidas en los Tratados válidamente celebrados por España.

4. Al efecto de designar a las personas a quienes se aplica esta Ley, en el articulado de la misma se utiliza el término menores para referirse a las que no han cumplido dieciocho años, y el de jóvenes para referirse a las mayores de dicha edad.

Sin perjuicio de lo anterior, cuando esta Ley se refiera genéricamente al menor o a los menores, se entenderá que lo hace a todos los incluidos en su ámbito de aplicación.

TÍTULO I
DEL ÁMBITO DE APLICACIÓN DE LA LEY

Art. 2. *Competencia de los Jueces de Menores*

1. Los Jueces de Menores serán competentes para conocer de los hechos cometidos por las personas mencionadas en el artículo 1 de esta Ley, así como para hacer ejecutar sus sentencias, sin perjuicio de las facultades atribuidas por esta Ley a las Comunidades Autónomas respecto a la protección y reforma de menores.

2. Los Jueces de Menores serán asimismo competentes para resolver sobre las responsabilidades civiles derivadas de los hechos cometidos por las personas a las que resulta aplicable la presente Ley.

3. La competencia corresponde al Juez de Menores del lugar donde se haya cometido el hecho delictivo, sin perjuicio de lo establecido en el artículo 20.3 de esta Ley.

Art. 3. *Régimen de los menores de catorce años*

Cuando el autor de los hechos mencionados en los artículos anteriores sea menor de catorce años, no se le exigirá responsabilidad con arreglo a la presente Ley, sino que se le aplicará lo dispuesto en las normas sobre protección de menores previstas en el Código Civil y demás disposiciones vigentes. El Ministerio Fiscal deberá remitir a la entidad pública de protección de menores testimonio de los particulares que considere precisos respecto al menor, a fin de valorar su situación, y dicha entidad habrá de promover las medidas de protección adecuadas a las circunstancias de aquél conforme a lo dispuesto en la Ley Orgánica 1/1996, de 15 de enero.

Art. 4. *Régimen de los mayores de dieciocho años*

1. De conformidad con lo establecido en el artículo 69 de la Ley Orgánica 10/1995, de 23 de noviembre, del Código Penal, la presente Ley se aplicará a las personas mayores de dieciocho años y menores de veintiuno imputadas en la comisión de hechos delictivos, cuando el Juez de Instrucción competente, oídos el Ministerio Fiscal, el letrado del imputado y el equipo técnico a que se refiere el artículo 27 de esta Ley, así lo declare expresamente mediante auto.

2. Serán condiciones necesarias para la aplicación de lo dispuesto en el apartado anterior las siguientes:

1.ª Que el imputado hubiere cometido una falta, o un delito menos grave sin violencia o intimidación en las personas ni grave peligro para la vida o la integridad física de las mismas, tipificados en el Código Penal o en las leyes penales especiales.

2.ª Que no haya sido condenado en sentencia firme por hechos delictivos cometidos una vez cumplidos los dieciocho años. A tal efecto no se tendrán en cuenta las anteriores condenas por delitos o faltas imprudentes ni los antecedentes penales que hayan sido cancelados, o que debieran serlo con arreglo a lo dispuesto en el artículo 136 del Código Penal.

3.ª Que las circunstancias personales del imputado y su grado de madurez aconsejen la aplicación de la presente Ley, especialmente cuando así lo haya recomendado el equipo técnico en su informe.

3. Contra el auto que resuelva lo indicado en los apartados anteriores, cabrá recurso de apelación en el plazo de tres días, del que conocerá la Sala de Menores del Tribunal Superior de Justicia correspondiente, sin previo recurso de reforma. La apelación se sustanciará conforme al régimen general establecido en la Ley de Enjuiciamiento Criminal.

Del mencionado auto, una vez firme, se dará traslado al Ministerio Fiscal para la tramitación del procedimiento previsto en la presente Ley.

Art. 5. *Bases de la responsabilidad de los menores*

1. Los menores serán responsables con arreglo a esta Ley cuando hayan cometido los hechos a los que se refiere el artículo 1 y no concurra en ellos ninguna de las causas de exención o extinción de la responsabilidad criminal previstas en el vigente Código Penal.

2. No obstante lo anterior, a los menores en quienes concurran las circunstancias previstas en los números 1.º, 2.º y 3.º del artículo 20 del vigente Código Penal les serán aplicables, en caso necesario, las medidas terapéuticas a las que se refiere el artículo 7.1, letras d) y e), de la presente Ley.

3. Las edades indicadas en el articulado de esta Ley se han de entender siempre referidas al momento de la comisión de los hechos, sin que el haberse rebasado las mismas antes del comienzo del procedimiento o durante la tramitación del mismo tenga incidencia alguna sobre la competencia atribuida por esta misma Ley a los Jueces y Fiscales de Menores.

Art. 6. *De la intervención del Ministerio Fiscal*

Corresponde al Ministerio Fiscal la defensa de los derechos que a los menores reconocen las leyes, así como la vigilancia de las actuaciones que deban efectuarse en su interés y la observancia de las garantías del procedimiento, para lo cual dirigirá personalmente la investigación de los hechos y ordenará que la policía judicial practique las actuaciones necesarias para la comprobación de aquéllos y de la participación del menor en los mismos, impulsando el procedimiento.

TÍTULO II
DE LAS MEDIDAS

Art. 7. *Enumeración de las medidas susceptibles de ser impuestas a los menores*

1. Las medidas que pueden imponer los Jueces de Menores, ordenadas según la restricción de derechos que suponen, son las siguientes:

a) Internamiento en régimen cerrado. Las personas sometidas a esta medida residirán en el centro y desarrollarán en el mismo las actividades formativas, educativas, laborales y de ocio.

b) Internamiento en régimen semiabierto. Las personas sometidas a esta medida residirán en el centro, pero realizarán fuera del mismo actividades formativas, educativas, laborales y de ocio.

c) Internamiento en régimen abierto. Las personas sometidas a esta medida llevarán a cabo todas las actividades del proyecto educativo en los servicios normalizados del entorno, residiendo en el centro como domicilio habitual, con sujeción al programa y régimen interno del mismo.

d) Internamiento terapéutico. En los centros de esta naturaleza se realizará una atención educativa especializada o tratamiento específico dirigido a personas que padezcan anomalías o alteraciones psíquicas, un estado de dependencia de bebidas alcohólicas, drogas tóxicas o sustancias psicotrópicas, o alteraciones en la percepción que determinen una alteración grave de la conciencia de la realidad. Esta medida podrá aplicarse sola o como complemento de otra medida prevista en este artículo. Cuando el interesado rechace un tratamiento de deshabituación, el Juez habrá de aplicarle otra medida adecuada a sus circunstancias.

e) Tratamiento ambulatorio. Las personas sometidas a esta medida habrán de asistir al centro designado con la periodicidad requerida por los facultativos que las atiendan y seguir las pautas fijadas para el adecuado tratamiento de la anomalía o alteración psíquica, adicción al consumo de bebidas alcohólicas, drogas tóxicas o sustancias psicotrópicas, o alteraciones en la percepción que padezcan. Esta medida podrá aplicarse sola o como complemento de otra medida prevista en este artículo. Cuando el interesado rechace un tratamiento de deshabituación, el Juez habrá de aplicarle otra medida adecuada a sus circunstancias.

f) Asistencia a un centro de día. Las personas sometidas a esta medida residirán en su domicilio habitual y acudirán a un centro, plenamente integrado en la comunidad, a realizar actividades de apoyo, educativas, formativas, laborales o de ocio.

g) Permanencia de fin de semana. Las personas sometidas a esta medida permanecerán en su domicilio o en un centro hasta un máximo de treinta y seis horas entre la tarde o noche del viernes y la noche del domingo, a excepción del tiempo que deban dedicar a las tareas socio-educativas asignadas por el Juez.

h) Libertad vigilada. En esta medida se ha de hacer un seguimiento de la actividad de la persona sometida a la misma y de su asistencia a la escuela, al centro de formación profesional o al lugar de trabajo, según los casos, procurando ayudar a aquélla a superar los factores que determinaron la infracción cometida. Asimismo, esta medida obliga, en su caso, a seguir las pautas socio-educativas que señale la entidad pública o el profesional encargado de su seguimiento, de acuerdo con el programa de intervención elaborado al efecto y aprobado por el Juez de Menores. La persona sometida a la medida también queda obligada a mantener con dicho profesional las entrevistas establecidas en el programa y a cumplir, en su caso, las reglas de conducta impuestas por el Juez, que podrán ser alguna o algunas de las siguientes:

1.ª Obligación de asistir con regularidad al centro docente correspondiente, si el interesado está en el período de la enseñanza básica obligatoria, y acreditar ante el Juez dicha asistencia regular o justificar en su caso las ausencias, cuantas veces fuere requerido para ello.

2.ª Obligación de someterse a programas de tipo formativo, cultural, educativo, profesional, laboral, de educación sexual, de educación vial u otros similares.

3.ª Prohibición de acudir a determinados lugares, establecimientos o espectáculos.

4.ª Prohibición de ausentarse del lugar de residencia sin autorización judicial previa.

5.ª Obligación de residir en un lugar determinado.

6.ª Obligación de comparecer personalmente ante el Juzgado de Menores o profesional que se designe, para informar de las actividades realizadas y justificarlas.

7.ª Cualesquiera otras obligaciones que el Juez, de oficio o a instancia del Ministerio Fiscal, estime convenientes para la reinserción social del sentenciado, siempre que no atenten contra su dignidad como persona.

i) Convivencia con otra persona, familia o grupo educativo. La persona sometida a esta medida debe convivir, durante el período de tiempo establecido por el Juez, con otra persona, con una familia distinta a la suya o con un grupo educativo, adecuadamente seleccionados para orientar a aquélla en su proceso de socialización.

j) Prestaciones en beneficio de la comunidad. La persona sometida a esta medida, que no podrá imponerse sin su consentimiento, ha de realizar las actividades no retribuidas que se le indiquen, de interés social o en beneficio de personas en situación de precariedad. Se buscará relacionar la naturaleza de dichas actividades con la naturaleza del bien jurídico lesionado por los hechos cometidos por el menor.

k) Realización de tareas socio-educativas. La persona sometida a esta medida ha de realizar, sin internamiento ni libertad vigilada, actividades específicas de contenido educativo encaminadas a facilitarle el desarrollo de su competencia social.

l) Amonestación. Esta medida consiste en la reprensión de la persona llevada a cabo por el Juez de Menores y dirigida a hacerle comprender la gravedad de los hechos cometidos y las consecuencias que los mismos han tenido o podrían haber tenido, instándole a no volver a cometer tales hechos en el futuro.

m) Privación del permiso de conducir ciclomotores o vehículos a motor, o del derecho a obtenerlo, o de las licencias administrativas para caza o para uso de cualquier tipo de armas. Esta medida podrá imponerse como accesoria cuando el delito o falta se hubiere cometido utilizando un ciclomotor o un vehículo a motor, o un arma, respectivamente.

2. Las medidas de internamiento constarán de dos períodos: el primero se llevará a cabo en el centro correspondiente, conforme a la descripción efectuada en el apartado anterior de este artículo; el segundo se llevará a cabo en régimen de libertad vigilada, en la modalidad elegida por el Juez. La duración total no excederá del tiempo que se expresa en el artículo 9. El equipo técnico deberá informar respecto del contenido de ambos períodos, y el Juez expresará la duración de cada uno en la sentencia.

3. Para la elección de la medida o medidas adecuadas, tanto por el Ministerio Fiscal y el letrado del menor en sus postulaciones como por el Juez en la sentencia, se deberá atender de modo flexible, no sólo a la prueba y valoración jurídica de los hechos, sino especialmente a la edad, las circunstancias familiares y sociales, la personalidad y el interés del menor, puestos de manifiesto los dos últimos en los informes de los equipos técnicos y, en su caso, de las entidades públicas de protección y reforma de menores emitidos conforme a lo dispuesto en el artículo 27 de la presente Ley. El Juez deberá motivar la sentencia, expresando con detalle las razones por las que aplica una determinada medida, así como el plazo de duración de la misma, a los efectos de la valoración del mencionado interés del menor.

Art. 8. *Principio acusatorio*

El Juez de Menores no podrá imponer una medida que suponga una mayor restricción de derechos ni por un tiempo superior a la medida solicitada por el Ministerio Fiscal.

Tampoco podrá exceder la duración de las medidas privativas de libertad contempladas en el artículo 7.1.a), b), c), d) y g), en ningún caso, del tiempo que hubiera durado la pena privativa de libertad que se le hubiere impuesto por el mismo hecho, si el sujeto, de haber sido mayor de edad, hubiera sido declarado responsable, de acuerdo con el Código Penal.

Art. 9. *Reglas para la aplicación de las medidas*

No obstante lo establecido en el artículo 7.3, la aplicación de las medidas se atendrá a las siguientes reglas:

1.ª Cuando los hechos cometidos sean calificados de falta, sólo se podrán imponer las medidas de amonestación, permanencia de fin de semana hasta un máximo de cuatro fines de semana, prestaciones en beneficio de la comunidad hasta cincuenta horas, y privación del permiso de conducir o de otras licencias administrativas.

2.ª La medida de internamiento en régimen cerrado sólo podrá ser aplicable cuando en la descripción y calificación jurídica de los hechos se establezca que en su comisión se ha empleado violencia o intimidación en las personas o actuado con grave riesgo para la vida o la integridad física de las mismas.

3.ª La duración de las medidas no podrá exceder de dos años, computándose, en su caso, a estos efectos el tiempo ya cumplido por el menor en medida cautelar, conforme a lo dispuesto en el artículo 28.5 de la presente Ley. La medida de prestaciones en beneficio de la comunidad no podrá superar las cien horas. La medida de permanencia de fin de semana no podrá superar los ocho fines de semana.

4.ª En el caso de personas que hayan cumplido los dieciséis años en el momento de la comisión de los hechos, el plazo de duración de las medidas podrá alcanzar un máximo de cinco años, siempre que el delito haya sido cometido con violencia o intimidación en las personas o con grave riesgo para la vida o la integridad física de las mismas y el equipo técnico en su informe aconseje la prolongación de la medida. En estos supuestos, la medida de prestaciones en beneficio de la comunidad podrá alcanzar las doscientas horas, y la de permanencia de fin de semana, dieciséis fines de semana.

5.ª Excepcionalmente, cuando los supuestos previstos en la regla anterior revistieran extrema gravedad, apreciada expresamente en la sentencia, el Juez habrá de imponer una medida de internamiento de régimen cerrado de uno a cinco años de duración, complementada sucesivamente por otra medida de libertad vigilada con asistencia educativa hasta un máximo de otros cinco años. Sólo podrá hacerse uso de lo dispuesto en los artículos 14 y 51.1 de esta Ley una vez transcurrido el primer año de cumplimiento efectivo de la medida de internamiento.

La medida de libertad vigilada deberá ser ratificada mediante auto motivado, previa audiencia del Ministerio Fiscal, del letrado del menor y del representante de la entidad pública de protección o reforma de menores, al finalizar el internamiento, y se llevará a cabo por las instituciones públicas encargadas del cumplimiento de las penas, conforme a lo establecido en el artículo 105.1 del vigente Código Penal.

A los efectos de este artículo, se entenderán supuestos de extrema gravedad aquellos en los que se apreciare reincidencia y, en todo caso, los delitos de terrorismo y los constitutivos de actos de favorecimiento, apoyo o reclamo de la actividad de bandas, organizaciones o grupos terroristas, así como los de asesinato u homicidio doloso, y la agresión sexual contemplada en los artículos 179 y 180 del Código Penal.

6.ª Las acciones u omisiones imprudentes no podrán ser sancionadas con medidas de internamiento en régimen cerrado.

7.ª Cuando en la postulación del Ministerio Fiscal o en la resolución dictada en el procedimiento se aprecien algunas de las circunstancias a las que se refiere el artículo 5.2 de esta Ley, sólo podrán aplicarse las medidas terapéuticas descritas en el artículo 7.1, letras d) y e) de la misma.

Art. 10. *De la prescripción*

1. Los hechos delictivos cometidos por los menores prescriben:

1.º A los cinco años, cuando se trate de un delito grave sancionado en el Código Penal con pena superior a diez años.

2.º A los tres años, cuando se trate de cualquier otro delito grave.

3.º Al año, cuando se trate de un delito menos grave.

4.º A los tres meses, cuando se trate de una falta.

2. Las medidas que tengan un plazo superior a los dos años prescribirán a los tres años. Las restantes medidas prescribirán a los dos años, excepto la amonestación, las prestaciones en beneficio de la comunidad y el arresto con tareas de fin de semana, que prescribirán al año.

3. Los hechos delictivos cometidos por mayores de dieciocho años y menores de veintiuno prescribirán con arreglo a las normas contenidas en el Código Penal.

Art. 11. *Concurso de infracciones*

1. Al menor responsable de una pluralidad de hechos se le impondrá una o varias medidas, teniendo en cuenta los criterios

expresados en los artículos 7.3 y 9 de la presente Ley.

2. Sin embargo, cuando una misma conducta sea constitutiva de dos o más infracciones, o una conducta sea medio necesario para la comisión de otra, se tendrá en cuenta exclusivamente la más grave de ellas para la aplicación de la medida correspondiente.

Art. 12. *Infracción continuada o con pluralidad de víctimas*

En los supuestos de infracción continuada o de una sola infracción con pluralidad de víctimas, el Juez impondrá a la persona sentenciada una sola medida, tomando como referencia el más grave de los hechos cometidos, en la máxima extensión de aquélla conforme a las reglas del artículo 9, salvo cuando el interés del menor aconseje la imposición de la medida en una extensión inferior.

Art. 13. *Imposición de varias medidas*

Cuando a la persona sentenciada se le impusieren varias medidas en el mismo procedimiento y no pudieran ser cumplidas simultáneamente, el Juez, a propuesta del Ministerio Fiscal y del letrado del menor, oídos el representante del equipo técnico y la entidad pública de protección o reforma de menores, podrá sustituir todas o alguna de ellas, o establecer su cumplimiento sucesivo, sin que en este caso el plazo total de cumplimiento pueda superar el doble del tiempo por el que se le impusiere la más grave de ellas.

Art. 14. *Modificación de la medida impuesta*

1. El Juez, de oficio o a instancia del Ministerio Fiscal o del letrado del menor, previa audiencia de éstos e informe del equipo técnico y, en su caso, de la entidad pública de protección o reforma de menores, podrá en cualquier momento dejar sin efecto la medida impuesta, reducir su duración o sustituirla por otra, siempre que la modificación redunde en el interés del menor y se exprese suficientemente a éste el reproche merecido por su conducta.

2. En los casos anteriores, el Juez resolverá por auto motivado, contra el cual se podrán interponer los recursos previstos en la presente Ley.

Art. 15. *Mayoría de edad del condenado*

Cuando el menor a quien se le hubiere impuesto una medida de las establecidas en esta Ley alcanzase la mayoría de edad, continuará el cumplimiento de la medida hasta alcanzar los objetivos propuestos en la sentencia en que se le impuso conforme a los criterios expresados en los artículos anteriores.

No obstante lo señalado en el párrafo anterior, cuando las medidas de internamiento sean impuestas a quien haya cumplido veintitrés años de edad o, habiendo sido impuestas, no haya finalizado su cumplimiento al alcanzar el joven dicha edad, el Juez de Menores, oído el Ministerio Fiscal, sin perjuicio de lo dispuesto en los artículos 14 y 51 de la presente Ley, ordenará su cumplimiento en centro penitenciario conforme al régimen ordinario previsto en la Ley Orgánica General Penitenciaria.

TÍTULO III
DE LA INSTRUCCIÓN DEL PROCEDIMIENTO

CAPÍTULO I
Reglas generales

Art. 16. *Incoación del expediente*

1. Corresponde al Ministerio Fiscal la instrucción de los procedimientos por los hechos a los que se refiere el artículo 1 de esta Ley.

2. Quienes tuvieren noticia de algún hecho de los indicados en el apartado anterior, presuntamente cometido por un menor de dieciocho años, deberán ponerlo en conocimiento del Ministerio Fiscal, el cual admitirá o no a trámite la denuncia,

según que los hechos sean o no indiciariamente constitutivos de delito; custodiará las piezas, documentos y efectos que le hayan sido remitidos, y practicará, en su caso, las diligencias que estime pertinentes para la comprobación del hecho y de la responsabilidad del menor en su comisión, pudiendo resolver el archivo de las actuaciones cuando los hechos no constituyan delito o no tengan autor conocido. La resolución recaída sobre la denuncia deberá notificarse a quienes hubieran formulado la misma.

3. Una vez efectuadas las actuaciones indicadas en el apartado anterior, el Ministerio Fiscal dará cuenta de la incoación del expediente al Juez de Menores, quien iniciará las diligencias de trámite correspondientes.

4. El Juez de Menores abrirá al propio tiempo la pieza separada de responsabilidad civil, que se tramitará conforme a lo establecido en las reglas del artículo 64 de esta Ley.

5. Cuando los hechos mencionados en el artículo 1 hubiesen sido cometidos conjuntamente por mayores de edad penal y por personas de las edades indicadas en el mismo artículo 1 y en el 4 de esta Ley, en sus respectivos casos, el Juez de Instrucción competente para el conocimiento de la causa, tan pronto como compruebe la edad de los imputados, adoptará las medidas necesarias para asegurar el éxito de la actividad investigadora respecto de los mayores de edad y ordenará remitir testimonio de los particulares precisos al Ministerio Fiscal, a los efectos prevenidos en el apartado 2 de este artículo.

Art. 17. *Detención de los menores*

1. Las autoridades y funcionarios que intervengan en la detención de un menor deberán practicarla en la forma que menos perjudique a éste y estarán obligados a informarle, en un lenguaje claro y comprensible y de forma inmediata, de los hechos que se le imputan, de las razones de su detención y de los derechos que le asisten, especialmente los reconocidos en el artículo 520 de la Ley de Enjuiciamiento Criminal, así como a garantizar el respeto de los mismos. También deberán notificar inmediatamente el hecho de la detención y el lugar de la custodia a los representantes legales del menor y al Ministerio Fiscal. Si el menor detenido fuera extranjero, el hecho de la detención se notificará a las correspondientes autoridades consulares cuando el menor tuviera su residencia habitual fuera de España o cuando así lo solicitaran el propio menor o sus representantes legales.

2. Toda declaración del detenido, se llevará a cabo en presencia de su letrado y de aquéllos que ejerzan la patria potestad, tutela o guarda del menor -de hecho o de derecho-, salvo que, en este último caso, las circunstancias aconsejen lo contrario. En defecto de estos últimos la declaración se llevará a cabo en presencia del Ministerio Fiscal, representado por persona distinta del instructor del expediente.

3. Mientras dure la detención, los menores deberán hallarse custodiados en dependencias adecuadas y separadas de las que se utilicen para los mayores de edad, y recibirán los cuidados, protección y asistencia social, psicológica, médica y física que requieran, habida cuenta de su edad, sexo y características individuales.

4. La detención de un menor por funcionarios de policía no podrá durar más tiempo del estrictamente necesario para la realización de las averiguaciones tendentes al esclarecimiento de los hechos, y, en todo caso, dentro del plazo máximo de veinticuatro horas, el menor detenido deberá ser puesto en libertad o a disposición del Ministerio Fiscal. Se aplicará, en su caso, lo dispuesto en el artículo 520 bis de la Ley de Enjuiciamiento Criminal, atribuyendo la competencia para las resoluciones judiciales previstas en dicho precepto al Juez de Menores.

5. Cuando el detenido sea puesto a disposición del Ministerio Fiscal, éste habrá de resolver, dentro de las cuarenta y ocho horas a partir de la detención, sobre la puesta en libertad del menor, sobre el desistimiento al que se refiere el artículo siguiente,

o sobre la incoación del expediente, poniendo a aquél a disposición del Juez de Menores competente e instando del mismo las oportunas medidas cautelares, con arreglo a lo establecido en el artículo 28.

6. El Juez competente para el procedimiento de hábeas corpus en relación a un menor será el Juez de Instrucción del lugar en el que se encuentre el menor privado de libertad; si no constare, el del lugar donde se produjo la detención, y, en defecto de los anteriores, el del lugar donde se hayan tenido las últimas noticias sobre el paradero del menor detenido.

Cuando el procedimiento de hábeas corpus sea instado por el propio menor, la fuerza pública responsable de la detención lo notificará inmediatamente al Ministerio Fiscal, además de dar curso al procedimiento conforme a la ley orgánica reguladora.

Art. 18. *Desistimiento de la incoación del expediente por corrección en el ámbito educativo y familiar*

El Ministerio Fiscal podrá desistir de la incoación del expediente cuando los hechos denunciados constituyan delitos menos graves sin violencia o intimidación en las personas, o faltas, tipificados en el Código Penal o en las leyes penales especiales. En tal caso, el Ministerio Fiscal dará traslado de lo actuado a la entidad pública de protección de menores para la aplicación de lo establecido en el artículo 3 de la presente Ley. Lo dispuesto en este apartado se entenderá sin perjuicio de la tramitación de la correspondiente pieza de responsabilidad civil.

No obstante, cuando conste que el menor ha cometido con anterioridad otros hechos de la misma naturaleza, el Ministerio Fiscal deberá incoar el expediente y, en su caso, actuar conforme autoriza el artículo 27.4 de la presente Ley.

Art. 19. *Sobreseimiento del expediente por conciliación o reparación entre el menor y la víctima*

1. También podrá el Ministerio Fiscal desistir de la continuación del expediente, atendiendo a la gravedad y circunstancias de los hechos y del menor, de modo particular a la falta de violencia o intimidación graves en la comisión de los hechos, y a la circunstancia de que además el menor se haya conciliado con la víctima o haya asumido el compromiso de reparar el daño causado a la víctima o al perjudicado por el delito, o se haya comprometido a cumplir la actividad educativa propuesta por el equipo técnico en su informe.

El desistimiento en la continuación del expediente sólo será posible cuando el hecho imputado al menor constituya delito menos grave o falta.

2. A efectos de lo dispuesto en el apartado anterior, se entenderá producida la conciliación cuando el menor reconozca el daño causado y se disculpe ante la víctima, y ésta acepte sus disculpas, y se entenderá por reparación el compromiso asumido por el menor con la víctima o perjudicado de realizar determinadas acciones en beneficio de aquéllos o de la comunidad, seguido de su realización efectiva. Todo ello sin perjuicio del acuerdo al que hayan llegado las partes en relación al ejercicio de la acción por responsabilidad civil derivada del delito o falta, regulada en esta Ley.

3. El correspondiente equipo técnico realizará las funciones de mediación entre el menor y la víctima o perjudicado, a los efectos indicados en los apartados anteriores, e informará al Ministerio Fiscal de los compromisos adquiridos y de su grado de cumplimiento.

4. Una vez producida la conciliación o cumplidos los compromisos de reparación asumidos con la víctima o perjudicado por el delito o falta cometido, o cuando una u otros no pudieran llevarse a efecto por causas ajenas a la voluntad del menor, el Ministerio Fiscal dará por concluida la instrucción y solicitará del Juez el sobreseimiento y archivo de las actuaciones, con remisión de lo actuado.

5. En el caso de que el menor no cumpliera la reparación o la actividad educativa acordada, el Ministerio Fiscal continuará la tramitación del expediente.

6. En los casos en los que la víctima del delito o falta fuere menor de edad o incapaz, el compromiso al que se refiere el presente artículo habrá de ser asumido por el representante legal de la misma, con la aprobación del Juez de Menores.

Art. 20. *Unidad de expediente*

1. El Ministerio Fiscal incoará un procedimiento por cada hecho delictivo, salvo cuando se trate de hechos delictivos conexos.

2. Todos los procedimientos tramitados a un mismo menor o joven se archivarán en el expediente personal que del mismo se haya abierto en la Fiscalía. De igual modo se archivarán las diligencias en el Juzgado de Menores respectivo.

3. En los casos en los que los delitos atribuidos al menor expedientado hubieran sido cometidos en diferentes territorios, la determinación del órgano judicial competente para el enjuiciamiento de todos ellos en unidad de expediente, así como de las entidades públicas competentes para la ejecución de las medidas que se apliquen, se hará teniendo en cuenta el lugar del domicilio del menor y, subsidiariamente, los criterios expresados en el artículo 18 de la Ley de Enjuiciamiento Criminal.

Art. 21. *Remisión al órgano competente*

Cuando el conocimiento de los hechos no corresponda a la competencia de los Juzgados de Menores, el Fiscal acordará la remisión de lo actuado al órgano legalmente competente.

Art. 22. *De la incoación del expediente*

1. Desde el mismo momento de la incoación del expediente, el menor tendrá derecho a:

a) Ser informado por el Juez, el Ministerio Fiscal, o agente de policía de los derechos que le asisten.

b) Designar abogado que le defienda, o a que le sea designado de oficio y a entrevistarse reservadamente con él, incluso antes de prestar declaración.

c) Intervenir en las diligencias que se practiquen durante la investigación preliminar y en el proceso judicial, y a proponer y solicitar, respectivamente, la práctica de diligencias.

d) Ser oído por el Juez o Tribunal antes de adoptar cualquier resolución que le concierna personalmente.

e) La asistencia afectiva y psicológica en cualquier estado y grado del procedimiento, con la presencia de los padres o de otra persona que indique el menor, si el Juez de Menores autoriza su presencia.

f) La asistencia de los servicios del equipo técnico adscrito al Juzgado de Menores.

2. El expediente será notificado al menor desde el momento mismo de su incoación, a salvo lo dispuesto en el artículo 24. A tal fin, el Secretario del Juzgado de Menores, una vez recibido del Ministerio Fiscal el parte de incoación del expediente, requerirá al menor y a sus representantes legales para que designen letrado en el plazo de tres días, advirtiéndoles que, de no hacerlo, aquél le será nombrado al menor de oficio de entre los integrantes del turno de especialistas del correspondiente Colegio de Abogados.

3. Igualmente, el Ministerio Fiscal notificará a quien aparezca como perjudicado, desde el momento en que así conste en la instrucción del expediente, la posibilidad de ejercer las acciones civiles que le puedan corresponder, personándose ante el Juez de Menores en la pieza de responsabilidad civil que se tramitará por el mismo.

Art. 23. *Actuación instructora del Ministerio Fiscal*

1. La actuación instructora del Ministerio Fiscal tendrá como objeto, tanto valorar la participación del menor en los hechos para expresarle el reproche que merece su conducta, como proponer las concretas medidas de contenido educativo y sancionador adecuadas a las circunstancias del hecho y de su autor y, sobre todo, al interés del propio menor valorado en la causa.

2. El Ministerio Fiscal deberá dar vista del expediente al letrado del menor, en un plazo no superior a veinticuatro horas, tantas veces como aquél lo solicite.

3. El Ministerio Fiscal no podrá practicar por sí mismo diligencias restrictivas de derechos fundamentales, sino que habrá de solicitar del Juzgado la práctica de las que sean prccisas para el buen fin de las investigaciones. El Juez de Menores resolverá sobre esta petición por auto motivado. La práctica de tales diligencias se documentará en pieza separada.

Art. 24. *Secreto del expediente*

El Juez de Menores, a solicitud del Ministerio Fiscal, del menor o de su familia, y mediante auto motivado, podrá decretar el secreto del expediente, en su totalidad o parcialmente, durante toda la instrucción o durante un período limitado de ésta. No obstante, el letrado del menor deberá, en todo caso, conocer en su integridad el expediente al evacuar el trámite de alegaciones. Este incidente se tramitará por el Juzgado en pieza separada.

Art. 25. *Participación del perjudicado e inexistencia de acción particular y popular*

En este procedimiento no cabe en ningún caso el ejercicio de acciones por particulares, salvo lo previsto en el artículo 61.1 de esta Ley sobre ejercicio de acciones civiles.

No obstante lo anterior, cuando los hechos tipificados como delitos se atribuyan a personas que hayan cumplido los dieciséis años en el momento de la comisión de los hechos, con violencia o intimidación, o con grave riesgo para la vida o integridad física de las personas, el perjudicado podrá personarse en el procedimiento, tanto en la fase instructora como en la fase de audiencia, con las siguientes facultades.

Tener vista de lo actuado, siendo notificado de las diligencias que se soliciten y acuerden.

Proponer pruebas que versen sobre el hecho delictivo y las circunstancias de su comisión, salvo en lo referente a la situación psicológica, educativa, familiar y social del menor.

Participar en la práctica de las pruebas, ya sea en fase de instrucción, ya sea en fase de audiencia; a estos efectos el órgano actuante podrá denegar la práctica de la prueba de careo, si ésta fuera solicitada, cuando no resulte fundamental para la averiguación de los hechos o la participación del menor en los mismos.

Contra la denegación por el Fiscal de la personación del perjudicado en fase instructora, éste podrá reiterar su petición ante el Juzgado de Menores en el plazo de cinco días, y contra la denegación de la práctica de una prueba por el Fiscal no se dará recurso alguno, sin perjuicio de la posibilidad de volver a solicitarla en el escrito de alegaciones o en la fase de audiencia.

Asimismo, con carácter previo a la remisión por el Fiscal del escrito de alegaciones con el expediente al Juzgado de Menores, el Ministerio Fiscal concederá al perjudicado que se hubiera personado un plazo de cinco días para que valore el conjunto de la prueba practicada y, en su caso, proponga aquellas que debieran realizarse en la fase de audiencia.

Cuando proceda la celebración de la audiencia, el Juez invitará al perjudicado personado en la causa a que manifieste lo que tenga por conveniente sobre la práctica de nuevas pruebas, y tras ésta se le oirá en relación a los hechos probados resultantes de las mismas y a la participación del menor, sin que en ningún caso pueda realizar manifestación alguna sobre la procedencia de las medidas propuestas.

Contra los autos y providencias de los Jueces de Menores que afecten al ejercicio de las facultades reconocidas en este artículo, se estará a lo dispuesto en el artículo 41.2.

Contra la sentencia dictada por el Juez de Menores, el perjudicado podrá interponer recurso de apelación de acuerdo con lo establecido en el artículo 41.1, fundamentado en la incompetencia del Juzgado, la inadecuación del procedimiento, el quebrantamiento de las formas esenciales del juicio que haya producido indefensión al perjudicado o la falta de apreciación de algún elemento de prueba esencial para la calificación de los hechos, pudiendo, si fuera necesario, solicitar su práctica, igualmente en los términos prevenidos por el artículo 41.1.

Art. 26. *Diligencias propuestas por el letrado del menor*

1. El letrado del menor solicitará del Ministerio Fiscal la práctica de cuantas diligencias considere necesarias. El Ministerio Fiscal decidirá sobre su admisión, mediante resolución motivada que notificará al letrado y pondrá en conocimiento del Juez de Menores. Con relación a las diligencias no practicadas, el letrado podrá reproducir su petición, en cualquier momento, ante el Juzgado de Menores.

2. No obstante lo dispuesto en el apartado anterior, cuando el letrado proponga que se lleve a efecto la declaración del menor, el Ministerio Fiscal deberá recibirla en el expediente, salvo que ya hubiese concluido la instrucción y el expediente hubiese sido elevado al Juzgado de Menores.

3. Si las diligencias propuestas por el letrado del menor afectaren a derechos fundamentales de éste o de otras personas, el Ministerio Fiscal, de estimar pertinente la solicitud, se dirigirá al Juez de Menores conforme a lo dispuesto en el artículo 23.3 de la presente Ley, sin perjuicio de la facultad del letrado de reproducir su solicitud ante el Juez de Menores en las condiciones establecidas en el apartado 1 de este artículo.

Art. 27. *Informe del equipo técnico*

1. Durante la instrucción del expediente, el Ministerio Fiscal requerirá del equipo técnico, que a estos efectos dependerá funcionalmente de aquél sea cual fuere su dependencia orgánica, la elaboración de un informe o actualización de los anteriormente emitidos, que deberá serle entregado en el plazo máximo de diez días, prorrogable por un período no superior a un mes en casos de gran complejidad, sobre la situación psicológica, educativa y familiar del menor, así como sobre su entorno social, y en general sobre cualquier otra circunstancia relevante a los efectos de la adopción de alguna de las medidas previstas en la presente Ley.

2. El equipo técnico podrá proponer, asimismo, una intervención socio-educativa sobre el menor, poniendo de manifiesto en tal caso aquellos aspectos del mismo que considere relevantes en orden a dicha intervención.

3. De igual modo, el equipo técnico informará, si lo considera conveniente y en interés del menor, sobre la posibilidad de que éste efectúe una actividad reparadora o de conciliación con la víctima, de acuerdo con lo dispuesto en el artículo 19 de esta Ley, con indicación expresa del contenido y la finalidad de la mencionada actividad. En este caso, no será preciso elaborar un informe de las características y contenidos del apartado 1 de este artículo.

4. Asimismo podrá el equipo técnico proponer en su informe la conveniencia de no continuar la tramitación del expediente en interés del menor, por haber sido expresado suficientemente el reproche al mismo a través de los trámites ya practicados, o por considerar inadecuada para el interés del menor cualquier intervención, dado el tiempo transcurrido desde la comisión de los hechos. En estos casos, si se reunieran los requisitos previstos en el artículo 19.1 de esta Ley, el Ministerio Fiscal podrá remitir el expediente al Juez con propuesta de sobreseimiento, remitiendo además, en su caso, testimonio de lo actuado a la entidad pública de protección de menores que corresponda, a los efectos de que actúe en protección del menor.

5. En todo caso, una vez elaborado el informe del equipo técnico, el Ministerio Fiscal lo remitirá inmediatamente al Juez de Menores y dará copia del mismo al letrado del menor.

6. El informe al que se refiere el presente artículo podrá ser elaborado o complementado por aquellas entidades públicas o privadas que trabajen en el ámbito de la educación de menores y conozcan la situación del menor expedientado.

CAPÍTULO II
De las medidas cautelares

Art. 28. *Reglas generales*

1. El Ministerio Fiscal, cuando existan indicios racionales de la comisión de un delito o el riesgo de eludir u obstruir la acción de la justicia por parte del menor, podrá solicitar del Juez de Menores, en cualquier momento, la adopción de medidas cautelares para la custodia y defensa del menor expedientado. Dichas medidas podrán consistir en internamiento en centro, en el régimen adecuado, libertad vigilada o convivencia con otra persona, familia o grupo educativo. El Juez, oído el letrado del menor, así como el equipo técnico y la representación de la entidad pública de protección o reforma de menores, que informarán especialmente sobre la naturaleza de la medida cautelar, resolverá sobre lo propuesto tomando en especial consideración el interés del menor. La medida cautelar adoptada podrá mantenerse hasta el momento de la celebración de la audiencia prevista en los artículos 31 y siguientes de esta Ley o durante la sustanciación de los eventuales recursos.

2. Para la adopción de la medida cautelar de internamiento se atenderá a la gravedad de los hechos, su repercusión y la alarma social producida, valorando siempre las circunstancias personales y sociales del menor. El Juez de Menores resolverá sobre la propuesta del Ministerio Fiscal en una comparecencia a la que asistirán también el letrado del menor y el representante del equipo técnico y el de la entidad pública de protección o reforma de menores, los cuales informarán al Juez sobre la conveniencia de la adopción de la medida solicitada, desde la perspectiva del interés del menor y de su situación procesal.

En dicha comparecencia el Ministerio Fiscal y el letrado del menor podrán proponer los medios de prueba que puedan practicarse en el acto o dentro de las veinticuatro horas siguientes.

3. El tiempo máximo de duración de la medida cautelar de internamiento será de tres meses, y podrá prorrogarse, a instancia del Ministerio Fiscal y mediante auto motivado, por otros tres meses como máximo.

4. Las medidas cautelares se documentarán en el Juzgado de Menores en pieza separada del expediente.

5. El tiempo de cumplimiento de las medidas cautelares se abonará en su integridad para el cumplimiento de las medidas que se puedan imponer en la misma causa o, en su defecto, en otras causas que hayan tenido por objeto hechos anteriores a la adopción de aquéllas. El Juez, a propuesta del Ministerio Fiscal y oídos el letrado del menor y el equipo técnico que informó la medida cautelar, ordenará que se tenga por ejecutada la medida impuesta en aquella parte que estime razonablemente compensada por la medida cautelar.

Art. 29. *Medidas cautelares en los casos de exención de la responsabilidad*

Si en el transcurso de la instrucción que realice el Ministerio Fiscal quedara suficientemente acreditado que el menor se encuentra en situación de enajenación mental o en cualquiera otra de las circunstancias previstas en los apartados 1.º, 2.º ó 3.º del artículo 20 del Código Penal vigente, se adoptarán las medidas cautelares precisas para la protección y custodia del menor conforme a los preceptos civiles aplicables, instando en su caso las actuaciones para la incapacitación del menor y la constitución de los organismos tutelares conforme a derecho, sin perjuicio todo ello de concluir la instrucción y de efectuar las alegaciones previstas en esta Ley conforme a lo que establecen sus artículos 5.2 y 9, y de solicitar, por los trámites de la misma, en su caso, alguna medida terapéutica adecuada al interés del menor de entre las previstas en esta Ley.

CAPÍTULO III
De la conclusión de la instrucción

Art. 30. *Remisión del expediente al Juez de Menores*

1. Acabada la instrucción, el Ministerio Fiscal resolverá la conclusión del expe-

diente, notificándosela al letrado del menor, y remitirá al Juzgado de Menores el expediente, junto con las piezas de convicción y demás efectos que pudieran existir, con un escrito de alegaciones en el que constará la descripción de los hechos, la valoración jurídica de los mismos, el grado de participación del menor, una breve reseña de las circunstancias personales y sociales de éste, y la proposición de alguna medida de las previstas en esta Ley con exposición razonada de los fundamentos jurídicos y educativos que la aconsejen.

2. En el mismo acto propondrá el Ministerio Fiscal la prueba de que intente valerse para la defensa de su pretensión procesal.

3. Asimismo, podrá proponer el Ministerio Fiscal la participación en el acto de la audiencia de aquellas personas o representantes de instituciones públicas y privadas que puedan aportar al proceso elementos valorativos del interés del menor y de la conveniencia o no de las medidas solicitadas.

4. El Ministerio Fiscal podrá también solicitar del Juez de Menores el sobreseimiento de las actuaciones por alguno de los motivos previstos en la Ley de Enjuiciamiento Criminal, así como la remisión de los particulares necesarios a la entidad pública de protección de menores en su caso.

TÍTULO IV
DE LA FASE DE AUDIENCIA

Art. 31. *Apertura de la fase de audiencia*

Recibido el escrito de alegaciones con el expediente, las piezas de convicción, los efectos y demás elementos procesales remitidos por el Ministerio Fiscal, el Juzgado de Menores los incorporará a sus diligencias, y procederá a abrir el trámite de audiencia, para lo cual dará traslado al letrado del menor del escrito de alegaciones del Ministerio Fiscal y del testimonio del expediente, a fin de que en un plazo de cinco días hábiles formule a su vez escrito de alegaciones comprensivo de los mismos extremos que el escrito del Ministerio Fiscal y proponga la prueba que considere pertinente.

Art. 32. *Sentencia de conformidad*

Si el escrito de alegaciones del Ministerio Fiscal solicitara la imposición de alguna o algunas de las medidas previstas en las letras e) a m) del apartado 1 del artículo 7, y hubiere conformidad del menor y de su letrado, la cual se expresará en comparecencia ante el Juez de Menores en los términos del artículo 36, éste dictará sentencia sin más trámite imponiendo la medida solicitada.

Art. 33. *Otras decisiones del Juez de Menores*

En los casos no previstos en el artículo anterior, a la vista de la petición del Ministerio Fiscal y del escrito de alegaciones del letrado del menor, el Juez adoptará alguna de las siguientes decisiones:

a) La celebración de la audiencia.

b) El sobreseimiento, mediante auto motivado, de las actuaciones.

c) El archivo por sobreseimiento de las actuaciones con remisión de particulares a la entidad pública de protección de menores correspondiente cuando así se haya solicitado por el Ministerio Fiscal.

d) La remisión de las actuaciones al Juez competente, cuando el Juez de Menores considere que no le corresponde el conocimiento del asunto.

e) Practicar por sí las pruebas propuestas por el letrado del menor y que hubieran sido denegadas por el Fiscal durante la instrucción, conforme a lo dispuesto en el artículo 26.1 de la presente Ley, y que no puedan celebrarse en el transcurso de la audiencia, siempre que considere que son relevantes a los efectos del proceso. Una vez practicadas, dará traslado de los resultados al Ministerio Fiscal y al letrado del menor, antes de iniciar las sesiones de la audiencia.

Contra las precedentes resoluciones cabrán los recursos previstos en esta Ley.

Art. 34. *Pertinencia de pruebas y señalamiento de la audiencia*

El Juez de Menores, dentro del plazo de

cinco días desde la presentación del escrito de alegaciones del letrado del menor, o una vez transcurrido el plazo para la presentación sin que ésta se hubiere efectuado, acordará, en su caso, lo procedente sobre la pertinencia de las pruebas propuestas, mediante auto de apertura de la audiencia, y señalará el día y hora en que deba comenzar ésta dentro de los diez días siguientes.

Art. 35. *Asistentes y no publicidad de la audiencia*

1. La audiencia se celebrará con asistencia del Ministerio Fiscal, del perjudicado que, en su caso, se haya personado, del letrado del menor, de un representante del equipo técnico que haya evacuado el informe previsto en el artículo 27 de esta Ley, y del propio menor, el cual podrá estar acompañado de sus representantes legales, salvo que el Juez, oídos los citados Ministerio Fiscal, letrado del menor y representante del equipo técnico, acuerde lo contrario. También podrá asistir el representante de la entidad pública de protección o reforma de menores que haya intervenido en las actuaciones de la instrucción, cuando el Juez así lo acuerde.

2. El Juez podrá acordar, en interés de la persona imputada o de la víctima, que las sesiones no sean públicas y en ningún caso se permitirá que los medios de comunicación social obtengan o difundan imágenes del menor ni datos que permitan su identificación.

Art. 36. *Conformidad del menor*

1. El Juez de Menores informará al menor expedientado, en un lenguaje comprensible y adaptado a su edad, de las medidas solicitadas por el Ministerio Fiscal en su escrito de alegaciones, así como de los hechos y de la causa en que se funden.

2. El Juez seguidamente preguntará al menor si se declara autor de los hechos y si está de acuerdo con la medida solicitada por el Ministerio Fiscal. Si mostrase su conformidad con ambos extremos, oído el letrado del menor, el Juez podrá dictar resolución de conformidad. Si el letrado no estuviese de acuerdo con la conformidad prestada por el propio menor, el Juez resolverá sobre la continuación o no de la audiencia, razonando esta decisión en la sentencia.

3. Si el menor estuviere conforme con los hechos pero no con la medida solicitada, se sustanciará el trámite de la audiencia sólo en lo relativo a este último extremo, practicándose la prueba propuesta a fin de determinar la aplicación de dicha medida o su sustitución por otra más adecuada al interés del menor y que haya sido propuesta por alguna de las partes.

Art. 37. *Celebración de la audiencia*

1. Cuando proceda la celebración de la audiencia, el Juez invitará al Ministerio Fiscal y al letrado del menor a que manifiesten lo que tengan por conveniente sobre la práctica de nuevas pruebas o sobre la vulneración de algún derecho fundamental en la tramitación del procedimiento, o, en su caso, les pondrá de manifiesto la posibilidad de aplicar una distinta calificación o una distinta medida de las que hubieran solicitado. Seguidamente, el Juez acordará la continuación de la audiencia o la subsanación del derecho vulnerado, si así procediere. Si acordara la continuación de la audiencia, el Juez resolverá en la sentencia sobre los extremos planteados.

2. Seguidamente se iniciará la práctica de la prueba propuesta y admitida, y la que, previa declaración de su pertinencia, ofrezcan las partes para su práctica en el acto, oyéndose asimismo al equipo técnico sobre las circunstancias del menor. A continuación, el Juez oirá al Ministerio Fiscal y al letrado del menor sobre la valoración de la prueba, su calificación jurídica y la procedencia de las medidas propuestas; sobre este último punto, se oirá también al equipo técnico. Por último, el Juez oirá al menor, dejando la causa vista para sentencia.

3. En su caso, en este procedimiento se aplicará lo dispuesto en la legislación relativa a la protección de testigos y peritos en causas penales.

4. Si en el transcurso de la audiencia el Juez considerara, de oficio o a solicitud

de las partes, que el interés del menor aconseja que éste abandone la sala, podrá acordarlo así motivadamente, ordenando que continúen las actuaciones hasta que el menor pueda retornar a aquélla.

TÍTULO V
DE LA SENTENCIA

Art. 38. *Plazo para dictar sentencia*

Finalizada la audiencia, el Juez de Menores dictará sentencia sobre los hechos sometidos a debate en un plazo máximo de cinco días.

Art. 39. *Contenido y registro de la sentencia*

1. La sentencia contendrá todos los requisitos previstos en la vigente Ley Orgánica del Poder Judicial y en ella, valorando las pruebas practicadas, las razones expuestas por el Ministerio Fiscal y por el letrado del menor y lo manifestado en su caso por éste, tomando en consideración las circunstancias y gravedad de los hechos, así como todos los datos debatidos sobre la personalidad, situación, necesidades y entorno familiar y social del menor y la edad de éste en el momento de dictar la sentencia, resolverá sobre la medida o medidas propuestas, con indicación expresa de su contenido, duración y objetivos a alcanzar con las mismas, y será motivada, consignando expresamente los hechos que se declaren probados y los medios probatorios de los que resulte la convicción judicial. También podrá ser anticipado oralmente el fallo al término de las sesiones de la audiencia sin perjuicio de su documentación con arreglo al artículo 248.3 de la citada Ley Orgánica del Poder Judicial.

2. El Juez, al redactar la sentencia, procurará expresar sus razonamientos en un lenguaje claro y comprensible para la edad del menor.

3. Cada Juzgado de Menores llevará un registro de sentencias en el cual se extenderán y firmarán todas las definitivas.

Art. 40. *Suspensión de la ejecución del fallo*

1. El Juez de Menores, de oficio o a instancia del Ministerio Fiscal o del letrado del menor, y oídos en todo caso éstos, así como el representante del equipo técnico y de la entidad pública de protección o reforma de menores, podrá acordar motivadamente la suspensión de la ejecución del fallo contenido en la sentencia, cuando la medida impuesta no sea superior a dos años de duración, durante un tiempo determinado y hasta un máximo de dos años. Dicha suspensión se acordará en la propia sentencia, o por auto motivado cuando aquélla sea firme, debiendo expresar, en todo caso, las condiciones de la misma.

2. Las condiciones a las que estará sometida la suspensión de la ejecución del fallo contenido en la sentencia dictada por el Juez de Menores serán las siguientes:

a) No ser condenado en sentencia firme por delito cometido durante el tiempo que dure la suspensión, si ha alcanzado la mayoría de edad, o no serle aplicada medida en sentencia firme en procedimiento regulado por esta Ley durante el tiempo que dure la suspensión.

b) Que el menor asuma el compromiso de mostrar una actitud y disposición de reintegrarse a la sociedad, no incurriendo en nuevas infracciones.

c) Además, el Juez puede establecer la aplicación de un régimen de libertad vigilada durante el plazo de suspensión o la obligación de realizar una actividad socio-educativa, recomendada por el equipo técnico o la entidad pública de protección o reforma de menores en el precedente trámite de audiencia, incluso con compromiso de participación de los padres, tutores o guardadores del menor, expresando la naturaleza y el plazo en que aquella actividad deberá llevarse a cabo.

3. Si las condiciones expresadas en el apartado anterior no se cumplieran, el Juez alzará la suspensión y se procederá a ejecutar la sentencia en todos sus extremos. Contra la resolución que así lo acuerde se podrán interponer los recursos previstos en esta Ley.

TÍTULO VI
DEL RÉGIMEN DE RECURSOS

Art. 41. *Recursos de apelación y reforma*

1. Contra la sentencia dictada por el Juez de Menores en el procedimiento regulado en esta Ley cabe recurso de apelación ante la Sala de Menores del correspondiente Tribunal Superior de Justicia, que se interpondrá ante el Juez que dictó aquélla en el plazo de cinco días a contar desde su notificación, y se resolverá previa celebración de vista pública, salvo que en interés de la persona imputada o de la víctima, el Juez acuerde que se celebre a puerta cerrada. A la vista deberán asistir las partes y, si el Tribunal lo considera oportuno, el representante del equipo técnico y el representante de la entidad pública de protección o reforma de menores que hayan intervenido en el caso concreto. El recurrente podrá solicitar de la Sala la práctica de la prueba que, propuesta y admitida en la instancia, no se hubiera celebrado, conforme a las reglas de la Ley de Enjuiciamiento Criminal.

2. Contra los autos y providencias de los Jueces de Menores cabe recurso de reforma ante el propio órgano, que se interpondrá en el plazo de tres días a partir de la notificación. El auto que resuelva la impugnación de la providencia será susceptible de recurso de apelación.

3. Contra los autos que pongan fin al procedimiento o resuelvan el incidente de los artículos 14, 28, 29 y 40 de esta Ley, cabe recurso de apelación ante la Sala de Menores del Tribunal Superior de Justicia por los trámites que regula la Ley de Enjuiciamiento Criminal para el procedimiento abreviado.

Art. 42. *Recurso de casación para unificación de doctrina*

1. Son recurribles en casación, ante la Sala Segunda del Tribunal Supremo, las sentencias dictadas en apelación por las Salas de Menores de los Tribunales Superiores de Justicia cuando se hubiere impuesto una de las medidas a las que se refieren las reglas 4.ª y 5.ª del artículo 9 de la presente Ley.

2. El recurso tendrá por objeto la unificación de doctrina con ocasión de sentencias dictadas en apelación por las mencionadas Salas de Menores de los Tribunales Superiores de Justicia que fueran contradictorias entre sí con las de otra u otras Salas de Menores de los referidos Tribunales Superiores, o con sentencias del Tribunal Supremo, respecto de hechos y valoraciones de las circunstancias del menor que, siendo sustancialmente iguales, hayan dado lugar, sin embargo, a pronunciamientos distintos.

3. El recurso podrá prepararlo el Ministerio Fiscal o el letrado del menor que pretenda la indicada unificación de doctrina dentro de los diez días siguientes a la notificación de la sentencia de la Sala de Menores del Tribunal Superior de Justicia, en escrito dirigido a la misma.

4. El escrito de interposición deberá contener una relación precisa y circunstanciada de la contradicción alegada, con designación de las sentencias aludidas y de los informes en que se funde el interés del menor valorado en la sentencia.

5. Acreditados los requisitos a los que se refiere el apartado anterior, la Sala de Menores del Tribunal Superior de Justicia ante quien se haya interpuesto el recurso requerirá testimonio de las sentencias citadas a los Tribunales que las dictaron, y en un plazo de diez días remitirá la documentación a la Sala Segunda del Tribunal Supremo, emplazando al recurrente y al Ministerio Fiscal, si no lo fuera, ante dicha Sala.

6. Cuando la parte recurrente hubiese incumplido de modo manifiesto e insubsanable a criterio del Tribunal Supremo los requisitos establecidos para el recurso o cuando la pretensión carezca de contenido casacional, el Magistrado ponente dará cuenta a la Sala de la causa de inadmisión y aquélla acordará oír al recurrente y al Ministerio Fiscal, cuando éste no hubiera interpuesto el recurso, por plazo de tres días, dictando seguidamente auto contra el que no cabrá recurso alguno.

7. La Sala Segunda del Tribunal Supremo, constituida en forma ordinaria, convocará a la parte recurrente, y en todo caso al Ministerio Fiscal, a una vista oral, en

la que oirá las alegaciones que se efectúen y podrá solicitar informe a la entidad pública de protección o reforma de menores del territorio donde ejerza su jurisdicción el Juzgado que dictó la resolución impugnada, y, en su caso, a aquella a la que corresponda la ejecución de la misma, dictando seguidamente la sentencia de casación del modo y con los efectos señalados en la Ley de Enjuiciamiento Criminal.

8. También, y en unificación de doctrina y por los mismos trámites, el Ministerio Fiscal podrá recurrir en casación, los autos definitivos dictados por las Salas de Menores de los Tribunales Superiores de Justicia, al resolver los recursos contra las resoluciones de los Jueces de Instrucción dictadas en aplicación de lo dispuesto en el artículo 4 de la presente Ley Orgánica.

TÍTULO VII
DE LA EJECUCIÓN DE LAS MEDIDAS

CAPÍTULO I
Disposiciones generales

Art. 43. *Principio de legalidad*

1. No podrá ejecutarse ninguna de las medidas establecidas en esta Ley sino en virtud de sentencia firme dictada de acuerdo con el procedimiento regulado en la misma.

2. Tampoco podrán ejecutarse dichas medidas en otra forma que la prescrita en esta Ley y en los reglamentos que la desarrollen.

Art. 44. *Competencia judicial*

1. La ejecución de las medidas previstas en esta Ley se realizará bajo el control del Juez de Menores que haya dictado la sentencia correspondiente, el cual resolverá por auto motivado, oídos el Ministerio Fiscal, el letrado del menor y la representación de la entidad pública que ejecute aquélla, sobre las incidencias que se puedan producir durante su transcurso.

2. Para ejercer el control de la ejecución, corresponden especialmente al Juez de Menores, de oficio o a instancia del Ministerio Fiscal o del letrado del menor, las funciones siguientes:

a) Adoptar todas las decisiones que sean necesarias para proceder a la ejecución efectiva de las medidas impuestas.

b) Resolver las propuestas de revisión de las medidas a que se refiere el artículo 14 de esta Ley.

c) Aprobar los programas de ejecución de las medidas.

d) Conocer de la evolución de los menores durante el cumplimiento de las medidas a través de los informes de seguimiento de las mismas.

e) Resolver los recursos que se interpongan contra las resoluciones dictadas para la ejecución de las medidas, conforme establece el artículo 52 de esta Ley.

f) Acordar lo que proceda en relación a las peticiones o quejas que puedan plantear los menores sancionados sobre el régimen, el tratamiento o cualquier otra circunstancia que pueda afectar a sus derechos fundamentales.

g) Realizar regularmente visitas a los centros y entrevistas con los menores.

h) Formular a la entidad pública de protección o reforma de menores correspondiente las propuestas y recomendaciones que considere oportunas en relación con la organización y el régimen de ejecución de las medidas.

i) Adoptar las resoluciones que, en relación con el régimen disciplinario, les atribuye el artículo 60 de esta Ley.

Art. 45. *Competencia administrativa*

1. La ejecución de las medidas adoptadas por los Jueces de Menores en sus sentencias firmes es competencia de las Comunidades Autónomas y de las Ciudades de Ceuta y Melilla, con arreglo a la disposición final vigésima segunda de la Ley Orgánica 1/1996, de 15 de enero, de Protección Jurídica del Menor. Dichas entidades públicas llevarán a cabo, de acuerdo con sus respectivas normas de organización, la creación, dirección, organización y gestión de los servicios, instituciones y programas adecuados

para garantizar la correcta ejecución de las medidas previstas en esta Ley.

2. La ejecución de las medidas corresponderá a las Comunidades Autónomas y Ciudades de Ceuta y Melilla, donde se ubique el Juzgado de Menores que haya dictado la sentencia, sin perjuicio de lo dispuesto en el apartado 3 del artículo siguiente.

3. Las Comunidades Autónomas y las Ciudades de Ceuta y Melilla podrán establecer los convenios o acuerdos de colaboración necesarios con otras entidades, bien sean públicas, de la Administración del Estado, Local o de otras Comunidades Autónomas, o privadas sin ánimo de lucro, para la ejecución de las medidas de su competencia, bajo su directa supervisión, sin que ello suponga en ningún caso la cesión de la titularidad y responsabilidad derivada de dicha ejecución.

CAPÍTULO II
Reglas para la ejecución de las medidas

Art. 46. *Liquidación de la medida y traslado del menor a un centro*

1. Una vez firme la sentencia y aprobado el programa de ejecución de la medida impuesta, el Secretario del Juzgado que la hubiere dictado practicará la liquidación de dicha medida, indicando las fechas de inicio y de terminación de la misma, con abono en su caso del tiempo cumplido por las medidas cautelares impuestas al interesado, teniendo en cuenta lo dispuesto en el artículo 28.5. Al propio tiempo, abrirá un expediente de ejecución en el que se harán constar las incidencias que se produzcan en el desarrollo de aquélla conforme a lo establecido en la presente Ley.

2. De la liquidación mencionada en el apartado anterior y del testimonio de particulares que el Juez considere necesario y que deberá incluir los informes técnicos que obren en la causa, se dará traslado a la entidad pública de protección o reforma de menores competente para el cumplimiento de las medidas acordadas en la sentencia firme. También se notificará al Ministerio Fiscal el inicio de la ejecución, y al letrado del menor si así lo solicitara del Juez de Menores.

3. Recibidos por la entidad pública el testimonio y la liquidación de la medida indicados en el apartado anterior, aquélla designará de forma inmediata un profesional que se responsabilizará de la ejecución de la medida impuesta, y, si ésta fuera de internamiento, designará el centro más adecuado para su ejecución de entre los más cercanos al domicilio del menor en los que existan plazas disponibles para la ejecución por la entidad pública competente en cada caso. El traslado a otro centro distinto de los anteriores sólo se podrá fundamentar en el interés del menor de ser alejado de su entorno familiar y social y requerirá en todo caso la aprobación del Juez de Menores que haya dictado la sentencia.

Art. 47. *Ejecución de varias medidas*

1. Cuando el menor estuviere sometido a varias medidas, el Juez que hubiere dictado la última sentencia firme ordenará el cumplimiento de aquéllas de manera simultánea.

2. Cuando todas o algunas de las medidas impuestas no puedan ser cumplidas simultáneamente, se cumplirán sucesivamente, de conformidad con las reglas siguientes, salvo que el Juez disponga un orden distinto atendiendo al interés del menor:

1.ª Las medidas de internamiento se cumplirán antes que las medidas no privativas de libertad y, en su caso, interrumpirán las que se estuvieren ejecutando que fueran de esta última naturaleza.

2.ª Cuando concurriere el internamiento terapéutico con otra medida, se impondrá en primer término la medida de internamiento terapéutico. El Juez suspenderá, en su caso, el inicio de la ejecución de las medidas posteriormente impuestas hasta que aquélla finalice o sea alzada, salvo que se haga uso de la facultad establecida en el artículo 14 de la presente Ley.

3.ª En los supuestos previstos en la regla 5.ª del artículo 9, la medida de libertad vigilada habrá de suceder a la medida de internamiento en régimen cerrado, conforme a la dicción del mencionado precepto.

4.ª Cuando concurran varias medidas de la misma naturaleza, se cumplirán por orden cronológico de firmeza de las respectivas sentencias.

5.ª Cuando el joven cumpla medidas previstas por esta Ley y sea condenado a medidas o penas del Código Penal el Juez o Tribunal ordenará el cumplimiento simultáneo de las mismas, si ello fuera posible. En caso contrario, la pena de prisión se cumplirá a continuación de la medida de internamiento que se esté ejecutando, salvo que el Juez o Tribunal sentenciador, tratándose de una condena por delitos graves y atendidas las circunstancias del joven, ordene la inmediata ejecución de la pena de prisión impuesta.

3. El Juez, previa audiencia de las partes e informe del equipo técnico, podrá alterar el orden de cumplimiento previsto en el apartado anterior cuando así lo hiciere aconsejable el interés del menor.

Art. 48. *Expediente personal de la persona sometida a la ejecución de una medida*

1. La entidad pública abrirá un expediente personal único a cada menor respecto del cual tenga encomendada la ejecución de una medida, en el que se recogerán los informes relativos a aquél, las resoluciones judiciales que le afecten y el resto de la documentación generada durante la ejecución.

2. Dicho expediente tendrá carácter reservado y solamente tendrán acceso al mismo el Defensor del Pueblo o institución análoga de la correspondiente Comunidad Autónoma, los Jueces de Menores competentes, el Ministerio Fiscal y las personas que intervengan en la ejecución y estén autorizadas por la entidad pública de acuerdo con sus normas de organización. El menor, su letrado y, en su caso, su representante legal, también tendrán acceso al expediente.

3. La recogida, cesión y tratamiento automatizado de datos de carácter personal de las personas a las que se aplique la presente Ley, sólo podrá realizarse en ficheros informáticos de titularidad pública dependientes de las entidades públicas de protección de menores, Administraciones y Juzgados de Menores competentes o del Ministerio Fiscal, y se regirá por lo dispuesto en la Ley Orgánica 15/1999, de 13 de diciembre, de Protección de Datos de Carácter Personal, y sus normas de desarrollo.

Art. 49. *Informes sobre la ejecución*

1. La entidad pública remitirá al Juez de Menores y al Ministerio Fiscal, con la periodicidad que se establezca reglamentariamente en cada caso y siempre que fuese requerida para ello o la misma entidad lo considerase necesario, informes sobre la ejecución de la medida y sus incidencias, y sobre la evolución personal de los menores sometidos a las mismas. Dichos informes se remitirán también al letrado del menor si así lo solicitare a la entidad pública competente.

2. En los indicados informes la entidad pública podrá solicitar del Ministerio Fiscal, cuando así lo estime procedente, la revisión judicial de las medidas en el sentido propugnado por el artículo 14.1 de la presente Ley.

Art. 50. *Quebrantamiento de la ejecución*

1. Cuando el menor quebrantare una medida privativa de libertad, se procederá a su reingreso en el mismo centro del que se hubiera evadido o en otro adecuado a sus condiciones, o, en caso de permanencia de fin de semana, en su domicilio, a fin de cumplir de manera ininterrumpida el tiempo pendiente.

2. Si la medida quebrantada no fuere privativa de libertad, el Ministerio Fiscal podrá instar del Juez de Menores la sustitución de aquélla por otra de la misma naturaleza. Excepcionalmente, y a propuesta del Ministerio Fiscal, oídos el letrado y el representante legal del menor, así como el equipo técnico, el Juez de Menores podrá sustituir la medida por otra de internamiento en cen-

tro semiabierto, por el tiempo que reste para su cumplimiento.

3. Asimismo, el Juez de Menores remitirá testimonio de los particulares relativos al quebrantamiento de la medida al Ministerio Fiscal, por si el hecho fuese constitutivo de alguna de las infracciones a que se refiere el artículo 1 de la presente Ley Orgánica y merecedora de reproche sancionador.

Art. 51. *Sustitución de las medidas*

1. Durante la ejecución de las medidas el Juez de Menores que las haya impuesto podrá, de oficio o a instancia del Ministerio Fiscal, del letrado del menor o de la Administración competente, y oídas las partes, así como el equipo técnico y la representación de la entidad pública de protección o reforma de menores, dejar sin efecto aquéllas o sustituirlas por otras que se estimen más adecuadas de entre las previstas en esta Ley, por tiempo igual o inferior al que reste para su cumplimiento. Todo ello sin perjuicio de lo dispuesto en el apartado 2 del artículo anterior y de acuerdo con el artículo 14 de la presente Ley.

2. La conciliación del menor con la víctima, en cualquier momento en que se produzca el acuerdo entre ambos a que se refiere el artículo 19 de la presente Ley, podrá dejar sin efecto la medida impuesta cuando el Juez, a propuesta del Ministerio Fiscal o del letrado del menor y oídos el equipo técnico y la representación de la entidad pública de protección o reforma de menores, juzgue que dicho acto y el tiempo de duración de la medida ya cumplido expresan suficientemente el reproche que merecen los hechos cometidos por el menor.

3. En todos los casos anteriores, el Juez resolverá por auto motivado, contra el cual se podrán interponer los recursos previstos en la presente Ley.

Art. 52. *Presentación de recursos*

1. Cuando el menor pretenda interponer ante el Juez de Menores recurso contra cualquier resolución adoptada durante la ejecución de las medidas que le hayan sido impuestas, lo presentará de forma escrita ante el Juez o Director del centro de internamiento, quien lo pondrá en conocimiento de aquél dentro del siguiente día hábil.

El menor también podrá presentar un recurso ante el Juez de forma verbal, o manifestar de forma verbal su intención de recurrir al Director del centro, quien dará traslado de esta manifestación al Juez de Menores en el plazo indicado. En este último caso, el Juez de Menores adoptará las medidas que resulten procedentes a fin de oír la alegación del menor.

El letrado del menor también podrá interponer los recursos, en forma escrita, ante las autoridades indicadas en el párrafo primero.

2. El Juez de Menores recabará informe del Ministerio Fiscal y resolverá el recurso en el plazo de dos días, mediante auto motivado. Contra este auto cabrá recurso de apelación ante la Sala de Menores del correspondiente Tribunal Superior de Justicia, conforme a lo dispuesto en el artículo 41 de la presente Ley.

Art. 53. *Cumplimiento de la medida*

1. Una vez cumplida la medida, la entidad pública remitirá a los destinatarios designados en el artículo 49.1 un informe final, y el Juez de Menores dictará auto acordando lo que proceda respecto al archivo de la causa. Dicho auto será notificado al Ministerio Fiscal y al letrado del menor.

2. El Juez, de oficio o a instancia del Ministerio Fiscal o del letrado del menor, podrá instar de la correspondiente entidad pública de protección o reforma de menores, una vez cumplida la medida impuesta, que se arbitren los mecanismos de protección del menor conforme a las normas del Código Civil, cuando el interés de aquél así lo requiera.

CAPÍTULO III
Reglas especiales para la ejecución de las medidas privativas de libertad

Art. 54. *Centros para la ejecución de las medidas privativas de libertad*

1. Las medidas privativas de libertad, la detención y las medidas cautelares de

internamiento que se impongan de conformidad con esta Ley se ejecutarán en centros específicos para menores infractores, diferentes de los previstos en la legislación penitenciaria para la ejecución de las condenas penales y medidas cautelares privativas de libertad impuestas a los mayores de edad penal.

2. No obstante lo dispuesto en el apartado anterior, las medidas de internamiento también podrán ejecutarse en centros sociosanitarios cuando la medida impuesta así lo requiera. En todo caso se requerirá la previa autorización del Juez de Menores.

3. Los centros estarán divididos en módulos adecuados a la edad, madurez, necesidades y habilidades sociales de los menores internados y se regirán por una normativa de funcionamiento interno cuyo cumplimiento tendrá como finalidad la consecución de una convivencia ordenada, que permita la ejecución de los diferentes programas de intervención educativa y las funciones de custodia de los menores internados.

Art. 55. *Principio de resocialización*

1. Toda la actividad de los centros en los que se ejecuten medidas de internamiento estará inspirada por el principio de que el menor internado es sujeto de derecho y continúa formando parte de la sociedad.

2. En consecuencia, la vida en el centro debe tomar como referencia la vida en libertad, reduciendo al máximo los efectos negativos que el internamiento pueda representar para el menor o para su familia, favoreciendo los vínculos sociales, el contacto con los familiares y allegados, y la colaboración y participación de las entidades públicas y privadas en el proceso de integración social, especialmente de las más próximas geográfica y culturalmente.

3. A tal fin se fijarán reglamentariamente los permisos ordinarios y extraordinarios de los que podrá disfrutar el menor internado, a fin de mantener contactos positivos con el exterior y preparar su futura vida en libertad.

Art. 56. *Derechos de los menores internados*

1. Todos los menores internados tienen derecho a que se respete su propia personalidad, su libertad ideológica y religiosa y los derechos e intereses legítimos no afectados por el contenido de la condena, especialmente los inherentes a la minoría de edad civil cuando sea el caso.

2. En consecuencia, se reconocen a los menores internados los siguientes derechos:

a) Derecho a que la entidad pública de la que depende el centro vele por su vida, su integridad física y su salud, sin que puedan, en ningún caso, ser sometidos a tratos degradantes o a malos tratos de palabra o de obra, ni ser objeto de un rigor arbitrario o innecesario en la aplicación de las normas.

b) Derecho del menor de edad civil a recibir una educación y formación integral en todos los ámbitos y a la protección específica que por su condición le dispensan las leyes.

c) Derecho a que se preserve su dignidad y su intimidad, a ser designados por su propio nombre y a que su condición de internados sea estrictamente reservada frente a terceros.

d) Derecho al ejercicio de los derechos civiles, políticos, sociales, religiosos, económicos y culturales que les correspondan, salvo cuando sean incompatibles con el objeto de la detención o el cumplimiento de la condena.

e) Derecho a estar en el centro más cercano a su domicilio, de acuerdo a su régimen de internamiento, y a no ser trasladados fuera de su Comunidad Autónoma excepto en los casos y con los requisitos previstos en esta Ley y sus normas de desarrollo.

f) Derecho a la asistencia sanitaria gratuita, a recibir la enseñanza básica obligatoria que corresponda a su edad, cualquiera que sea su situación en el centro, y a recibir una formación educativa o profesional adecuada a sus circunstancias.

g) Derecho de los sentenciados a un programa de tratamiento individualizado y de todos los internados a participar en las actividades del centro.

h) Derecho a comunicarse libremente con sus padres, representantes legales, familiares u otras personas, y a disfrutar de salidas y permisos, con arreglo a lo dispuesto en esta Ley y sus normas de desarrollo.

i) Derecho a comunicarse reservadamente con sus letrados, con el Juez de Menores competente, con el Ministerio Fiscal y con los servicios de Inspección de centros de internamiento.

j) Derecho a una formación laboral adecuada, a un trabajo remunerado, dentro de las disponibilidades de la entidad pública, y a las prestaciones sociales que pudieran corresponderles, cuando alcancen la edad legalmente establecida.

k) Derecho a formular peticiones y quejas a la Dirección del centro, a la entidad pública, a las autoridades judiciales, al Ministerio Fiscal, al Defensor del Pueblo o institución análoga de su Comunidad Autónoma y a presentar todos los recursos legales que prevé esta Ley ante el Juez de Menores competente, en defensa de sus derechos e intereses legítimos.

l) Derecho a recibir información personal y actualizada de sus derechos y obligaciones, de su situación personal y judicial, de las normas de funcionamiento interno de los centros que los acojan, así como de los procedimientos concretos para hacer efectivos tales derechos, en especial para formular peticiones, quejas o recursos.

m) Derecho a que sus representantes legales sean informados sobre su situación y evolución y sobre los derechos que a ellos les corresponden, con los únicos límites previstos en esta Ley.

n) Derecho de las menores internadas a tener en su compañía a sus hijos menores de tres años, en las condiciones y con los requisitos que se establezcan reglamentariamente.

Art. 57. *Deberes de los menores internados*

Los menores internados estarán obligados a:

a) Permanecer en el centro a disposición de la autoridad judicial competente hasta el momento de su puesta en libertad, sin perjuicio de las salidas y actividades autorizadas que puedan realizar en el exterior.

b) Recibir la enseñanza básica obligatoria que legalmente les corresponda.

c) Respetar y cumplir las normas de funcionamiento interno del centro y las directrices o instrucciones que reciban del personal de aquél en el ejercicio legítimo de sus funciones.

d) Colaborar en la consecución de una actividad ordenada en el interior del centro y mantener una actitud de respeto y consideración hacia todos, dentro y fuera del centro, en especial hacia las autoridades, los trabajadores del centro y los demás menores internados.

e) Utilizar adecuadamente las instalaciones del centro y los medios materiales que se pongan a su disposición.

f) Observar las normas higiénicas y sanitarias, y sobre vestuario y aseo personal establecidas en el centro.

g) Realizar las prestaciones personales obligatorias previstas en las normas de funcionamiento interno del centro para mantener el buen orden y la limpieza del mismo.

h) Participar en las actividades formativas, educativas y laborales establecidas en función de su situación personal a fin de preparar su vida en libertad.

Art. 58. *Información y reclamaciones*

1. Los menores recibirán, a su ingreso en el centro, información escrita sobre sus derechos y obligaciones, el régimen de internamiento en el que se encuentran, las cuestiones de organización general, las normas de funcionamiento del centro, las normas disciplinarias y los medios para formular peticiones, quejas o recursos. La información se les facilitará en un idioma que entiendan. A los que tengan cualquier género de dificultad para comprender el contenido de esta información se les explicará por otro medio adecuado.

2. Todos los internados podrán formular, verbalmente o por escrito, en sobre abierto o cerrado, peticiones y quejas a la

entidad pública sobre cuestiones referentes a su situación de internamiento. Dichas peticiones o quejas también podrán ser presentadas al Director del centro, el cual las atenderá si son de su competencia o las pondrá en conocimiento de la entidad pública o autoridades competentes, en caso contrario.

Art. 59. *Medidas de vigilancia y seguridad*

1. Las actuaciones de vigilancia y seguridad interior en los centros podrán suponer, en la forma y con la periodicidad que se establezca reglamentariamente, inspecciones de los locales y dependencias, así como registros de personas, ropas y enseres de los menores internados.

2. De igual modo se podrán utilizar exclusivamente los medios de contención que se establezcan reglamentariamente para evitar actos de violencia o lesiones de los menores, para impedir actos de fuga y daños en las instalaciones del centro o ante la resistencia activa o pasiva a las instrucciones del personal del mismo en el ejercicio legítimo de su cargo.

Art. 60. *Régimen disciplinario*

1. Los menores internados podrán ser corregidos disciplinariamente en los casos y de acuerdo con el procedimiento que se establezca reglamentariamente, de acuerdo con los principios de la Constitución, de esta Ley y del Título IX de la Ley 30/1992, de 26 de noviembre, de Régimen Jurídico de las Administraciones Públicas y del Procedimiento Administrativo Común, respetando en todo momento la dignidad de aquéllos y sin que en ningún caso se les pueda privar de sus derechos de alimentación, enseñanza obligatoria y comunicaciones y visitas, previstos en esta Ley y disposiciones que la desarrollen.

2. Las faltas disciplinarias se clasificarán en muy graves, graves y leves, atendiendo a la violencia desarrollada por el sujeto, su intencionalidad, la importancia del resultado y el número de personas ofendidas.

3. Las únicas sanciones que se podrán imponer por la comisión de faltas muy graves serán las siguientes:

a) La separación del grupo por un período de tres a siete días en casos de evidente agresividad, violencia y alteración grave de la convivencia.

b) La separación del grupo durante tres a cinco fines de semana.

c) La privación de salidas de fin de semana de quince días a un mes.

d) La privación de salidas de carácter recreativo por un período de uno a dos meses.

4. Las únicas sanciones que se podrán imponer por la comisión de faltas graves serán las siguientes:

a) Las mismas que en los cuatro supuestos del apartado anterior, con la siguiente duración: dos días, uno o dos fines de semana, uno a quince días, y un mes respectivamente.

b) La privación de participar en las actividades recreativas del centro durante un período de siete a quince días.

5. Las únicas sanciones que se podrán imponer por la comisión de faltas leves serán las siguientes:

a) La privación de participar en todas o algunas de las actividades recreativas del centro durante un período de uno a seis días.

b) La amonestación.

6. La sanción de separación supondrá que el menor permanecerá en su habitación o en otra de análogas características a la suya, durante el horario de actividades del centro, excepto para asistir, en su caso, a la enseñanza obligatoria, recibir visitas y disponer de dos horas de tiempo al día al aire libre.

7. Las resoluciones sancionadoras podrán ser recurridas, antes del inicio de su cumplimiento, ante el Juez de Menores. A tal fin, el menor sancionado podrá presentar el recurso por escrito o verbalmente ante el Director del establecimiento, quien, en el plazo de veinticuatro horas, remitirá dicho escrito o testimonio de la queja verbal, con sus propias alegaciones, al Juez de Menores y éste, en el término de una audiencia y oído el Ministerio Fiscal, dictará auto, confirmando, modificando o anulando la sanción impuesta, sin que contra dicho auto quepa

recurso alguno. El auto, una vez notificado al establecimiento, será de ejecución inmediata. En tanto se sustancia el recurso, en el plazo de dos días, la entidad pública ejecutora de la medida podrá adoptar las decisiones precisas para restablecer el orden alterado, aplicando al sancionado lo dispuesto en el apartado 6 de este artículo.

El letrado del menor también podrá interponer los recursos a que se refiere el párrafo anterior.

TÍTULO VIII
DE LA RESPONSABILIDAD CIVIL

Art. 61. *Reglas generales*

1. La acción para exigir la responsabilidad civil en el procedimiento regulado en esta Ley se ejercitará por el Ministerio Fiscal, salvo que el perjudicado renuncie a ella, la ejercite por sí mismo en el plazo de un mes desde que se le notifique la apertura de la pieza separada de responsabilidad civil o se la reserve para ejercitarla ante el orden jurisdiccional civil conforme a los preceptos del Código Civil y de la Ley de Enjuiciamiento Civil.

2. Se tramitará una pieza separada de responsabilidad civil por cada uno de los hechos imputados.

3. Cuando el responsable de los hechos cometidos sea un menor de dieciocho años, responderán solidariamente con él de los daños y perjuicios causados sus padres, tutores, acogedores y guardadores legales o de hecho, por este orden. Cuando éstos no hubieren favorecido la conducta del menor con dolo o negligencia grave, su responsabilidad podrá ser moderada por el Juez según los casos.

4. En su caso, se aplicará también lo dispuesto en el artículo 145 de la Ley 30/1992, de 26 de noviembre, de Régimen Jurídico de las Administraciones Públicas y del Procedimiento Administrativo Común, y en la Ley 35/1995, de 11 de diciembre, de ayudas y asistencia a las víctimas de delitos violentos y contra la libertad sexual, y sus disposiciones complementarias.

Art. 62. *Extensión de la responsabilidad civil*

La responsabilidad civil a la que se refiere el artículo anterior se regulará, en cuanto a su extensión, por lo dispuesto en el capítulo I del Título V del Libro I del Código Penal vigente.

Art. 63. *Responsabilidad civil de los aseguradores*

Los aseguradores que hubiesen asumido el riesgo de las responsabilidades pecuniarias derivadas de los actos de los menores a los que se refiere la presente Ley serán responsables civiles directos hasta el límite de la indemnización legalmente establecida o convencionalmente pactada, sin perjuicio de su derecho de repetición contra quien corresponda.

Art. 64. *Reglas de procedimiento*

Los trámites para la exigencia de la responsabilidad civil aludida en los artículos anteriores se acomodarán a las siguientes reglas:

1.ª Tan pronto como el Juez de Menores reciba el parte de la incoación del expediente por el Ministerio Fiscal, procederá a abrir una pieza separada de responsabilidad civil, notificando a quienes aparezcan como perjudicados su derecho a ser parte en la misma, y estableciendo el plazo límite para el ejercicio de la acción.

2.ª En la pieza de referencia podrán personarse los perjudicados que hayan recibido notificación al efecto del Juez de Menores o del Ministerio Fiscal, conforme establece el artículo 22 de la presente Ley, y también espontáneamente quienes se consideren como tales. Asimismo, podrán personarse las compañías aseguradoras que se tengan por partes interesadas, dentro del plazo para el ejercicio de la acción de responsabilidad civil. En el escrito de personación, indicarán las personas que consideren responsables de los hechos cometidos y contra las cuales pretendan reclamar, bastando con la indicación genérica de su identidad.

3.ª El Juez de Menores notificará al menor y a sus representantes legales, en su caso, su condición de posibles responsables civiles.

4.ª Una vez personados los presuntos perjudicados y responsables civiles, el Juez de Menores dictará auto acordando el inicio del procedimiento, en el que se señalarán las partes actoras y demandadas, según lo que se haya solicitado por los actores y se desprenda del expediente, y concederá un plazo de diez días a los demandantes para que presenten un escrito con sus pretensiones y propongan la prueba que consideren necesaria, incluida la confesión en juicio y la de testigos.

5.ª Transcurrido dicho plazo, el Juez de Menores dará traslado del escrito a los demandados, quienes en un plazo de diez días deberán contestar a la demanda y proponer a su vez la prueba que consideren necesaria.

6.ª El Juez, inmediatamente que tenga en su poder los escritos de unos y de otros, convocará a los demandantes y a los demandados a una vista oral en la que aquéllos y éstos, por su orden, expondrán sus pretensiones y sus alegaciones sobre todo aquello que consideren relevante al objeto del proceso. En el mismo acto se admitirán las pruebas pertinentes y se practicarán las pruebas propuestas. No podrá rechazarse la confesión en juicio o la prueba testifical por el hecho de haber sido ya practicadas en el expediente principal.

7.ª El Juez, de oficio, mandará unir a los autos aquellos particulares del expediente del procedimiento de menores y de las actas de la audiencia que considere relevantes para su decisión.

8.ª Una vez celebrada la audiencia en el procedimiento de menores y dictada sentencia o recaída otra resolución definitiva, el Juez dictará sentencia civil absolviendo a los demandados o declarando los responsables civiles, con el contenido indicado en el artículo 115 del vigente Código Penal.

9.ª Contra la sentencia indicada en el apartado anterior cabrá recurso de apelación ante la Sala de Menores del Tribunal Superior de Justicia, que se sustanciará por los trámites de la apelación regulados en la Ley de Enjuiciamiento Civil que por la cuantía corresponda. Una vez firme la sentencia, podrá ser ejecutada de acuerdo con las normas del Código Penal y de la citada Ley de Enjuiciamiento Civil.

10. La sentencia dictada en este procedimiento no producirá fuerza de cosa juzgada, quedando a salvo el derecho de las partes para promover juicio ordinario sobre la misma cuestión, en el cual se considerarán hechos probados los hechos que el Juez de Menores haya estimado acreditados, así como la participación del menor.

11. En la pieza de responsabilidad civil no se precisa letrado ni procurador, pero, si fuere solicitado, se designará letrado de oficio al presunto responsable. Los representantes legales del menor podrán ser defendidos por el letrado designado al menor en el procedimiento principal, si así se aceptare por aquél.

DISPOSICIONES ADICIONALES

Disposición adicional primera. *Aplicación en la Jurisdicción Militar*

Lo dispuesto en el artículo 4 de esta Ley se aplicará a quienes hubieren cometido delitos o faltas de los que deba conocer la Jurisdicción Militar, conforme a lo que se establezca sobre el particular en las leyes penales militares.

Disposición adicional segunda. *Aplicación de medidas en casos de riesgo para la salud*

Cuando los Jueces de Menores aplicaren alguna de las medidas terapéuticas a las que se refieren los artículos 5.2, 7.1 y 29 de esta Ley, en caso de enfermedades transmisibles u otros riesgos para la salud de los menores a de quienes con ellos convivan, podrán encomendar a las autoridades o Servicios de Salud correspondientes su control y seguimiento, de conformidad con lo dispuesto en la Ley Orgánica 3/1986, de 14 de abril, de medidas especiales en materia de salud pública.

Disposición adicional tercera. *Registro de sentencias firmes dictadas en aplicación de lo dispuesto en la presente Ley*

En el Ministerio de Justicia se llevará un Registro de sentencias firmes dictadas en aplicación de lo dispuesto en la presente Ley, cuyos datos sólo podrán ser utilizados por los Jueces de Menores y por el Ministerio Fiscal a efectos de lo establecido en los artículos 6, 30 y 47 de esta Ley, teniendo en cuenta lo dispuesto en la Ley Orgánica 15/1999, de 13 de diciembre, de Protección de Datos de Carácter Personal, y sus disposiciones complementarias.

DISPOSICIÓN TRANSITORIA

Disposición transitoria única. *Régimen transitorio*

1. A los hechos cometidos con anterioridad a la entrada en vigor de la presente Ley por los menores sujetos a la Ley Orgánica 4/1992, de 5 de junio, sobre Reforma de la Ley Reguladora de la Competencia y el Procedimiento de los Juzgados de Menores, que se deroga, les será de aplicación la legislación vigente en el momento de su comisión. Quienes estuvieren cumpliendo una medida de las previstas en la citada Ley Orgánica 4/1992 continuarán dicho cumplimiento hasta la extinción de la responsabilidad en las condiciones previstas en dicha Ley.

2. A la entrada en vigor de la presente Ley, cesará inmediatamente el cumplimiento de todas las medidas previstas en la Ley Orgánica 4/1992 que estuvieren cumpliendo personas menores de catorce años, extinguiéndose las correspondientes responsabilidades.

3. A los menores de dieciocho años, juzgados con arreglo a lo dispuesto en el Código Penal de 1973, en las leyes penales especiales derogadas o en la disposición derogatoria del Código Penal vigente, a quienes se hubiere impuesto una pena de dos años de prisión menor o una pena de prisión superior a dos años, que estuvieren pendientes de cumplimiento a la entrada en vigor de la presente Ley, dichas penas les serán sustituidas por alguna de las medidas previstas en esta Ley, a instancia del Ministerio Fiscal, previo informe del equipo técnico o de la correspondiente entidad pública de protección o reforma de menores. A tal efecto, se habrá de dar traslado al Ministerio Fiscal de la ejecutoria y de la liquidación provisional de las penas impuestas a los menores comprendidos en los supuestos previstos en este apartado.

4. Si, en los supuestos a los que se refiere el apartado anterior, la pena impuesta o pendiente de cumplimiento fuera de prisión inferior a dos años o de cualquiera otra naturaleza, se podrá imponer al condenado una medida de libertad vigilada simple por el tiempo que restara de cumplimiento de la condena, si el Juez de Menores, a petición del Ministerio Fiscal y oídos el letrado del menor, su representante legal, la correspondiente entidad pública de protección o reforma de menores y el propio sentenciado, lo considerara acorde con la finalidad educativa que persigue la presente Ley. En otro caso, el Juez de Menores podrá tener por cumplida la pena y extinguida la responsabilidad del sentenciado.

5. Las decisiones del Juez de Menores a que se refieren los apartados anteriores se adoptarán en auto recurrible directamente en apelación, en el plazo de cinco días hábiles, ante la Sala de Menores del correspondiente Tribunal Superior de Justicia.

6. En los procedimientos penales en curso a la entrada en vigor de la presente Ley, en los que haya imputadas personas por la comisión de hechos delictivos cuando aún no hayan cumplido los dieciocho años, el Juez o Tribunal competente remitirá las actuaciones practicadas al Ministerio Fiscal para que instruya el procedimiento regulado en la misma.

Si el imputado lo fuere por hechos cometidos cuando era mayor de dieciocho años y menor de veintiuno, el Juez instructor acordará lo que proceda, según lo dispuesto en el artículo 4 de esta Ley.

DISPOSICIONES FINALES

Disposición final primera. *Derecho supletorio*

Tendrán el carácter de normas supletorias, para lo no previsto expresamente en esta Ley Orgánica, en el ámbito sustantivo, el Código Penal y las leyes penales especiales, y, en el ámbito del procedimiento, la Ley de Enjuiciamiento Criminal, en particular lo dispuesto para los trámites del procedimiento abreviado regulado en el Título III del Libro IV de la misma.

Disposición final segunda. *Modificación de la Ley Orgánica del Poder Judicial y del Estatuto Orgánico del Ministerio Fiscal*

1. El Gobierno, en el plazo de seis meses a partir de la publicación de la presente Ley en el «Boletín Oficial del Estado», elevará al Parlamento un proyecto de Ley Orgánica de reforma de la Ley Orgánica 6/1985, de 1 de julio, del Poder Judicial, para la creación de las Salas de Menores de los Tribunales Superiores de Justicia y para la adecuación de la regulación y competencia de los Juzgados de Menores y de la composición de la Sala Segunda del Tribunal Supremo a lo establecido en la presente Ley.

2. El Gobierno, en el plazo de seis meses a partir de la publicación de la presente Ley en el «Boletín Oficial del Estado», elevará al Parlamento un proyecto de Ley de reforma de la Ley 50/1981, de 30 de diciembre, por la que se regula el Estatuto Orgánico del Ministerio Fiscal, a fin de adecuar la organización del Ministerio Fiscal a lo establecido en la presente Ley.

Disposición final tercera. *Reformas en materia de personal*

1. El Gobierno, a través del Ministerio de Justicia, oído el Consejo General del Poder Judicial, la Fiscalía General del Estado y las Comunidades Autónomas afectadas, en el plazo de seis meses desde la publicación de la presente Ley en el «Boletín Oficial del Estado» adoptará las disposiciones oportunas para adecuar la planta de los Juzgados de Menores y las plantillas de las Carreras Judicial y Fiscal a las necesidades orgánicas que resulten de la aplicación de lo dispuesto en la presente Ley.

2. Las plazas de Jueces de Menores deberán ser servidas necesariamente por Magistrados pertenecientes a la Carrera Judicial. A la entrada en vigor de esta Ley los titulares de un Juzgado de Menores que ostenten la categoría de Juez deberán cesar en dicho cargo, quedando, en su caso, en la situación que prevé el artículo 118.2 y concordantes de la vigente Ley Orgánica del Poder Judicial, procediéndose a cubrir tales plazas por concurso ordinario entre Magistrados.

3. El Gobierno, a través del Ministerio de Justicia, y las Comunidades Autónomas con competencia en la materia, a través de las correspondientes Consejerías, adecuarán las plantillas de funcionarios de la Administración de Justicia a las necesidades que presenten los Juzgados y las Fiscalías de Menores para la aplicación de la presente Ley, y determinarán el número de los equipos técnicos adscritos a los Juzgados y Fiscalías de Menores, su composición y la plantilla de los mismos.

4. Asimismo, el Gobierno, a través del Ministerio del Interior, y sin perjuicio de las competencias de las Comunidades Autónomas, adecuará las plantillas de los Grupos de Menores de las Brigadas de Policía Judicial, con objeto de establecer la adscripción a las Secciones de Menores de las Fiscalías de los funcionarios necesarios a los fines propuestos por esta Ley.

5. El Gobierno a través del Ministerio de Justicia, sin perjuicio de las competencias asumidas por las Comunidades Autónomas, y en el plazo de seis meses desde la publicación de la presente Ley en el «Boletín Oficial del Estado», adoptará las disposiciones oportunas para la creación de Cuerpos de Psicólogos y Educadores y Trabajadores Sociales Forenses.

Disposición final cuarta. *Especialización de Jueces, Fiscales y abogados*

1. El Consejo General del Poder Judicial y el Ministerio de Justicia, en el ámbito

de sus competencias respectivas, procederán a la formación de miembros de la Carrera Judicial y Fiscal especialistas en materia de Menores con arreglo a lo que se establezca reglamentariamente. Dichos especialistas tendrán preferencia para desempeñar los correspondientes cargos en las Salas de Menores de los Tribunales Superiores de Justicia y en los Juzgados y Fiscalías de Menores, conforme a lo que establezcan las leyes y reglamentos.

2. En todas las Fiscalías existirá una Sección de Menores compuesta por miembros de la Carrera Fiscal, especialistas, con las dotaciones de funcionarios administrativos que sean necesarios, según se determine reglamentariamente.

3. El Consejo General de la Abogacía deberá adoptar las disposiciones oportunas para que en los Colegios en los que resulte necesario se impartan cursos homologados para la formación de aquellos letrados que deseen adquirir la especialización en materia de menores a fin de intervenir ante los órganos de esta Jurisdicción.

Disposición final quinta. *Cláusula derogatoria*

1. Se derogan: la Ley Orgánica reguladora de la competencia y el procedimiento de los Juzgados de Menores, texto refundido aprobado por Decreto de 11 de junio de 1948, modificada por la Ley Orgánica 4/1992, de 5 de junio; los preceptos subsistentes del Reglamento para la ejecución de la Ley Orgánica reguladora de la competencia y el procedimiento de los Juzgados de Menores, aprobado por Decreto de 11 de junio de 1948; la disposición transitoria duodécima de la Ley Orgánica 10/1995, de 23 de noviembre, del Código Penal; y los artículos 8.2, 9.3, la regla 1.ª del artículo 20, en lo que se refiere al número 2.º del artículo 8, el segundo párrafo del artículo 22 y el artículo 65 del texto refundido del Código Penal, publicado por el Decreto 3096/1973, de 14 de septiembre, conforme a la Ley 44/1971, de 15 de noviembre.

2. Quedan asimismo derogadas cuantas otras normas, de igual o inferior rango, se opongan a lo establecido en la presente Ley.

Disposición final sexta. *Naturaleza de la presente Ley*

Los artículos 16, 20, 21, 23 a 27, 30 a 35, 37 a 39, 41, 42 y 61 a 64, la disposición adicional tercera y la disposición final tercera de la presente Ley Orgánica tienen naturaleza de Ley ordinaria.

Disposición final séptima. *Entrada en vigor y desarrollo reglamentario*

1. La presente Ley Orgánica entrará en vigor al año de su publicación en el «Boletín Oficial del Estado». En dicha fecha entrarán también en vigor los artículos 19 y 69 de la Ley Orgánica 10/1995, de 23 de noviembre, del Código Penal.

2. Durante el plazo mencionado en el apartado anterior, las Comunidades Autónomas con competencia respecto a la protección y reforma de menores adaptarán su normativa para la adecuada ejecución de las funciones que les otorga la presente Ley.

§ 3. LEGISLACIÓN COMPLEMENTARIA

§ 3.1. LEY DE 18 DE JUNIO DE 1870, POR LA QUE SE ESTABLECEN REGLAS PARA EL EJERCICIO DE LA GRACIA DE INDULTO

(G. núm. 172, de 21 de junio)[1]

CAPÍTULO I
De los que pueden ser indultados

Art. 1. Los reos de toda clase de delitos podrán ser indultados, con arreglo a las disposiciones de esta Ley, de toda o parte de la pena en que por aquéllos hubiesen incurrido.

Art. 2. Se exceptúan de lo establecido en el artículo anterior:

1.º Los procesados criminalmente que no hubieren sido aún condenados por sentencia firme.

2.º Los que no estuvieren a disposición del Tribunal sentenciador para el cumplimiento de la condena.

3.º Los reincidentes en el mismo o en otro cualquiera delito por el cual hubiesen sido condenados por sentencia firme. Se exceptúan, sin embargo, al caso en que, a juicio del Tribunal sentenciador, hubiese razones suficientes de justicia, equidad o conveniencia pública para otorgarle la gracia.

Art. 3. Lo dispuesto en el artículo anterior no será aplicable a los penados por delitos comprendidos en el capítulo I, secciones primera y segunda del capítulo II, y en los capítulos III, IV y V, todos del título II del Libro II del Código Penal.

1. Modificada por Ley 1/1988, de 14 de enero.

CAPÍTULO II
De las clases y efectos del indulto

Art. 4. El indulto podrá ser total o parcial. Será indulto total la remisión de todas las penas a que hubiese sido condenado y que todavía no hubiese cumplido el delincuente.

Será indulto parcial la remisión de alguna o algunas de las penas impuestas, o de parte de todas las que hubiese incurrido y no hubiese cumplido todavía el delincuente.

Se reputará también indulto parcial la conmutación de la pena o penas impuestas al delincuente en otras menos graves.

Art. 5. Será nula y no producirá efecto ni deberá ejecutarse por el Tribunal a quien corresponda la concesión del indulto en que no se hiciese mención expresa a lo menos de la pena principal sobre que recaiga la gracia.

Art. 6. El indulto de la pena principal llevará consigo el de las accesorias que con ella se hubiesen impuesto al penado, a excepción de las de inhabilitación para cargos públicos y derechos políticos y sujeción a la vigilancia de la autoridad, las cuales no se tendrán por comprendidas si de ellas no se hubiese hecho mención especial en la concesión.

Tampoco se comprenderá nunca en ésta la indemnización civil.

Art. 7. Podrá concederse indulto de las penas accesorias, con exclusión de las principales y viceversa, a no ser de aquellas que sean inseparables por su naturaleza y efectos.

Art. 8. El indulto de pena pecuniaria eximirá al indultado del pago de la cantidad que aún no hubiese satisfecho; pero no comprenderá la devolución de la ya pagada, a no ser que así se determine expresamente.

Art. 9. El indulto no se extenderá a las costas procesales.

Art. 10. Si el penado hubiere fallecido al tiempo o después de existir causas bastantes para la concesión de su indulto, podrá relevarse a sus herederos de la pena accesoria de multa, con arreglo a lo dispuesto en los artículos 8º y 9º.

Art. 11. El indulto total se otorgará a los penados tan sólo en el caso de existir a su favor razones de justicia, equidad o utilidad pública, a juicio del Tribunal sentenciador.

Art. 12. En los demás casos se concederá tan sólo el parcial, y con preferencia la conmutación de la pena impuesta en otra menos grave dentro de la misma escala gradual.

Sin embargo de lo dispuesto en el párrafo anterior, podrá también conmutarse la pena en otra de distinta escala cuando haya méritos suficientes para ello, a juicio del Tribunal sentenciador o del Consejo de Estado, y el penado además se conformare con la conmutación.

Art. 13. Conmutada la pena principal, se entenderán también conmutadas las accesorias por las que correspondan, según las prescripciones del Código, a la que hubiere de sufrir el indultado.

Se exceptúa, sin embargo, el caso en que se hubiese dispuesto otra cosa en la concesión de la gracia.

Art. 14. La conmutación de la pena quedará sin efecto desde el día en que el indultado deje de cumplir, por cualquiera causa dependiente de su voluntad, la pena a que por la conmutación hubiere quedado sometido.

Art. 15. Serán condiciones tácitas de todo indulto:

1.ª Que no cause perjuicio a tercera persona o no lastime sus derechos.

2.ª Que haya sido oída la parte ofendida, cuando el delito por el que hubiese sido condenado el reo fuere de los que solamente se persiguen a instancia de parte.

Art. 16. Podrán además imponerse al penado en la concesión de la gracia las demás condiciones que la justicia, la equidad o la utilidad pública aconsejen.

Art. 17. El Tribunal sentenciador no dará cumplimiento a ninguna concesión de indulto cuyas condiciones no hayan sido previamente cumplidas por el penado, salvas las que por su naturaleza no lo permitan.

Art. 18. La concesión del indulto es por su naturaleza irrevocable con arreglo a las cláusulas con que hubiere sido otorgado.

CAPÍTULO III
Del procedimiento para solicitar y conceder la gracia del indulto

Art. 19. Pueden solicitar el indulto los penados, sus parientes o cualquier otra persona en su nombre, sin necesidad de poder escrito que acredite su representación.

Art. 20. Pueden también proponer el indulto el Tribunal sentenciador, o el Tribunal Supremo, o el Fiscal de cualquiera de ellos, con arreglo a lo que se dispone en el párrafo 2º del artículo 2 del Código Penal, y se disponga además en las Leyes de Procedimientos y casación criminal.

La propuesta será reservada hasta que el Ministro de Justicia en su vista decrete la formación del oportuno expediente.

Art. 21. Podrá también el Gobierno mandar formar el oportuno expediente, con arreglo a las disposiciones de esta Ley, para la concesión de indultos que no hubiesen sido solicitados por los particulares ni propuestos por los Tribunales de Justicia.

Art. 22. Las solicitudes de indultos se dirigirán al Ministro de Justicia por conducto del Tribunal sentenciador, del Jefe del Establecimiento o del Gobernador de la provincia en que el penado se halle cumpliendo la condena, según los respectivos casos.

Art. 23. Las solicitudes de indulto, incluso las que directamente se presentaran al Ministro de Justicia, se remitirán a informe del Tribunal sentenciador.

Art. 24. Este pedirá, a su vez, informe sobre la conducta del penado al Jefe del Establecimiento en que aquél se halle cumpliendo la condena, o al Gobernador de la provincia de su residencia, si la pena no consistiese en la privación de la libertad, y oirá después al Fiscal y a la parte ofendida si la hubiere.

Art. 25. El Tribunal sentenciador hará constar en su informe, siendo posible, la edad, estado y profesión del penado, su fortuna si fuere conocida, sus méritos y antecedentes, si el penado fue con anterioridad procesado y condenado por otro delito, y si cumplió la pena impuesta o fue de ella indultado, por qué causa y en qué forma, las circunstancias agravantes o atenuantes que hubiesen concurrido en la ejecución del delito, el tiempo de prisión preventiva que hubiese sufrido durante la causa, la parte de la condena que hubiere cumplido, su conducta posterior a la ejecutoria, y especialmente las pruebas o indicios de su arrepentimiento que se hubiesen observado, si hay o no parte ofendida, y si el indulto perjudica derecho de tercero, y cualesquiera otros datos que puedan servir para el mejor esclarecimiento de los hechos, concluyendo por consignar su dictamen sobre la justicia o conveniencia y forma de la concesión de la gracia.

Art. 26. El Tribunal sentenciador remitirá con su informe al Ministro de Justicia la hoja histórico-penal y el testimonio de la sentencia ejecutoria del penado, con los demás documentos que considere necesarios para la justificación de los hechos.

Art. 27. Los Tribunales Supremo o Sentenciador que de oficio propongan al Gobierno el indulto de un penado, acompañarán desde luego con la propuesta el informe y documentos a que se refieren los artículos anteriores.

Art. 28. Los expedientes que se formen al amparo del párrafo segundo del artículo 2º del Código Penal, se tramitarán en turno preferente cuando los informes del Ministerio Fiscal y del Establecimiento Penitenciario y del ofendido, en su caso, no se opusieran a la propuesta del Tribunal.

También se tramitarán en turno preferente los expedientes calificados de especial urgencia o importancia.

Art. 29. Sin embargo de lo dispuesto en los artículos anteriores, podrá concederse la conmutación de la pena de muerte y de las impuestas por los delitos comprendidos en los Capítulos I y II, Título II, Libro II y Capítulos I, II y III, Título III del mismo Libro del Código Penal últimamente reformado sin oír previamente al Tribunal sentenciador.

Art. 30. La concesión de los indultos, cualquiera que sea su clase, se hará en Real Decreto, que se insertará en el «Boletín Oficial del Estado».

Art. 31. La aplicación de la gracia habrá de encomendarse indispensablemente al Tribunal sentenciador.

Art. 32. La solicitud o propuesta de indulto no suspenderá el cumplimiento de la sentencia ejecutoria, salvo el caso en que la pena impuesta fuese la de muerte, la cual no se ejecutará hasta que el Gobierno haya acusado el recibo de la solicitud o propuesta al Tribunal sentenciador.

§ 3.2. LEY 4/1985, DE 21 DE MARZO, DE EXTRADICIÓN PASIVA

(BOE 73, de 26 de marzo de 1985)

PREÁMBULO

El régimen de la extradición pasiva, especialmente en cuanto al procedimiento que ha de seguirse para su concesión, ha venido regulado por Ley de 26 de diciembre de 1958.

En el relativamente escaso tiempo de su vigencia, tal régimen ha evidenciado su inadecuación, tanto en su aspecto interno como internacional.

En el primero, la Constitución española extrema las garantías y formalidades a seguir para el respeto de derecho tan fundamental como la libertad de las personas, que por su propia esencia, en todo caso, queda bajo el control de la Autoridad judicial, y, lógicamente, también cuando el reclamado de extradición ha de ser privado de aquélla como medida precautoria que garantice la entrega al país reclamante, si tal extradición fuera acordada.

Por otra parte, la ratificación por España de varios Convenios europeos sobre la materia —Represión del Terrorismo, en 9 de mayo de 1980; el de Asistencia Judicial en Materia Penal, en 14 de julio de 1982, y, especialmente, el de Extradición, de 21 de abril de 1982— hace indispensable una revisión a fondo de nuestra Ley interna para suprimir obsoletos criterios y recoger aquellos otros que la técnica internacional ha perfeccionado a través del tiempo hasta ser aceptados por la generalidad de los países.

La presente Ley mantiene el mismo sistema y principio cardinal de la anterior, en cuanto que la extradición, como acto de soberanía en relación con otros Estados, es función del Poder Ejecutivo, bajo el imperio de la Constitución y de la Ley, sin perjuicio de su aspecto técnico penal y procesal que han de resolver los Tribunales en cada caso con la intervención del Ministerio Fiscal.

Por lo demás, las novedades más sustanciales que la Ley contiene son las siguientes:

Primera.- En materia tan fundamental como la prisión preventiva se sigue íntegramente el criterio constitucional de dar intervención al Juez desde un principio, suprimiendo, en consecuencia, el régimen antiguo que permitía la detención sin intervención judicial, hasta la resolución del expediente en vía gubernativa. Su duración se acomoda al criterio de los nuevos Convenios europeos, no sólo por unificar criterios sobre la materia, sino porque, al propio tiempo, se suprimen plazos intermedios que podían inducir, y con frecuencia han inducido, a confusión.

El plazo de prisión preventiva para casos de urgencia se fija en cuarenta días, tiempo ya consagrado en reciente práctica judicial y que se estima suficiente para que el Estado reclamante curse la demanda de extradición, habida cuenta que ésta debe formularse en base a la misma sentencia condenatoria o auto de prisión que justifica aquella medida provisional.

A este plazo sigue otro de cuarenta días, a partir de la presentación formal de la demanda, lo que supone un total máximo de ochenta días, que, unido al tiempo que exija la tramitación en fase puramente judicial, no debe sobrepasar, en ningún caso, por respeto al principio de presunción de inocencia y al derecho fundamental a la libertad que a toda persona alcanza los límites máximos señalados en nuestro derecho para la prisión provisional.

Tampoco contiene esta Ley previsiones que puedan limitar el arbitrio judicial o contradecir el régimen general instaurado por Ley orgánica 7/1983, de 23 de abril, sobre esta materia en desarrollo de preceptos constitucionales.

Segunda.- En cuanto a los hechos que puedan dar lugar a la extradición, se sigue el sistema de identidad normativa o doble incriminación junto al de apertura en los tipos. Basta, pues, que la infracción esté tipificada en la legislación de ambos países, sin que, en consecuencia, deba estar incluida en la lista cerrada; sistema éste olvidado en la actualidad, aunque continúe imperando en viejos Convenios bilaterales del pasado siglo.

Novedad importante en esta materia es la fijación de un límite mínimo a la gravedad del hecho, determinada por la pena aplicable —un año— o aplicada en sentencia condenatoria —cuatro meses—. Se sigue así la orientación marcada por el Convenio europeo; ya que éste comprende, además de las penas, las medidas de seguridad privativas de libertad de la misma duración.

Tercera.- Como excepciones a la extradición, se mantiene la de los nacionales y los supuestos que sean de la competencia de nuestros Tribunales, uno y otros por razón de soberanía, lo que no implica impunidad, ya que, en ambos supuestos, se invitará al país reclamante a que remita las actuaciones seguidas para que los presuntos culpables puedan ser juzgados en España.

Por lo demás, se mantienen también otras excepciones, delitos militares, de prensa, privados con algunas limitaciones, etc. Pero se silencian otros casos como faltas o contravenciones administrativas, cuya cita era innecesaria.

En todo caso y por la misma razón de no existir Tratado vinculante, se declara siempre potestativa la concesión de la extradición, artículo segundo, con la que España, a la vista de las circunstancias concurrentes, podrá decidir con libertad cada demanda de extradición.

Cuarta.- Se establece la facultad del Gobierno de no proceder a la extradición, aun habiéndola considerado procedente el Tribunal en base al principio de reciprocidad, soberanía, seguridad, orden público y demás intereses de España. Con ello se siguen los sistemas francés e italiano en los que la decisión favorable a la extradición no es obligatoria, si bien se precisan los criterios de esta última decisión del Gobierno tal y como establece la legislación suiza.

Ello es lógico, y en ningún caso implicará incumplimiento de resoluciones judiciales, habida cuenta del distinto campo y finalidad en que actúan y persiguen los Tribunales y el Gobierno; técnico y sobre todo tutelar del derecho a la libertad los primeros y políticos esencialmente el segundo. Otra cosa sería que, denegada la extradición por el Tribunal, pudiera el Gobierno decretar la entrega.

Quinta.- Se mantienen las dos fases del procedimiento extradicional, incluso los trámites para casos de urgencia, debidamente acomodados a las facultades judiciales para acordar la prisión preventiva. No obstante, y en atención a precedentes que así lo aconsejan, se admite el recurso de súplica contra los autos del propio Tribunal, que, con el de reforma ya admitido en la Ley hasta ahora vigente, permiten posibles correcciones, antes vedadas en esta segunda parte del procedimiento judicial, que pudieran resultar aconsejables ante circunstancias concretas puestas de manifiesto por los propios interesados o el Ministerio Fiscal.

Sexta.- Otras adaptaciones afectan especialmente a la extradición en tránsito que, por circunstancias no muy comprensibles, ha sido objeto de reserva por parte de España al ratificar el Convenio Europeo de Extradición, y que, en consecuencia, sólo se concederá a los países que lo han ratificado, en las mismas condiciones que la extradición ordinaria, marginando así el procedimiento más racional, ágil y aconsejable que admite el propio Convenio. No parece que deban concederse a los demás países beneficios o ventajas que por esta reserva se niegan a los que han ratificado el Convenio europeo y, en régimen de reciprocidad, al propio Estado español. Unicamente se admite el supuesto excepcional.

Séptima.- Quizá también, como novedad digna de mención, debe citarse el procedimiento consignado para la ampliación de extradición como complemento indispensable del principio de especialidad, que permitirá otorgar autorización para proceder por hechos anteriores y distintos a los que motivaron la entrega. Se recoge así el criterio del Convenio europeo, el seguido con otros países y, en definitiva, el que resulta aconsejable para evitar situaciones anteriores de impunidad por delitos, incluso más graves y rechazables en el concierto social, que el que motivó la extradición concedida.

Octava.- Por lo demás, se ha suprimido la autorización que la anterior Ley concedía al Gobierno para «convenir reciprocidad en materia de extradición», por estimar que tal autorización podría vulnerar el artículo 94 de la Constitución, que, para los supuestos que contempla en su apartado c), requiere previa autorización de las Cortes Generales, autorización que debe entenderse para cada «Convenio», cuyo contenido ha de someterse previamente al Parlamento. Lo que no excluye la aplicación del principio de reciprocidad en cada caso concreto, según el artículo 1.º, autorizado por el artículo 13,3, de la misma Constitución, incluso existiendo tantos Tratados como Leyes de Extradición.

Novena.- También se han suprimido las referencias al grado de participación (autores, cómplices y encubridores) o al de ejecución del delito (intentado, frustrado y consumado), por anticuadas e innecesarias. El Convenio europeo tampoco las recoge. Bastará, en consecuencia, que al reclamado le corresponda una de las penas que pueden motivar la extradición para que, con o sin aquellas indicaciones, pueda acordarse su entrega.

Por último, se trata de una Ley que, si bien se inspira en el Convenio europeo, tal vez el más perfecto, no supone necesariamente una ejecución, cumplimiento o desarrollo del mismo ni de ningún otro. De no existir Convenio o no habiéndolo ratificado España, la Ley seguiría siendo necesaria. Así, pues, no se considera preceptiva la consulta al Consejo de Estado que prevé el artículo 21.2, de su Ley orgánica reguladora.

Art. 1. Las condiciones, los procedimientos y los efectos de la extradición pasiva se regirán por la presente Ley, excepto en lo expresamente previsto en los Tratados en los que España sea parte.

En todo caso, la extradición sólo se concederá atendiendo al principio de reciprocidad. El Gobierno podrá exigir una garantía de reciprocidad al Estado requirente.

Art. 2. Se podrá conceder la extradición por aquellos hechos para los que las Leyes españolas y las de la parte requirente señalen una pena o medida de seguridad cuya duración no sea inferior a un año de privación de libertad en su grado máximo o a una pena más grave; o cuando la reclamación tuviere por objeto el cumplimiento de condena a una pena o medida de seguridad no inferior a cuatro meses de privación de libertad por hechos también tipificados en la legislación española.

Cuando la solicitud se refiera a varios hechos y sólo concurran en algunos de ellos los requisitos del párrafo anterior sobre duración de las penas o medidas de seguridad, el acuerdo de extradición podrá extenderse también a los que tengan señalada penalidad inferior.

Si la solicitud de extradición se basa en sentencia dictada en rebeldía del reclamado, en la que éste haya sido condenado a pena que, con arreglo a la legislación española, no puede ser impuesta a quien no haya estado presente en el juicio oral, se concederá la extradición condicionándola a que la representación diplomática en España del país requirente, en el plazo que se le exija, ofrezca garantías suficientes de que el reclamado será sometido a nuevo juicio en el que deberá estar presente y debidamente defendido.

Art. 3. 1. No se concederá la extradición de españoles, ni de los extranjeros por delitos de que corresponda conocer a los Tribunales españoles, según el Ordenamiento nacional. La cualidad de nacional será apreciada por el Tribunal competente para conocer de la extradición en el momento de la decisión sobre la misma, con arreglo a los preceptos correspondientes del Ordenamiento jurídico español, y siempre que no fuera adquirida con el fraudulento propósito de hacer imposible la extradición.

2. Cuando proceda denegar la extradición por el motivo previsto en el apartado anterior, si el Estado en que se hayan ejecutado los hechos así lo pidiere el Gobierno español dará cuenta del hecho que motivó la demanda al Ministerio Fiscal a fin de que se proceda judicialmente, en su caso, contra el reclamado. Si así se acordare, solicitará del Estado requirente que remita las actuaciones practicadas o copia de las mismas para continuar el procedimiento penal en España.

3. Cuando el delito se hubiere cometido fuera del territorio del país que solicite la extradición, ésta podrá ser denegada si la legislación española no autorizare la persecución de un delito del mismo género cometido fuera de España.

Art. 4. No se concederá la extradición en los casos siguientes:

1.º Cuando se trate de delitos de carácter político, no considerándose como tales los actos de terrorismo; los crímenes contra la Humanidad previstos por el Convenio para la prevención y penalización del crimen de genocidio adoptado por la Asamblea General de las Naciones Unidas, ni el atentado contra la vida de un Jefe de Estado o de un miembro de su familia.

2.º Cuando se trate de delitos militares tipificados por la legislación española y sin perjuicio de lo establecido al respecto en los Convenios internacionales suscritos y ratificados por España; de los cometidos a través de los medios de comunicación social en el ejercicio de la libertad de expresión, y de los que sólo son perseguibles a instancia de parte, con excepción de los delitos de violación, estupro, rapto y abusos deshonestos.

3.º·Cuando la persona reclamada deba ser juzgada por un Tribunal de excepción.

4.º Cuando se haya extinguido la responsabilidad criminal, conforme a la legislación española o la del Estado requirente.

5.º Cuando la persona reclamada haya sido juzgada o lo esté siendo en España por los mismos hechos que sirvan de base a la solicitud de extradición. Podrá, no obstante, accederse a ésta cuando se hubiere decidido no entablar persecución o poner fin al procedimiento pendiente por los referidos hechos y no haya tenido lugar por sobreseimiento libre o cualquier otra resolución que deba producir el efecto de cosa juzgada.

6.º Cuando el Estado requirente no diera la garantía de que la persona reclamada de extradición no será ejecutada o que no será sometida a penas que atenten a su integridad corporal o a tratos inhumanos o degradantes.

7.º Cuando el Estado requirente no hubiera dado las garantías exigidas en el párrafo 3.º del artículo segundo.

8.º Cuando a la persona reclamada le hubiere sido reconocida la condición de asilado. El no reconocimiento de la condición de asilado, cualquiera que sea su causa, no impedirá la denegación de la extradición por cualquiera de las causas previstas en esta Ley.

Art. 5. Asimismo podrá denegarse la extradición:

1.º Si se tuvieran razones fundadas para creer que la solicitud de extradición, motivada por un delito de naturaleza común, se ha presentado con el fin de perseguir o castigar a una persona por consideraciones de raza, religión, nacionalidad u opiniones políticas, o que la situación de dicha persona corre el riesgo de verse agravada por tales consideraciones.

2.º Cuando la persona reclamada sea menor de dieciocho años en el momento de la demanda de extradición y teniendo residencia habitual en España, se considere que la extradición puede impedir su reinserción social, sin perjuicio de adoptar, de acuerdo con las autoridades del Estado requirente, las medidas más apropiadas.

Art. 6. Si la resolución firme del Tribunal denegare la extradición, dicha resolución será definitiva y no podrá concederse aquélla.

La resolución del Tribunal declarando procedente la extradición no será vinculante para el Gobierno, que podrá denegarla en el ejercicio de la soberanía nacional, atendiendo al principio de reciprocidad o a razones de seguridad, orden público o demás intereses esenciales para España.

Contra lo acordado por el Gobierno no cabrá recurso alguno.

Art. 7. 1. La solicitud de extradición se formulará por vía diplomática, o directamente por escrito del Ministro de Justicia de la parte requirente al Ministro de Justicia español, debiendo acompañarse:

a) La sentencia condenatoria o el auto de procesamiento y prisión o resolución análoga según la legislación del país requirente con expresión sumaria de los hechos y lugar y fecha en que fueron realizados.

b) Cuantos datos sean conocidos sobre la identidad, nacionalidad y residencia del sujeto reclamado y, a ser posible, su fotografía y huellas dactilares.

c) Copia de los textos legales con expresión de la pena aplicable.

d) Si el hecho estuviere castigado con alguna de las penas a que se refiere el número 6.º del artículo 4.º el Estado requirente dará seguridades, suficientes a juicio del Gobierno español, de que tales penas no serán ejecutadas.

2. Los referidos documentos, originales o en copia auténtica, se acompañarán de una traducción oficial al español.

Art. 8. 1. En caso de urgencia podrá ser interesada la detención como medida preventiva, si bien deberá hacerse constar expresamente en la solicitud que ésta responde a una sentencia condenatoria o mandamiento de detención firmes con expresión de la fecha y hechos que lo motiven, tiempo y lugar de la comisión de éstos y filiación de la persona cuya detención se interesa, con ofrecimiento de presentar seguidamente demanda de extradición.

2. La solicitud de detención preventiva se remitirá por vía postal, telegráfica o cualquier otro medio que deje constancia escrita, bien por vía diplomática, bien directamente al Ministerio de Justicia, bien por conducto de la Organización Internacional de Policía Criminal, y si en ella constaren todas las circunstancias necesarias, se procederá a la detención del reclamado, poniéndolo a disposición del Juzgado Central de Instrucción de guardia en plazo no superior a veinticuatro horas para que, si lo estima procedente, decrete la prisión provisional, que dejará sin efecto si transcurridos cuarenta días el país requirente no hubiere presentado en forma la solicitud de extradición.

3. El Juez podrá, en cualquier momento y en atención a las circunstancias del caso, acordar la libertad del detenido, adoptando alguna o algunas de las medidas siguientes para evitar su fuga: vigilancia a domicilio, orden de no ausentarse de un lugar determinado sin la autorización del Juez, orden de presentarse periódicamente ante la autoridad designada por el Juez, retirada de pasaporte y prestación de una fianza. El incumplimiento de estas medidas dará lugar a la prisión provisional dentro del plazo establecido en el apartado anterior.

La puesta en libertad, con o sin medidas alternativas de la prisión provisional, no será obstáculo para una nueva detención ni para la extradición, si la solicitud de ésta llegara después de la expiración del plazo mencionado en el apartado anterior.

4. En todo caso, se informará al país reclamante de las resoluciones adoptadas, especialmente y con la urgencia posible, de la detención y del plazo dentro del cual deberá presentarse la demanda de extradición.

Art. 9. 1. Cuando la solicitud se hubiera formulado por vía diplomática, el Ministerio de Asuntos Exteriores remitirá al de Justicia la solicitud de extradición con expresión de la fecha en que se hubiere recibido.

2. El Ministerio de Justicia, atendidas las circunstancias de la solicitud y cuando el reclamado no estuviera ya detenido preventivamente, podrá interesar del Ministerio del Interior que proceda a la detención de la persona reclamada y la ponga a disposición del Juzgado Central de Instrucción de guardia, y remitirá a este Juez información bastante acerca de la demanda de extradición.

Puesto a disposición judicial el reclamado y a la vista de la información recibida, el Juez podrá acordar la prisión provisional del detenido.

3. El Ministerio de Justicia, en un plazo máximo de ocho días, computados desde el siguiente al de la recepción de la solicitud, o en su caso, de los justificantes, aclaraciones o traducciones por él reclamados, elevará al Gobierno propuesta motivada sobre si ha lugar o no a continuar en vía judicial del procedimiento de extradición en base a los artículos 2.º a 5.º de esta Ley.

4. El Gobierno adoptará su decisión dentro del plazo de quince días, contados desde la elevación de la propuesta por el Ministerio de Justicia. Transcurrido este plazo sin que el Gobierno haya adoptado resolución, el Ministerio de Justicia lo hará en su nombre, dentro de los tres días siguientes a la expiración del mismo, sin perjuicio de lo establecido en el apartado 5 de este artículo.

5. Cuando el acuerdo fuere denegatorio se pondrá en conocimiento del Estado requirente. Si el reclamado estuviere en prisión, se notificará al Juez que la hubiere decretado para que acuerde su libertad.

Art. 10. Cuando el procedimiento se inicie, por petición urgente de detención preventiva, conforme al artículo 8.º, uno y dos, la prisión preventiva se dejará sin efecto si transcurridos cuarenta días el Estado requirente no hubiere presentado en forma la solicitud de extradición por vía diplomática ante el Ministerio de Asuntos Exteriores o directamente ante el Ministerio de Justicia españoles. Si se hubiese presentado dentro de dicho plazo de cuarenta días, éste se ampliará a cuarenta días más, para dar tiempo a que el Ministerio de Justicia y el Gobierno españoles puedan cumplir lo establecido en el artículo anterior, números tres y cuatro.

Si el procedimiento se inicia por la recepción de la solicitud de extradición por vía diplomática ante el Ministerio de Asuntos Exteriores o directamente ante el Ministerio de Justicia españoles, el Juez central de Instrucción competente dejará sin efecto la prisión provisional del reclamado que hubiese decretado, si no recibe dentro del plazo de cuarenta días el acuerdo gubernativo de continuación de la vía judicial del procedimiento de extradición.

El límite máximo de la prisión provisional del reclamado y los derechos que corresponden al detenido por causa de extradición se regirán en lo no previsto por esta Ley, por los preceptos correspondientes de la Ley de Enjuiciamiento Criminal.

Art. 11. Si el Gobierno acordare la continuación del procedimiento en vía judicial remitirá el expediente al Juzgado Central de Instrucción, y si el reclamado no estuviere en prisión, el Ministerio de Justicia oficiará también al Ministerio del Interior para que se practique la detención, se redacte el oportuno atestado y en el plazo de veinticuatro horas siguientes se ponga al detenido, con los documentos, efectos o dinero que le hubieren sido ocupados, a disposición de la misma autoridad judicial.

Art. 12. 1. Acordada la continuación del procedimiento en vía judicial, el Juez, a cuya disposición estuviere el reclamado, ordenará la inmediata comparecencia de éste, quien deberá hacerlo asistido de Abogado y, en su caso, de intérprete. Se citará siempre al Ministerio Fiscal.

2. Identificado el detenido, el Juez le invitará a que manifieste, con expresión de sus razones, si consiente en la extradición o intenta oponerse a ella; si consintiera y no se suscitaran obstáculos legales que a ello se opongan, el Juez podrá acceder, desde luego, a la demanda de extradición. En otro caso adoptará la resolución que proceda, bien ordenando la libertad del detenido o bien elevando su detención a prisión, si antes no hubiera decretado ésta, con o sin fianza u otras medidas previstas en el apartado 3 del artículo 8.º, a resultas del procedimiento subsiguiente, a cuyo fin acordará elevar lo actuado a la Sala de lo Penal de la Audiencia Nacional.

3. Las resoluciones anteriores adoptarán la forma de auto, que se dictará dentro de las veinticuatro horas siguientes a la comparecencia y del que se dará traslado inmediato al Ministerio de Justicia. Contra este auto sólo procederá el recurso de reforma por los trámites de la Ley de Enjuiciamiento Criminal.

4. El Juez, de oficio, a instancia del Fiscal o del reclamado, podrá acordar que se complete la información aportada con los datos necesarios referentes a la identidad del reclamado y a los supuestos de hecho y de derecho justificativos de la solicitud de extradición, pudiendo señalar un plazo que en ningún caso excederá de treinta días. Las resoluciones del Juez, en esta materia, serán recurribles conforme a lo establecido en el apartado anterior.

Art. 13. 1. Recibido el expediente, el Tribunal lo pondrá de manifiesto en Secretaría al Fiscal y al Abogado defensor por plazo sucesivo de tres días, y podrá reclamar, a petición de cualquiera de ambos o de oficio, los antecedentes que juzgue convenientes en relación con el artículo siguiente, sin que contra la resolución del Tribunal sobre este extremo quepa recurso alguno.

2. Si el reclamado de extradición no tuviera defensor se le nombrará de oficio antes de ponerle de manifiesto el expediente.

Art. 14. 1. Dentro de los quince días siguientes al período de instrucción, se señalará la vista que tendrá lugar con intervención del Fiscal, del reclamado de extradición asistido, si fuera necesario, de intérprete, y del Abogado defensor. En la vista podrá intervenir, y a tal efecto será citado el representante del Estado requirente cuando así lo hubiere solicitado y el Tribunal lo acuerde atendido el principio de reciprocidad, a cuyo fin reclamará, en su caso, la garantía necesaria a través del Ministerio de Justicia.

2. El reclamado prestará declaración durante la vista, pero solamente se admitirá y practicará la prueba que verse sobre extremos relacionados con las condiciones exigidas por el Tratado aplicable o por esta Ley.

Art. 15. 1. El Tribunal resolverá, por auto motivado, en el plazo improrrogable de los tres días siguientes a la vista, sobre la procedencia de la extradición, y, al propio tiempo, sobre si ha lugar a la entrega al Estado requirente de los valores, objetos o dinero que hubiesen sido ocupados al reclamado.

2. Contra este auto sólo cabrá recurso de súplica, que deberá ser resuelto por el Pleno de la Sala de lo Penal de la Audiencia Nacional y sin que pueda ser designado ponente ninguno de los Magistrados que dictaren el auto suplicado.

Art. 16. Si la extradición hubiere sido solicitada por varios Estados, bien por el mismo hecho o por hechos diferentes, se decidirá sobre aquélla por el Gobierno y en su caso la entrega del reclamado, teniendo en cuenta todas las circunstancias concurrentes y, especialmente, la existencia o no de Tratado, la gravedad relativa y lugar de la comisión del delito, fechas de las respectivas solicitudes, nacionalidad de la persona reclamada y posibilidad de una ulterior extradición a otro Estado.

Art. 17. Cuando sea firma la resolución denegatoria de la extradición, el Tribunal, sin dilación, librará testimonio de la misma al Ministerio de Justicia, que a su vez lo comunicará al de Asuntos Exteriores para su notificación a la representación diplomática del país que formuló la demanda de extradición.

Asimismo, el Tribunal ordenará la inmediata puesta en libertad de la persona requerida de extradición.

Art. 18. 1. Si el Tribunal dictare auto declarando procedente la extradición, librará sin dilación testimonio del mismo al Ministerio de Justicia. El Gobierno decidirá la entrega de la persona reclamada o denegará la extradición de conformidad con lo dispuesto en el párrafo segundo del artículo 6.°.

Asimismo, el Tribunal notificará las indicaciones que, de oficio o a instancia del representante diplomático, estime pertinente formular para la entrega de la persona reclamada, así como del tiempo en que ésta fue privada de libertad a fines de extradición, que quedará condicionada a que se compute como período de cumplimiento de condena.

2. Acordada la entrega de la persona requerida de extradición, el Ministerio de Justicia lo comunicará al de Asuntos Exteriores para su notificación a la representación diplomática del país que formuló la demanda de extradición. Dicho acuerdo será comunicado asimismo a la persona requerida de extradición.

3. Si el Gobierno denegare la extradición de conformidad con el párrafo segundo del artículo 6.°, el Ministerio de Justicia lo comunicará al Tribunal para que acuerde la puesta en libertad de la persona reclamada, sin perjuicio de su posible expulsión de España, de conformidad con la legislación de extranjeros. Igualmente, lo comunicará al de Asuntos Exteriores para su notificación a la representación diplomática que formuló la demanda de extradición.

Art. 19. 1. La entrega de la persona cuya extradición haya sido acordada se realizará por agente de la autoridad española, previa notificación del lugar y fecha fijados, observándose la legislación nacional vigente en este orden. Con aquélla, se entregarán a las autoridades o agentes del Estado requirente acreditados a tal fin los documentos, efectos y dinero que deban ser igualmente puestos a su disposición. Si la entrega del individuo reclamado no puede efectuarse, se procederá a la de dichos documentos, efectos y dinero, quedando a salvo, en todo caso, los derechos que pudieran corresponder sobre los mismos a otros interesados. El lugar y fecha fijados para la entrega serán comunicados asimismo al Tribunal que entendió de la solicitud.

2. Si la persona reclamada se encontrara sometida a procedimiento o condena por los Tribunales españoles o sancionada por cualquier otra clase de organismos o autoridades nacionales, la entrega podrá aplazarse hasta que deje extinguidas sus responsabilidades en España o efectuarse temporal o definitivamente en las condiciones que se fijen de acuerdo con el Estado requirente.

3. Si la persona reclamada no hubiera sido recibida en la fecha y lugar fijados podrá ser puesta en libertad transcurridos quince días a contar de dicha fecha y necesariamente a los treinta, y se podrá denegar su extradición por el mismo hecho si de nuevo se solicitara.

Art. 20. 1. La extradición en tránsito se otorgará previo el cumplimiento de los requisitos y con las mismas condiciones que para la extradición exige la presente Ley.

2. Excepcionalmente, por razones de urgencia, y cuando se utilizare la vía aérea y no estuviera previsto aterrizaje en territorio español, el Gobierno podrá autorizar el tránsito previa recepción de una solicitud con el contenido a que se refiere el número 1 del artículo 8.° y que producirá los efectos previstos en el citado artículo en caso de aterrizaje fortuito.

Art. 21. 1. Para que la persona que haya sido entregada pueda ser juzgada, sentenciada o sometida a cualquier restricción de su libertad personal, por hechos anteriores y distintos a los que hubieran motivado su extradición, será preciso autorización ampliatoria de la extradición concedida, a cuyo fin se presentará otra solicitud acompañada de los documentos previstos en el artículo séptimo y testimonio judicial de la declaración de la persona entregada, que se tramitará como nueva demanda de extradición. Iguales requisitos será necesario cumplir para conceder la reextradición de la persona entregada a un tercer Estado.

2. No será necesaria esta autorización cuando la persona entregada, habiendo tenido la posibilidad de abandonar el territorio del Estado al que se entregó, permanezca en él más de cuarenta y cinco días o regrese al mismo después de abandonarlo.

Art. 22. Los gastos ocasionados por la extradición en territorio nacional serán, en régimen de reciprocidad, a cargo del Gobierno español. Los causados por extradición en tránsito serán de cuenta del Estado requirente.

DISPOSICIÓN DEROGATORIA

Queda derogada la Ley de Extradición de 26 de diciembre de 1958.

DISPOSICIÓN TRANSITORIA

Las disposiciones de naturaleza procesal contenidas en esta Ley sólo serán aplicables a las extradiciones que se soliciten a partir de su entrada en vigor.

Las de naturaleza sustantiva sólo tendrán efecto retroactivo en cuanto favorezcan al reclamado, el cual, en todo caso, será oído para que manifieste lo que le resulta más ventajoso, atendidas sus personales circunstancias.

§ 3.3. LEY ORGÁNICA 5/1985, DE 19 DE JUNIO, DEL RÉGIMEN ELECTORAL GENERAL (arts. 135 a 153)

(BOE 147, de 20 de junio de 1985)[1]

CAPÍTULO VIII
Delitos e infracciones electorales

SECCIÓN I
Disposiciones generales

Art. 135. 1. A los efectos de este Capítulo son funcionarios públicos los que tengan esta consideración según el Código Penal, quienes desempeñen alguna función pública relacionada con las elecciones, y en particular los Presidentes y Vocales de las Juntas Electorales, los Presidentes, Vocales e Interventores de las Mesas Electorales y los correspondientes suplentes.

2. A los mismos efectos tienen la consideración de documentos oficiales, el censo y sus copias autorizadas, las Actas, listas, certificaciones, talones o credenciales de nombramiento de quienes hayan de intervenir en el proceso electoral y cuantos emanen de personas a quienes la presente Ley encargue su expedición.

Art. 136. Los hechos susceptibles de ser calificados con arreglo a esta Ley y al Código Penal lo serán siempre por aquel precepto que aplique mayor sanción al delito o falta cometidos.

Art. 137. Por todos los delitos a que se refiere este Capítulo se impondrá, además de la pena señalada en los artículos siguientes, la de inhabilitación especial para el derecho del sufragio pasivo.

Art. 138. En lo que no se encuentre expresamente regulado en este Capítulo se aplicará el Código Penal.

También serán de aplicación, en todo caso, las disposiciones del Capítulo I, título 1.º, del Código Penal a los delitos penados en esta Ley.

SECCIÓN II
Delitos en particular

Art. 139. Serán castigados con las penas de arresto mayor y multa de 30.000 a 300.000 pesetas los funcionarios públicos que dolosamente:

1. Incumplan las normas legalmente establecidas para la formación, conservación y exhibición al público del censo electoral.

2. Incumplan las normas legalmente establecidas para la constitución de las Juntas y Mesas Electorales, así como para las votaciones, acuerdos y escrutinios que éstas deban realizar.

3. No extiendan las actas, certificaciones, notificaciones y demás documentos electorales en la forma y momentos previstos por la Ley.

4. Susciten, sin motivo racional, dudas sobre la identidad de una persona o la entidad de sus derechos.

5. Suspendan, sin causa justificada, cualquier acto electoral.

6. Nieguen, dificulten o retrasen indebidamente la admisión, curso o resolución de las protestas o reclamaciones de las personas que legalmente estén legitimadas para hacerlas, o no dejen de ellas la debida constancia documental.

7. Causen, en el ejercicio de sus competencias, manifiesto perjuicio a un candidato.

8. Incumplan los trámites establecidos para el voto por correspondencia.

Art. 140. 1. Serán castigados con las penas de prisión mayor y multa de 30.000 a 300.000 pesetas los funcionarios que abusando de su oficio o cargo dolosamente realicen alguna de las siguientes falsedades:

a) Alterar sin autorización las fechas, horas o lugares en que deba celebrarse cual-

1. Modificada por LO 1/1987, de 2 de abril, LO 8/1991, de 13 de marzo, LO 6/1992, de 2 de noviembre, LO 13/1994, de 30 de marzo, LO 3/1995, de 23 de marzo, LO 10/1995, de 23 de noviembre, de Código Penal, LO 1/1997, de 30 de mayo, LO 3/1998, de 15 de junio y LO 8/1999, de 21 de abril.

quier acto electoral incluso de carácter preparatorio, o anunciar su celebración de forma que pueda inducir a error a los electores.

b) Omitir o anotar de manera que induzca a error sobre su autenticidad los nombres de los votantes en cualquier acto electoral.

c) Cambiar, ocultar o alterar, de cualquier manera, el sobre o papeleta electoral que el elector entregue al ejercitar su derecho.

d) Realizar con inexactitud el recuento de electores en actos referentes a la formación o rectificación del Censo, o en las operaciones de votación y escrutinio.

e) Efectuar proclamación indebida de personas.

f) Faltar a la verdad en manifestaciones verbales que hayan de realizarse en algún acto electoral, por mandato de esta Ley.

g) Consentir, pudiendo evitarlo, que alguien vote dos o más veces o lo haga sin capacidad legal, o no formular la correspondiente protesta.

h) Imprimir, confeccionar o utilizar papeletas o sobres electorales con infracción de las normas establecidas.

i) Cometer cualquier otra falsedad en materia electoral, análoga a las anteriores, por alguno de los modos señalados en el artículo 302 del Código Penal.

2. Si las alteraciones de la verdad a las que se refiere este artículo fueran producidas por imprudencia temeraria, serán sancionadas con la pena de prisión menor.

3. En la apreciación de los supuestos a que se refiere el presente artículo los Tribunales se atendrán a lo dispuesto en el artículo 318 del Código Penal.

Art. 141. 1. El particular que dolosamente vulnere los trámites establecidos para el voto por correo será castigado con las penas de arresto mayor y multa de 30.000 a 300.000 pesetas.

2. El particular que participe dolosamente en alguna de las falsedades señaladas en el artículo anterior será castigado con las penas de prisión menor y multa de 30.000 a 300.000 pesetas. En estos supuestos los Tribunales se atendrán igualmente a lo dispuesto en el art. 318 del Código Penal.

Art. 142. Serán castigados con las penas de prisión menor en grado mínimo, inhabilitación especial y multa de 30.000 a 300.000 pesetas quienes voten dos o más veces en la misma elección o quienes voten dolosamente sin capacidad para hacerlo.

Art. 143. El Presidente y los Vocales de las Mesas Electorales así como sus respectivos suplentes que dejen de concurrir a desempeñar sus funciones, las abandonen sin causa legítima o incumplan sin causa justificada las obligaciones de excusa o aviso previo que les impone esta Ley, incurrirán en la pena de arresto mayor y multa de 30.000 a 300.000 pesetas.

Art. 144. 1. Serán castigados con la pena de arresto mayor o multa de 30.000 a 300.000 pesetas quienes lleven a cabo alguno de los actos siguientes:

a) Realizar actos de propaganda una vez finalizado el plazo de la campaña electoral.

b) Infringir las normas legales en materia de carteles electorales y espacios reservados de los mismos, así como las normas relativas a las reuniones y otros actos públicos de propaganda electoral.

2. Serán castigados con las penas de prisión menor en grado mínimo y multa de 100.000 a 500.000 pesetas los miembros en activo de las Fuerzas Armadas y Seguridad del Estado, de las Policías de las Comunidades Autónomas y locales, los Jueces, Magistrados y Fiscales y los miembros de las Juntas Electorales que difundan propaganda electoral o lleven a cabo otras actividades de campaña electoral.

Art. 145. Serán castigados con la pena de arresto mayor, multa de 500.001 a 5.000.000 de pesetas y accesoria de inhabilitación especial para el ejercicio de la profesión quienes dolosamente infrinjan la normativa vigente en materia de encuestas electorales.

Art. 146. 1. Serán castigados con la pena de arresto mayor y multa de 30.000 a 300.000 pesetas:

a) Quienes por medio de recompensas, dádivas, remuneraciones o promesas de las mismas, soliciten directa o indirectamente el voto de algún elector, o le induzcan a la abstención.

b) Quienes con violencia o intimidación presionen sobre los electores para que no usen de su derecho, lo ejerciten contra su voluntad o descubran el secreto de voto.

c) Quienes impidan o dificulten injustificadamente la entrada, salida o permanencia de los electores, candidatos, apoderados, interventores y notarios en los lugares en los que se realicen actos del procedimiento electoral.

2. Incurrirán en la pena señalada en el número anterior, y además, en la inhabilitación especial para cargo público, los funcionarios públicos que usen de sus competencias para algunos de los fines señalados en este artículo.

Art. 147. Los que perturben gravemente el orden en cualquier acto electoral o penetren en los locales donde estos se celebren portando armas u otros instrumentos susceptibles de ser usados como tales, serán castigados con la pena de arresto mayor y multa de 30.000 a 300.000 pesetas.

Art. 148. Cuando los delitos de calumnia e injuria se cometan en período de campaña electoral y con motivo u ocasión de ella, las penas privativas de libertad prevista al efecto en el Código Penal se impondrán en su grado máximo.

Art. 149. 1. Los administradores generales y de las candidaturas de los partidos, federaciones, coaliciones o agrupaciones de electores que falseen las cuentas, reflejando aportaciones o gastos o usando de cualquier artificio que suponga aumento o disminución de las partidas contables, serán castigados con la pena de prisión menor y multa de 30.000 a 300.000 pesetas.

2. Los Tribunales atendiendo a la gravedad del hecho y sus circunstancias podrán imponer la pena en un grado inferior a la señalada en el párrafo anterior.

Art. 150. 1. Los administradores generales y de las candidaturas, así como las personas autorizadas a disponer de las cuentas electorales, que se apropien o distraigan fondos para fines distintos de los contemplados en esta Ley serán sancionados con las penas de prisión menor y multa de 30.000 a 300.000 pesetas.

2. Si concurre ánimo de lucro personal, la pena será de prisión mayor y multa de 30.000 a 300.000 pesetas.

3. Los Tribunales teniendo en cuenta la gravedad del hecho y sus circunstancias, las condiciones del culpable y la finalidad perseguida por éste, podrán imponer la pena inferior en un grado a la señalada.

SECCIÓN III
Procedimiento judicial

Art. 151. 1. El procedimiento para la sanción de estos delitos se tramitará con arreglo a la Ley de Enjuiciamiento Criminal. Las actuaciones que se produzcan por aplicación de estas normas tendrán carácter preferente y se tramitarán con la máxima urgencia posible.

2. La acción penal que nace en estos delitos es pública y podrá ejercitarse sin necesidad de depósito o fianza alguna.

Art. 152. El Tribunal o Juez a quien corresponda la ejecución de las Sentencias firmes dictadas en causas por delitos a los que se refiere este Título dispondrá la publicación de aquéllas en el «Boletín Oficial» de la Provincia y remitirá testimonio de las mismas a la Junta Electoral Central.

SECCIÓN IV
Infracciones electorales

Art. 153. 1. Toda infracción de las normas obligatorias establecidas en la presente Ley que no constituya delito será sancionada por la Junta Electoral competente. La multa será de 20.000 a 200.000 pesetas si se trata de autoridades o funcionarios y de 5.000 a 100.000 si se realiza por particulares.

2. Las infracciones de lo dispuesto en esta Ley sobre régimen de encuestas electorales serán sancionadas con multa de 50.000 a 500.000 pesetas.

§ 3.4. LEY ORGÁNICA 6/1985, DE 1 DE JULIO, DEL PODER JUDICIAL (arts. 21 y 23)

(BOE 157, de 2 de julio de 1985)[1]

LIBRO I

DE LA EXTENSIÓN Y LÍMITES DE LA JURISDICCIÓN Y DE LA PLANTA Y ORGANIZACIÓN DE LOS JUZGADOS Y TRIBUNALES

TÍTULO I
DE LA EXTENSIÓN Y LÍMITES DE LA JURISDICCIÓN

Art. 21. 1. Los Juzgados y Tribunales españoles conocerán de los juicios que se susciten en territorio español entre españoles, entre extranjeros y entre españoles y extranjeros con arreglo a lo establecido en la presente Ley y en los tratados y convenios internacionales en los que España sea parte.

2. Se exceptúan los supuestos de inmunidad de jurisdicción y de ejecución establecidos por las normas del Derecho Internacional Público.

[...]

Art. 23. 1. En el orden penal corresponderá a la jurisdicción española el conocimiento de las causas por delitos y faltas cometidos en territorio español o cometidos a bordo de buques o aeronaves españoles, sin perjuicio de lo previsto en los tratados internacionales en los que España sea parte.

2. Asimismo conocerá de los hechos previstos en las leyes penales españolas como delitos, aunque hayan sido cometidos fuera del territorio nacional, siempre que los criminalmente responsables fueren españoles o extranjeros que hubieren adquirido la nacionalidad española con posterioridad a la comisión del hecho y concurrieren los siguientes requisitos:

a) Que el hecho sea punible en el lugar de ejecución, salvo que, en virtud de un Tratado internacional o de un acto normativo de una Organización internacional de la que España sea parte, no resulte necesario dicho requisito.

b) Que el agraviado o el Ministerio Fiscal denuncien o interpongan querella ante los Tribunales españoles.

c) Que el delincuente no haya sido absuelto, indultado o penado en el extranjero, o, en este último caso, no haya cumplido la condena. Si sólo la hubiere cumplido en parte, se le tendrá en cuenta para rebajarle proporcionalmente la que le corresponda.

3. Conocerá la jurisdicción española de los hechos cometidos por españoles o extranjeros fuera del territorio nacional cuando sean susceptibles de tipificarse, según la ley penal española, como alguno de los siguientes delitos:

a) De traición y contra la paz o la independencia del Estado.

b) Contra el titular de la Corona, su Consorte, su Sucesor o el Regente.

c) Rebelión y sedición.

d) Falsificación de la firma o estampilla reales, del sello del Estado, de las firmas de los Ministros y de los sellos públicos u oficiales.

e) Falsificación de moneda española y su expedición.

f) Cualquier otra falsificación que perjudique directamente al crédito o intereses del Estado, e introducción o expedición de lo falsificado.

g) Atentado contra autoridades o funcionarios públicos españoles.

h) Los perpetrados en el ejercicio de sus funciones por funcionarios públicos españoles residentes en el extranjero y los delitos contra la Administración Pública española.

i) Los relativos al control de cambios.

4. Igualmente será competente la jurisdicción española para conocer de los

---

1. Modificada por LO 4/1987, de 15 de julio, LO 27/1987, de 11 de diciembre, LO 7/1988, de 28 de diciembre, LO 4/1992, de 5 de junio, LO 7/1992, de 20 de noviembre, LO 16/1994, de 8 de noviembre, LO 5/1995, de 22 de mayo, LO 5/1997, de 4 de diciembre, LO 6/1998, de 13 de julio, LO 11/1999, de 30 de abril y LO 13/1999, de 14 de mayo.

hechos cometidos por españoles o extranjeros fuera del territorio nacional susceptibles de tipificarse, según la ley penal española, como alguno de los siguientes delitos:

a) Genocidio.

b) Terrorismo.

c) Piratería y apoderamiento ilícito de aeronaves.

d) Falsificación de moneda extranjera.

e) Los relativos a la prostitución y los de corrupción de menores o incapaces.

f) Tráfico ilegal de drogas psicotrópicas, tóxicas y estupefacientes.

g) Y cualquier otro que, según los tratados o convenios internacionales, deba ser perseguido en España.

5. En los supuestos de los apartados 3 y 4 será de aplicación lo dispuesto en la letra c) del apartado 2 de este artículo.

§ 3.5. LEY 35/1995, DE 11 DE DICIEMBRE, DE AYUDAS Y ASISTENCIA A LAS VÍCTIMAS DE DELITOS VIOLENTOS Y CONTRA LA LIBERTAD SEXUAL

(BOE 296, de 12 de diciembre de 1995)[1]

EXPOSICIÓN DE MOTIVOS

I

La víctima del delito ha padecido un cierto abandono desde que el sistema penal sustituyó la venganza privada por una intervención pública e institucional, ecuánime y desapasionada, para resolver los conflictos generados por la infracción de la ley penal. Pero, desde una perspectiva más global, la pretensión punitiva del Estado debe acercarse al problema social y comunitario en que el delito consiste para prevenirlo y recuperar al infractor, desde luego, pero además, para reparar en lo posible el daño padecido por la víctima. En muchas ocasiones, el abandono social de la víctima a su suerte tras el delito, su etiquetamiento, la falta de apoyo psicológico, la misma intervención en el proceso, las presiones a que se ve sometida, la necesidad de revivir el delito a través del juicio oral, los riesgos que genera su participación en el mismo, etc., producen efectos tan dolorosos para la víctima como los que directamente se derivan del delito.

En esta línea, desde hace ya bastantes años la ciencia penal pone su atención en la persona de la víctima, reclamando una intervención positiva del Estado dirigida a restaurar la situación en que se encontraba antes de padecer el delito o al menos a paliar los efectos que el delito ha producido sobre ella.

En el caso de los delitos violentos, las víctimas sufren, además, las consecuencias de una alteración grave e imprevista de su vida habitual, evaluable en términos económicos. En el supuesto de que la víctima haya sufrido lesiones corporales graves, la pérdida de ingresos y la necesidad de afrontar gastos extraordinarios acentúan los perjuicios del propio hecho delictivo. Si se ha producido la muerte, las personas dependientes del fallecido se ven abocadas a situaciones de dificultad económica, a menudo severa. Estas consecuencias económicas del delito golpean con especial dureza a las capas sociales más desfavorecidas y a las personas con mayores dificultades para insertarse plenamente en el tejido laboral y social.

II

La preocupación por la situación de las víctimas de los delitos registra ya importantes manifestaciones normativas tanto en Convenios y Recomendaciones de organismos internacionales como en la legislación comparada.

Debe destacarse el Convenio número 116, del Consejo de Europa, de 24 de noviembre de 1983, sobre la indemnización a las víctimas de delitos violentos. Su entrada en vigor se produjo en 1988 y aunque no firmado aún por España, constituye un referente jurídico de primer orden en el tratamiento de esta materia, al lado de la Recomendación del Comité de Ministros del Consejo de Europa a los Estados miembros, de 28 de junio de 1985, sobre la posición de la víctima en el marco del derecho penal y del proceso penal.

En el ámbito de la legislación comparada, aunque iniciándose en primer lugar en el área anglosajona, se ha ido extendiendo la protección a las víctimas por los países de nuestro entorno geográfico, a raíz de la aprobación del citado Convenio del Consejo de Europa.

Por otra parte, en el ámbito interno, el fenómeno de la victimización ha encontrado eco en los programas de partidos políticos y en iniciativas parlamentarias desde hace una década.

1. Modificada por las Leyes 13/1996, de 30 de diciembre y 38/1998, de 27 de noviembre.

III

La Ley regula, por una parte, las ayudas de contenido económico a las víctimas de delitos violentos y, por otra parte, la asistencia a las víctimas de todo tipo de delitos.

El concepto legal de ayudas públicas contemplado en esta Ley debe distinguirse de figuras afines y, señaladamente, de la indemnización. No cabe admitir que la prestación económica que el Estado asume sea una indemnización ya que éste no puede asumir sustitutoriamente las indemnizaciones debidas por el culpable del delito ni, desde otra perspectiva, es razonable incluir el daño moral provocado por el delito. La Ley, por el contrario, se construye sobre el concepto de ayudas públicas —plenamente recogido en nuestro Ordenamiento— referido directamente al principio de solidaridad en que se inspira.

La presente Ley contempla los delitos violentos y dolosos cometidos en España. El concepto de dolo excluye de entrada los delitos de imprudencia cuya admisión haría inviable económicamente esta iniciativa legislativa. Por otra parte, tanto el Convenio del Consejo de Europa como el grueso de la legislación comparada aluden únicamente a los delitos intencionales, es decir, dolosos.

Los delitos susceptibles de generar ayudas públicas serán aquellos cuyo resultado sea la muerte, lesiones corporales graves o daños graves en la salud física o mental. Por lo que respecta a la gravedad de las lesiones o los daños en la salud, la Ley se remite a efectos de su valoración a la legislación de la Seguridad Social.

De esta forma se opta por acotar aquellos delitos violentos con resultado de máxima gravedad con el propósito de avanzar de forma rigurosa aunque selectiva, cubriendo inicialmente los daños de carácter más grave pero afianzando la convicción social de que esta función debe ser paulatinamente ejercida por el Estado.

El concepto de beneficiario se ha construido atendiendo a considerar como víctimas tanto a quien sufre directamente las lesiones corporales o daños en su salud como a las personas que dependieran del fallecido en los supuestos con resultado de muerte.

La cuantificación de las ayudas es un aspecto central del sistema. Se parte de la fijación de cuantías máximas correspondientes a cada una de las clases de incapacidad contempladas por la legislación de la Seguridad Social. Sobre estos importes máximos la ayuda a percibir se establecerá aplicando coeficientes correctores en atención a la situación económica de la víctima, al número de personas que dependieran económicamente de ella y al grado de afectación o menoscabo sufrido. Igual criterio se sigue en el supuesto de muerte: fijación de una cuantía máxima de ayuda y aplicación sobre ella de coeficientes correctores.

La ayuda económica se declara incompatible con la percepción de las indemnizaciones de los perjuicios y daños causados por el delito que se establezcan mediante sentencia judicial. El círculo se cierra declarando la subrogación del Estado en los derechos que asistan a la víctima contra el autor del delito y hasta el total importe de la ayuda concedida.

La gestión de este sistema de ayudas se confía al Ministerio de Economía y Hacienda, con objeto de no crear una nueva estructura administrativa.

La revisión en vía administrativa de las resoluciones de dicho Departamento se encomienda a una Comisión Nacional de Ayuda y Asistencia a las Víctimas de Delitos Violentos y contra la Libertad Sexual, creada al amparo de las previsiones del artículo 107.2 de la Ley de Régimen Jurídico de las Administraciones Públicas y del Procedimiento Administrativo Común. Se considera que un procedimiento de impugnación ante una Comisión integrada por representantes de distintos Departamentos y, eventualmente, por representantes de organizaciones o sectores sociales especialmente vinculados a este tema permitirá una actuación más ajustada que la vía clásica del recurso administrativo ante el órgano superior jerárquico.

La concesión de la ayuda se condiciona, como regla general, a que se haya producido la resolución judicial firme que ponga fin al proceso penal. Los plazos con los que trabaja la Justicia penal hacen que esta solución sea insatisfactoria en aquellos casos en los que la precaria situación de la víctima reclame una ayuda económica desde el momento en que se ha cometido el delito. La Ley contempla la concesión de ayudas provisionales, atendiendo a la precaria situación de la víctima del delito.

Un punto particularmente sensible es el de la confluencia de este nuevo sistema de ayudas con el régimen de resarcimientos vigente para las víctimas de bandas armadas y elementos terroristas.

Elementales razones de prudencia financiera impiden en estos momentos establecer un sistema de ayudas a las víctimas de los delitos violentos equiparable al de las víctimas de bandas armadas y elementos terroristas, tanto en la cuantía de las ayudas como en la cobertura de los daños materiales. Por otra parte, una confluencia de regímenes que supusiera minorar las cuantías percibidas por las víctimas de delitos terroristas sería sin duda inaceptable para la actual sensibilidad política y social.

Se ha optado por una solución intermedia basada en dos elementos. Por una parte, se deslegaliza por completo el régimen de resarcimientos por daños a las víctimas de bandas armadas y elementos terroristas. Por otra parte, se prevé la confluencia de ambos regímenes en sus aspectos procedimentales en el momento en que se apruebe el Reglamento de desarrollo de la presente Ley.

En cuanto a la asistencia a las víctimas, se contempla en la Ley como concepto diferenciado de las estrictas ayudas económicas a las víctimas de delitos violentos.

Con ello pretende generalizar la atención psicológica y social a las víctimas de delitos de todo tipo, a través de la red de Oficinas de asistencia a las víctimas, que canalizarán sus primeras necesidades atendiendo a las más perentorias que se produzcan como consecuencia del delito, generalizando las experiencias surgidas ya en varios puntos de la geografía española con resultado muy positivo.

CAPÍTULO I
Ayudas públicas

Art. 1. *Objeto*

1. Se establece un sistema de ayudas públicas en beneficio de las víctimas directas e indirectas de los delitos dolosos y violentos, cometidos en España, con el resultado de muerte, o de lesiones corporales graves, o de daños graves en la salud física o mental.

2. Se beneficiarán asimismo de las ayudas contempladas por esta Ley las víctimas de los delitos contra la libertad sexual aun cuando éstos se perpetraran sin violencia.

Art. 2. *Beneficiarios*

1. Podrán acceder a estas ayudas quienes, en el momento de perpetrarse el delito, sean españoles o nacionales de algún otro Estado miembro de la Unión Europea o quienes, no siéndolo, residan habitualmente en España o sean nacionales de otro Estado que reconozca ayudas análogas a los españoles en su territorio.

En el caso de fallecimiento, lo previsto en el párrafo anterior será exigible respecto de los beneficiarios a título de víctimas indirectas, con independencia de la nacionalidad o residencia habitual del fallecido.

2. Podrán acceder a estas ayudas, a título de víctimas directas, las personas que sufran lesiones corporales graves o daños graves en su salud física o mental como consecuencia directa del delito.

3. Son beneficiarios a título de víctimas indirectas, en el caso de muerte, y con referencia siempre a la fecha de ésta, las personas que reúnan las condiciones que se indican a continuación:

a) El cónyuge del fallecido, si no estuviera separado legalmente, o la persona que hubiera venido conviviendo con el fallecido de forma permanente con análoga relación de afectividad a la de cónyuge, con independencia de su orientación sexual, durante, al menos, los dos años anteriores al momento del fallecimiento, salvo que hubieran tenido descendencia en común, en cuyo caso bastará la mera convivencia.

b) Los hijos del fallecido, siempre que dependieran económicamente de él, con independencia de su filiación y edad, o de su condición de póstumos.

c) Los hijos que, no siéndolo del fallecido, lo fueran de las personas contempladas en el párrafo a) anterior, siempre que dependieran económicamente de aquél.

d) En defecto de las personas contempladas por los párrafos a), b) y c) anteriores, serán beneficiarios los padres de la persona fallecida si dependieran económicamente de ella.

4. De concurrir varios beneficiarios a título de víctimas indirectas, la distribución de la cantidad a que ascienda la ayuda se efectuará de la siguiente forma:

a) La cantidad se dividirá en dos mitades. Corresponderá una al cónyuge o a la persona que hubiera venido conviviendo con el fallecido en los términos del párrafo a) del apartado anterior. Corresponderá la otra mitad a los hijos contemplados por los párrafos b) y c) del apartado anterior, y se distribuirá entre todos ellos por partes iguales.

b) De resultar beneficiarios los padres del fallecido, la cantidad a que ascienda la ayuda se repartirá entre ellos por partes iguales.

5. Serán también beneficiarios a título de víctimas indirectas los padres del menor que fallezca a consecuencia directa del delito.

Art. 3. *Supuestos especiales de denegación o limitación*

1. Se podrá denegar la ayuda pública o reducir su importe cuando su concesión total o parcial fuera contraria a la equidad o al orden público atendidas las siguientes circunstancias declaradas por sentencia:

a) El comportamiento del beneficiario si hubiera contribuido, directa o indirectamente, a la comisión del delito, o al agravamiento de sus perjuicios.

b) Las relaciones del beneficiario con el autor del delito, o su pertenencia a una organización dedicada a las acciones delictivas violentas.

2. Si el fallecido a consecuencia del delito estuviera incurso en alguna de las causas de denegación o limitación de las ayudas contempladas en el apartado anterior, podrán acceder a las mismas los beneficiarios a título de víctimas indirectas, si quedaran en situación de desamparo económico.

Art. 4. *Concepto de lesiones y daños*

1. A los efectos de la presente Ley, son lesiones graves aquellas que menoscaben la integridad corporal o la salud física o mental y que incapaciten con carácter temporal o permanente a la persona que las hubiera sufrido.

No se considerará incapacidad permanente aquella que no suponga un grado de minusvalía de, al menos, el 33 por 100.

2. Las lesiones corporales o los daños a la salud física o mental habrán de tener entidad suficiente como para que, conforme a la legislación de la Seguridad Social, tuviera lugar una declaración de invalidez permanente en cualquiera de sus grados o una situación de incapacidad temporal superior a seis meses.

3. Reglamentariamente se determinarán el procedimiento y el órgano competente para la calificación de las lesiones o daños a la salud.

Art. 5. *Incompatibilidades*

1. La percepción de las ayudas reguladas en la presente Ley no será compatible con la percepción de las indemnizaciones por daños y perjuicios causados por el delito, que se establezcan mediante sentencia.

No obstante lo establecido en el párrafo anterior, procederá el eventual abono de toda o parte de la ayuda regulada en la presente Ley y normas de desarrollo cuando el culpable del delito haya sido declarado en situación de insolvencia parcial, sin que en ningún caso pueda percibirse por ambos conceptos importe mayor del fijado en la resolución judicial.

2. Asimismo, las ayudas contempladas en esta Ley serán incompatibles con las indemnizaciones o ayudas económicas a

que el beneficiario de las mismas tuviera derecho a través de un sistema de seguro privado, así como, en el supuesto de incapacidad temporal de la víctima, con el subsidio que pudiera corresponder por tal incapacidad en un régimen público de Seguridad Social.

No obstante lo establecido en el párrafo anterior, procedería el eventual abono de la ayuda regulada en la presente Ley y normas de desarrollo, al beneficiario de un seguro privado cuando el importe de la indemnización a percibir en virtud del mismo fuera inferior a la fijada en la sentencia sin que la diferencia a pagar pueda superar el baremo fijado.

3. En los supuestos de lesiones o daños determinantes de la incapacidad permanente o muerte de la víctima, la percepción de las ayudas será compatible con la de cualquier pensión pública que el beneficiario tuviera derecho a percibir.

4. Las ayudas por incapacidad permanente serán compatibles con las de incapacidad temporal.

Art. 6. *Criterios para determinar el importe de las ayudas*

1. El importe de las ayudas no podrá superar en ningún caso la indemnización fijada en la sentencia. Tal importe se determinará mediante la aplicación de las siguientes reglas, en cuanto no supere la cuantía citada:

a) De producirse situación de incapacidad temporal, la cantidad a percibir será la equivalente al duplo del salario mínimo interprofesional diario vigente, durante el tiempo en que el afectado se encuentre en tal situación después de transcurridos los seis primeros meses.

b) De producirse lesiones invalidantes, la cantidad a percibir como máximo se referirá al salario mínimo interprofesional mensual vigente en la fecha en que se consoliden las lesiones o daños a la salud y dependerá del grado de incapacitación de acuerdo con la siguiente escala:

Incapacidad permanente parcial: cuarenta mensualidades.

Incapacidad permanente total: sesenta mensualidades.

Incapacidad permanente absoluta: noventa mensualidades.

Gran invalidez: ciento treinta mensualidades.

c) En los casos de muerte, la ayuda máxima a percibir será de ciento veinte mensualidades del salario mínimo interprofesional vigente en la fecha en que se produzca el fallecimiento.

2. El importe de la ayuda se establecerá mediante la aplicación de coeficientes correctores sobre las cuantías máximas previstas en el apartado anterior, en la forma que reglamentariamente se determine y en atención a:

a) La situación económica de la víctima y del beneficiario.

b) El número de personas que dependieran económicamente de la víctima y del beneficiario.

c) El grado de afectación o menoscabo que sufriera la víctima dentro de los límites de aquella situación que le correspondiera de entre las previstas por el artículo 6.1.b) de esta Ley.

3. En el supuesto contemplado por el artículo 2.5 de esta Ley, la ayuda consistirá únicamente en el resarcimiento de los gastos funerarios que hubieran satisfecho efectivamente los padres o tutores del menor fallecido, en la cuantía máxima que reglamentariamente se determine.

4. En los supuestos de delitos contra la libertad sexual que causaren a la víctima daños en su salud mental, el importe de la ayuda sufragará los gastos del tratamiento terapéutico libremente elegido por ella, en la cuantía máxima que reglamentariamente se determine.

Será procedente la concesión de esta ayuda aun cuando las lesiones o daños sufridos por la víctima no sean determinantes de incapacidad temporal.

En cualquier caso, la ayuda prevista por este apartado será compatible con la que correspondiera a la víctima si las lesiones o daños sufridos produjeran incapacidad temporal o lesiones invalidantes.

Art. 7. *Prescripción de la acción*

1. La acción para solicitar las ayudas prescribe por el transcurso del plazo de un año, contado desde la fecha en que se produjo el hecho delictivo. El plazo de prescripción quedará suspendido desde que se inicie el proceso penal por dichos hechos, volviendo a correr una vez recaiga resolución judicial firme que ponga fin provisional o definitivamente al proceso y le haya sido notificada personalmente a la víctima.

2. En los supuestos en que a consecuencia directa de las lesiones corporales o daños en la salud se produjese el fallecimiento, se abrirá un nuevo plazo de igual duración para solicitar la ayuda o, en su caso, la diferencia que procediese entre la cuantía satisfecha por tales lesiones o daños y la que corresponda por el fallecimiento; lo mismo se observará cuando, como consecuencia directa de las lesiones o daños, se produjese una situación de mayor gravedad a la que corresponda una cantidad superior.

Reglamentariamente se determinará el procedimiento para comprobar el nexo causal en los supuestos contemplados por este apartado.

Art. 8. *Competencias*

1. Las solicitudes de ayuda presentadas al amparo de la presente Ley serán tramitadas y resueltas por el Ministerio de Economía y Hacienda.

2. Sus resoluciones y actos de trámite que determinen la imposibilidad de continuar el procedimiento o produzcan indefensión, podrán ser impugnadas por los interesados ante la Comisión Nacional de Ayuda y Asistencia a las Víctimas de Delitos Violentos y contra la Libertad Sexual, creada por el artículo 11 de esta Ley.

Este procedimiento de impugnación tendrá carácter sustitutivo del recurso ordinario, en los términos del artículo 107.2 de la Ley 30/1992, de 26 de noviembre, de Régimen Jurídico de las Administraciones Públicas y del Procedimiento Administrativo Común.

Art. 9. *Procedimiento*

1. Las solicitudes de las ayudas, dirigidas al Ministerio de Economía y Hacienda, se podrán presentar por el interesado o por su representante en cualquiera de las formas previstas por el artículo 38.4 de la Ley 30/1992, de 26 de noviembre, de Régimen Jurídico de las Administraciones Públicas y del Procedimiento Administrativo Común, y contendrán los extremos a que se refiere el artículo 70.1 de dicha Ley.

2. Las solicitudes de ayuda que se formulen deberán contener además, los siguientes datos:

a) Acreditación documental del fallecimiento, en su caso, y de la condición de beneficiario a título de víctima indirecta.

b) Descripción de las circunstancias en que se hubiera cometido el hecho que presente caracteres de delito doloso violento, con indicación de la fecha y el lugar de su comisión.

c) Acreditación de que los hechos fueron denunciados ante la autoridad pública.

d) Declaración sobre las indemnizaciones y ayudas percibidas por el interesado o de los medios de que dispone para obtener cualquier tipo de indemnización o ayuda por dichos hechos.

e) Copia de la resolución judicial firme que ponga fin al proceso penal, ya sea sentencia, auto de rebeldía o que declare el archivo por fallecimiento del culpable, o declare el sobreseimiento provisional de la causa o el sobreseimiento libre por darse los supuestos previstos por los artículos 641.2.° o 637.3.° de la Ley de Enjuiciamiento Criminal, respectivamente.

3. El Ministerio de Economía y Hacienda podrá solicitar a las autoridades policiales, al Ministerio Fiscal o a los Juzgados o Tribunales la información que necesite para resolver sobre las solicitudes de ayuda. Podrá proceder, u ordenar que se proceda, a cualquier clase de investigación pertinente a sus propios fines.

4. El Ministerio de Economía y Hacienda podrá también recabar de cualquier persona física o jurídica, entidad o Administración pública, la aportación de

informes sobre la situación profesional, financiera, social o fiscal del autor del hecho delictivo y de la víctima, siempre que tal información resulte necesaria para la tramitación y resolución de los expedientes de concesión de ayudas, o el ejercicio de las acciones de subrogación o repetición. Podrá igualmente ordenar las investigaciones periciales precisas con vistas a la determinación de la duración y gravedad de las lesiones o daños a la salud producidas a la víctima. La información así obtenida no podrá ser utilizada para otros fines que los de la instrucción del expediente de solicitud de ayuda, quedando prohibida su divulgación.

A fin de que el órgano concedente de la ayuda constate con carácter previo el cumplimiento de las obligaciones fiscales a que se refiere el apartado anterior, aquél solicitará al órgano competente de la Agencia Estatal de Administración Tributaria información sobre ello en relación con los beneficiarios de la correspondiente ayuda.

5. La resolución será adoptada tras oír las alegaciones del interesado en trámite de audiencia y conocer el informe del Servicio Jurídico del Estado, que intervendrá siempre en la tramitación de los expedientes.

Art. 10. *Concesión de ayudas provisionales*

1. Podrán concederse ayudas provisionales con anterioridad a que recaiga resolución judicial firme que ponga fin al proceso penal, siempre que quede acreditada la precaria situación económica en que hubiese quedado la víctima o sus beneficiarios.

Reglamentariamente se determinarán los criterios en virtud de los cuales se considerará precaria la situación económica de la víctima del delito, a los efectos de poder acceder a la concesión de ayudas provisionales.

2. Podrá solicitarse la ayuda provisional una vez que la víctima haya denunciado los hechos ante las autoridades competentes o cuando se siga de oficio proceso penal por los mismos.

3. La solicitud de ayuda provisional deberá contener, además de los extremos a que se refiere el artículo 70.1 de la Ley 30/1992, de 26 de noviembre, de Régimen Jurídico de las Administraciones Públicas y del Procedimiento Administrativo Común, los siguientes datos:

a) La calificación de las lesiones o daños a la salud, realizada por el órgano y mediante el procedimiento que se determine reglamentariamente.

b) Acreditación documental del fallecimiento en su caso y de la condición de beneficiario a título de víctima indirecta.

c) Informe del Ministerio Fiscal que indique la existencia de indicios razonables para suponer que el fallecimiento, las lesiones o los daños se han producido por un hecho con caracteres de delito violento y doloso.

4. La ayuda provisional no podrá ser superior al 80 por 100 del importe máximo de ayuda establecido por esta Ley para los supuestos de muerte, lesiones corporales graves o daños graves en la salud, según corresponda.

Su cuantía se establecerá mediante la aplicación de los coeficientes correctores a los que se refiere el artículo 6.2.

5. La ayuda provisional podrá ser satisfecha de una sola vez o mediante abonos periódicos, que se suspenderán de producirse alguno de los supuestos previstos por el artículo 14 de esta Ley.

Art. 11. *Comisión Nacional de Ayuda y Asistencia a las Víctimas de Delitos Violentos y contra la Libertad Sexual*

1. Se crea la Comisión Nacional de Ayuda y Asistencia a las Víctimas de Delitos Violentos y contra la Libertad Sexual, que será competente para resolver los procedimientos de impugnación de las resoluciones del Ministerio de Economía y Hacienda en materia de las ayudas reguladas por esta Ley.

La Comisión Nacional no estará sometida a instrucciones jerárquicas y resolverá los procedimientos de impugnación de las resoluciones del Ministerio de Economía y Hacienda, así como los recursos extraordinarios de revisión contra sus propios acuerdos con respeto a los principios, garantías y plazos que las leyes reconocen a los ciudadanos y a los interesados en todo procedimiento administrativo.

2. El Gobierno, a propuesta de los Ministros de Justicia, de Economía y Hacienda y del Interior, establecerá la composición y el régimen de funcionamiento de la Comisión Nacional. Estará presidida por un Magistrado nombrado a propuesta del Consejo General del Poder Judicial, e integrada por representantes de la Administración General del Estado y, en su caso, de las organizaciones vinculadas a la asistencia y defensa de las víctimas. En cualquier caso, corresponderá una de sus vocalías a un representante del Ministerio Fiscal, nombrado a propuesta del Fiscal General del Estado.

3. Los acuerdos de la Comisión Nacional, al resolver los procedimientos de impugnación previstos por la presente Ley, pondrán fin a la vía administrativa.

Art. 12. *Procedimiento de impugnación*

1. Los interesados podrán impugnar las resoluciones del Ministerio de Economía y Hacienda en materia de las ayudas reguladas por esta Ley ante la Comisión Nacional en el plazo de un mes desde su notificación personal a los interesados.

Transcurrido dicho plazo sin haberse impugnado la resolución, ésta será firme a todos los efectos, sin perjuicio, en su caso, de la procedencia del recurso extraordinario de revisión ante el Ministerio de Economía y Hacienda.

2. La impugnación podrá fundarse en cualquiera de los motivos de nulidad o anulabilidad previstos en los artículos 62 y 63 de la Ley 30/1992, de 26 de noviembre, de Régimen Jurídico de las Administraciones Públicas y del Procedimiento Administrativo Común.

Los vicios y defectos que hagan anulable el acto no podrán ser alegados por los causantes de los mismos.

3. La impugnación podrá formularse ante el Ministerio de Economía y Hacienda o ante la Comisión Nacional.

De formularse ante el Ministerio de Economía y Hacienda, éste deberá remitirla a la Comisión Nacional en el plazo de diez días, con su informe y una copia completa y ordenada del expediente.

4. Transcurridos tres meses desde la formulación de la impugnación sin que se adopte acuerdo por la Comisión Nacional, se podrá entender desestimada la impugnación, salvo en el supuesto previsto por el artículo 43.3.b) de la Ley de Régimen Jurídico de las Administraciones Públicas y del Procedimiento Administrativo Común, y quedará expedita la vía del recurso contencioso-administrativo.

Art. 13. *Acción de subrogación del Estado*

El Estado se subrogará de pleno derecho, hasta el total importe de la ayuda provisional o definitiva satisfecha a la víctima o beneficiarios en los derechos que asistan a los mismos contra el obligado civilmente por el hecho delictivo. La repetición del importe de la ayuda contra el obligado civilmente por el hecho delictivo se realizará, en su caso, mediante el procedimiento administrativo de apremio previsto en el Reglamento General de Recaudación.

El Estado podrá mostrarse parte en el proceso penal o civil que se siga, sin perjuicio de la acción civil que ejercite el Ministerio Fiscal.

Art. 14. *Acción de repetición del Estado*

El Estado podrá exigir el reembolso total o parcial de la ayuda concedida, por el procedimiento previsto en el Reglamento General de Recaudación, en los siguientes casos:

a) Cuando por resolución judicial firme se declare la inexistencia de delito a que se refiere la presente Ley.

b) Cuando con posterioridad a su abono, la víctima o sus beneficiarios obtuvieran por cualquier concepto la reparación total o parcial del perjuicio sufrido en los tres años siguientes a la concesión de la ayuda, en los términos establecidos en el artículo 5 de esta Ley.

c) Cuando la ayuda se hubiera obtenido en base a la aportación de datos falsos o deliberadamente incompletos o a través de cualquier otra forma fraudulenta, así como la omisión deliberada de circunstancias que determinaran la denegación o reducción de la ayuda solicitada.

d) Cuando la indemnización reconocida en la sentencia sea inferior a la ayuda provisional.

CAPÍTULO II
Asistencia a las víctimas

Art. 15. *Deberes de información*

1. Los Jueces y Magistrados, miembros de la Carrera Fiscal, autoridades y funcionarios públicos que intervengan por razón de su cargo en la investigación de hechos que presenten caracteres de delitos dolosos violentos y contra la libertad sexual, informarán a las presuntas víctimas sobre la posibilidad y procedimiento para solicitar las ayudas reguladas en esta Ley.

2. Las autoridades policiales encargadas de la investigación de hechos que presenten caracteres de delito recogerán en los atestados que instruyan todos los datos precisos de identificación de las víctimas y de las lesiones que se les aprecien. Asimismo, tienen la obligación de informar a la víctima sobre el curso de sus investigaciones, salvo que con ello se ponga en peligro su resultado.

3. En todas las fases del procedimiento de investigación el interrogatorio de la víctima deberá hacerse con respeto a su situación personal, a sus derechos y a su dignidad.

4. La víctima de un hecho que presente caracteres de delito, en el mismo momento de realizar la denuncia o, en todo caso, en su primera comparecencia ante el órgano competente, deberá ser informada en términos claros de las posibilidades de obtener en el proceso penal la restitución y reparación del daño sufrido y de las posibilidades de lograr el beneficio de la justicia gratuita. Igualmente, deberá ser informada de la fecha y lugar de celebración del juicio correspondiente y le será notificada personalmente la resolución que recaiga, aunque no sea parte en el proceso.

5. El Ministerio Fiscal cuidará de proteger a la víctima de toda publicidad no deseada que revele datos sobre su vida privada o su dignidad, pudiendo solicitar la celebración del proceso penal a puerta cerrada, de conformidad con lo previsto por la legislación procesal.

Art. 16. *Oficinas de asistencia a las víctimas*

1. El Ministerio de Justicia e Interior procederá, de conformidad con las previsiones presupuestarias, a la implantación de Oficinas de asistencia a las víctimas en todas aquellas sedes de Juzgados y Tribunales o en todas aquellas Fiscalías en las que las necesidades lo exijan.

2. En relación con las actividades desarrolladas por estas Oficinas, el Ministerio de Justicia e Interior podrá establecer convenios para la encomienda de gestión con las Comunidades Autónomas y con las Corporaciones locales.

DISPOSICIONES ADICIONALES

Disposición adicional primera. El Gobierno, a propuesta de los Ministros de Justicia e Interior y de Economía y Hacienda, podrá revisar las cuantías contempladas en la presente Ley.

Disposición adicional segunda. 1. La percepción de las ayudas contempladas en esta Ley no será compatible en ningún caso con los resarcimientos por daños a las víctimas de bandas armadas y elementos terroristas.

Disposición adicional tercera. Quedan excluidos del ámbito de aplicación de la presente Ley los daños y perjuicios contemplados por la Ley 52/1984, de 26 de diciembre, de protección de medios de transporte por carretera que se hallen en territorio español realizando viajes de carácter internacional, cuya indemnización se resolverá mediante la aplicación de su legislación especial.

DISPOSICIÓN TRANSITORIA

Disposición transitoria única. El Gobierno depositará el instrumento de ratificación del Convenio 116 del Consejo de Europa de 1983 en el plazo de seis meses, a partir de la entrada en vigor de la presente Ley.

DISPOSICIONES FINALES

Disposición final primera. El Gobierno, a propuesta de los Ministros de Justicia e Interior y de Economía y Hacienda, aprobará en el plazo máximo de seis meses las disposiciones necesarias para el desarrollo y ejecución de esta Ley.

Disposición final segunda. La presente Ley entrará en vigor el día siguiente al de su publicación en el «Boletín Oficial del Estado».

§ 3.6. LEY ORGÁNICA 12/1995, DE 12 DE DICIEMBRE, DE REPRESIÓN DEL CONTRABANDO

(BOE 297, de 13 de diciembre de 1995)[1]

EXPOSICIÓN DE MOTIVOS

1. *Necesidad de la norma*

En los últimos años la aduana española ha pasado por un período de cambio sin precedentes. La configuración de la Unión Europea como un mercado interior establecida en el Acta Unica Europea ha traído consigo la libertad de circulación de mercancías sin que queden sometidas éstas a controles como consecuencia del cruce de las fronteras interiores. Esta nueva situación hace necesaria una modificación de la normativa referente a la circulación intracomunitaria de mercancías, que respondía a un modelo basado, precisamente, en la imposición y el control fronterizos, lo que aconseja, a su vez, a proceder a una adecuación de la legislación conducente a reprimir la introducción ilícita de mercancías en el territorio aduanero.

Con la consagración del mercado único, la aduana española ha dejado de actuar como frontera fiscal para el tráfico con otros Estados miembros de la Unión Europea. El desafío fundamental del mercado único en este campo consiste en compatibilizar las facilidades dadas al libre movimiento de mercancías con la necesidad de mantener la efectividad del esfuerzo en la represión del contrabando.

Al mismo tiempo parece oportuno proceder a una revisión de la LO 7/1982, de 13 julio, que modifica la legislación vigente en materia de contrabando y regula los delitos e infracciones administrativas en la materia, tras trece años de vigencia para, entre otras finalidades, actualizar el valor límite que en la misma se fijó de 1.000.000 de pesetas para la distinción entre delito e infracción administrativa de contrabando, incluir las operaciones ilícitas con algunas mercancías no recogidas anteriormente, como las especies de flora y fauna amenazadas de extinción y los precursores de drogas, y, por fin, colmar algunas lagunas que la experiencia ha puesto de manifiesto, así como tomar en consideración la nueva situación producida tras la incorporación de la Comunidad Autónoma Canaria al territorio aduanero comunitario, no obstante no formar parte del sistema común del Impuesto sobre el Valor Añadido.

2. *Ámbito de la reforma*

Como novedad respecto a la Ley precedente se incluyen en la nueva ciertas definiciones con el fin de delimitar su ámbito de aplicación habida cuenta la puesta en marcha del mercado único comunitario.

Se incrementa la cuantía del valor de las mercancías para la tipificación del delito hasta 3.000.000 de pesetas, no sólo para actualizar la equivalencia real del valor de la peseta, sino también para aliviar la carga que pesa sobre el orden jurisdiccional penal.

El impacto social, económico y recaudatorio del comercio ilegítimo de labores del tabaco obliga a intensificar la reacción jurídica frente a este ilícito. A tal fin, se considerarán géneros estancados, a efectos de la nueva Ley, las labores del tabaco, aunque se trate de mercancías comunitarias.

Como se ha indicado ya, la entrada en vigor del mercado interior comunitario el 1 enero 1993, supuso la supresión de los controles fronterizos entre los Estados miembros, lo que ha dado lugar a un abuso de las facilidades ofrecidas al comercio regular al amparo de los regímenes de tránsito y ocasionado desviaciones ilícitas de mercancías. Ello ha aconsejado que se penalicen los ilícitos que suponen el incumplimiento de la normativa reguladora del tránsito aduanero, recogida en el Reglamento (CEE) número 2913/1992, del Consejo, de fecha 12 octubre, por el que se aprueba el Código Aduanero Comunitario, y en sus normas de aplicación, así como en el Convenio TIR.

1. Modificada por las Leyes 13/1996, de 30 de diciembre, 66/1997, de 30 de diciembre, 1/1998, de 26 de febrero y 50/1998, de 30 de diciembre.

La nueva Ley consagra la existencia de contrabando en los casos de salida del territorio nacional de bienes que integren el Patrimonio Histórico Español, incluso si su destino es otro Estado miembro de la Unión. Esta inclusión se hace posible en virtud de lo prevenido en la Directiva 93/7/CEE, relativa a la restitución de bienes culturales, que deja libertad a cada Estado miembro para ejercer las acciones civiles y penales oportunas. Por otra parte, la nueva Ley tipifica como contrabando las operaciones realizadas con especímenes de la fauna y flora silvestres al tratarse de un comercio prohibido en ciertos casos, y en aplicación del Convenio de Washington de 3 de marzo de 1973 y del correspondiente Reglamento comunitario.

Entre los supuestos constitutivos de delito de contrabando se ha incluido la exportación de material de defensa o material de doble uso, en el sentido que desarrolla el artículo 1. Ambos conceptos estaban ya considerados como contrabando en virtud de lo dispuesto en la Ley Orgánica 3/1992, de 30 abril.

En cuanto a las penas, la nueva Ley mantiene la pena de prisión menor para el delito de contrabando y eleva la cuantía de la multa para el mismo, dada la alarma social que entraña la comisión repetida de estos ilícitos.

Como productos económicos generados por el contrabando susceptibles de comiso se incluyen las ganancias obtenidas del delito, lo que se corresponde con el artículo 344 bis, e) del Código penal, en su redacción dada por la Ley Orgánica 8/1992, de 23 de diciembre.

El Título II de la Ley define y regula las infracciones administrativas de contrabando. Al propio tiempo eleva las cuantías hasta las que se consideren como infracciones administrativas y a partir de las cuales las conductas tipificadas constituyen delito de contrabando.

Como novedad respecto al texto de la Ley 7/1982 de 13 de julio, se incrementa el importe de las multas por infracciones administrativas de contrabando y se precisa el momento en que comienza el plazo de prescripción tanto para las propias infracciones como para las sanciones que de ellas se deriven.

La nueva Ley faculta a los órganos de la Administración aduanera para autorizar la salida de mercancías de los recintos aduaneros, como entrega vigilada, a fin de facilitar las investigaciones encaminadas al descubrimiento del contrabando, y autoriza a los organismos y servicios encargados de la persecución del contrabando para establecer contactos e intercambiar información con otros servicios homólogos.

Por último, dado su contenido, parte de la Ley tiene el carácter de Ley ordinaria.

TÍTULO PRELIMINAR
DISPOSICIONES GENERALES

Art. 1. *Definiciones*

A los efectos de la presente Ley se entenderá por:

1. «Importación»: la entrada de mercancías no comunitarias en el territorio español comprendido en el territorio aduanero de la Unión Europea, así como la entrada de mercancías, cualquiera que sea su procedencia, en el ámbito territorial de Ceuta y Melilla. Se asimila a la importación la entrada de mercancías desde las áreas exentas.

2. «Exportación»: la salida de mercancías del territorio español. No se considerará exportación la salida de mercancías comunitarias del territorio español comprendido en el territorio aduanero de la Unión Europea, con destino al resto de dicho territorio aduanero.

3. «Áreas exentas»: las zonas y depósitos francos y los depósitos aduaneros definidos en los artículos 166 y 98, apartado 2, del Reglamento (CEE) número 2913/92, del Consejo, de 12 de octubre de 1992, por el que se aprueba el Código Aduanero Comunitario.

4. «Mercancías comunitarias»: las mercancías definidas como tales en el apartado 7 del artículo 4 del Reglamento (CEE) número 2913/92, del Consejo, de 12 octubre 1992, por el que se aprueba el Código Aduanero Comunitario.

5. «Mercancías no comunitarias»: las mercancías definidas como tales en el apartado 8 del artículo 4 del Reglamento (CEE) número 2913/92, del Consejo, de 12 de octubre de 1992, por el que se aprueba el Código Aduanero Comunitario.

6. «Géneros o efectos estancados»: los artículos, productos o sustancias cuya producción, adquisición, distribución o cualquiera otra actividad concerniente a los mismos sea atribuida por Ley al Estado con carácter de monopolio, así como las labores del tabaco y todos aquellos a los que por Ley se otorgue dicha condición.

7. «Géneros prohibidos»: todos aquellos cuya importación, exportación, circulación, tenencia, comercio o producción esté prohibida expresamente por disposición con rango de Ley o por reglamento de la Unión Europea. El carácter de prohibido se limitará para cada género a la realización de la actividad o actividades que de modo expreso se determine en la norma que establezca la prohibición y por el tiempo que la misma señale.

8. «Material de defensa»: el armamento y todos los productos y tecnologías concebidos específicamente o modificados para uso militar como instrumento de fuerza, información o protección en conflictos armados, así como los destinados a la producción, ensayo o utilización de aquéllos y que se encuentren incluidos en el Real Decreto 824/1993, de 28 de mayo, o disposiciones que lo sustituyan.

9. «Material de doble uso»: los productos y tecnologías de habitual utilización civil que puedan ser aplicados a algunos de los usos enumerados en el apartado anterior y que se encuentren incluidos en el Real Decreto 824/1993, de 28 de mayo, o disposiciones que los sustituyan.

10. «Precursores»: las sustancias y productos susceptibles de ser utilizados en el cultivo, la producción o la fabricación de drogas tóxicas, estupefacientes o sustancias psicotrópicas, enumeradas en los cuadros I y II de la Convención de Naciones Unidas hecha en Viena el 20 de diciembre de 1988, sobre el tráfico ilícito de estupefacientes y sustancias psicotrópicas y cualesquiera otros productos adicionados al mismo Convenio o en otros futuros Convenios ratificados por España.

11. «Deuda aduanera»: la obligación definida como tal en el apartado 9 del artículo 4 del Reglamento (CEE) número 2913/92, del Consejo, de 12 de octubre de 1992, por el que se aprueba el Código Aduanero Comunitario.

TÍTULO I
DELITO DE CONTRABANDO

Art. 2. *Tipificación del delito*

1. Cometen delito de contrabando, siempre que el valor de los bienes, mercancías, géneros o efectos sea igual o superior a 3.000.000 de pesetas, los que:

a) Importen o exporten mercancías de lícito comercio sin presentarlas para su despacho en las oficinas de aduanas o en los lugares habilitados por la Administración aduanera.

La ocultación o sustracción dolosa de cualquier clase de mercancías a la acción de la Administración aduanera dentro de los recintos o lugares habilitados equivaldrá a la no presentación.

b) Realicen operaciones de comercio, tenencia o circulación de mercancías no comunitarias de lícito comercio, sin cumplir los requisitos legalmente establecidos para acreditar su lícita importación.

c) Destinen al consumo las mercancías en tránsito con incumplimiento de la normativa reguladora de este régimen aduanero, establecida en los artículos 91 a 97 y 163 a 165 del Reglamento (CEE) número 2913/92, del Consejo, de 12 de octubre, y sus disposiciones de aplicación y en el Convenio TIR de 14 de noviembre de 1975.

d) Realicen operaciones de importación, exportación, producción, comercio, tenencia, circulación o rehabilitación de géneros estancados o prohibidos, sin cumplir los requisitos establecidos por las Leyes.

e) Saquen del territorio español bienes que integren el Patrimonio Histórico Español, sin la autorización de la Administración del Estado cuando ésta sea necesaria.

f) Realicen, sin cumplir con los requisitos legalmente establecidos, operaciones de importación, exportación, comercio, tenencia o circulación de especímenes de fauna y flora silvestres y sus partes y productos, de especies recogidas en el Convenio de Washington, de 3 de marzo de 1973, y en el Reglamento (CEE) número 3626/82, del Consejo, de 3 de diciembre de 1982.

g) Obtengan, mediante alegación de causa falsa o de cualquier otro modo ilícito, el despacho aduanero de géneros estancados o prohibidos o mercancías de lícito comercio o la autorización para los actos a que se refieren los apartados anteriores.

h) Conduzcan en buque de porte menor que el permitido por los reglamentos, salvo autorización para ello, mercancías no comunitarias o géneros estancados o prohibidos, en cualquier puerto o lugar de las costas no habilitado a efectos aduaneros o en cualquier punto de las aguas interiores o del mar territorial español.

i) Alijen o transborden de un buque clandestinamente cualquier clase de mercancías, géneros o efectos dentro de las aguas interiores o del mar territorial español o en las circunstancias previstas por el artículo 23 de la Convención de Ginebra sobre alta mar de 29 de abril de 1958.

j) Exporten material de defensa o material de doble uso sin autorización o habiéndola obtenido mediante declaración falsa o incompleta en relación con la naturaleza o el destino último de los mismos o de cualquier otro modo ilícito.

2. También comete delito de contrabando el que, en ejecución de un plan preconcebido o aprovechando idéntica ocasión, realizare una pluralidad de acciones u omisiones constitutivas, aisladamente consideradas, de infracciones administrativas de contrabando, siempre que el valor acumulado de los bienes, mercancías, géneros o efectos en cuestión sea igual o superior a 3.000.000 de pesetas.

3. Cometen asimismo delito de contrabando quienes realicen alguno de los hechos descritos en el apartado 1 de este artículo, si concurre alguna de las circunstancias siguientes:

a) Cuando el objeto del contrabando sean drogas tóxicas, estupefacientes, sustancias psicotrópicas, sustancias catalogadas como precursores, armas, explosivos o cualesquiera otros bienes cuya tenencia constituya delito o cuando el contrabando se realice a través de una organización, aunque el valor de los bienes, mercancías, géneros o efectos sea inferior a 3.000.000 de pesetas.

b) Cuando se trate de labores del tabaco cuyo valor sea igual o superior a 1.000.000 de pesetas.

Art. 3. *Penalidad*

1. Los que cometieren el delito de contrabando serán castigados con las penas de prisión menor y multa del duplo al cuádruplo del valor de los bienes, mercancías, géneros o efectos.

En los casos previstos en las letras a) y b) apartado 1 del artículo 2, las penas se impondrán en su grado mínimo y en los restantes en grado medio o máximo.

2. Los Jueces o Tribunales impondrán la pena correspondiente en su grado máximo cuando el delito se cometa por medio o en beneficio de personas, entidades u organizaciones de cuya naturaleza o actividad pudiera derivarse una facilidad especial para la comisión del mismo.

Art. 4. *Responsabilidad civil*

La responsabilidad civil que proceda declarar a favor del Estado derivada de los delitos de contrabando se extenderá en su caso al importe de la deuda aduanera y tributaria defraudada.

Art. 5. *Comiso*

1. Toda pena que se impusiere por un delito de contrabando llevará consigo el comiso de los siguientes bienes, efectos e instrumentos:

a) Las mercancías que constituyan el objeto del delito.

b) Los materiales, instrumentos o maquinaria empleados en la fabricación, elaboración, transformación o comercio de los géneros estancados o prohibidos.

c) Los medios de transporte con los que se lleve a efecto la comisión del delito, salvo que pertenezcan a un tercero que no haya tenido participación en éste, y el Juez o el Tribunal competente estimen que dicha pena accesoria resulta desproporcionada en atención al valor del medio de transporte objeto del comiso y al importe de las mercancías objeto del contrabando.

d) Las ganancias obtenidas del delito, cualesquiera que sean las transformaciones que hubieran podido experimentar.

e) Cuantos bienes y efectos, de la naturaleza que fueren, hayan servido de instrumento para la comisión del delito.

2. No se procederá al comiso de los bienes, efectos e instrumentos del contrabando cuando éstos sean de lícito comercio y hayan sido adquiridos por un tercero de buena fe.

3. Los bienes, efectos e instrumentos definitivamente decomisados por sentencia se adjudicarán al Estado.

Art. 6. *Intervención de bienes no monopolizados*

1. El Juez o Tribunal acordarán la intervención de los bienes, efectos e instrumentos a que se refiere el artículo anterior, a resultas de lo que se decida en la resolución que ponga término al proceso.

2. La autoridad judicial, en atención a las circunstancias del hecho y a las de sus presuntos responsables, podrá designar a éstos como depositarios de los bienes, efectos e instrumentos intervenidos, con prestación, en su caso, de la garantía que se establezca.

3. La autoridad judicial podrá acordar, asimismo, que, mientras se sustancia el proceso, los bienes, efectos e instrumentos intervenidos se utilicen provisionalmente por las fuerzas o servicios encargados de la persecución del contrabando.

Art. 7. *Enajenación anticipada*

1. Los bienes, efectos e instrumentos intervenidos podrán ser enajenados, si éste fuere su destino final procedente, sin esperar al pronunciamiento o firmeza del fallo en los siguientes casos:

a) Cuando su propietario haga expreso abandono de ellos.

b) Cuando la autoridad judicial estime que su conservación pueda resultar peligrosa para la salud o seguridad pública o dar lugar a disminución importante de su valor. Se entenderán comprendidos en este apartado las mercancías, géneros o efectos que sin sufrir deterioro material se deprecian por el transcurso del tiempo.

2. La enajenación a la que se refiere este artículo será ordenada por la autoridad judicial. A tal efecto se procederá a la valoración de las mercancías, géneros o efectos, cuando ésta no estuviere practicada, en la forma prevista en esta Ley.

3. El importe de la enajenación, deducidos los gastos ocasionados, quedará en depósito a resultas del correspondiente proceso penal.

Art. 8. *Adscripción de los bienes, efectos e instrumentos intervenidos*

El uso de los bienes, efectos e instrumentos intervenidos que no sean enajenables quedarán adscritos a las fuerzas o servicios encargados de la persecución del contrabando de acuerdo con lo que prevea la legislación específica aplicable a esta materia.

Art. 9. *Mercancías de monopolio*

1. Cuando las mercancías aprehendidas sean de las comprendidas en los monopolios públicos, la autoridad judicial a cuya disposición se hayan colocado procederá en la forma que indiquen las disposiciones reguladoras de dichos monopolios.

2. La autoridad judicial podrá autorizar la realización de actos de disposición por parte de las compañías gestoras de los monopolios respecto a las mercancías o géneros que hayan sido aprehendidos a reserva de la pertinente indemnización, si hubiese lugar a ella, según el contenido de la sentencia firme.

Art. 10. *Valoración de los bienes*

La fijación del valor de los bienes, mercancías, géneros o efectos objeto de contrabando se hará conforme a las siguientes reglas:

1. Si se trata de géneros estancados, por el precio máximo de venta al público. De no estar señalado dicho precio se adoptará la valoración establecida para la clase más similar. Si no fuera posible la asimilación, el juez fijará la valoración, previa tasación pericial.

2. Si se trata de mercancías no comunitarias, por aplicación de las normas que regulan la valoración en aduana. El valor resultante se incrementará con el importe de los tributos exigibles a su importación.

3. Respecto a las mercancías comunitarias, se estará a los precios oficiales, si los hubiere, o, en su defecto, a los precios medios del mercado señalados en ambos casos para mayoristas.

4. Para la valoración de los bienes, géneros y efectos comprendidos en las letras e) y f) apartado 1 del artículo 2 de la presente Ley, así como para la de los de ilícito comercio, el juez recabará de los servicios competentes los asesoramientos e informes que estime necesarios.

TÍTULO II
INFRACCIONES ADMINISTRATIVAS DE CONTRABANDO

Art. 11. *Tipificación de las infracciones*

1. Incurrirán en infracción administrativa de contrabando las personas físicas o jurídicas, y las entidades mencionadas en el artículo 33 de la Ley General Tributaria, de 28 de diciembre de 1963, que lleven a cabo las conductas tipificadas en el apartado 1 del artículo 2 de la presente Ley cuando el valor de los bienes, mercancías, géneros o efectos objeto de las mismas sea inferior a 3.000.000 de pesetas y no concurran las circunstancias previstas en el apartado 3 de dicho artículo.

2. Las infracciones administrativas de contrabando se clasifican en leves, graves y muy graves según que el valor de los bienes, mercancías, géneros o efectos objeto de las mismas sea:

- Muy graves: superior a 2.250.000 pesetas o, si se trata de labores de tabaco, superior a 750.000 pesetas.
- Graves: igual o superior a 750.000 pesetas e igual o inferior a 2.250.000 pesetas o, si se trata de labores de tabaco, igual o superior a 250.000 pesetas e igual o inferior a 750.000 pesetas.
- Leves: inferior a 750.000 pesetas o, si se trata de labores de tabaco, inferior a 250.000 pesetas.

Art. 12. *Sanciones*

1. Los responsables de las infracciones administrativas de contrabando serán sancionados con multa pecuniaria proporcional al valor de los bienes, mercancías, géneros o efectos objeto de las mismas, sin perjuicio de lo establecido en el apartado 2.

Las proporciones aplicables a cada clase de infracción estarán comprendidas entre los límites que se indican a continuación:

- Muy graves: el 250 y el 300 por 100, ambos incluidos.
- Graves: el 150 y el 250 por 100.
- Leves: el 100 y el 150 por 100, ambos incluidos.

2. Los responsables de las infracciones administrativas de contrabando relativas a las labores de tabaco serán sancionados:

a) Con multa pecuniaria proporcional al valor de las labores de tabaco objeto de las mismas.

Las proporciones aplicables a cada clase de infracción estarán comprendidas entre los límites que se indican a continuación:

- Muy graves: el 275 y el 300 por 100, ambos incluidos.
- Graves: el 225 y el 275 por 100.
- Leves: el 200 y el 225 por 100, ambos incluidos.

El importe mínimo de la multa será de 100.000 pesetas.

b) Con el cierre de los establecimientos de los que los infractores sean titulares. El cierre podrá ser temporal o, en el caso de infracciones reiteradas, definitivo.

Para cada clase de infracción y el cierre temporal tendrá una duración comprendida entre los siguientes límites inferior y superior, respectivamente:

- Muy graves: nueve meses y un día y doce meses.
- Graves: tres meses y un día y nueve meses.
- Leves: cuatro días y tres meses.

Art. 12 bis. *Graduación de las sanciones*

1. Las sanciones por infracciones administrativas de contrabando se graduarán atendiendo en cada caso concreto a los siguientes criterios:

a) La reiteración. Se apreciará reiteración cuando el sujeto infractor haya sido sancionado por cualquier infracción administrativa de contrabando en resolución administrativa firme dentro de los cinco años anteriores a la fecha de la comisión de la infracción.

b) La resistencia, negativa u obstrucción a la acción investigadora de los órganos competentes para el descubrimiento y persecución de las infracciones administrativas de contrabando, o de los órganos competentes para la iniciación del procedimiento sancionador por estas infracciones.

c) La utilización de medios fraudulentos en la comisión de la infracción o la comisión de ésta por medio de persona interpuesta. Se considerarán principalmente medios fraudulentos a estos efectos los siguientes: 1. la existencia de anomalías sustanciales en la contabilidad; 2. el empleo de facturas, justificantes, y otros documentos falsos o falseados y 3. la utilización de medios, modos o formas que indiquen una planificación del contrabando.

d) La comisión de la infracción por medio o en beneficio de personas, entidades u organizaciones de cuya naturaleza o actividad pudiera derivarse una facilidad especial para la comisión de la infracción.

e) La utilización para la comisión de la infracción de los mecanismos establecidos en la normativa aduanera para la simplificación de formalidades y procedimientos de despacho aduanero.

f) La naturaleza de los bienes, mercancías, géneros o efectos objeto del contrabando.

2. Los criterios de graduación son aplicables simultáneamente.

El criterio establecido en la letra f) operará como circunstancia atenuante en la graduación de la sanción, aplicable cuando los bienes, mercancías, géneros o efectos objeto del contrabando sean de lícito comercio y no se trate de géneros prohibidos, material de defensa o doble uso, bienes integrantes del Patrimonio Histórico Español, especímenes de fauna y flora silvestres y sus partes y productos de especies recogidas en el Convenio de Washington, de 3 de marzo de 1973, y en el Reglamento Comunitario correspondiente, o de labores de tabaco.

3. Reglamentariamente se determinará la aplicación de cada uno de los criterios de graduación.

Art. 13. *Competencia, procedimiento y recursos*

1. Serán competentes para conocer de las infracciones de contrabando los órganos de la Administración aduanera de la Agencia Estatal de Administración Tributaria, en la forma en que se disponga reglamentariamente.

2. Las resoluciones de los órganos administrativos aludidos en el punto anterior que resuelvan o pongan fin al expediente administrativo de contrabando podrán ser objeto de impugnación ante la vía económico-administrativa y, posteriormente, ante la jurisdicción contencioso-administrativa.

Art. 14. *Medidas complementarias*

1. Se aplicará a las infracciones administrativas de contrabando lo dispuesto en los artículos 5 y 6, números 1 y 2, y en los artículos 7, 8, 9 y 10 de la presente Ley.

2. Antes de iniciado el procedimiento sancionador por infracción administrativa de contrabando, las autoridades, los funcionarios y fuerzas que, en el ejercicio de sus competencias, tengan conocimiento de conductas o hechos que puedan constituir

infracción administrativa de contrabando, procederán a la aprehensión cautelar de los bienes, efectos e instrumentos que, de acuerdo con el artículo 5 de esta Ley, puedan resultar decomisados.

Art. 15. *Prescripción*

1. Las infracciones administrativas de contrabando prescriben a los cuatro años a contar desde el día de su comisión.

2. Las sanciones impuestas por infracciones administrativas de contrabando prescriben a los cuatro años a contar desde el día siguiente a aquel en que adquiera firmeza la resolución por la que se impone la sanción.

Art. 16. *Competencias en materia de reconocimiento y registro de los servicios de aduanas*

En los recintos aduaneros, los servicios de aduanas podrán efectuar el reconocimiento y registro de cualquier vehículo, caravana, paquete o bulto.

DISPOSICIONES ADICIONALES

Disposición adicional primera. *Organización funcional*

1. Las autoridades, los funcionarios y fuerzas a quienes está encomendada la persecución y el descubrimiento del contrabando continuarán desempeñando sus cometidos, con los derechos y facultades que, para la investigación, persecución y represión de estas conductas, han venido ostentando desde su creación.

El Servicio de Vigilancia Aduanera, en la investigación, persecución y represión de los delitos de contrabando, actuará en coordinación con las Fuerzas y Cuerpos de Seguridad del Estado y tendrá, a todos los efectos legales, carácter colaborador de los mismos.

2. Los órganos de la Administración aduanera de la Agencia Estatal de Administración Tributaria, a requerimiento de los organismos y servicios encargados de la persecución del contrabando, podrán autorizar, sin interferencias obstativas, la salida de mercancías de los recintos o lugares habilitados por la Administración aduanera, a fin de facilitar las investigaciones encaminadas al descubrimiento del contrabando.

3. Con idéntico fin los organismos y servicios encargados de la persecución del contrabando podrán establecer contactos e intercambiar información con otros servicios homólogos nacionales o internacionales.

Disposición adicional segunda. *Presupuestos de la Agencia Estatal de Administración Tributaria*

1. La Agencia Estatal de Administración Tributaria podrá consignar en sus presupuestos partidas específicamente destinadas a operaciones confidenciales relacionadas con la persecución del contrabando.

2. La fiscalización y control de estas partidas se llevará a cabo mediante el procedimiento que establezca la Intervención General de la Administración del Estado, en el que se regulará en todo caso la confidencialidad antes indicada.

Del resultado de la fiscalización y control referidos se dará traslado al Tribunal de Cuentas.

DISPOSICIÓN TRANSITORIA

Disposición transitoria única. *Retroactividad*

1. Los preceptos contenidos en la presente Ley tendrán efectos retroactivos, en cuanto favorezcan a los responsables de los actos constitutivos de contrabando a que la misma se refiere, en los términos establecidos en el Código Penal.

2. Igual eficacia retroactiva tendrán las disposiciones sancionadoras previstas en esta Ley, conforme a lo dispuesto en el artículo 128.2 de la Ley 30/1992, de 26 de noviembre, de Régimen Jurídico de las Administraciones Públicas y del Procedimiento Administrativo Común.

DISPOSICIÓN DEROGATORIA

Disposición derogatoria única

1. Quedan derogados la Ley Orgánica 7/1982, de 13 de julio, que modifica la legislación vigente en materia de contrabando y regula los delitos e infracciones administrativas en la materia; el artículo primero de la Ley Orgánica 3/1992, de 30 de abril, que establece supuestos de contrabando en materia de exportación de material de defensa o de doble uso, y cuantas disposiciones de igual o inferior rango se opongan a lo establecido en esta Ley.

2. En tanto que por el Gobierno no se aprueben las disposiciones reglamentarias de desarrollo de la presente Ley, el Real Decreto 971/1983, de 16 de febrero, que desarrolla el Título II de la Ley Orgánica 7/1982, de 13 de julio, continuará en vigor en todo aquello que no se oponga a la presente Ley.

DISPOSICIONES FINALES

Disposición final primera. *Normativa supletoria*

1. En lo no previsto en el Título I de la presente Ley se aplicará supletoriamente el Código Penal.

2. En lo no previsto en el Título II de la presente Ley se aplicarán supletoriamente las disposiciones reguladoras del régimen tributario general y, en concreto, la Ley General Tributaria, así como subsidiariamente la Ley 30/1992, de 26 de noviembre, de Régimen Jurídico de las Administraciones Públicas y del Procedimiento Administrativo Común.

Disposición final segunda. *Carácter de la Ley*

El artículo 4 del Título I, los preceptos contenidos en el Título II, así como los apartados 2 y 3 de la disposición adicional primera, el apartado 2 de la disposición transitoria única y el apartado 2 de la disposición final primera de la presente Ley tienen el carácter de Ley ordinaria.

Disposición final tercera. *Entrada en vigor*

La presente Ley entrará en vigor el día siguiente al de su publicación en el «Boletín Oficial del Estado».

§ 4. ÍNDICES

§ 4.1. ÍNDICE DE REFORMAS A LA LO 10/1995, DE 23 DE NOVIEMBRE, DEL CÓDIGO PENAL

1. Ley Orgánica 2/1998, de 15 de junio, por la que se modifican el Código Penal y la Ley de Enjuiciamiento Criminal (BOE 143, de 16 de junio).
   Disposiciones afectadas: arts. 170, 514.4 y 514.5 Cp.

2. Ley Orgánica 7/1998, de 5 de octubre, de Modificación de la Ley Orgánica 10/1995, de 23 de noviembre, del Código Penal, por la que se Suprimen las Penas de Prisión y Multa para los Supuestos de No Cumplimiento del Servicio Militar Obligatorio y Prestación Social Sustitutoria y se Rebajan las Penas de Inhabilitación para Dichos Supuestos (BOE 239, de 6 de octubre).
   Disposiciones afectadas: arts. 527, 528 (derogado) y 604 Cp.

3. Ley Orgánica 11/1999, de 30 de abril, de Modificación del Título VIII del Libro II del Código Penal, Aprobado por Ley Orgánica 10/1995, de 23 de noviembre (BOE 104, de 1 de mayo).
   Disposiciones afectadas: arts. 57, 83.1.1º bis, 105.1.g), 132.1 (último inciso), Epígrafe «Delitos contra la libertad e indemnidad sexuales» (Título VIII, Libro II), arts. 178 a 186, Epígrafe «De los delitos relativos a la prostitución y la corrupción de menores» (Capítulo V, Título VIII, Libro II), arts. 187 a 190 y 617.2 Cp.

4. Ley Orgánica 14/1999, de 9 de junio, de Modificación del Código Penal de 1995, en Materia de Protección a las Víctimas de Malos Tratos y de la Ley de Enjuiciamiento Criminal (BOE 138, de 10 de junio).
   Disposiciones afectadas: arts. 33.2.g), 33.3.f), 33.4.b) bis, 39.f), 48, 57, 83.1.1º bis, 105.1.g), 132.1 (último inciso), 153, 617.2 y 620 Cp.

5. Ley Orgánica 2/2000, de 7 de enero, de Modificación de la Ley Orgánica 10/1995, de 23 de noviembre, del Código Penal, en Materia de Prohibición del Desarrollo y el Empleo de Armas Químicas (BOE 8, de 10 de enero).
   Disposiciones afectadas: arts. 566 y 567 Cp.

6. Ley Orgánica 3/2000, de 11 de enero, de Modificación de la Ley Orgánica 10/1995, de 23 de noviembre, del Código Penal, en Materia de Lucha contra la Corrupción de Agentes Públicos Extranjeros en las Transacciones Comerciales Internacionales (BOE 10, de 12 de enero).
   Disposiciones afectadas: añade un Título XIX bis al Libro II y el art. 445 bis Cp.

7. Ley Orgánica 4/2000, de 11 de enero, sobre Derechos y Libertades de los Extranjeros en España y su Integración Social (BOE 10, de 12 de enero).
   Disposiciones afectadas: arts. 312.1, 318 bis, 515.6º, 517 y 518; añade un Título XV bis al Libro II Cp.

§ 4.2. ÍNDICE ANALÍTICO

Impreso en el mes de septiembre de 2000
en A&M GRÀFIC, S. L.
Polígono Industrial «La Florida»
08130 Santa Perpètua de Mogoda
(Barcelona)